ASÍ COCINAN LOS ARGENTINOS

HOW ARGENTINA COOKS

ASÍ COCINAN LOS ARGENTINOS

ALBERTO VÁZQUEZ-PREGO

HOW ARGENTINA COOKS

A **Editorial El Ateneo**

641.5   Vázquez-Prego, Alberto
VAZ   Así cocinan los argentinos = How argentina cooks. –
         4a. ed., 10a. reimp. – Buenos aires: El ateneo 2009.
         383 p.; 23x16 cm. (La cocina y sus secretos)

         ISBN 978-950-02-8349-6

         I. Título – II. Alimentos - Preparación

Derechos mundiales de edición en castellano
© 2009, Grupo ILHSA S.A. para su sello editorial El Ateneo
   Patagones 2463 – (C1282ACA) Buenos Aires – Argentina
   Tel.: (54 11) 4983 8200 – Fax: (54 11) 4308 4199
   E-mail: editorial@elateneo.com

4a edición, 10a reimpresión: julio de 2009

ISBN 978-950-02-8349-6

Diseño de cubierta: Claudia Solari

Diseño de interiores : Departamento de Arte de Editorial El Ateneo

Impreso en Verlap S.A.
Comandante Spurr 653, Avellaneda,
Provincia de Buenos Aires,
en el mes de julio de 2009.

Introducción

El propósito principal que impulsó la preparación de esta colección fue el de presentar un panorama moderno, pero necesariamente reducido, de los métodos y procedimientos característicos de la cocina de la Argentina actual.

Las más de las recetas que aquí se verán provienen de todos los rincones del país y representan muchas y variadas tradiciones. Todas, las antiguas como las nuevas, fueron cuidadosamente revisadas para beneficio general pero su puesta al día obedeció especialmente a la intención de proporcionar a los interesados algunos comentarios sobre los procedimientos y usos de la cocina casera argentina. Esta obra servirá también para poner al día un sinfín de recetas tradicionales, con la esperanza de dejar aclarados algunos métodos que la repetida trasmisión oral había inadvertidamente oscurecido. Las instrucciones, directivas y sugerencias se han simplificado, para que el curioso que decidiese incursionar en el campo abierto de la cocina casera pudiese preparar fácilmente platos argentinos auténticos con el menor de los esfuerzos. Podrá encontrarse también en el cuerpo de esta colección una serie de datos sobre variaciones de los ingredientes y métodos, que incrementarán el repertorio.

Se puso como límite a la extensión de esta recopilación de recetas el evitar todo lo ya conocido por muchos y de gran difusión.

Figuran aquí platos corrientes en los menús de restaurantes, hosterías y otras casas de comida, especialmente mencionados para los visitantes de otros países. A la cabeza de algunas secciones se comentan los platos que obvios para el nativo, no lo son así para otros. Se han alargado entonces un poco las explicaciones que se refieren a las preparaciones que en la cocina argentina tienen un algo más de arraigo o desarrollo. Las preparaciones con variantes locales interesantes o ingeniosas no han sido dejadas de lado. Es el caso, por ejemplo, de las milanesas —todo lo rebozado en huevo y pan rallado se llama "a la milanesa"— con sus variaciones más corrientes, así como también el caso del colchón de huevos, una variante local del afrancesado colchón de arvejas que en otras partes pasa por *huevos serranos* o cosa por el estilo.

Hay otros platos, hoy en día totalmente confundidos con lo criollo, que fueron concebidos a partir de fórmulas traídas no hace tanto de allende los mares. Éstos no se encuentran desarrollados del mismo modo en otros sitios. Sería el caso, por ejemplo, del plato dominguero rioplatense por excelencia que se conoce como *fideos con estofado*.

Existen algunos platos de los llamados *criollos*, que en las grandes ciudades no forman parte del repertorio ni aun de las personas hábiles en la cocina. Tal el caso de la *chanfaina*, entre tantos de posible mención, de neta prosapia y procedencia mediterránea, que resulta hoy casi imposible de preparar porque requiere sangre fresca de

cerdo. Platos de esta estirpe, diríamos que aspirantes a clásicos en lo que hace a la cocina tradicional, se han considerado como dignos de un tratamiento más especializado y serio, y por lo tanto fueron excusados de la compañía que pudieran prestarles estas recetas elegidas para representar la cocina casera diaria y auténtica de hoy.

La antigua cocina criolla se enorgulleció, y con razón, de sus dulces, sus postres, sus panes y sus conservas. Sin embargo, la cocinera moderna, con sus problemas de tiempo, no se desvive por una manufactura cuidadosa de estos dulces y postres como podía hacerlo en tiempos ya pasados. Debe advertirse, sin embargo, que el tratamiento dado a las especialidades culinarias argentinas en este rubro de la repostería no es el resultado de un descuido o desprecio por las golosinas sino que se fundamenta en el hecho de que en la cocina casera de estos días no se los ve aparecer sino muy rara vez entre las hornallas como producto de las manos y la habilidad de una buena cocinera. De todos modos, algunos de los postres y dulces caseros más corrientes han sido incluidos.

A todos los que han tenido a bien seguirme hasta aquí, les extiendo una muy cordial invitación para decidirse a disfrutar las mejores preparaciones de la buena mesa casera de la Argentina.

Ranelagh, marzo de 1977   A. V.-P.

⚕ Advertencia ⚖

- El arte de la cocina no desecha el derecho ni al toque personal ni a las innovaciones inspiradas. Las innovaciones serán siempre posibles. Pero en el caso de una cocina regional y casera, como la que aquí nos ocupa, las inspiraciones geniales deben quedar un tanto relegadas y encauzadas para que el resultado final no se aparte de lo que la costumbre haya dictado como lo correcto y proporcionado.

- La cocina argentina es parca en especias y condimentos. Sólo se usan los indicados a través de esta obra. Es cierto también que el gusto personal puede reducir a su arbitrio las cantidades, aumentarlas u omitirlas. Sin embargo, para que el carácter de la preparación emprendida guarde fidelidad al modelo de origen —evitando apartarse de lo que la costumbre casera considera apropiado— deberán respetarse debidamente las proporciones de los ingredientes indicados.

- Para las recetas aquí reunidas se han preferido las medidas de volumen, aunque en algunos casos se dieron los equivalentes en peso o bien se recurrió al peso como guía porque algunos ingredientes así se adquieren. Una razón eminentemente práctica llevó a esta decisión, que sigue además una vieja y sabia costumbre. Tanto las ollas, las cazuelas y los moldes de cocina en los que se hacen estas preparaciones, así como el estómago, reciben volúmenes y no peso. Ésta es la base del secreto de las viejas y añoradas cocineras, que más se guiaban viendo repleta la olla de un volumen conocido antes que por el peso de los ingredientes utilizados.

- Los tiempos de cocción serán en todos los casos aproximados, ya que dependen de numerosos factores imposibles de tener en cuenta en un recetario casero. Otro es el caso de los alimentos industrializados, donde tampoco hay cabida para apetencias o preferencias individuales.

- Las recetas fueron calculadas para un promedio de cuatro personas de buen comer, aunque podrán satisfacer sin apuros a unas seis personas no tan exigentes en cuanto a cantidades. Se tomó como medida tipo la taza de té, de unos 220 cm^3 promedio de capacidad.

- Salvo contadas excepciones, no se especifica el elemento graso. La costumbre casera en este punto no muestra determinaciones precisas. Puede decirse que se emplean corrientemente aceites vegetales de gusto neutro y manteca de cerdo.

❧ Introduction ❧

The chief aim behind the present recipe collection is to present a necessarily reduced but updated panorama of the authentic Argentine home cooking procedures, as well as some of its characteristic methods.

The recipes that will be seen here come from all over the country, representing many traditions. The old recipes, and many of the not so old ones, were reworked for the benefit of all, but especially having in mind those who could be interested in the way Argentines cook when at home. It is hoped that the majority of the guess work that these transmitted recipes keep trailing behind seemingly inevitably, from generation to generation, has been done away with. All instructions, directions and suggestions have been simplified, so that any one who would be willing or curious enough to approach a kitchen counter could try them out and expect something worthwhile to show for the effort spent. Also many additional pointers as to procedures, ingredients and possible variations will be found throughout.

A natural limit was sought to the extent of this collection, so that all those procedures and methods, as well as recipes, which are common to most culinary traditions have been presumed known and thus the excuse was found not to include them.

Mention is made of many dishes current in the menus of restaurants, wayside inns and other places usually frequented by visitors. And explanatory introductions have been provided for those dishes which have a peculiar or distinctive development, different from similar preparations found elsewhere. Those variants found in Argentina which were judged interesting or merely ingenious were of course included. The *Milanesa* with its untold possibilities and the preparation locally known as *Huevos al colchón* or Eggs on a Cushion, which goes in other lands under such quaint names as Ranch Style Eggs or the like —nothing else than a simple way to dress up a famous French popular dish—, would be examples of the local variants on an internationally current theme.

There are certain dishes nowadays considered, without a doubt, as an integral part of an older tradition which really are but recent additions to the popular fare. Now, firmly established, these are part of the local lore, not to be found anywhere else. This would be the case of *Fideos con estofado* or Beef and Noodles Stew, a unique and distinctive Sunday meal peculiar to the River Plate area.

There is yet another kind of preparation, the so called *criollo* or Creole dishes, considered as the revered survival of a gone by way of cooking, very seldom seen and rarely prepared in the modern kitchen. This would be the case of *Chanfaina* among

others, a dish which follows closely the pattern of its old Mediterranean origins, almost impossible to manage in the city kitchens today because it requires fresh pork blood. Dishes of such a lineage, ready to be elevated to the venerated status of the classics, were considered worthy of a more dignified treatment in a serious historical treatise and so were excused from the company of the popular representatives chosen and gathered here as examples of the cooking of Argentina today.

Old *criollo* cookery understandably treasured all its recipes for sweets, preserves, breads and desserts. The modern cook, however, with so many time pressing chores is not usually able to find the opportunity to undertake any involved or lengthy preparations. The very brief treatment given here to sweets is in no way prompted by any disregard for them nor by a contemptuous neglect of tradition. It is rather the practical result of long and painstaking observations, which show that these products, now ready and on hand on the shelves of food stores, are very seldom seen coming from the home kitchen range a product of a cook's pride and ability. Anyhow, a few of those sweets and desserts, like Grandmother used to make, were included.

To all who have been patient enough to follow up to this point, I extend a cordial invitation to prepare and enjoy some of the best preparations of the current Argentine home kitchen.

Ranelagh, March 1977.   A.V.-P.

⤙ Forewarning ⤚

Culinary art thrives whenever freedom is given to personal touch as well as to inspired innovations. Modifications will always be at the core of renewal. Provided of course that, as in the case of a regional recipe book like this one, those lapses of genial creativity are duly channeled and trimmed so that the end result does not stand widely apart from what custom has declared as correctly proportioned.

Argentine cooking is by choice restrained in the use of the many spices and diverse condiments. Only those mentioned throughout this book are current, so that in order to keep the flavoring quality as set by local preferences use only those indicated, making allowances for personal taste which will always modify somewhat the indicated amounts by increasing, diminishing or omitting seasonings. In all cases proportions should be kept as indicated if the aim is to reproduce faithfully the ways of the Argentine kitchen. If not, then may your choice be an inspired one.

Measurements are given by volume, though in some cases weights are being also mentioned because an equivalent was thought necessary since a majority of ingredients will be purchased by weight. A very old and eminently wise procedure prompted this practical decision. All pots, casseroles, forms and other diverse cooking utensils and vessels will be better used if volumes and not weights are considered, following the lead of the stomach, a recipient of volumes and not a recipient of weights. This is partly the key secret to the success of those fondly remembered cooks, who knew quantities by volume and were guided by the size of the pot.

Cooking times in all cases are no more than approximate guides, as exact timing will depend on many factors almost impossible to gauge in the current home kitchen. Industrialized foodstuffs present another case, where personal preferences and choice are out of place.

Recipes were prepared with an average of four hungry people in mind, even though in some cases up to six persons will be amply satisfied. The standard tea cup, of about 220 cm³ capacity, was chosen as volume patron.

Save for a very few cases, cooking instructions do not make mention of the fatty agent used. Custom does not show any specific nor a determinate choice. Vegetable oils of a mild neutral taste, complemented with fine lard, should be the ones used.

⁓ Contenido ⁓

⁓ Contents ⁓

I. Pucheros, caldos y sopas

I. Beef Pots, Broths and Soups

⁓ Los pucheros ⁓

No existe como tal, una fórmula establecida para el puchero. Cada región, y cada estación del año, aportan sus variaciones. Puede decirse sin embargo que todos los pucheros de la Argentina presentan una serie de características afines que los distinguen de las preparaciones similares que pueden encontrarse en otras regiones de América. Las características principales podrían resumirse en las siguientes:

1) Lleva como componente esencial una porción de carne de vaca, con la que se hará la comida más importante del día.
2) Lleva abundante cantidad de hortalizas –verduras, en el lenguaje diario argentino–, que acompañarán efectivamente a la porción de carne, completando así el plato principal.
3) Rinde un abundante y sustancioso caldo, con el que se hará la sopa, su producto complementario.
4) Es plato para la comida principal del día, y no quedará como tal para una segunda ocasión; el puchero no se guarda de un día para otro.
5) En el caso de que quedasen algunos elementos no consumidos, éstos sufrirán una trasformación, leve o completa, antes de ser nuevamente presentados a la mesa.
6) No lleva condimentos picantes ni se estilan tampoco las combinaciones de gustos fuertes o acentuados sino que, por el contrario, cuando en algunas ocasiones lleva elementos de gusto pronunciado éstos se hierven aparte para que el tono suave preferido para este plato quede así resguardado.

El nombre corriente y popular de este plato es el de puchero a secas. Se distinguen ocasionalmente un puchero de gallina y otro mixto que lleva gallina y cerdo como complementos de la porción principal de carne de vaca.

En las fórmulas que se verán quedaron condensados los métodos y las técnicas más comunes en la preparación de este plato, tan confundido con lo nacional por un lado y tan ligado a viejas y aún vigorosas tradiciones culinarias del viejo continente por el otro. En la práctica, los diversos métodos significan técnicas que modifican el resultado final. Como se anotaron numerosos procedimientos para su elaboración, se creyó entonces conveniente preparar una tabulación provisoria y de carácter tentativo para separar y evidenciar las variaciones del producto final. Del mismo modo, cada receta dará a su vez un producto de gusto particular, habiéndose seleccionado las que mejor responden a las tendencias tradicionales en este campo.

En todos los casos se ha tratado de mantener un máximo nivel de apego a las fórmulas de la cocina casera, intercalándose una especie de clasificación para describir los métodos y sus resultados, teniendo en cuenta en todo momento el cariz práctico, conveniente para un recetario de cocina. Sin embargo, no fue posible escapar a una referencia numérica para los distintos métodos. Pero los nombres asignados a las preparaciones responden exclusivamente a un criterio arbitrario a fin de distinguirlas las unas de las otras, de acuerdo con algún componente que se destacó convencionalmente.

También podrá advertirse que se ha procurado mantener una proporción uniforme de las cantidades de los ingredientes, previéndose que las recetas satisfagan con holgura a un promedio de 4 personas. Claro que la abundancia misma del puchero, plato esencialmente honesto, superará de por sí todas y las más estrictas intenciones de evitarle una tendencia natural a su generosidad.

~ Beef Pots (Pucheros) ~

There is no established *puchero* formula as such. Each region, and every season of the year, comes up with its own variations. However, it may be said that all Argentine *pucheros* have in common a number of related peculiarities which will always help in distinguishing it from other similar preparations found all over the Americas. These peculiarities might be reduced to a few main points, along the following lines:

1) The chief ingredient is a good portion of beef, which provides the essential part of the day's principal meal.
2) It has an important amount of assorted vegetables –called "verduras", or greens, in the current vernacular– which completes the day's meal, as the beef's principal accompaniment. Notwithstanding the vernacular "verduras", it should be noted that no greens are included in the usual *puchero* recipes.
3) It yields an abundant and nutritious broth, with which soup is usually made.
4) It is consumed on the same day it is made, and is never kept.
5) Should there be any *puchero* left overs, beef or vegetables, these will not be taken again to the table unless slightly or thoroughly modified, or reworked into another dish.
6) It never takes any pungent or hot condiments, nor will it be prepared with any strongly flavored ingredients. When a *puchero* calls for a naturally accentuated or highly flavored ingredient, it will usually be boiled apart so as to allow *puchero* to keep its characteristic mild taste.

In spite of its many and current variations, this dish is simply known as *puchero*. There are times when a *chicken puchero* or a *mixed puchero* will be distinguished, especially when the latter includes a few pork products and some chicken to complement the beef staple.

For the recipes that will be shown, the most widely diffused methods and techniques were gathered. It must be borne in mind, however, that this Argentine national dish, albeit its deep local roots, still keeps strong and vigorous ties with the older recipes brought a long time ago from overseas. The many methods mean, in a practical way, different results. In the case of *puchero*, a good number of procedures were found which prompted a tentative and provisional tabulation to set apart and bring to the fore the differences in the end product. As could be expected, every formula will mean a particular and differentiated *puchero*. The selection was made so as to present a workable introduction to *puchero* making, choosing from among the best recipes those thought most representative of local traditions.

In all cases, it was endeavored to maintain a maximum of fidelity to the home kitchen routines. A sort of classification was sought to give the reader a sense of order, without letting out of sight the practical requirements of a recipe collection. Even though a numerical sequence for the methods could not be avoided, to allow for quick references, the names chosen to distinguish the recipes follow a rather arbitrary standard, being most of them based on some leading ingredient picked at random.

It was also thought desirable to stem the *puchero's* traditional overflow of ingredients, seemingly inescapable to its generous and abundant nature. Anyhow, quantities were trimmed so as to provide an abundant meal for an average 4 hungry persons.

(1) Puchero rápido

1 kg de carne tierna y magra • 200 g de panceta salada • 1 cebolla • 1 pimiento morrón • 1 ramito de perejil • 2 papas medianas, peladas, en mitades • 4 zanahorias chicas, raspadas, en mitades • 4 nabos chicos, tiernos, raspados, enteros • 2 batatas chicas, peladas, en mitades • sal gruesa para salar, pimienta en grano a gusto.

MÉTODO I. Poner a hervir, en una olla de buen tamaño, 3 litros de agua con un poco de sal, preferiblemente gruesa. Mientras tanto, preparar el trozo de carne, limpiándolo de tendones y grasa, emparejándolo y dándole buena forma. Hay quienes lo cortan en cuatro, para que cocine aún más rápidamente, si la carne no es tierna. Preparar también las verduras, pelándolas y limpiándolas, cortándolas en trozos de tamaño parejo y acomodándolas en un recipiente. En cuanto el agua rompió el hervor, agregar la carne y todos los otros ingredientes a la vez. Llevar rápidamente a un hervor ligero, que se mantendrá a un ritmo decidido por espacio de una media hora, o poco más, hasta que la carne esté tierna.

Separar el caldo para la sopa, que podrá ser de sémola, pastina u otro elemento de cocción rápida. Servir la sopa en primer lugar y luego el puchero, en una fuente la carne y en otra las verduras. Se debe llevar a la mesa todo muy caliente. Se acompaña con aceite y vinagre, sal y pimienta, mostaza preparada y otros condimentos.

Pueden agregarse otros ingredientes de cocimiento rápido, como chorizos, salchichas, zapallitos, puerros, zapallo o choclos, entre los más comunes.

(2) Puchero con papas

1 kg de carne para hervir, magra o grasa, a gusto • 1 cebolla grande, cortada en cuartos • 1 puerro de buen tamaño, limpio, entero • 1 ramito de perejil • 1 hoja de laurel • 4 papas medianas, peladas, en mitades • 2 zanahorias grandes, raspadas, en mitades • 1 gajo de zapallo, no más de 400 g entero • sal gruesa.

MÉTODO II. Poner 3 litros de agua en una olla de buen tamaño. Una vez que el agua rompe a hervir, agregar la carne con la cebolla, el puerro, el perejil y el laurel. Cocinar sin sal a fuego muy lento por más de una hora, hasta que la carne esté tierna.

Preparar entonces las hortalizas, pelarlas, rasparlas, cortarlas en trozos parejos y mantenerlas en un recipiente con agua clara, listas para agregar al puchero.

Cuando la carne va a estar a punto, poner las verduras ya listas en el puchero y salar a gusto. Avivar el fuego para que nuevamente retome el hervor y cocinar unos 20 minutos más o hasta que las papas estén a punto. Retirar entonces del fuego. Poner la carne en una fuente y las verduras en otra y llevar a la mesa.

Con el caldo, que se saca unos 10 minutos antes de que esté listo el puchero, se hace una sopa agregando arroz o fideos finos. Se sirve la sopa primero y luego el puchero, que se acompañará con toda clase de condimentos por separado, además de aceite y vinagre.

(1) Quick Beef Pot

> 1 kg lean and tender boiling beef • 200 grs salted bacon • 1 onion • 1 sweet green pepper • 1 small bunch of parsley • 2 medium, peeled, potatoes, in halves • 4 medium, scraped carrots, in halves • 4 small, tender turnips, scraped • 2 small sweet potatoes, peeled, in halves • coarse salt, whole peppercorns.

METHOD I. Bring to the boil in a large pot 3 lts of water, with a little coarse salt. Meanwhile, trim beef cutting off all excess fat and tendons. There are some who would quarter the cut to help cook it more rapidly, especially if it doesn't look quite tender. Prepare also all vegetables, cleaning, peeling, paring and placing them in a bowl or dish to have them ready at hand. As soon as water begins to boil, add beef and all vegetables at once. Bring back to boiling over a big fire. Maintain this quick boiling pace for about half an hour, or a little more, until beef is tender.

Make soup with broth. Use any pastina, Italian soup noodles, semolina or any other quick cooking starch. Serve soup first, when ready. Later serve *puchero*, the meat in one dish and in another all vegetables. Everything must be taken piping hot to the table. Salt, vinegar and oil accompany all *pucheros* at the table, as well as other condiments such as prepared mustard. Also other quick cooking ingredients may be added to taste, meat or vegetables. *Chorizos* or sausage, *zapallitos*, leeks, squash or fresh ears of corn are among the most usual ones.

(2) Potato Beef Pot

> 1 kg boiling beef, either fat or lean, to taste • 1 large onion, quartered • 1 large leek, cleaned, whole • 1 small bunch of parsley • 1 bay leaf • 4 medium potatoes, peeled, in halves • 2 large carrots, scraped, in halves • 1 squash wedge, whole, not over 400 grs • coarse salt.

METHOD II. Bring to the boil, in a large enough pot, 3 lts of fresh water. When water boils, add beef with onion, leek, parsley and bay leaf. Bring to a simmer, and cook for about an hour or so until meat is tender without adding yet salt. *Puchero* will always be more tasty if cooked over a very low fire, barely simmering.

Meanwhile have vegetables ready, cleaning, peeling and paring them. Place in a bowl with water, while waiting to be added to the pot. When beef is tender, add vegetables, season with salt to taste and quicken fire to bring again to a rolling boil, then lower fire to a simmer and cook another 20 minutes or until potatoes are done. Take away from fire, and serve separately, the meat in one serving dish and the vegetables in another.

Make soup with broth, which is taken out of the cooking pot some 10 minutes before cooking time is up. Rice or fine soup noodles are most commonly used. Serve soup as a first course, and as a second *puchero*, which can be seasoned at the table with an assortment of condiments, besides oil and vinegar.

(3) Puchero con choclos

1 choclo, para el caldo, grande y no necesariamente tierno • sal gruesa para salar el caldo • 1 kg de carne magra y tierna • 200 g de panceta salada • 1 cebolla en mitades • 1 ramita de orégano fresco • 2 zanahorias grandes, raspadas, en mitades • 2 zapallitos tiernos, limpios, enteros • 4 choclos tiernos, limpios de barbas • 2 papas medianas, peladas, en mitades

MÉTODO III. Poner 3 litros de agua en una olla de buen tamaño. Una vez que rompió a hervir, agregar primero la sal y el choclo entero limpio de barbas y preferiblemente bien granado, no tierno, para dar gusto al caldo. Dejar en hervor decidido por 5 minutos. Poner seguidamente en la olla la carne, con la panceta, la cebolla y la ramita de orégano fresco. Dejar en un hervor suave por espacio de una hora, o hasta que la carne esté casi a punto.

Una vez que la carne está tierna, añadir el resto de las verduras, que habrán sido preparadas de antemano: las zanahorias raspadas y partidas por el medio a lo largo, los zapallitos bien lavados y quitadas las puntas y durezas de la corteza, los choclos partidos en dos o en tres partes y limpios de sus barbas, las papas cuidadosamente peladas y sin ojos, se partirán en mitades parejas si fuesen más bien chicas y, si son grandes, en tercios o en cuartos para que no tarden mucho en cocinarse. Cocinar a fuego muy suave para evitar que se deshagan los zapallitos y las papas una media hora más o hasta que las papas estén a punto.

Diez minutos antes del tiempo total de cocción sacar el caldo para la sopa, que se hará con diversos tipos de elementos farináceos: sémola, tapioca, arroz, pastinas, fideos finos, avena, etcétera.

Servir la sopa primero y luego el puchero, separando en una fuente las carnes y en otra las verduras. Acompañar con sal y pimienta, aceite y vinagre, mostaza preparada, encurtidos diversos y otros condimentos.

Siguiendo el mismo método puede hacerse puchero de puerros, de coles diversas, de zanahorias, de nabizas, de pimientos y de cebollas.

(4) Puchero con tomates

2 tomates grandes enteros • 1 hoja de laurel • 1 hueso para puchero (de la rodilla, partido) • 1 kg de carne de pecho • 2 cebollas grandes, en mitades • 2 papas grandes, en mitades • 1 repollo chico, en cuartos • 2 zanahorias chicas, raspadas, enteras • sal gruesa, pimienta en grano

MÉTODO IV. Poner 3 litros de agua en una olla de buen tamaño y agregar en frío los tomates, el laurel, el hueso para puchero, partido, y la carne de pecho. Llevar lentamente a un hervor suave y cocinar por espacio de una hora y media.

Al cabo de este tiempo tomar el punto a la carne. Si estuviese ya tierna, agregar el resto de las verduras juntamente con la sal. Las verduras habrán sido previamente preparadas, peladas y partidas. Hervir suavemente una media hora más, o hasta que las papas estén a punto. Añadir los granos de pimienta al final.

Unos diez minutos antes de terminar la cocción separar el caldo y hacer la sopa, que será de arroz o fideos, preferiblemente.

(3) Beef Pot with Corn on the Cob

> 1 large ear of corn, not necessarily tender, for the broth • coarse salt, to season broth • 1 kg lean boiling beef, preferably tender • 200 grs salt bacon • 1 onion, in halves • 1 sprig of fresh oregano • 2 large carrots, scraped, in halves • 2 tender *zapallitos*, clean, whole • 4 young and tender ears of corn, cleaned, free of all silks • 2 medium potatoes, peeled and halved

METHOD III. Bring to boil 3 lts of water. When water boils, add coarse salt and the large ear of corn. To lend all its flavor to the broth it is best to use a large, ripe and not so tender whole ear of corn, free of husks and silks. Keep to a rolling boil for 5 minutes. Add then beef, bacon, onion and the fresh sprig of oregano. Bring again to a boil, and let simmer for 1 hour or until beef is tender and almost done.

When beef is tender, add to the pot the rest of the ingredients, which were cleaned, peeled, pared and cut beforehand. Carrots should be scraped and halved lengthwise, *zapallitos* washed and freed of all hard spots, the ears of corn cleaned, freed of all silks and cut in two or three pieces, potatoes well peeled, all their eyes taken out, and pared in rather small pieces so that cooking time will not be lengthened by their size, halving them or cutting them in three or four pieces if necessary. Simmer over a very slow fire, so that potatoes and *zapallitos* will cook without breaking up, and be done at about the same time. This will take about half an hour more.

About 10 minutes before the end of cooking time, take broth out to make soup. Any starchy elements may be used, such as semolina, tapioca, rice, pastina, fine noodles, or any other cereal product.

Serve soup first, then the beef pot or *puchero* separating in one dish the vegetables and in another the meat. The usual seasonings that go with *puchero* are oil, vinegar, salt and pepper, prepared mustard, brine and vinegar pickles and sometimes *chimichurri* (see recipe Nos. 118/122).

Following the steps indicated for this method, many *pucheros* may be prepared such as leek, carrot, diverse cabbages and other greens, kale, pimento, onions and so forth.

(4) Tomato Beef Pot

> 2 large, whole tomatoes • 1 bay leaf • 1 boiling bone (knuckle, broken in pieces) • 1 kg brisket of beef • 2 large onions, halved • 2 large potatoes, peeled and halved • 1 small cabbage, quartered • 2 small carrots, scraped, whole • coarse salt and whole peppercorns to season

METHOD IV. Pour 3 lts cold water into a large pot. Add tomatoes, bay leaf, boiling bone and beef. Place over a slow fire, and bring gradually to boil. Simmer gently for 1 ½ hour.

Test beef for tenderness. If done, add vegetables and season with salt to taste. All vegetables should have been prepared beforehand, cleaned, washed and pared so that all keep more or less to an even size. Simmer about 30 minutes more, or until potatoes are done. Peppercorns are usually added during the last 10 minutes, so that their characteristic pungent aroma is not lost through the lengthy cooking process.

When broth is ready, make soup with pastina, fine noodles or rice. Serve soup first, then meat in one dish and vegetables in another. The usual condiments will be used

Servir la sopa primero, y luego llevar a la mesa en fuentes separadas la carne por un lado y las verduras por otro. Se acompaña con los condimentos preferidos.

En este procedimiento, en el que se acidula el agua para obtener una mayor sustancia de los huesos y de la carne, pueden variarse las verduras, intercambiando las mencionadas por nabos, zapallo, zapallitos, choclos, batatas, mandioca, pimientos y otros.

(5) *Puchero de caracú*

> 1 kg de huesos de caracú con carne • 1 hueso de rodilla, partido • 1/2 kg de carne para hervir, cortada en trozos grandes • 1 hoja de laurel • jugo de 1 limón

MÉTODO V. Poner en una olla de buen tamaño los huesos y la carne para hervir junto con el laurel y el jugo de un limón. Cubrir con 4 litros de agua fría y llevar lentamente a un hervor muy suave unas dos horas. Si se calienta el agua a fuego muy lento, y el caldo apenas llega a hervir, saldrá claro sin necesidad de espumar. Al cabo de las dos horas, se agregarán:

> 1 kg de carne magra • 1 ramito de perejil • 2 dientes de ajo, pelados y algo machacados • sal gruesa a gusto y unos granos de pimienta negra

continuando el hervor suave por una hora más. Retirar entonces las 2/3 partes del caldo, que se reservará para terminar un consomé. Agregar 2 litros de agua hirviendo y las siguiente verduras:

> 2 papas medianas, en cuartos • 2 batatas medianas, en mitades • 2 zanahorias medianas, raspadas, en mitades, a lo largo • 2 puerros grandes, sólo las partes blancas • 1 trozo de zapallo, de no más de 400 g • 2 choclos tiernos, sin barbas, en mitades

que deberán quedar bañadas en el caldo hirviendo. Cocinar a fuego suave otra media hora más. El caldo liviano de la cocción de verduras se usará para la sopa. La carne tierna irá a la mesa con las verduras. Con el resto de las carnes se prepararán vinagretas, una gelatina de carnes, algún relleno o croquetas. El primer caldo se usará como consomé o para una gelatina. Los caldos de la cocina casera no se clarifican; sólo se pasan por lienzo húmedo, o bien por papel de filtro.

(6) *Puchero con batatas*

> 1 hueso de caracú con carne • 1 kg de carne para puchero • jugo de 1 limón • ramito de perejil

MÉTODO VI. Poner en una olla apropiada la carne, el hueso de caracú y el jugo de un limón con un ramito de perejil, cubrir con 3 litros de agua fría y, a fuego muy lento, llevar a hervor suave, que se mantendrá por una hora. Cuanto más suave sea el hervor, más claro y trasparente será el caldo, que no habrá que espumar.

at the table to season meat or vegetables: oil, vinegar, salt, pepper and prepared mustard, which may be added to taste.

This method, which renders cooking liquids slightly acid with the addition of tomatoes, so as to take better advantage of nutrients in bones and beef, allows for additions or substitutions of the vegetables only. Variations are made by adding to a basic combination of potatoes, carrots and onions, the following: turnips, squash, *zapallitos* or zucchini, fresh corn on the cob, sweet potatoes, leeks, manioc or cassava roots, and so forth.

(5) Beef Pot with Marrow Bones

> 1 kg marrow bones, with marrow and some meat • 1 knuckle bone, broken in pieces • 1/2 kg boiling beef, cut up in large pieces • 1 bay leaf • juice of 1 lemon

METHOD V. Place in a large boiling pot bones, meat, bay leaf and the juice of 1 lemon. Cover with 4 lts of cold water, and slowly bring to boil. Gently simmer for about 2 hours. Bring very slowly to a boil, to prevent the forming of scum in large amounts. Also, a gentle simmering will help keep broth clear and there will be no need of constant skimming. At the end of the first two hours, add the following:

> 1 kg lean boiling beef • 1 sprig of fresh parsley • 2 garlic cloves, peeled and somewhat bruised • coarse salt and a few whole black peppercorns

and continue simmering 1 hour more. At this time, take away from the pot 2/3 of the broth, a rich consommé by now and reserve for other uses. Add 2 lts boiling water to the pot, and the following vegetables:

> 2 medium potatoes, quartered • 2 medium sweet potatoes, in halves • 2 medium carrots, scraped, in halves, lengthwise • 2 large leeks, discarding greens • 1 large piece of pumpkin, not over 400 grs • 2 young and tender ears of corn, without husks or silks, halved

which must be covered with water. Boil gently for half an hour more. Use broth now flavored with vegetables to make soup. The lean beef goes to the table with the vegetables. The rest of the meat will be used to prepare either a *salpicón* (recipe Nº 151) or a *vinagreta* (recipe Nº 237), a cold beef mold, fillings or croquettes. Consommé will be used either as a hot broth, or will be jellied in a meat or vegetable mold. Home cooking procedures do not allow for any clarification of broths or consommés. These are simply filtered through clean linen or filter paper.

(6) Sweet Potato Beef Pot

> 1 beef shank bone, with marrow, and some meat • 1 kg boiling beef • juice of 1 lemon • a sprig of parsley

METHOD VI. Place in a large boiling pot the shank bone cut up in small pieces,

Al cabo de este tiempo, agregarle las siguientes verduras:

> 2 papas medianas, peladas, en cuartos • 2 zanahorias chicas, raspadas, partidas a lo largo • 3 batatas medianas, peladas, en rodajas gruesas • 1/2 kg de zapallo, limpio, entero • sal gruesa y pimienta en grano

y continuar con el hervor suave por media hora más. Al cabo de este tiempo se sazonará con sal gruesa a gusto, unos granos de pimienta negra, y cualquier otra especia preferida. Después de cinco minutos de hervor con la sal, retirar el caldo para la sopa, que podrá ser, como en todos los otros casos, de fideos, pastinas, sémola, arroz o cualquier otro cereal a elección. Servir primero la sopa, y luego la carne y las verduras en fuentes separadas. El puchero debe servirse siempre muy caliente, aun en los días más calurosos de verano. Acompañar con aceite y vinagre, sal y pimienta, mostaza preparada y todos los condimentos favoritos.

(7) Puchero con chorizos y repollo

> 2 huesos de caracú con carne • 1 kg de carne para puchero • 200 g de panceta salada • 4 chorizos de carne de cerdo • 1 ramito de perejil • 2 dientes de ajo, o más, a gusto, algo machacados • 4 papas chicas, peladas, enteras • 4 zanahorias chicas, raspadas, enteras • 4 cebollas chicas, ó 4 puerros, a gusto, o ambos • 1 repollo, de no más de 1 ½ kg, en cuartos • sal gruesa a gusto, una ramita de orégano

MÉTODO VII. Se usan por lo menos dos ollas, según el número de comensales y las cantidades por preparar. Poner en una los huesos, la carne, la mitad de la panceta, un diente de ajo y el ramito de perejil, sal y pimienta a gusto y cubrir con agua. Llevar a un hervor suave y dejar cocinar por una hora.

Preparar mientras tanto las verduras, pelándolas y partiéndolas para que cocinen mejor. Al cabo de la hora, en una segunda olla poner los chorizos con la otra mitad de la panceta, un diente de ajo algo machacado y el repollo, y hervir también a fuego suave por una media hora, o hasta que el repollo esté tierno. En el mismo momento, añadir al caldo de las carnes papas, cebollas, zanahorias y otras verduras que se tengan a mano. Hervir 20 minutos más o hasta que las papas estén a punto.

Para hacer la sopa de arroz en estos casos se usará o bien el caldo de las carnes o si no una combinación de 2/3 partes del caldo de las carnes y 1/3 parte del de chorizos y repollo. Servir primero la sopa, luego todas las carnes y chorizos juntos y, por separado, las verduras.

A este puchero se le puede agregar facturas de cerdo, tales como butifarras, codeguines y morcillas o si no otras carnes, como la de cerdo, fresca o salada, o de gallina; también verduras, como zapallos, puerros, nabos, batatas, mandioca, coles diversas, pimientos y tomates, y legumbres como porotos, garbanzos, habas, etc.

boiling beef, the sprig of parsley and the juice of 1 lemon. Cover with cold water, 3 lts, bring slowly to a gentle simmer and cook for 1 hour. The gentler the simmering, the clearer will be the resulting broth, and there will be no need to skim it. At the end of the first hour of cooking add to the pot:

> 2 medium potatoes, peeled and quartered • 2 small carrots, scraped and halved, lengthwise • 3 medium sweet potatoes, in thick rounds • 1/2 kg squash, in one piece, well washed • salt to taste, black peppercorns

and continue simmering half an hour more, or until potatoes are done. Season then with coarse salt, a few black whole peppercorns and an herb such as bay leaf, oregano, rosemary or thyme. Boil 5 minutes more and separate broth to make soup. Pastina, fine soup noodles, semolina, rice or other cereal products are commonly used to make the *puchero* soup. Serve first the soup, then the meat and vegetables separately. *Puchero* must be served, in all cases and even during Summer, very hot. Vegetables and meat are usually seasoned with oil, vinegar, salt, pepper, prepared mustard and other condiments.

(7) Chorizo and Cabbage Beef Pot

> 2 pieces shank of beef, with marrow and meat • 1 kg boiling beef • 200 grs salted bacon • 4 pork meat *chorizos* • 1 sprig parsley • 2 cloves garlic, or more, to taste, somewhat bruised • 4 small potatoes, peeled, whole • 4 small carrots, scraped, whole • 4 small onions, or 4 leeks, to taste, or both • 1 cabbage, not over 1 ½ kg, quartered • coarse salt, to taste, and a sprig of oregano

METHOD VII. (Separate Pots). Use at least two pots to boil *puchero*. The number of pots will largely depend on the number of guests and of ingredients used. Place in one pot beef bones, boiling beef, half the bacon, 1 clove garlic, parsley, salt, pepper and cover with water. Bring to a gentle simmer, and cook for 1 hour at least.

Meanwhile, prepare all the vegetables, peeling, paring and cutting them up. At the end of the first hour, prepare another pot with *chorizo*, the rest of the bacon, 1 bruised clove garlic, the quartered and cored cabbage and boil gently covered with water until cabbage is done. At the same time, add to the beef pot all the rest of the vegetables and cook until the potatoes are done.

To make the soup, use in this case, either the broth from the beef pot, or a combination of 2/3 from the beef pot and 1/3 from the *chorizo* and cabbage pot, in which some rice will be cooked. Serve soup as the first course, and then the meats together, that is beef and *chorizos* in one dish, the vegetables in another.

This *puchero* may take any number of additions, such as *codeguines, butifarras, morcillas* and a number of other pork sausages, fresh or salted pork meat, stewing chickens or a large and fat hen. Vegetables such as *zapallitos*, squash, leeks, turnips, sweet potatoes, manioc or cassava root, kale or other cabbage leaves, pimento, tomato, and legumes such as beans, chick peas and so forth.

(8) Puchero con porotos

1/2 kg de huesos para puchero, con carne • 1 kg de carne magra para puchero • 500 g de panceta salada • 2 chorizos de cerdo • 1 taza de porotos secos (o garbanzos), en remojo desde la noche anterior • 1 tomate, 1 pimiento morrón rojo o verde, 1 cebolla cortados en cuartos • 2 dientes de ajo, pelados y algo machacados • 2 hojas de laurel • 4 papas chicas, en mitades • 2 batatas medianas, en rodajas gruesas • 1 trozo de zapallo de unos 400 g • sal gruesa a gusto

MÉTODO VIII. Poner a hervir en una olla de buen tamaño 4 litros de agua. Una vez que rompió el hervor, agregar las carnes y continuar a fuego muy suave 45 minutos. Al término de este primer tiempo se agregarán porotos, tomate, pimiento, cebolla, ajo y laurel. Se continuará con el hervor suave otros 45 minutos. Al cabo de este segundo tiempo se agregarán las verduras junto con la sal, y se continuará con el hervor suave unos 30 minutos más, o hasta que las papas estén a punto. Diez minutos antes de terminar el tiempo total de cocción, retirar el caldo para la sopa. Se sirven muy calientes las carnes juntas, las verduras en otra fuente, y los porotos (o garbanzos) en una tercera fuente. Se acompaña con aceite y vinagre, sal y pimienta, mostaza preparada y toda otra clase de condimentos.

(9) Puchero de rabo

½ taza de manteca (unos 100 g) • 1 rabo de vaca, separado en ruedas • 3 cucharadas de harina • 1 cebolla grande, cortada en tiritas muy finas • 3 litros de agua hirviendo • 1 tomate entero • 1 puerro entero • 1 ramita de orégano • 4 papas medianas, partidas al medio • 4 zanahorias medianas, partidas al medio • 1 trozo de zapallo, no más de 400 g • sal gruesa a gusto, unos granos de pimienta negra

MÉTODO IX. Derretir la manteca y tostar bien e íntegramente los trozos de rabo que habrán sido previamente enharinados. Luego se harán freír de a dos o tres a la vez para lograr un tostado parejo, se retirarán y se mantendrán calientes. Retirados los trozos de rabo, se tostarán primero la cebolla, hasta que tome un color uniforme y subido, y la harina, que se agregará una vez que la cebolla se haya secado. Una vez logrado el punto de tostado más subido posible, sin llegar al quemado, agregar el agua que estará hirviendo, batiendo para evitar grumos. Conseguido un hervor suave, se agregarán tomate, puerro, orégano y los trozos de rabo, y se cocinará todo por una hora o hasta que el rabo esté tierno. Se añadirán entonces las verduras, papas, zanahorias y zapallo, y las que se quisiera a gusto; se sazonará con sal y con unos granos de pimienta negra. Se continuará con el hervor suave unos 20 minutos más o hasta que las papas estén a punto. Se sirve todo junto, carne, verduras y caldo, en sopera.

(8) Dry Bean Beef Pot

> 1/2 kg beef bones, with a little meat, for boiling • 1 kg lean beef, for boiling • 500 grs. salt bacon • 2 *chorizos* • 1 cup dry beans (or garbanzos), soaked overnight • 1 tomato, 1 onion and 1 pimento, red o green, quartered • 2 garlic cloves, peeled, bruised • 2 bay leaves • 4 small potatoes, peeled, in halves • 2 medium sweet potatoes, in thick rounds • 1 large piece squash, not over 400 grs • coarse salt, to taste

METHOD VIII. Bring to a boil, in a large pot, 4 lts of water. When water is boiling, add all the meats and continue simmering gently for about 45 minutes. Add then the soaked dry beans, tomato, pimento, onion, garlic and bay leaf, and let simmer some 45 minutes. At the end of this time add potatoes, sweet potatoes and squash along with salt and continue simmering 30 minutes, or until potatoes are done. Ten minutes before total cooking time is up, separate broth for soup. Serve *puchero* in all cases very hot, the meat in one serving dish, vegetables in another and beans in a covered dish. Season at the table with oil, vinegar, salt and pepper, prepared mustard and other condiments.

(9) Ox Tail Beef Pot

> 1/2 cup butter or other fat • 1 ox tail, separated at the joints • 3 tablespoons flour • 1 large onion, in very fine strips • 3 lts boiling water • 1 whole tomato • 1 whole leek • 1 sprig oregano • 4 medium potatoes, halved • 4 medium carrots, halved lengthwise • 1 piece of squash, not over 400 grs • coarse salt and a few peppercorns to taste

METHOD IX. Flour and brown well in hot fat the separated pieces of ox tail. Fry them two or three pieces at a time, so as to keep them evenly browned, and stand them apart keeping them warm. In the same fat, fry onion until almost dry, add then flour and continue toasting until flour and onion are a deep brown color. The trick in this *puchero* is to obtain a very deep browning but avoiding at the same time either scorching or burning onions or flour. Start with a quick fire, and lower it gradually so that the final steps are done over a very low fire. Once flour and onions are deeply toasted, add boiling water, whisking mixture vigorously to avoid the forming of lumps. Bring to a simmer, add toasted pieces of ox tail, tomato, leek and oregano and cook for about 1 hour or until beef is tender. Add then potatoes, carrots and squash, and cook until potatoes are done, seasoning with salt and a few whole peppercorns. This *puchero* is served, all ingredients together, broth, meat and vegetables in a deep dish.

(10) Puchero con ajos

> 4 cucharadas de aceite, preferiblemente de oliva • 4 dientes de ajo, pelados y algo machacados • 1 taza de cortezas de pan oreado, picadas • 1 hoja de laurel • 3 litros de agua hirviendo • 1 kg de carne para puchero, más bien tirando a gorda • 4 cebollitas de verdeo, enteras • 4 puerros chicos, enteros • 2 papas medianas, en cuartos • 2 zanahorias chicas, raspadas, enteras • 1 trozo de zapallo, no más de 400 g • sal gruesa para salar, pimienta negra en grano a gusto

MÉTODO X. Freír lentamente los ajos en el aceite caliente, sin llegar a tostar, hasta que estén tiernos. Agregar entonces las cortezas de pan oreado y finamente picadas, o dos cucharadas de pan rallado, y la hoja de laurel. Con una cuchara de madera mezclar todo muy bien, tratando de deshacer completamente los ajos, mientras el pan se irá tostando un poco. Agregar entonces el agua hirviendo, con carne, puerros y cebollitas de verdeo, y llevar a un hervor suave que se mantendrá por espacio de una hora. Para este puchero es conveniente que la carne no sea magra, sino todo lo contrario. Al cabo de este tiempo se agregarán las verduras, que se cocinarán en unos 20 minutos, junto con la sal y unos granos de pimienta negra. La carne se servirá partida y bañada con algún aliño de los que se describen en la Sección VI, separada de las verduras.

Para hacer la sopa se pasarán por tamiz o por licuadora los puerros y las cebollitas junto con un poco del caldo, se reincorporarán al total del caldo, y se espesará con alguna pastina o fideo fino u otra pasta.

Este método sirve para obtener caldos de gusto definido y de mayor consistencia, con los que se hacen unos aspic sabrosos y sustanciosos. Añadiendo al caldo una proporción mayor de carnes para hervir, y algún elemento acidulante, como jugo de limón o tomates enteros, y carnes o huesos abundantes en tendones, se obtendrán caldos fuertemente gelatinosos y con sabor a la verdura elegida, como ser puerros, zanahorias, nabos o nabizas, cebollas; etcétera.

(11) Puchero de cordero

Localizado en las regiones donde se crían más corderos que vacas, se hace en realidad con carne de oveja. En la ciudad podrá prepararse con carne de algún cordero que no haya parecido tan tierno. Para ello, si bien cualesquiera de los Métodos indicados anteriormente son posibles, el III es el más usual, y también el IX, porque ayudan a reducir un poco el gusto penetrante de la carne de oveja o de cordero. Se agregan los ingredientes vegetales disponibles según la región y la estación del año. Son infaltables las papas.

(12) Puchero de gallina

No es el más común de los pucheros. Debe elegirse un animal grande y gordo. Se sigue preferentemente el Método II, hirviendo el agua con sal y añadiendo inmediatamente cebollas, puerros, perejil y zanahorias. Después de unos minutos de hervor

(10) Garlic Beef Pot

> 4 tablespoons olive oil, or other oil • 4 cloves garlic, peeled and bruised • 1 cup stale bread, in very small cubes • 1 bay leaf • 3 lts boiling water • 1 kg boiling beef, rather fat • 4 scallions, whole, or green onions • 4 small leeks, whole • 2 medium potatoes, quartered • 2 small carrots, scraped, whole • 1 piece squash, not over 400 grs • coarse salt and whole peppercorns, to taste

METHOD X. Cook slowly garlic cloves in hot oil, until tender, avoiding any browning or toasting. Add then cubed bread, or two tablespoons bread crumbs, and bay leaf. Stir to coat with oil, mashing garlic cloves to a pulp, and lightly toasting bread. Add boiling water, beef, leeks, scallions and simmer for 1 hour or until beef is tender. Add then the rest of the vegetables, season with salt and a few whole peppercorns and cook for about 20 minutes more, or until potatoes are done. Serve beef sliced and dressed with any of the dressings mentioned under Section VI.

To make soup, sieve or blend in an electric blender, onions and leeks with some broth, add more broth and some pastina, fine soup noodles or any other thickening starch, and serve hot when done.

This method is admirably suited to produce definitely flavored broths that may be used to advantage in the preparation of beef jellies. Add to broth a larger proportion of boiling beef and some bones, preferably those with tendons, acidulate with some lemon juice or two or three small tomatoes, and fry butter and crumbs with selected vegetable, such as leek, carrot, turnip, onions, pimentoes, and so forth.

(11) Mutton Puchero

This is a puchero rather limited to the regions where mutton is more readily available than beef. It is really made with ewe meat. In the larger cities it can be made with young lamb or mutton. Even though any of the mentioned methods could be followed, because of the techniques involved that will help masking the strong flavors of mutton, Methods III or IX are recommended. Add any vegetables, seeing that potatoes are not omitted.

(12) Boiled Hen Puchero

It is not a commonplace *puchero*, and rarely prepared. For it, a large fat hen is needed. Follow primarily rules for making it, as set under Method II, bringing to a rolling boil water to which salt was added, and putting then in the pot onions, leeks, parsley and carrots. After a few minutes of boiling, add hen with some lemon juice or a tomato, or both to acidulate water a little and help dissolve better tendons and obtain a substantial broth. If the pot is large, place hen whole in water. If not, then split in halves, or even quarter it. Potatoes, sweet potatoes, squash and carrots must not be omitted. Any other addition, such as fresh corn, *zapallitos*, leek green will depend on the time of the year. Rice soup is a must.

ligero se pone la gallina entera o partida al medio a lo largo del espinazo si la olla es algo chica, acidulando un poco el agua con jugo de limón o con un tomate entero, o ambas cosas a la vez, para ayudar mejor a la cocción de los tendones del ave y obtener un caldo algo más gelatinoso. Papas, zanahorias, zapallo y batatas son infaltables; choclos, puerros, zapallitos tiernos, etc., dependerán de la estación.

(13) Puchero de pollo

Es un puchero rápido y hoy muy difundido, porque tiene la ventaja de que tanto el pollo como las verduras se cocinan en una media hora. Se ponen todos los ingredientes al mismo tiempo, siguiendo en general las reglas para el Método I. Se agregan cebollas, pimientos, tomates, perejil, papas, batatas, zanahorias, zapallo y alguna ramita de orégano. El caldo se usa exclusivamente para hacer sopa de arroz. Es corriente llamar a esta preparación *puchero de gallina*.

(14) Puchero completo

Es el que, además de carne de vaca, lleva también facturas de cerdo en alguna forma —chorizos, morcillas, etc.—, y también carne de aves, gallina o pollo. Por lo general, chorizos de toda clase, codeguines, butifarras y morcillas van en este puchero y, en cierta forma, las facturas de cerdo remplazan la carne de cerdo misma —salada o no—, común al puchero en otros lugares. Lleva porotos variados, garbanzos u otras legumbres secas, así como toda clase de verduras u hortalizas. Por la cantidad de elementos que lo componen se utilizan varias ollas, y se sigue en su preparación una combinación más o menos libre de los Métodos II, VII y VIII, aunque la falta de uniformidad en esta materia no excluye ninguno de los otros métodos señalados ni las variantes que quisieran introducirse, de acuerdo con los gustos personales.

(15) Puchero mixto

Se da este nombre al puchero que, combinando principalmente las carnes de vaca y ave, no excluye las facturas y la carne de cerdo, tales como panceta, chorizos, morcillas, costillas o paleta. La carne de vaca, especialmente la gorda, y la gallina también gorda, son los principales componentes. Las verduras van a elección, siendo infaltables las papas, las batatas y el zapallo. Si es de grandes proporciones, se cocinará en varias ollas, una de las cuales contendrá la gallina con algo de facturas de cerdo. Este es el caldo de gallina que se usará para la sopa de arroz, típica, que no debe faltar. Este puchero mixto tiene gran similitud y muchos puntos de contacto con los pucheros de cerdo y gallina de la Península Ibérica, con los que llega a confundirse. La diferencia la da la preeminencia de carne de vaca como elemento principal, desplazando las carnes saladas y frescas de cerdo de los modelos originales, el añadido de la gallina como elemento secundario pero determinante del gusto general y la adición de batatas, zapallos y choclos, en lugar de las coles y las berzas de los originales.

13) Chicken Puchero

It is a quick *puchero* and very popular nowadays. Both chicken and vegetables will be done, as a general rule, in about 30 minutes. Follow rules for Method I, which calls for the most usual vegetables and substituting beef for chicken. Also leeks, tomatoes, squash and a sprig of oregano may be added. To keep within tradition, make rice soup with chicken broth and no other. Even though not so highly esteemed as hen *puchero*, this preparation is also known as *puchero de gallina* or boiled hen *puchero*.

(14) Mixed Puchero

The *puchero completo* or mixed beef pot is the only one that mixes beef, with pork products in any form —*chorizos*, *morcillas* besides salt bacon—, and includes either a fat hen or some chicken. As a general rule, pork products such as *chorizos* and *morcillas*, *butifarras* and *codeguines* will be included instead of fresh or salt pork. Salt bacon however may also be added. It is this peculiarity, which distinguishes it from the *cocido* or *puchero* as known in other countries. The usual vegetables may not be ommitted, such as potatoes, sweet potatoes, carrots and squash, adding some dry beans soaked overnight, and a number of other vegetables such as leeks, cabbage, turnips, and so forth. Since the number of ingredients will require the use of more than one pot, follow in general the steps outlined for Methods II, VII, and VIII combined in a rather constructive way. There are no set and fast rules that would apply to *puchero* making, so that really one is free to choose from the many indicated in this section, improving them or not —as might be learned from direct experience— according to one's own fancy.

(15) Chicken and Beef Puchero

The name of *puchero mixto* is given to the one that, combining beef and chicken or hen, as the main ingredients, doesn't rule out some pork products such as bacon, rinds, salty ribs, *chorizos* and *morcillas*. Fat beef and a very fat hen are as a rule preferred as the main ingredients. Vegetables are chosen according to the season, but potatoes, squash, sweet potatoes and carrots should not be ommitted. If made in large quantities, more than one pot will be used, and one will invariably contain the hen with the pork products while the other will have the beef meat and bones with most of the vegetables. Cabbage and turnips are cooked with hen and pork, and it is with the broth from this pot that the rice soup will be made, which should not be left out. This is the *puchero* that most closely resembles other similar preparations from the Western Hemisphere and Europe. Closeness is such that this *puchero* will many times be called "a la española", that is, Spanish style. Differences however are not to be minimized, because boiled beef is the principal ingredient displacing pork meat as the staple of the original recipes, chicken is added as a secondary element which defines the taste and flavor of the pot and finally the original kale and other cabbages are substituted by potatoes, sweet potatoes, squash and fresh corn whenever available.

(16) Puchero chico

Es una preparación que, por su naturaleza primordial, queda clasificada entre los pucheros, pero participa de muchas de las características de los locros que se verán más adelante. Se prepara con los ingredientes y pasos dados en el Método I, añadiendo algo de batata, choclo, porotos blancos secos ya remojados y un poco de arroz, zapallo y un chorizo. Se cocinará hasta que los porotos estén deshaciéndose y el caldo haya espesado mucho más de lo corriente para un puchero. En ese punto se hará una salsa frita con: 1/2 taza de buena grasa de cerdo, cebolla, tomate, pimiento morrón, picados y rehogados juntamente con ají picante molido, una generosa proporción de pimentón dulce, comino y algo de agua para ligar la salsa. Se añadirá esta fritura al puchero para que le dé color y gusto, unos 10 minutos antes de apagar el fuego. Se sirve todo junto, en sopera, como el locro.

⌇ Los caldos ⌇

Los caldos de la cocina casera son los del puchero, los más corrientes y de gustos más variados, dentro del tono suave que los caracteriza. Los hay también de verduras, pero casi no forman parte de la tradición culinaria local. Existen los de pescado, que sólo se conservan como recurso frecuente en las costas marítimas propiamente dichas y no se los tiene como caldos en sí mismos o como sopas, sino que forman parte de los platos de pescados.

Las diferentes técnicas para preparar caldos han sido explicadas en las recetas de los pucheros. Se usan para la sopa del momento aunque no es raro que los caldos del puchero, en lugar de ser trasformados en sopa, se beban a manera de un refrescante al final de la comida. En este caso se sirve el caldo en taza, siempre muy caliente, al terminar de comer el puchero y antes de los postres.

Los caldos de la cocina familiar se mantienen simples, sin añadidos de hierbas, vinos o licores, esencias u otros sabores aromáticos, salvo en ocasiones de excepción. El único agregado corriente y familiar, en algunos casos, es el de un huevo batido para cambiarles un poco el color y la textura, y nada más.

(17) Caldo a la reina

6 tazas de caldo de puchero, caliente y listo para servir • 2 ó 3 huevos enteros, ligeramente batidos con sal

Una vez retirado el caldo del puchero, y todavía muy caliente, se agregan los huevos batidos, teniendo cuidado de batir muy poco, únicamente para mezclarlos. Calentarlos con uno o dos cucharones de caldo caliente mientras se baten antes de agregarlos a la sopera. Se sirve de inmediato, preferiblemente en tazas. Puede acompañarse con cubitos de pan frito.

(16) Small Beef Pot

This is a preparation that because of its main characteristics is called a *puchero*, even though it has many points in common with the *locro*, which will be seen in the following section. Prepare as indicated under Method I, adding some sweet potato, fresh corn on the cob, dry beans soaked overnight, not more than 1/2 cup rice, cut up squash and one *chorizo*. Cook very long, over a very slow fire, barely simmering, so that all ingredients will be done about the same time and beans turn mushy. Broth must be very thick, much more so than for a common *puchero*. Make a sauce with 1/2 cup lard, onion, tomato, pimento quickly fried with some hot chili powder or cayenne, a generous portion of paprika, cumin and a little water to bind. Add sauce to *puchero*, to season and color it, some 10 minutes before taking it from the fire. Serve hot, in a deep dish or tureen.

❧ Broths ❧

Out of the *puchero* come most of the broths. Argentine home cooks do not cook a broth separately from the *puchero*, since in it all the possible variations will fit in with the general bland tone of this typical Argentine dish. Occasionally a vegetable broth might be found, but these are not commomplace, because they are not part of the local culinary tradition. Something similar happens with fish broths. They are known, and sometimes prepared, especially along the coastal areas. But these are not considered part of the local tradition. Besides, fish broths are not made by themselves, but as part of fish soups, chowders or *chupines*, and others.

The *puchero* recipes have shown the techniques used in making broth. This broth is used immediately in a soup, served at the same time as the *puchero* although it is not infrequent that a good and tasty broth be served as a consommé at the end of a meal. If so, broth i serverd very hot, in a cup, after *puchero* has been finished and before serving dessert.

Home cooking broths are simple preparations, and maintained so, without any additions to modify or change their basic flavors. Save for a truly exceptional occasion, no herbs, wines, sherries or other liquors are added, nor any other aromatics or essences. The only and excepcional addition is that of a beaten egg to a broth to change its texture and color, and no more.

(17) "A la Reina" Broth (or Queen's Broth)

6 cups *puchero* broth, hot and ready to be served • 3, or even 2, beaten whole eggs with a little salt

Have beaten eggs ready when broth is taken away from *puchero*. Add some broth to the beaten eggs, stirring vigorously to mix and prevent curdling. When all broth has been poured in a tureen, add egg mixture, blend in eggs and serve immediately, preferably in cups. Toasted croutons are an occasional addition.

~ Las sopas ~

Las sopas forman una parte inseparable de la comida principal de la familia, y llegan a ser un importante componente del sustento diario.

Son muy variadas. La más popular es la que se hace con el caldo del puchero, preparación simple y rápida. Las sopas de puchero pueden separarse en dos categorías: 1) las espesas, dedicadas en su mayoría a los niños, y 2) las que no lo son. La única diferencia es que, para las no espesas, se reduce la cantidad de fideos o pastinas, o el aditamento que se cocine en el caldo. Las sopas ligeras llevan muy poco fideo o sémola, o lo que fuere, no más de algo que nade en el caldo, mientras que, en las sopas espesas, el caldo en su mayor parte es absorbido por los elementos añadidos que son: pastinas, fideos finos en general, sémola, arroz, avena, tapioca, todos de cocimiento muy rápido, para nombrar sólo los más corrientes.

No faltan en el repertorio familiar ni las sopas de legumbres, de las que se darán algunas fórmulas de las más usuales, ni las sopas crema que han ingresado hace muy poco al ámbito familiar. Dedicaremos, sin embargo, un poco más de atención a las sopas que representan en sí mismas toda una comida completa y que están muy arraigadas en la tradición local, algunas un poco más asentadas que otras, aunque todas no son sino trasformaciones de costumbres traídas por las corrientes migratorias europeas en diversas épocas. Quedarán sin mencionar, aunque sean muy corrientes, las fórmulas que todavía mantienen casi intactos los esquemas originales.

(18) Sopa de fideos finos

> 1 ½ litro de caldo de puchero, hirviendo • 100 g, cuatro o cinco roscas, de fideos finos para sopa • sal a gusto

En el caldo hirviendo se dejan caer los fideos, partidos al apretar el puño, revolviendo constantemente durante el primer hervor para que no se peguen. Por lo general, estos fideos estarán a punto con sólo tres o cuatro minutos de cocción. Servir en plato sopero, de inmediato, muy caliente.

(19) Sopa espesa de avena

> 1 ½ litro de caldo de puchero, hirviendo • 1 taza llena de avena arrollada, de cocimiento rápido • sal a gusto

Dejar caer la avena en forma de lluvia sobre el caldo hirviendo, revolviendo constantemente durante el primer hervor para evitar los grumos. Salar a gusto. Esta sopa estará lista a los 4 ó 5 minutos de hervor vivo. Dejar reposar 2 minutos antes de servir, muy caliente, en platos hondos.

(20) Sopa de verduras y fideos

> 1 ½ litro de caldo de puchero, hirviendo • 4 cucharadas de pastina; dedalitos, ojo de perdiz, etc. • verduras del puchero, picadas o pasadas por purera

≈ Soups ≈

Soup is an almost inseparable part of the family fare, and has come to be an important part of the usual diet.

Many kinds of soup are made, the one that uses the *puchero* broth being the most popular. Family soup is a quick and simple preparation. Two kinds might be distinguished: 1) thick soups, made in all cases especially for children, and 2) thin soups. The only difference being that for thin soups, less thickening agent is used. In all cases the thickening agent or soup making element is cooked in the broth. Fine soup noodles, semolina, tapioca, rolled oats, rice and pastina are the most common elements. Thin soups take just a little, no more than enough to justify the name of soup instead of consommé. On the other hand, thick soups have almost no broth left, after most of it has been absorbed by the thickening agent.

Home cooking does not lack any of the dry legume soups, for which a few recipes will be given, nor any of the cream soups that have recently come to be common fare. However, preferent attention will be given to those soups that are by themselves a complete meal, and that have become part of the local set of traditions. A few of them could still be considered as newcomers, although all of them are local adaptations of ancient recipes brought from overseas by the different migratory currents at various periods of time. Those that still cling tenaciously to the original formulae will not be mentioned here, even though they might be quite popular.

(18) Fine Noodle Soup

1 ½ lt boiling *puchero* broth • 100 grs or four to five fine noodle nests • salt to taste

Drop noodles into boiling broth, breaking them up a little and stir during first few minutes of boiling to avoid lumps. As a general rule, these very fine noodles will not take more than four or five minutes to be ready. Serve very hot, in soup plates.

(19) Thick Soup with Oats

1 ½ lt boiling *puchero* broth • 1 cup rolled oats • salt to taste

Sprinkle oats into boiling broth, stirring constantly to avoid lumps, and cook for 4 to 5 minutes. Season with salt, and let stand about 2 minutes more before serving hot in soup plates. Pastina and semolina thick soups are made following a similar pattern.

(20) Noodle and Vegetable Soup

1 ½ lt boiling *puchero* broth • 4 tablespoons any pastina - ditalini, acini di pepe, etc. • *puchero* vegetables, drained and strained or pureed

Agregar al caldo hirviendo, ya sea las verduras finamente picadas junto con la pastina, o bien deshacer las verduras del puchero en una purera o en una licuadora y agregar al caldo con la pastina. Servir muy caliente.

(21) Sopa de zanahorias y arroz

> 1 ½ litro de caldo de puchero, hirviendo • 2 zanahorias del puchero, pisadas • 1/2 taza de arroz

Dejar caer sobre el caldo hirviendo, como lluvia, el arroz y cocinar un primer minuto a fuego vivo, revolviendo para que no se pegue. Agregar dos zanahorias del puchero, ya cocinadas y bien pisadas. Servir cuando el arroz esté a punto.

De la misma manera se podrán preparar sopas de arroz y diferentes verduras, sean del puchero o no. O también cambiar el arroz por sémola o tapioca, sobre una base de caldo de puchero.

(22) Sopa de puchero con hongos

> 1 ½ litro de caldo de puchero, hirviendo • 1 cucharada de manteca • 1 cucharada de harina • 1 cebolla chica, picada muy finamente • 1/2 taza de hongos secos, remojados, escurridos y picados • sal a gusto

Derretir la manteca y cocinar brevemente los hongos, previamente remojados, escurridos y picados, junto con la media cebolla muy bien picada. En cuanto la cebolla empieza a tomar un poco de color, agregar la harina y continuar a fuego muy suave hasta que la manteca quede totalmente absorbida. Mojar entonces con un poco del caldo, lentamente, hasta formar una pasta chirle que se incorporará al caldo hirviendo. Bastan sólo unos 5 minutos de hervor para que la sopa esté lista. Se pueden agregar otras verduras del puchero, picadas, como puerros, nabos, zapallo, papas y zapallitos, así como también un puñado (cuatro o cinco cucharadas) de arroz, en cuyo caso deberá cocinarse la sopa hasta que el arroz, o la tapioca, o la sémola que se le haya agregado, estén a punto.

(23) Sopa de albóndigas

> 1 ½ litro de caldo de puchero, hirviendo • 4 cucharadas de arroz • albóndigas para el caldo

Para las albóndigas, amasar con la mano hasta tener una pasta homogénea, los siguientes ingredientes:

> 1 taza de carne picada • 1/2 taza de panceta, en cubitos chicos • 1 taza de pan rallado • 1/2 cebolla chica, finamente picada • 1 huevo, ligeramente batido • 1 cucharadita de perejil picado • sal, pimienta y nuez moscada a gusto

Add pastina to boiling broth, together with drained and strained or pureed vegetables from *puchero*. Vegetables may also be passed through an electric blender. Cook until pastina is done, and serve hot.

(21) Rice and Carrot Soup

> 1 ½ lt boiling *puchero* broth • 2 large carrots, mashed, from *puchero* • 1/2 cup rice

Sprinkle rice over boiling broth and cook for a few minutes over a brisk fire in a rolling boil. Stir to prevent grains from sticking together. Add then two pureed large carrots, already cooked, and simmer until rice is done. Serve hot.

(22) Puchero Broth with Mushrooms

> 1 ½ lt boiling *puchero* broth • 1 tablespoon butter • 1 tablespoon flour • 1 small onion, finely chopped • 1/2 cup dried mushrooms - soaked in boiling water, drained and chopped • salt to taste

Cook briefly chopped and drained mushrooms in butter, along with finely chopped onion. As soon as onion begins to take color, add flour and continue over a very slow fire until butter has been absorbed. Moisten with a little broth, working liquid in slowly to avoid lumps, until a thin and smooth mixture is obtained. Add then to boiling broth, and cook for about 5 minutes and no more, for soup will be ready soon. Other cooked vegetables from *puchero* may be added, chopped, such as leeks, turnips, squash, and so forth, in very small amounts. Also a very small quantity of rice, tapioca or semolina may be added, cooking broth until this addition is done.

(23) Meat Ball Soup

> 1 ½ lt *puchero* broth, boiling • 4 tablespoons rice • small size meat balls

To make meat balls, work with your hands mixing all the following ingredients until a smooth paste is obtained:

> 1 cup ground lean beef • 1/2 cup bacon, in very small dice • 1 cup bread crumbs • 1/2 small onion, minced • 1 egg, lightly beaten • 1 teaspoon chopped parsley • salt, pepper and nutmeg to taste

Hecha la pasta, formar las albóndigas, no mayores que una nuez, y dejarlas caer sobre el caldo caliente, pero no hirviendo. Llevar lentamente el caldo a un hervor suave y, una vez que rompió el hervor, agregar el arroz y cocinar unos 20 minutos o hasta que el arroz esté a punto.

(24) Sopa de albóndigas de acelgas

> 1 ½ litro de caldo de puchero • 1/2 taza de puré de acelgas, muy escurrido • 1/2 taza de pan rallado • 1/2 taza de queso rallado • 1/2 taza de sémola de trigo • 1 huevo, ligeramente batido • harina para rebozar • sal y nuez moscada, a gusto

En un tazón mezclar el puré de acelgas, muy bien escurrido, con el pan rallado y el queso rallado, la sémola y el huevo batido. Debe quedar una masa de consistencia ligera. Si no tuviese la consistencia necesaria para formar las albóndigas se agregará un poco más de pan rallado y muy poca harina. Sazonar con nuez moscada y sal a gusto. Pasar las albóndigas ligeramente por harina, y dejar caer de a una en el caldo hirviendo. Cocinar a fuego suave hasta que estén a punto, no más de 20 minutos. Se sirven con el caldo, hasta 4 por persona.

Con el mismo sistema suelen hacerse también de zapallo, batatas, zanahorias, y otras verduras del puchero. En lugar de sémola, se puede utilizar arroz hervido.

(25) Sopa de pan y papas

> 1 ½ litro de caldo de puchero • 4 rebanadas de pan francés, tostado ligeramente • 1/2 taza de papas cocinadas, cortadas en cubitos chicos • 1/2 taza de queso rallado

Se ponen las tostadas de pan en el caldo hirviendo y, a medida que se van hinchando, se las deshace con un tenedor o con un batidor de alambre. Una vez deshechas las migas, se las hierve a fuego muy suave por espacio de 15 minutos, se agregan las papas ya cocinadas y cortadas en cubitos, se hierve todo 5 minutos más y se sirve bien caliente, acompañando con una abundante cantidad de queso rallado.

(26) Sopa de ajos con fideos

> 1 ½ litro de caldo de puchero, hirviendo • 2 dientes de ajo, finamente picados • 2 cucharadas de aceite de oliva • 1 cucharadita de perejil, picado muy fino • fideos finos para sopa, a gusto • sal y queso rallado

Se ponen a cocinar en el caldo de puchero los fideos, en la proporción que se desee. Generalmente se hace una sopa no espesa. En una sartén chica se calienta bien el aceite, se echan los ajos finamente picados y, a fuego muy suave, se cocinan lentamente los ajos hasta que estén tiernos. Se agregan el perejil picado y una pizca de sal, solamente se calentará el perejil hasta que tome un color verde intenso, y se vuelca todo sobre la sopa. Se hierve un par de minutos y se sirve muy caliente, con queso rallado.

When the paste is made, form small meat balls, not much larger than a walnut in size, and drop one by one into broth, hot but not yet boiling. When all meat balls have been made and dropped in the broth bring it to a gentle boil, add rice and simmer until rice is done or about 20 minutes. Serve hot.

(24) Chards Dumpling Soup

1 ½ lt *puchero* broth, boiling • 1/2 cup cooked chards, drained and pureed • 1/2 cup bread crumbs • 1/2 cup grated cheese • 1/2 cup wheat semolina • 1 beaten egg • flour to coat • salt and nutmeg, to taste

Mix in a large bowl cooked and pureed chards, bread crumbs, grated cheese and wheat semolina, add beaten egg and blend into a smooth paste, somewhat consistent. If not so, add a little more bread crumbs and some flour. Season to taste with salt and nutmeg, and form into small balls, coat with flour and drop one by one into hot broth. Bring to a boil and cook until done, about 20 minutes. Serve in the broth, 4 to a person.

With the same procedure, other vegetable dumplings are done, such as squash, sweet potatoes, carrots, and other *puchero* vegetables. Instead of semolina, white boiled rice is also used.

(25) Bread and Potatoes Soup

1 ½ lt *puchero* broth, boiling • 4 slices French bread, lightly toasted • 1/2 cup cooked potatoes, in small cubes • 1/2 cup grated cheese

Boil French bread slices, using preferably day old bread, lightly toasted, in broth until it doesn't increase any more in volume, then break up with a fork or a whisk. When bread is broken up, cook for 15 minutes over a very low fire, add afterwards cooked potatoes, continue cooking until potatoes are heated through and serve with abundant grated cheese sprinkled on top.

(26) Noodle and Garlic Soup

1 ½ lt *puchero* broth, boiling • 2 garlic cloves, minced • 2 tablespoons olive oil • 1 teaspoon very finely chopped parsley • fine soup noodles, to taste • salt and grated cheese

Cook fine noodles in broth, in the proportion preferred. It usually is a rather thin soup. In a small skillet heat oil and cook minced garlic cloves, over a low fire very slowly until tender but never browned nor toasted. Add minced parsley, heat through until parsley turns a bright green color, and pour into soup. Boil soup not more than a couple of minutes more, and serve very hot, with abundant grated cheese.

(27) Sopa de arvejas partidas

1 ½ litro de caldo de puchero • 1 taza de arvejas partidas secas, puestas en remojo desde la noche anterior • 200 g de panceta ahumada, cortada en cubitos chicos • 1 cucharadita de perejil picado • 1 zanahoria rallada • 1 cucharada de aceite • sal a gusto, pancitos fritos para acompañar

Dorar la panceta en el aceite hasta dejarla bien tostada, sin que llegue a quemarse. Agregar el caldo y los demás ingredientes. Llevar a hervor suave por espacio de 1 hora, o hasta que las arvejas estén deshaciéndose. Batir el caldo con un batidor, o pasar por licuadora si se prefiere hasta obtener una crema homogénea. Servir caliente con cubitos de pan frito.

(28) Sopa de porotos

1 ½ litro de caldo de puchero • 1 chorizo de cerdo, sin piel, y un poco deshecho • 1 taza de porotos secos, puestos en remojo desde la noche anterior • 2 cucharadas de aceite • 1 cebolla picada • 1 pimiento picado • 1 tomate picado • 1 cucharadita de orégano • 1 papa, cortada en daditos chicos • sal a gusto

Poner los porotos, que habrán estado en remojo desde la noche anterior, a hervir suavemente en el caldo unos 45 minutos, o hasta que estén tiernos pero no deshechos. Hacer entonces una salsa con el chorizo, que se habrá deshecho un poco, friéndolo brevemente en el aceite, luego la cebolla picada, después el pimiento y finalmente el tomate con el orégano. Añadir esta salsa al caldo con los porotos y, al mismo tiempo, la papa cortada en daditos. Hervir unos 15 minutos, o hasta que las papas estén listas. Servir de inmediato.

(29) Sopa de garbanzos

1 ½ litro de caldo de puchero • 1 taza de garbanzos secos, puestos en remojo desde la noche anterior • 1 hoja de laurel • 2 cucharadas de aceite • 1/2 taza de panceta, preferiblemente salada y cortada en cubitos • 1 cebolla chica, en tiritas muy finas (véase receta Nº 295) • 1 cebollita de verdeo, en tiritas muy finas • 1/2 planta de escarola crespa, en tiritas finas • 1 tomate chico, picado • 1/2 taza de papas, en cubitos chicos • 1/2 taza de zanahorias, en cubitos chicos • sal a gusto

Poner a hervir los garbanzos en el caldo de puchero junto con la hoja de laurel, hasta que estén tiernos, lo que podrá tomar entre 30 minutos y 1 hora. Mientras tanto, calentar el aceite y rehogar ligeramente en él primero la cebolla luego la cebollita de verdeo, la 1/2 planta de escarola crespa sólo el tiempo necesario para que cambie un poco de color y, finalmente, el tomate. Se añade esta fritura al caldo, se hierve unos 10 minutos, y después se adicionan las papas y las zanahorias cortadas en cubitos. La sopa estará lista cuando las papas y las zanahorias estén a punto. Servir muy caliente. No debe ser una sopa espesa, en la que las legumbres se hayan deshecho. Los

(27) Split Pea Soup

> 1 ½ lt *puchero* broth, boiling • 1 cup split peas, soaked in water overnight • 200 grs bacon, in small dice • 1 teaspoon chopped parsley • 1 carrot, mashed or grated • 1 tablespoon oil • salt to taste, croutons

Brown diced bacon in hot oil, until well toasted and dry, avoiding however any scorching. Add rest of ingredients, bring to a slow boil and cook for about 1 hour, or until peas are reduced to a purée. If a smooth texture is preferred, beat with a wire whisk or pass through a blender. Serve hot, with croutons.

(28) Dry Bean Soup

> 1 ½ lt *puchero* broth, boiling • 1 *chorizo*, skinned and broken up • 1 cup dry beans, soaked in water overnight • 2 tablespoons oil • 1 onion, chopped • 1 sweet green pepper, chopped • 1 tomato, chopped • 1 teaspoon dry oregano • 1 potato, diced • salt to taste

Soak beans, any of your choice, overnight. Add then to boiling broth and simmer for about 45 minutes or until tender. At that point, make apart a sauce in a small skillet, frying the *chorizo* in a little oil, adding then a chopped onion, a chopped sweet green pepper and finally a tomato, also chopped, with oregano. Add sauce to cooked beans, along with diced potatoes, season to taste and continue simmering, about 15 minutes more, or until potatoes are done. Serve immediately.

(29) Garbanzo (Chick Pea) Soup

> 1 ½ lt *puchero* broth, boiling • 1 cup dry garbanzos - soaked in water overnight • 1 bay leaf • 2 tablespoons oil • 1/2 cup cubed bacon, preferably salty bacon • 1 small onion, in very fine strips (see recipe Nº 295) • 1 scallion or green onion, also in fine strips • 1/2 head curly endive or escarole, in fine strips • 1 small tomato, chopped • 1/2 cup potato, in small cubes • 1/2 cup carrots, in small cubes • salt to taste

Soak garbanzos overnight in water, discard soaking water, wash garbanzos and add to boiling broth with a bay leaf. Cook garbanzos over a very low fire, barely simmering, until tender; it might take from 30 minutes up to 1 hour, depending on the garbanzos themselves. Meanwhile, fry apart in hot oil first the onion, then the scallion, and add the endive or escarole, cut in very fine strips, as in a julienne, cooking escarole for a very short time, that is until barely wilted. Add then tomato, stir to heat through and add to boiling broth. Continue boiling some 10 minutes more before adding the rest of the vegetables, finely diced or in very small cubes, so that they might be cooked in a rather short time. Soup will be ready, when potatoes and carrots are done. This should not come out a thick soup, in which vegetables are cooked to a mush. On the contrary, all vegetables should be well cooked, but not mashed. Serve hot.

Remarks: The last three mentioned soups, split pea, dry bean and garbanzo, are representative methods, and show the techniques that are usual in the making of dry

garbanzos solamente deben haberse cocinado bien, únicamente unos pocos se habrán abierto y deshecho.

Nota: Las sopas antes mencionadas, de arvejas partidas, de porotos y de garbanzos, representan métodos para preparar las legumbres en sopa. La única en la cual las legumbres quedan deshechas es la de arvejas partidas, que también puede hacerse con otro caldo que no sea el de puchero, o con agua. Del mismo modo pueden variarse estas sopas cambiando las verduras que se agregan al final y que por lo general son: zapallo, zapallitos, batatas, choclos desgranados, nabos, arvejas y chauchas. Además de arroz, también pueden agregarse fideos finos o pastinas, para espesarlas un poco. Es imposible dar aun en forma aproximada el tiempo de cocción de las legumbres, porque varía de acuerdo con muchos factores. También es posible hacer estas sopas fáciles con legumbres enlatadas, haciendo los ajustes necesarios en los tiempos totales de cocimiento. En todas estas sopas, y especialmente las que se hagan con caldo de puchero, deberá tenerse en cuenta que el caldo principal ya contiene sal. Por esta razón, convendrá en todos los casos hacer el reajuste de sal sólo unos minutos antes de llevarlas a la mesa.

(30) Sopa de verduras en caldo

1 ½ litro de caldo de puchero • 1 taza, o tal vez menos —a gusto—, de verduras picadas, tales como: cebollitas de verdeo, puerros, escarolas, lechugas, diversas hojas de col o repollo, acelgas, espinacas, hojas de remolacha, borrajas, etc. • 1 taza, o tal vez un poco más —a gusto—, de diversas hortalizas, cortadas en cubitos del tamaño de arvejas, ya sea en crudo o cocinadas en el puchero, tales como: papas, batatas, zanahorias, zapallo, zapallitos, nabos, chauchas, arvejas, bróccoli, coliflor, salsifíes, etc. • 1/2 taza de arroz, o tal vez un poco menos • sal a gusto y queso rallado

Poner el caldo a hervir y agregar, todas juntas, las verduras. Servir cuando estén tiernas, no importando que algunas se hayan deshecho un tanto, como suele ocurrir con el zapallo y las batatas. La adición del arroz, u otro cereal, quedará a gusto de quien la prepare, y podrá ser o bien totalmente omitida o sustituida por pastinas o fideos finos para sopa. En el caso de que lleve arroz, se la suele acompañar con abundante queso rallado.

(31) Sopa de caldo de verduras

1/2 taza de cebollas picadas, puerros picados, cebollitas de verdeo en las proporciones que se prefieran • 2 dientes de ajo, pelados y algo machacados • 2 tazas de papas, batatas, zanahorias y zapallo, picadas en cubitos para una más rápida cocción • 1 hoja de laurel • 1 ½ litro de agua hirviendo • 2 cucharadas de arroz • sal a gusto

Poner a hervir el agua y, agregar todos los ingredientes juntos. Cocinar a fuego muy suave, para que las verduras no se deshagan tanto, hasta que el arroz esté a punto. Salar a gusto y servir de inmediato. Suele acompañarse con abundante queso rallado tipo parmesano.

legume soups. The first one, the split pea soup, is the only one in which the legumes are mashed or pureed. The broth used in home cooking is the *puchero* broth, but there are no established rules that would forbid using any other kind of broth or even plain water. Many other variations may also be made, by adding or substituting the vegetables mentioned in the recipes for others, such as diced squash, *zapallitos*, sweet potatoes, kernels of corn cut from the cob, fresh peas, turnips, green beans, and so forth. Rice may also be substituted with pastina of any kind, or some fine noodles, or a combination of both. The cooking time for the many varieties of legumes will differ, so that a watchful eye should be kept in some of the recipes, but of course a few more or less burst garbanzos won't spoil a home made soup, quite the contrary. It is also possible to make all these soups with already pre-cooked or canned vegetables, readjusting the time. For all these soups, allowances will have to be made for salt, since *puchero* broth is salted. It is thus suggested that any seasoning be left to the last minute, and that salt be added only a few minutes before serving. These soups are to be served hot, in all cases. Croutons and grated cheese additions are left to the cook's preferences, as well as an occasional sprinkling with chopped parsley or other herbs.

(30) *Beef Broth with Vegetables*

> 1 ½ lt *puchero* broth • 1 cup, or perhaps a little less according to taste, mixed green vegetables, chopped, such as: scallions, leeks, escaroles, endives, lettuce, diverse cabbages, chards, spinach, beet greens, turnip greens, borage, etc. • 1 cup, or perhaps a little more, according to taste, mixed vegetables, diced in pea size cubes, uncooked or from a *puchero*, such as: potatoes, sweet potatoes, carrots, squash, *zapallitos*, turnips, green beans, peas, broccoli, cauliflower, etc. • 1/2 cup rice, or perhaps a little less • salt to taste, grated cheese

Bring broth to a boil, add all vegetables together, stir and simmer until potatoes are done. Serve when most of the vegetables are tender and rice is cooked, even though some vegetables like squash and *zapallitos*, in a rolling boil will be cooked to shreds. The addition of rice, or any other cereal, or even of soup noodles or pastina, will always be subject to the cook's preference, who may also choose to ommit. it. The addition of rice, requires in all cases a generous portion of grated cheese, sprinkled over the soup the minute before serving or left to each guest's choice.

(31) *Vegetable Soup*

> 1/2 cup mixed· chopped onions, scallions and leeks in any preferred proportion • 2 garlic cloves, peeled and bruised • 2 cups mixed and diced potatoes, sweet potatoes, carrots and squash, in small cubes to speed up cooking • 1 bay leaf • 1 ½ lt boiling water • 2 tablespoons rice • salt to taste

Bring water to a boil and add all ingredients together. Simmer over a low fire, so that vegetables will not be cooked to shreds and will be done at about the same time as the rice. Season with salt to taste and serve. It is usual to take along to the table an abundant portion of grated cheese, preferably Parmesan style.

(32) Sopa de zapallo

1/2 taza de manteca (unos 100 g) • 1/2 taza de cebollas picadas, o puerros, o cebollitas de verdeo • 2 tazas de zapallo, en cubitos • 2 cucharadas de harina • 1/2 litro de leche • 1 litro de agua hirviendo, o caldo • 1 hoja de laurel • nuez moscada, sal y pimienta a gusto • queso rallado o trozos de queso fresco

Dorar ligeramente las cebollas en la manteca, luego el zapallo, unir la harina y mezclar todo bien. Agregar entonces la leche, deshaciendo un poco el zapallo, y llevar a un hervor suave, completar con el agua hirviendo y sazonar con sal, pimienta y nuez moscada a gusto. Hervir unos 30 minutos. Servir con abundante queso rallado por encima de cada plato, o colocar en cada uno algunos trozos de queso fresco y cubrirlos con la sopa muy caliente para que se derritan.

Nota: De la misma manera se preparan sopas con todas las verduras habituales, cocinando unas más y otras menos, hasta que se hayan deshecho un poco. En el caso de las zanahorias y de los nabos, por ejemplo, puede ayudarse a que se deshagan con un pisa-puré o en la licuadora, después de un primer hervor, cocinando luego la sopa por unos 20 minutos, para que quede bien ligada.

(32) Squash Soup

1/2 cup butter (about 100 grs) • 1/2 cup chopped onion, or scallions, or leeks • 2 cups diced squash, in small cubes • 2 tablespoons flour • 1/2 lt milk • 1 lt boiling broth or water • 1 bay leaf • nutmeg, salt and pepper to taste • grated cheese or any mild, soft cheese, cubed

Fry onion in butter until golden, stir in squash and cook until browned, add flour and blend thoroughly. Pour milk, stirring to mash squash, slowly bring to a boil, add water or boiling broth and season to taste with salt, pepper and grated nutmeg. Simmer 30 minutes, or until smooth. Serve hot with either a sprinkling of grated cheese or adding to each plate large cubes of a fresh and mild soft cheese. Some people will pour the hot soup over the cheese.

Remarks: Cream soups are made of a majority of the common vegetables, following more or less the steps outlined in the preceding recipe. Some vegetables, like turnips or carrots, will require longer cooking, or passing through a blender, to cream them. *Puchero* broth, almost always at hand, is the preferred liquid, to which either fresh or powdered milk is added. The addition of rice is quite common, in which case grated Parmesan type cheese becomes a must.

II Locros y humitas

II. Locros and Humitas

⇜ El locro ⇝

Es una sopa espesa, hecha en base a un cocimiento prolongado de maíz blanco pisado al que se agregan algunas carnes y, a último momento, algunas verduras o legumbres; se sirve acompañado de una salsa frita.

Como en el caso del puchero, para su preparación no hay ninguna fórmula establecida, aunque se siguen algunas tendencias todavía no tabuladas. Cada cocinero tiene su receta propia y personal que también varía por las verduras que se agregan según las estaciones del año.

Se darán a continuación algunas fórmulas, básicamente similares, que ilustrarán los métodos más corrientes y servirán como guía para obtener locros que no desmerezcan el esfuerzo. Según parece, existiría una fórmula original, en base a carne salada y maíz blanco pisado, sazonada con un sofrito de grasa, que habría sido alimento de esclavos durante los años de la colonia. No nos ocuparemos de esa fórmula, sino de las actuales y, entre ellas, las que llevan los elementos más comunes. Del mismo modo que se procedió anteriormente con el puchero, los nombres arbitrarios elegidos para diferenciar los locros no responden en sí mismos a una nomenclatura corriente, sino que obedecen al propósito de evitar una correlación numérica. El nombre del plato es *locro* a secas, distinguiéndose algunos por su componente más destacado. De la misma manera, los nombres elegidos para los distintos locros tendrán en cuenta algún elemento que sobresalga en su preparación.

Así como el puchero es un plato de gusto suave, el locro también se asimila a esa característica, con la diferencia de que su gusto esencial reside en la base de maíz blanco pisado que lo caracteriza; realza su sabor con una salsa picante. El gusto suave y dulzón del locro acepta fácilmente los picantes y, por otra parte, rechaza la adición de verduras de hoja verde como, por ejemplo, espinacas, acelgas, escarolas, etcétera. Los vegetales más corrientes en el locro, además del maíz, son: porotos, batatas, zapallo, papas y cebollas. El sofrito que lo sazona tiene como base una abundante cantidad de grasa, que puede ser de vaca, de cerdo o aceite vegetal, un tanto picante y coloreado de rojo por una generosa porción de pimentón rojo dulce, al que se agregan más corrientemente un poco de comino molido, cilantro fresco o semillas de cilantro molidas, ajo picado, perejil picado, cebollines verdes, cebollas y aun tomate y pimiento morrón en muy poca cantidad, o extracto de tomates.

El locro en sí es un plato abundante, única comida completa y, por lo tanto, escapa a las posibilidades de fijar límites para pocas personas. Las cantidades que aquí se dan tienen por objeto proporcionar una guía, teniendo en cuenta lo que podrán consumir unas seis personas. Pero esto no quiere decir que las cantidades expresadas no puedan modificarse a gusto, siguiendo las necesidades de ajustarlas al número de comensales. El límite de seis es más bien convencional.

(33) Locro con carne de pecho

2 tazas de maíz blanco pisado seco, puestas en remojo desde la noche anterior en abundante agua fría • 1 kg de carne de pecho, con toda su gordura • 300 g de panceta salada, en uno o dos trozos • 1/2 kg de huesos de la rodilla • 1 cebolla picada • 1 tomate picado

⮜ The Locro ⮞

The *locro* is a thick soup, made by boiling the dry kernels of white hulled corn or hominy until tender, and by adding to it some meats and vegetables. When ready, the soup is served with a fried sauce made with an abundant amount of lard or other fat.

Similarly as in the case of *puchero* there are no established recipes for *locro*, though in its preparation some general guidelines are followed. Cooks will have their own and personal recipes, which will vary according to the season and to the vegetables available.

A few basically similar recipes will be seen in this collection to ilustrate the methods most commonly used to prepare it, so as to enable anyone to come out with a *locro* quite in line with the tradition that originated it. It seems this dish may have sprung from an older one which called for white broken corn, cooked for a long time, and seasoned with a fried lard sauce. There is no room in this collection for such unique old recipes. Following the same procedure chosen to explain *puchero* techniques, the few names that are applied to the collected *locro* recipes are nothing else than arbitrary devices, the better alternative to a numerical series. The dish in Argentina is simply known as *locro*, and the way to tell one *locro* from another is by emphasizing one or more of its components, following the system of naming dishes as developed in Argentina.

Locro as well as *puchero* are both mildly flavored and lightly spiced dishes. In the case of *locro*, the main and basic flavor is provided by the broken and hulled corn kernels or hominy and the seasoning by the fried lard sauce which tends to be mildly hot. The underlying sweetness of *locro*, deriving from the long cooked corn kernels, blends in well and takes to the lightly spiced lard sauce that seasons it. At the same time that it shuns all green leafed vegetables, so that any locro as made in Argentina will never have any spinach, chards, escaroles, or other such greens. No *locro* will lack however sweet potatoes, squash, potatoes or dry beans which as the main complement to the basic corn hominy may not be left out. The lard sauce or *sofrito* as it is sometimes called, is made largely with lard in a generous amount, chili or hot red pepper, powdered or crushed, some paprika, cumin, fresh coriander leaves or dry and crushed coriander berries, garlic, parsley, scallions, onions, even tomato, or tomato paste, and fresh sweet pepper.

Locro is by itself a whole and complete meal, and it may be said that as such it is almost impossible to fix for it any limit on quantities or final volume. The amounts shown in the following recipes are intended only as guidelines to an abundant *locro* which will serve at least 6 hungry people. However, ingredients may be increased, or decreased, to suit any one's taste. Any *locro* may be counted upon to feed and satisfy more than the conventional six people here proposed.

(33) Locro with Brisket of Beef

> 2 cups dry hominy - soaked overnight in abundant water • 1 kg brisket of beef, keeping most of its fat • 300 grs salt bacon, in one or two pieces • 1/2 kg knuckle bones • 1 onion, chopped • 1 tomato, chopped

MÉTODO I. En una olla de buen tamaño se ponen los ingredientes mencionados, se cubren con agua y se lleva todo a un hervor muy suave por un tiempo mínimo de dos horas, o hasta que el maíz esté tierno y a punto de deshacerse. Deberá observarse la olla de vez en cuando para evitar que el contenido se seque, agregando el agua necesaria. El maíz absorbe unas cuatro veces su volumen de agua. Cuando esté ya casi a punto, se agregan:

> 300 g de zapallo, en cubos no muy grandes • 2 batatas medianas, también en cubos no muy grandes • 1 cebollita de verdeo, picada muy finamente • sal a gusto

y se continúa cocinando a fuego muy lento hasta que las batatas estén deshaciéndose. En ese momento se retiran del locro los huesos, la carne y la panceta. La carne se separará en fibras; se retirarán las grasas que no se hayan deshecho, se cortará en cubitos la panceta y se picará todo lo que tengan bien cocido los huesos, poniendo de nuevo en la olla las carnes picadas. El locro siempre deberá tener una consistencia espesa. Antes de servir, se retirará unos minutos del fuego para que asiente, y se preparará entonces el sofrito con:

> 1/2 taza de grasa de cerdo o aceite • 1 cebollita de verdeo chica, finamente picada • 1 cucharada abundante de pimentón rojo dulce • 1 cucharadita de comino molido • 1 cucharadita de orégano • 1 cucharadita de perejil picado • 1/2 cucharadita de ají picante molido

Se calienta la grasa, se agregan todos los condimentos y se cocina a fuego muy lento por unos pocos minutos, no más de 5. El locro debe servirse caliente, en sopera y acompañando aparte el sofrito también caliente en salsera, para que cada comensal agregue a su plato la cantidad que desee.

Las variantes que pueden hacerse de este locro deberán tener en cuenta sus características principales: 1) que sólo lleva maíz como elemento básico, 2) que la carne tendrá que deshacerse en fibras y 3) que lleva muy pocas verduras de complemento, pudiendo sustituirse sólo una de las mencionadas por otra de similar carácter, como ser papa, mandioca o choclos.

(34) Locro de zapallo

> 2 tazas de maíz blanco pisado seco puesto en remojo desde la noche anterior en abundante agua fría • 1 kg de huesos de caracú, con carne • 500 g de zapallo, cortado en cubitos chicos • 1 cebolla entera de tamaño mediano • 1 hoja de laurel

MÉTODO II. Como el maíz absorbe unas cuatro veces su volumen de agua, al cocinarse, para lograr un locro que sea más bien caldoso, sin que por ello llegue a resultar chirle, deberá medirse el volumen del maíz seco para añadir luego a la olla cuatro veces la misma cantidad de agua. Utilizando el agua del remojo, se agregarán los huesos, la cebolla, y el zapallo y el laurel, y se llevará todo lentamente a un hervor suave, que se mantendrá por espacio de dos horas, o hasta que el maíz esté tierno.

METHOD I. Put all these, ingredients in an adequately sized pot, cover with 1 ½ lt water (or 3 times the volume of hominy) and bring slowly to a simmer. Cook over a slow fire for at least 2 hours, or until hominy is tender, fluffed out and fully expanded. Watch the pot constantly and add boiling water if necessary. Do not let it dry out. Hominy as a rule will expand from three to about four times its original dry bulk and will absorb as much as four times its original volume of water. That is, each cup of hominy will require four cups of water or more until done. When hominy is tender, add:

> 300 grs squash, in fair sized cubes • 2 medium sweet potatoes, in fair sized cubes • 1 scallion, finely chopped • salt to taste

and continue simmering until sweet potatoes begin to fall apart. At that time, take away from the pot meat and bones and bacon, shred meat to fibres and cube bacon as well as any edible that might cling to bones. Return all beef and cubed bacon to pot, season with salt and heat through. *Locro* must come out thick, and will require extreme care and careful watching to avoid any scorching. For sauce or *sofrito* have ready:

> 1/2 cup lard, or cooking oil, or more according to taste • 1 small scallion, finely chopped • 2 tablespoons paprika, well rounded • 1/2 teaspoon ground cumin, or less • 1 teaspoon oregano • 1 teaspoon chopped parsley • 1/2 teaspoon, or less, crushed red hot pepper

Heat lard, add all ingredients and cook over a slow fire for a short time, never over 5 minutes. Serve *locro* in a soup tureen, and pass along *sofrito* in a sauce boat, so that each guest will be able to help himself to as much sauce as he or she will like.

Remarks: any variations that might be undertaken will have to consider that 1) hominy is the only and basic ingredient, 2) any meat added will have to be shredded to fibers, and that 3) only a few vegetables go into this *locro*, so that limit substitutions to only one of the mentioned ingredients and substitute for a similar one, keeping to potatoes, sweet potatoes, squash, manioc or cassava and fresh corn.

(34) Locro with Squash

> 2 cups dry hominy - soaked overnight in abundant water • 1 kg marrow bones, with a little meat • 1 medium onion, peeled • 1 bay leaf • 500 grs squash, in small cubes

METHOD II. Since hominy will absorb while cooking about four times its dry bulk, to obtain a rather thin *locro*, but not a watery one, measure dry bulk and then add four times the same volume of water. Let soak overnight and then add to hominy and its soaking water, bones, onion, squash and bayleaf. Bring slowly to a gentle simmer, and keep cooking for about 2 hours or until hominy is tender. As the cooking time is rather long, watch the pot often to prevent drying out, and add boiling water if needed.

Como el tiempo de cocción es prolongado, será necesario vigilar la olla de vez en cuando y, en caso de que haya mucha pérdida de líquido por evaporación, se agregará un poco más de agua. Si se mantiene la olla tapada, y a hervor muy suave, la pérdida por evaporación será mínima. Al cabo de este tiempo el maíz deberá estar tierno. De no ser así, deberá continuarse el hervor hasta que esté a punto. Entonces, se agregarán:

1 batata grande, en cubitos • 1 papa, también grande, en cubitos • 1 tomate, sin piel ni semillas, picado • 1 cebolla mediana, picada • sal gruesa

continuando el hervor hasta que la papa esté tierna y por deshacerse. Cuando las verduras estén listas, se retirarán los huesos de la olla, se entresacarán las carnes y tendones bien cocinados que se picarán antes de volverlos a la olla, y se preparará el siguiente sofrito:

1/2 taza de grasa de cerdo o aceite • 1 cucharada generosa de pimentón rojo dulce • 1 cucharadita de comino molido • 1/2 cucharadita —o más, a gusto— de ají picante molido • 2 cucharadas de agua • sal a gusto

calentando la grasa o el aceite, agregando los condimentos y calentándolos por sólo un par de minutos o hasta que el pimentón haya absorbido casi toda el agua. El locro, siempre muy caliente, se servirá en sopera, acompañándolo con el sofrito aparte, en salsera. Este locro debe resultar un tanto caldoso y coloreado de amarillo por el zapallo, que deberá quedar deshecho. Es un plato de sabor muy suave y casi no lleva carne.

En las variaciones sobre este locro también se tendrán en cuenta que: 1) sólo puede hacerse con ventaja usando huesos sustanciosos, como los de rodilla, porque lleva muy poca carne, 2) se hace con el agua del remojo del maíz, lo que acentúa el sabor que se complementa con el del zapallo, y 3) no lleva ninguna factura de cerdo. Para las posibles y muy pocas variaciones, sólo se puede recomendar la sustitución del zapallo por choclos frescos, batatas, mandioca o zanahorias.

(35) Locro de mondongo

2 tazas de maíz blanco pisado seco, en remojo desde la noche anterior en abundante agua clara • 1 kg de huesos de rodilla, partidos y sin carne • 1 hoja de laurel • jugo de 1 limón

MÉTODO III. En una olla de buen tamaño hervir 5 litros de agua y, una vez que rompió el hervor, agregar el maíz, previamente escurrido y lavado varias veces en agua clara, los huesos partidos, el laurel y el jugo de limón, que ayudará a mantener blanco el maíz. En un fuego suave se llevará a un hervor lento y se continuará de este modo por dos horas, vigilando la olla frecuentemente para que el locro no quede seco. En caso necesario se agregará de a poco agua hirviendo de modo que el hervor suave no quede interrumpido. Al cabo de este tiempo se añadirá:

1 taza de porotos secos, en remojo desde la noche anterior • 1 kg de mondongo, limpio, algo sancochado y cortado en tiritas de hasta 5 cm de largo • 1 cebolla grande picada • 1 tomate grande, o dos chicos, picado • 1 pimiento morrón, preferiblemente rojo, picado • 1 ramito de perejil

To reduce water loss to a minimum, keep pot tightly covered and simmer over a very slow fire. Cook hominy until fluffed out and well expanded. At this time, add:

> 1 large sweet potato, in small cubes • 1 potato, also large, in small cubes • 1 tomato, peeled and seeded, chopped • 1 medium onion, chopped • coarse salt to season

and continue simmering until potato is tender. When vegetables are done, take bones out of the pot and cube all meat and other edibles that still cling to bones. Return cubed edibles to pot and heat through, preparing in the meanwhile *sofrito* or lard sauce:

> 1/2 cup lard, or oil • 1 tablespoon, well rounded, paprika • 1 teaspoon ground cumin • 1/2 teaspoon, or more to taste, crushed red hot pepper • 2 tablespoons water • coarse salt to season

Heat lard or oil, add ingredients and heat through, cooking for only a couple of minutes or until paprika has absorbed all the water. Serve *locro* very hot in a deep soup tureen and pass along sauce in a sauce boat. This *locro* must turn out rather thin and of a deep yellow color given by the squash, which should almost disappear during cooking. This is a mildly flavored *locro*, made with a small amount of meat.

Remarks: all variations that could be made will have to consider that 1) only substantial bones, like those from the knuckles, should be used since this *locro* takes very little meat, 2) use all the water in which hominy has soaked, as this will enhance the mild corn flavor, which is complemented by the also mild squash flavor, and that 3) it doesn't take in any pork meat or pork products. Any possible variations, and only a few may be suggested, would have to substitute squash with fresh corn, sweet potatoes, manioc or cassava or carrots.

(35) *Locro with Tripe*

> 2 cups dry hominy - soaked overnight in abundant water • 1 kg knuckle bones, broken in pieces, without any meat • 1 bay leaf • juice of 1 lemon

METHOD III. Bring to a boil 5 lts water in a large pot. Wash hominy carefully until water comes out clear, drain it well and put it in the pot to boil, along with bones, cracked and broken in small pieces, bay leaf and the juice of 1 lemon. Lemon will help to keep hominy white. Bring all together to a simmer on slow fire and cook for about 2 hours or until hominy is fluffed out and tender. Watch pot so that it doesn't dry out, adding boiling water as needed. After the first two hours add:

> 1 cup dry beans, soaked in water overnight • 1 kg tripe, trimmed of all fat, parboiled and cut in strips about 5 cm long • 1 large onion, chopped • 1 large tomato, or two small, chopped • 1 sweet pepper, preferably red, chopped • 1 sprig parsley

continuando con el hervor suave y manteniendo la olla bajo una constante vigilancia para que el contenido no se seque, agregando el agua hirviendo necesaria. Hervirá de este modo por una hora más o hasta que tanto el maíz como los porotos estén deshaciéndose y el mondongo quede tierno. Finalmente se agregará:

1 taza de zapallo amarillo, en cubitos • 1 taza de papas, en cubitos • 3 choclos tiernos, en rodajas finas • 1 cebollita de verdeo, en tiritas finas

continuándose el hervor hasta que los choclos estén tiernos y las papas a punto. Se sirve con un sofrito de:

1/2 taza de buena grasa de cerdo • 1 cebollita de verdeo finamente picada • 1 cucharada generosa de pimentón rojo dulce • 1 cucharada de extracto de tomates • 1 cucharadita de orégano • 1/2 cucharadita de comino molido • 2 cucharadas de agua • ají picante molido, semillas de cilantro molidas y sal a gusto

que se hace rehogando la cebollita en la grasa junto con todos los condimentos y el agua, hasta que ésta quede absorbida. Para servirlo se retiran los huesos y las carnes, si las hubiere y se las pica antes de volverlas a la olla. Se sirve muy caliente, en sopera, acompañado aparte, en salsera, por el sofrito.

Este locro, uno de los más completos, admite una serie de variaciones, en especial de las carnes, siempre que se tengan en cuenta las siguientes características: 1) el primer cocimiento del maíz se acidula con jugo de limón, lo que además facilita el cocimiento de todo tipo de carnes con tendones o carnes duras, 2) en el caso de las verduras, conviene mantener la proporción del zapallo, variando a gusto las restantes y 3) es un locro muy espeso que requiere una vigilancia constante porque suele pegarse frecuentemente a la olla si llega a faltarle agua, que se añadirá de a poco e hirviendo para no entorpecer el ritmo del hervor.

Las carnes que pueden agregarse en el primer tramo de la cocción son: carne salada o charqui, cerdo salado, pata de vaca, patitas de cerdo, y todo otro tipo de carne grasa para hervir. Para agregar en el segundo tramo: carnes magras para hervir, chorizos de diversas clases, panceta salada o ahumada, tripa gorda, corazón de vaca o de cerdo, cueritos de cerdo variados —orejas, partes de la cabeza, rabos, etc.—, y aun algunas carnes de cordero.

(36) Locro con chorizos

2 tazas de maíz blanco pisado seco, puesto en remojo desde la noche anterior en abundante agua fría • 1 cucharadita de bicarbonato de sodio

MÉTODO IV. Poner a remojar el maíz blanco pisado después de haberlo lavado en varias aguas hasta que éstas salgan claras. A la mañana siguiente se pondrá a hervir una olla grande, con 5 litros de agua. Cuando rompa el hervor se agregará el maíz remojado, bien escurrido del agua de remojo, y se dejará hirviendo muy lentamente por espacio de una hora. Al cabo de este tiempo se agregará la cucharadita de bicarbonato, que ayudará a que el maíz resulte muy tierno. Se vigilará la olla constante-

and keep pot simmering gently for about one more hour. Pot must be carefully watched, to avoid any drying out or sticking in the bottom, and adding boiling water as needed. Keep cooking until beans are tender, hominy well fluffed out and tripe soft and easily pierced with a fork. Finally add to the pot:

> 1 cup yellow squash, in cubes • 1 cup potatoes, also in cubes • 3 young and tender fresh ears of corn, in rounds • 1 scallion, in fine strips

and continue simmering until potatoes are done and corn is tender. Serve with a *sofrito* or sauce made with:

> 1/2 cup good pork lard • 1 scallion, finely chopped • 1 generous tablespoon paprika • 1 tablespoon tomato extract • 1 teaspoon dry oregano • 1/2 teaspoon ground cumin • 2 tablespoons water • some crushed red hot pepper, ground coriander seeds and salt to taste

Heat lard, and add together all ingredients, stirring until water is absorbed. To serve this *locro* take out first all bones, cube any meat or edible parts, return these to the pot, season to taste with coarse salt, heat through and take to the table in a soup tureen. Pass *sofrito* apart.

Remarks: This recipe shows the method to one of the most complete ways to prepare *locro*. This recipe will allow for many possible variations, having in mind that 1) hominy is cooked the first two hours in a slightly acidulated water, to which lemon juice is added; this also helps to soften any bone tendons and not so tender meat, 2) as to the vegetables, substitute and vary all but squash, and 3) this is a very thick *locro*, which will require constant watching because it will stick to the bottom of the pot; add boiling water and keep the pot constantly simmering.

Meats and meat products that may be added to this *locro* are: the first two hours, salt beef, salt pork, calf's foot or leg of veal, pig's trotters, any cut of boiling fat beef, or any cut that will take a long time to cook. Add to the pot, with beans, tender cuts of beef, *chorizos*, bacon, pork rinds or other pork products, any beef or pork variety meats, and even lamb or mutton.

(36) *Locro with Chorizo*

> 2 cups dry hominy - soaked overnight in abundant water • 1 teaspoon baking soda

METHOD IV. Wash hominy until water comes clear, and let it soak overnight in abundant water. Bring to a boil 5 lts water in a large pot, add soaked hominy, well drained of its soaking water, bring to a simmer and cook for 1 hour. At the end of this

mente para que el maíz no se pegue ni se seque. En caso de ser necesaria más agua, se la agregará hirviendo para que el hervor no quede interrumpido. El maíz tomará unas dos horas en quedar tierno, o poco más. Al cabo de este tiempo se añadirá a la olla:

1 kg de carne de pecho, cortada en cubos no muy grandes • 4 chorizos de cerdo, enteros, un poco pinchados para que no revienten • 1 taza de porotos blancos (alubias), remojados desde la noche anterior • 300 g de zapallo amarillo, en un trozo • 1 cebolla picada • 1 ramito de perejil • 2 choclos bien limpios de barbas, partidos en dos o tres pedazos • 2 batatas medianas, partidas en dos

y se continuará con el hervor suave por poco más de hora y media. Se probará entonces para tomar el punto del maíz, de los porotos y de la carne. Todo tendrá que estar muy tierno y el locro algo espeso. Se sazona con sal a gusto y se prepara la siguiente fritura:

1/2 taza de buena grasa de cerdo • 2 cebollitas de verdeo enteras, picadas muy finamente • 1 cucharada generosa de pimentón rojo dulce, diluido en 3 cucharadas de agua • ají picante molido y sal, a gusto

Rehogar en la grasa la cebollita sólo un minuto, agregar el pimentón diluido en agua y los otros condimentos a gusto, calentar dos minutos más y llevar caliente en salsera a la mesa acompañando el locro, que irá también caliente, en sopera.

Los locros que llevan maíz y porotos, normalmente requieren una buena proporción de carnes grasas, chorizos, panceta y otra factura de cerdo. Puede agregárseles también huesos, pero no son indispensables. Para que lo graso pueda ser fácilmente absorbido, el maíz deberá estar muy bien cocinado y abierto, razón por la cual en este caso se emplea el bicarbonato de sodio, que ayuda a abrir tanto los granos de maíz como los porotos.

En las variaciones que pueden hacerse a esta receta se tendrá entonces en cuenta que: 1) el bicarbonato ayuda a abrir mejor los granos de maíz y los porotos, 2) los granos deben estar bien abiertos para absorber todos los jugos grasos de las carnes y facturas de cerdo que caracterizan este tipo de locro gordo y 3) el zapallo amarillo o las batatas son los únicos elementos vegetales importantes, porque con su leve gusto dulzón ayudan al tono graso subido.

(37) Locro con porotos

1/2 taza de grasa de cerdo • 3 pimientos morrones, verdes o rojos • 1 cucharada de pimentón rojo dulce • 1 cebolla mediana, picada

MÉTODO V. Preparar con estos elementos una salsa rehogando los pimientos, el pimentón y la cebolla por sólo un par de minutos o hasta que la grasa haya quedado fuertemente coloreada. Agregar esta fritura a:

5 litros de agua hirviendo • 2 tazas de maíz blanco pisado seco, puesto en remojo desde la noche anterior en abundante agua fría • 1 cucharadita de bicarbonato de sodio

time, add baking soda and continue simmering until hominy is tender and well fluffed out. Soda is added to help it to expand and somewhat reduce total cooking time. In about two hours time add:

> 1 kg brisket of beef, in fair sized cubes • 4 pork *chorizos*, whole, and pricked to prevent bursting • 1 cup dry lima beans, soaked overnight • 300 grs yellow squash, in one piece • 1 onion, chopped • 1 sprig parsley • 2 fresh ears of corn, cleaned of husk and silks, cut in two or three pieces • 2 medium sweet potatoes, peeled and halved

and continue simmering for about 1 ½ hour more, or until beef and beans are tender and done. *Locro* should come out thick and will require constant watching. When ready, season to taste with salt and prepare *sofrito* or fried sauce with:

> 1/2 cup lard • 2 small scallions, minced • 1 tablespoon, well rounded, paprika • 3 tablespoons water • crushed red hot pepper and salt to taste

Heat lard and fry scallion for one minute stirring all the time, dilute paprika in water and add along with crushed hot pepper and salt, heat through not more than two minutes more and serve with *locro*.

Remarks: locros made with hominy and beans usually will require a fair amount of fat beef, bacon, *chorizos* and other pork products. Bones may also be added, but are not indispensable. Hominy must be absolutely well cooked and beans almost pureed so that all fat is absorbed; the addition of soda becomes a must in this case. Any variations will have to be made bearing in mind that: 1) baking soda or bicarbonate of soda will help in fluffing out and opening all dry goods, beans and hominy included, 2) which must be well cooked to absorb all fat and juices given off by beef and pork products, 3) the only important vegetable additions for this *locro* are sweet potatoes and yellow squash, because their sweetness helps in cutting the pork fat, thereby rendering it smooth and full of flavor.

(37) *Locro with Dry Beans*

METHOD V. Make a sauce with the following ingredients:

> 1/2 cup good pork lard • 3 sweet green or red peppers, chopped • 1 tablespoon paprika • 1 onion, chopped

frying in hot lard first the sweet peppers, then onions and adding paprika to give it a deep red color. Cook only 2 minutes, and add sauce to:

> 5 lts boiling water • 2 cups dry hominy - soaked overnight in abundant water • 1 teaspoon bicarbonate of soda or baking soda

teniendo en cuenta que el maíz debe estar muy bien lavado. Una vez que el agua rompió el hervor, agregar en primer lugar el sofrito, dejarlo hervir unos 5 minutos y entonces añadir el maíz lavado y remojado, bien escurrido, y el bicarbonato de sodio. Llevar a hervor suave y dejar hervir por lo menos dos horas o hasta que el maíz esté tierno y a punto de reventar. En este momento se añadirá:

> 1 taza de porotos blancos (alubias) y secos, puestos en remojo desde la noche anterior en abundante agua fría • 1 kg de carne para hervir, no magra, cortada en cubos • 2 chorizos de cerdo, sin piel, cortados en dos o tres trozos • 300 g de panceta de cerdo, salada o ahumada, cortada en cubos • 2 choclos, no necesariamente tiernos, cortados en dos o tres pedazos

y se continuará con un hervor suave, por una hora más, o hasta que los porotos estén a punto de reventar. Se vigilará la olla constantemente, sobre todo a partir del momento en que se agregaron los porotos, para evitar que se peguen; cuando sea necesario se agregará la cantidad de agua hirviendo que sea preciso, procurando que en ningún momento vaya a cesar el hervor. Cuando los porotos estén listos, agregar entonces unas pocas verduras, tales como:

> 2 batatas medianas, en cubos chicos • 1 cucharada de perejil y sal a gusto

y continuar el hervor hasta que estén a punto, que será el momento en que este locro esté listo para servir, porque no lleva sofrito aparte, sino que éste se incorpora desde el principio. Servir muy caliente en sopera.

Las posibles variaciones las dan los componentes del sofrito inicial por un lado y las carnes y facturas que se añadan o dejen de añadirse, y que fueron ya mencionadas en recetas anteriores.

En la preparación de las variaciones se guardarán las características de este método que, entre otras, son: 1) el color y el gusto principal lo da el sofrito, que puede hacerse con sólo cebollas, o sólo pimientos, o una combinación de cebollas, pimientos y tomates en proporciones variables: resulta muy singular el que se prepara con ajíes amarillos, o polvo de ajíes amarillos, y cebollas, comino molido y hojas de cilantro en abundante grasa de cerdo, 2) el maíz, que se abre con la ayuda del bicarbonato, absorbe muy bien los gustos del sofrito inicial tomando no sólo su gusto, sino también su color y 3) lleva abundante factura de cerdo y carne gorda.

(38) Locro con patitas

> 2 tomates grandes sin piel ni semillas, picados • 2 cucharadas de extracto de tomates • 2 cucharadas de pimentón rojo dulce • 1 cucharadita —o la medida que se desee— de ají picante • 1/2 taza de grasa de cerdo

MÉTODO VI. Se prepara con estos ingredientes un sofrito ligero, apenas rehogado, con cuidado de que los tomates se hayan cocinado un poco y la grasa tome un color subido muy intenso. Agregar entonces a:

Hominy must be thoroughly washed and drained. Bring water to boil, add fried sauce, and after cooking for 5 minutes add drained hominy and bicarbonate of soda. Simmer gently for 2 hours, or until hominy is tender and fluffed out. At that time, add:

> 1 cup lima beans - soaked in abundant water overnight • 1 kg boiling beef, not lean, cubed • 2 *chorizos* preferably pure pork, skinned, in two or three pieces each • 300 grs bacon, also cubed • 2 ears of corn, not necessarily tender, cut in two or three pieces each ear

and continue simmering, for about 1 hour more or until beans are done, tender but not yet bursting. Watch pot carefully, especially after adding beans, to prevent sticking. If necessary, add boiling water so as not to interrupt simmering. When beans are tender, add a few vegetables, such as:

> 2 medium sweet potatoes, in small cubes • 1 tablespoon parsley, chopped • salt to taste

and continue simmering until vegetables are done, which will take only 10 minutes more or so. And it will be ready then to be served, because the *sofrito* or fried sauce was added at the beginning. Take to the table, very hot, in a deep tureen.

Remarks: The possible variations for this type of *locro* are really numerous, because they might begin with the initial *sofrito*, or by changing, adding or omitting any of the possible meat additions, or any of the other ingredients, many of which have been mentioned in the preceding recipes.

While preparing any variation of this *locro*, the following points will have to be considered: 1) color and initial taste are given by the *sofrito* that will be added at the very beginning and which may be made with only onions, or only sweet peppers, or a combination of onions, sweet peppers and tomatoes in any proportion of each ingredient; a very special one is prepared by making a *sofrito* with yellow peppers, mildly hot ones, or powdered yellow hot peppers, onions, ground cumin and fresh chopped coriander leaves, fried in abundant lard; 2) hominy, which will be well expanded with the help of the bicarbonate of soda, will absorb completely the flavor and will take even the color of the initial *sofrito*, giving thus a unique character to the *locro*; and 3) this *locro* will benefit with the addition of abundant meat, not necessarily lean, and of any pork products.

(38) Locro with Pig's Trotters

> 2 large tomatoes, peeled and seeded, chopped • 2 tablespoons tomato extract • 2 tablespoons paprika • 1 teaspoon - or to taste - chili powder • 1/2 cup lard

METHOD VI. Heat lard and fry lightly all ingredients, so that tomatoes are cooked and lard takes a deep red color. When *sofrito* is made, add then to:

5 litros de agua hirviendo • 2 tazas de maíz blanco pisado seco, remojado desde la noche anterior en abundante agua clara (es decir, muy bien lavado) • 1 kg de huesos de rodilla de vaca, partidos • 4 patitas de cerdo, más bien grandes, partidas al medio y a lo largo • 1 hoja de laurel • jugo de limón

Una vez que el agua rompió a hervir, agregar el sofrito primero y, después de 5 minutos de hervor rápido, añadir los otros ingredientes. Llevar a hervor muy suave y mantenerlo por espacio de tres horas. Deberá cuidarse de que no se seque, vigilando la olla frecuentemente. Al cabo de este tiempo, se agregarán:

2 tazas en total de papas, batatas, zapallo, cortados en cubitos • 1 cuchara-da de perejil • sal a gusto

y se continuará el hervor hasta que las papas estén a punto. Se sirve sin sofrito, en sopera y muy caliente. No se acostumbra a quitar los huesos ni a las patitas de cerdo, pero nada impide que se tome este trabajo quien decida emprenderlo.

Las variaciones más indicadas para este método son las que se basan en la sustitución de las carnes aquí indicadas y la adición ocasional de porotos. Este locro, de características ligeramente aciduladas, realza mejor los cortes y las carnes con tendones, porque éstos se cocinan muy tiernos y sueltan todos sus jugos gelatinosos. Para los locros en general, y para éste en especial, las verduras son una adición marginal, y toda variación sobre las aquí mencionadas puede llevarse a cabo sin detrimento del carácter esencial de la preparación.

De todos modos, al prepararse alguna variación, se considerará que: 1) el carácter ligeramente acidulado ayuda a cocinar mejor todas las carnes tendinosas, y no las carnes grasas, 2) el carácter acidulado también afecta sensiblemente la cocción del maíz, que tardará un poco más de tiempo en estar a punto y no se abrirá tanto como cuando se lo cocina en un caldo no ácido y con ayuda de bicarbonato de sodio y 3) en caso de no tener afecto por los cortes tendinosos, las carnes magras serán un buen sustituto.

(39) Locro de trigo

2 tazas de trigo integral seco, puesto en remojo desde la noche anterior • 200 g de panceta salada, en daditos • 2 cebollas, medianas, finamente pica-das • 2 cebollitas de verdeo enteras, finamente picadas • 2 pimientos morrones dulces, en tiritas • 2 tomates enteros, en gajos delgados • 2 choclos frescos en ruedas delgadas • 1/2 taza de papas, en cubitos • 1/2 taza de batatas, en cubitos • 1/2 taza de zapallo, en cubitos • sal y pimienta a gusto

MÉTODO VII. Lavar con cuidado el trigo remojado y ponerlo a sancochar en poca agua, fría y fresca. Llevar cuidadosamente a un hervor decidido, no más de 5 minutos, en agua que apenas cubra los granos de trigo. Después de este primer hervor se colará el trigo, desechándose el agua, y se pondrá en 4 litros de agua nueva, junto con la panceta y la cebolla. Deberá cocinar a fuego lento hasta que los granos estén abiertos y tiernos —unas dos horas—. Al cabo de este tiempo se agregarán los demás ingredientes y se cocinará hasta que las papas y los choclos estén tiernos. Debe resultar un locro caldoso y de gusto muy suave. Se sirve caliente, como sopa.

5 lts boiling water • 2 cups dry hominy - soaked overnight in abundant water • 1 kg knuckle bones, broken • 4 pig's trotters, large, lengthwise halved • 1 bay leaf • juice of 1 lemon

Bring water to boil in a large pot, and add *sofrito*. Let boil 5 minutes and add the other ingredients. Bring to a simmer and maintain it for about 3 hours. Watch pot carefully and do not let dry up. At the end of this time, add to pot:

2 cups of mixed, cubed: potatoes, sweet potatoes, squash • 1 tablespoon parsley • salt to taste

and continue simmering until potatoes are done. This *locro*, as well as the one preceding, is served without *sofrito* since it goes into the pot at the very beginning. Take to the table in a deep tureen.

Remarks: Even though it is not usually done, nothing will hinder you from removing all bones from trotters, as well as other bones. Variations on this *locro* are indeed many, basically made by substituting meat and meat products from those mentioned in this recipe, and the occasional addition of dry beans. In this lightly acidulated *locro*, all those cuts with tendons and other hard parts that take well to a lengthy cooking process are the ones that should be preferred. For this *locro*, as for most others, vegetables are but a secondary addition, quite unimportant, and must be kept so; however, these additions must be carefully balanced to conform to traditional patterns, so that the essential characters of *locro* are maintained. Anyhow, in the variations the following will have to be considered: 1) the lightly acidulated characteristic of this preparation helps the better cooking of tendinous cuts of beef than of those with a larger proportion of fat, 2) this acidulated characteristic will also affect the cooking of hominy, which will take a longer time to fluff out and expand fully as is required in all these preparations —as if it were, contrasting the case where bicarbonate of soda helps open up the grains of corn—, and that 3) any lean meats will make better substitution than fat meats, in case tendinous meats are not appealing to the cook's taste.

(39) *Whole Wheat Locro*

2 cups whole wheat berries - soaked in water overnight • 200 grs salt pork bacon, cubed • 2 onions, medium, finely chopped • 2 scallions, chopped • 2 sweet peppers, in fine strips • 2 tomatoes, whole, in fine wedges • 2 fresh ears of corn, in thin rounds • 1/2 cup peeled and cubed potatoes • 1/2 cup peeled and diced sweet potatoes • 1/2 cup peeled and diced squash • salt and pepper to taste

METHOD VII. Pick wheat berries carefully and wash, until water comes out clear. Parboil in water, just to cover, not more than 5 minutes. Cool, drain and discard water. Put in a large pot, with 4 lts water, bacon and onion, bring to a simmer and cook over a very low fire for about 2 hours or until whole wheat berries are tender, and barely opened. At about this time, add the rest of the ingredients, and cook until potatoes and corn are tender. This *locro* must come out rather thin, and mildly flavored. Serve hot, in tureen, as a soup.

De todas las variaciones posibles, las más indicadas son: 1) en época de Cuaresma omitir la panceta, con lo que quedará una sopa de verduras; 2) omitir los tomates y agregar, durante el primer tiempo de cocción, una cucharadita de bicarbonato para ayudar a abrir más los granos de trigo; 3) incrementar la lista de las verduras, añadiendo, por ejemplo, zapallitos, puerros, nabos, zanahorias, mandioca, arvejas, chauchas, coliflor, repollo, etc.; 4) sustituir la panceta por otra factura de cerdo —chorizos, codeguines— y agregar carne de vaca o de cordero, que no sea muy gorda, y 5) sustituir el trigo integral por otros cereales integrales, tales como arroz integral, avena entera integral y cebada perlada, pudiendo hacerse también con arroz blanco.

(40) Mazamorra

2 tazas de maíz blanco pisado • 8 tazas de agua • 1 cucharadita de bicarbonato de sodio • sal o azúcar, a gusto

Lavar con cuidado el maíz pisado, rápidamente, en varias aguas, hasta que éstas salgan claras. Poner entonces el maíz escurrido en un tazón con 8 tazas de agua fresca y 1 cucharadita de bicarbonato en remojo por un tiempo mínimo de 12 horas, de la noche anterior hasta la mañana siguiente, en un lugar fresco, pero no en la heladera. Puede quedar en agua de remojo hasta 24 horas. Al cabo de este tiempo, se pone el maíz junto con el agua del remojo en una cacerola de buen tamaño y se lleva lentamente a un hervor muy suave. Es costumbre revolver la mazamorra con un instrumento de madera —pala o cuchara, frecuentemente—; después de la primera hora, cuando comience a espesar un poco, se aprietan los granos de maíz suavemente contra los bordes de la olla para ayudar a reventarlos. Debe quedar espesa; en el caso de que pierda agua por evaporación, se agregará únicamente agua hirviendo para no cortar el hervor y evitar que se seque, naturalmente que de a poco y en poca cantidad. Este proceso tomará algo más de dos horas. Los granos de maíz deben quedar abiertos y muy esponjosos. A esta altura, se añadirá un poco de sal —no más de una cucharadita— y, si fuese para postre, se la azucara a razón de una cucharada rasa de azúcar por taza de agua, o algo más, según el gusto.

La mazamorra dulce se deja reposar hasta que esté a temperatura ambiente y luego se pone al fresco. Se come fría, con algo de leche y azúcar, o bien se incorpora a otras preparaciones.

La mazamorra no dulce, caliente o fría, acompaña platos principales, especialmente carnes, o se incorpora a la preparación de locros, motes, patasca, etc. En budines, bocaditos y pasteles, remplaza con éxito al arroz blanco, y presta a esas preparaciones un sabor especial.

⌇ Las humitas ⌇

Son preparaciones suaves y blandas hechas exclusivamente a base de choclos frescos y tiernos, recién rallados y levemente condimentados. Bajo diferentes denominaciones son comunes a casi todos los países de Hispanoamérica. Los choclos frescos, recién rallados, no tienen ningún sustituto posible. Con algunas preparaciones enlatadas se puede aumentar una proporción básica y mínima de choclos frescos, pero no es posible la sustitución total.

Remarks: Of all possible variations, the ones that may be suggested are: 1) omit bacon during Lent, so as to have a meatless dish, 2) omit tomatoes and add during first half of cooking time a teaspoon, level measuring, bicarbonate of soda to help open wheat berries, and increase number of vegetables added to *locro*, with *zapallitos*, or zucchini, leeks, turnips, carrots, manioc or cassava root, green beans, cauliflower, cabbage, and so forth, 4) substitute bacon with any other pork product, such as *chorizos*, sausages, and add some lean beef, even lamb or mutton, and 5) substitute whole wheat berries with other whole cereals, pearl barley and rice.

(40) Mazamorra (Hominy)

> 2 cups dry hominy • 8 cups water • 1 teaspoon bicarbonate of soda • salt or sugar to taste ·

Wash hominy thoroughly in abundant water, until water comes out clear. Drain well and put to soak in 8 cups of water with a teaspoon bicarbonate of soda. Let stand for 12 hours or overnight in a cool place, not in a refrigerator. Longer soaking will not affect it, however it may stand in water up to 24 hours. Once hominy is soaked, at least overnight, put it together with its soaking water in a large enough pot and bring it to a gentle boil. Some definitely state that the best *mazamorra* is made when stirred with a wooden utensil, and that after the first hour of simmering has gone through the broken kernels must be pressed against the pot sides, to help expand them. It must come out rather thick, and if during cooking too much water evaporates, then add boiling water so as to keep the pot boiling. Stir for another two additional hours, until all kernels are well expanded and fluffed out. At about this time add a little salt, not more than a teaspoon, and should the *mazamorra* be prepared for dessert add also some sugar, about a level tablespoon per each cup of water, or to taste.

Sweet *mazamorra* must stand in a cool place first, to be then refrigerated if so preferred. Serve cool, with milk and sugar, or add to other desserts.

Mazamorra, when not sweetened, warm or cool, is served as garnish to accompany meat dishes, or is made into *locro* or other similar preparations. It also substitutes white boiled rice in such preparations as puddings, fritters and pies.

⁓ Humita ⁓

It is a mild and tender preparation, made with freshly grated corn kernels, slightly condimented. Under different names, the *humita* is known throughout the Americas and especially in Spanish America. Recently grated fresh corn kernels have no possible substitute. With some of the canned varieties, a basic preparation of fresh corn kernels may be increased but not wholly replaced.

Por su simpleza —pocos ingredientes básicos y mínima composición y condimentos— son de preparación rápida y de resultados siempre satisfactorios. El único ingrediente, casi infaltable, es el queso que las acompaña en casi todas partes, un queso criollo, blanco, blando, de muy poca maduración.

En la Argentina se dan las humitas en dos versiones: 1) la versión salada, preferida en el litoral norteño, con algo de queso y una salsa simple de tomates, pimientos y cebollas en aceite, y 2) la versión dulzona, más arraigada en el noroeste argentino, que lleva queso, cebollas, buena grasa de cerdo o manteca, azúcar y alguna otra especia aromática, como clavo de olor, canela o anís. Según la tradición popular, el anís ayuda a disminuir los efectos secundarios de la digestión del maíz.

(41) Humita en olla

4 tazas (12 a 15 choclos) de choclo rallado fresco • 1 porción generosa, no más de 500 g, de queso fresco

salsa frita que se hará con:
1/2 taza de aceite • 1 cebolla grande cortada en medias rodajas • 1 pimiento morrón grande, en tiritas • 1 tomate grande, sin piel ni semillas, picado • sal y nuez moscada a gusto

Calentar el aceite y freír la cebolla junto con el pimiento morrón hasta que estén tiernos, pero no tostados; agregar entonces el tomate y continuar friendo hasta que éste esté cocinado y deshaciéndose. Añadir entonces las cuatro tazas de choclos frescos recién rallados, revolver bien hasta que haya espesado, sazonar con sal, pimienta y nuez moscada a gusto, y agregar el queso fresco cortado en cubitos. Puede servirse en fuente o en cazuelitas individuales que irán al horno, donde se derretirá el queso puesto por encima de la humita que puede adornarse con algo de tomate por debajo y unas aceitunas negras por encima. Se sirve caliente.

(42) Humita dulce

4 tazas de choclos frescos rallados (12 a 15 choclos) • 1/2 taza de grasa de cerdo • 1 cebolla grande, picada • 1 pimiento picado • 1 tomate, sin piel ni semillas, picado • 1 cucharada de pimentón rojo dulce • 1 taza de leche • 1 cucharada de maicena • 2 cucharadas de azúcar • 400 g de queso fresco • sal, canela, nuez moscada, azúcar morena a gusto

Se elegirán choclos frescos que se rallarán, uno por uno, cuidando de rallar sólo los granos y no parte de la mazorca. Las mazorcas ralladas, para aprovechar toda la parte de los granos rallados, se limpiarán pasando repetidas veces el lomo de un cuchillo. En el caso de choclos muy frescos y jugosos, pueden desgranarse primero y luego pasar los granos por licuadora, sin agregar ningún líquido. Los choclos así rallados deben ser utilizados de inmediato, porque no resisten sin fermentar sino muy poco tiempo, a no ser que se decida guardarlos congelados, ya rallados, para uso futuro, en las proporciones requeridas y de antemano medidas.

Due to the simple way in which it is prepared, to its few basic ingredients and sparce seasoning, *humita* has been a favorite for already a long time in Spanish America. As a general rule, cheese is its only complement, in its local version. It is usually called *queso criollo*, or Creole cheese, a soft paste cheese matured for a relatively short time.

There are two versions of the *humita* that are current in Argentina: 1) the unsweetened *humita*, or *humita* with salt preferred in the area of Buenos Aires, mildly seasoned with a tomato, onion and sweet pepper sauce, and 2) the sweetened version, preferred in the Northwestern parts of Argentina, which is made with cheese, onions, lard or butter and sugar, spiced with cloves, cinnamon or anise. According to popular tradition, it is understood that the addition of anise seed helps reducing the secondary effects of corn digestion.

(41) Humita Casserole

4 cups freshly grated corn kernels (about 12 to 15 ears) • 1 generous portion (not over 500 grs) jack cheese, cubed

fried sauce made with:
1/2 cup oil • 1 large onion, in half rounds • 1 large sweet pepper, in thin strips • 1 large tomato, peeled and seeded, chopped • salt and nutmeg to taste

Choose fresh and tender ears of corn. Grate up to 4 cups, either in a grater or separating kernels from the cob with a knife and putting them through a blender. Heat oil, fry onion first together with green pepper until limp but not browned, add then tomato and continue frying until tomato is thoroughly cooked. Add at this time grated corn stirring all the time until thickened, season with salt, pepper and nutmeg to taste and fold in cubed cheese. Serve in a shallow casserole or in individual ramekins, that may be kept warm in an oven. *Humita* may also be served in individual casseroles, with the cheese on top of the grated corn, melted in the oven. There are some who place a tomato slice under cheese and top casserole with black olives. Always serve hot.

(42) Sweet Humita

4 cups freshly grated corn kernels (about 12 to 15 ears) • 1/2 cup lard • 1 large onion, chopped • 1 sweet pepper, chopped • 1 tomato, peeled and seeded, chopped • 1 tablespoon paprika • 1 cup milk • 1 tablespoon cornstarch • 2 tablespoons sugar • 400 grs cheese, jack or similar, cubed or in strips • salt, cinnamon, nutmeg, brown sugar, to taste

Choose fresh ears of corn, and grate kernels off the cob seeing to it that only the kernels are grated, not the cob. Squeeze corn milk out of cobs with back of knife. Sometimes, very fresh corn kernels may be sliced off the cob with a knife and passed through a blender without any further additions. Freshly grated corn must be used immediately, since corn will tend to ferment quickly. However, it may be frozen for some future use, conveniently packed.

Hacer un sofrito con la grasa de cerdo, cebolla, pimiento, tomate y pimentón molido. Agregar, cuando esté listo, el choclo rallado y la taza de leche en la que se habrá desleído la maicena. Llevar a un hervor suave y cocinar por espacio de cinco minutos, hasta que esté todo espeso. Sólo entonces se sazonará con sal, azúcar y nuez moscada a gusto. Untar una cazuela o fuente para horno con aceite o grasa, volcar la humita semicocinada, colocar por encima el queso fresco, en cubos o en bastoncitos, y salpicar el queso con azúcar, blanca o morena, y canela. Puede también prepararse en cazuelitas individuales.

Llevar a horno moderado por espacio de una hora o hasta que el queso esté dorándose y la humita se haya secado un poco y esponjado. Servir caliente en la mesa, o bien fría o tibia como acompañamiento para copetín.

(43) Humita en cazuela con chalas

4 tazas de choclos frescos rallados (12 a 15 choclos), de los que se habrán guardado las chalas • 1/2 taza de grasa de cerdo, o aceite • 1 cebolla grande picada • 1 cucharadita de comino molido • 1 cucharadita de anís en grano • 1 taza de leche • 1 cucharada de maicena • sal y pimienta a gusto

Para esta preparación son indispensables choclos frescos, de los que se guardarán las chalas. Para aprovecharlas mejor, con un cuchillo de cocina bien afilado se cortarán los choclos en su base, se descartarán las chalas más gruesas y duras y se elegirán las tiernas que están dentro. Se limpiarán de barbas y, una vez elegidas, se pondrán en una olla grande, con una cucharadita de sal, a sancochar en abundante agua hirviendo por sólo 3 minutos, retirándolas del agua y escurriéndolas en un colador.

Una vez preparadas las chalas se rallarán los choclos, que deberán ser grandes y preferiblemente tiernos y, sobre todo, frescos y jugosos.

Rallados los choclos, en una olla se rehogará en la grasa la cebolla por sólo un par de minutos, a fuego lento, hasta que empiece a tomar color, añadiéndose entonces comino, anís, choclos y leche en la que se habrá desleído una cucharada de maicena. Llevar a hervor suave y cocinar hasta que la preparación haya espesado. Sazonar a gusto con sal y pimienta y, si se prefiere, con un poco de azúcar (no más de 2 cucharadas).

Con las chalas y una buena medida de paciencia forrar el fondo y los costados de una cazuela o fuente para horno. Las puntas de las chalas que cubran los costados deben quedar hacia arriba. Colocar sobre la cama de chalas la preparación de humita, cerrar volcando hacia el centro de la cazuela las puntas de las chalas, tapar con más chalas, y poner una tapa pesada a la cazuela. Llevar a horno suave y cocinar por espacio de una hora y media, o hasta que la humita se haya secado un poco y esponjado. Debe quedar muy tierna. Las chalas acentuarán el aroma del maíz fresco. Se sirve caliente, en la cazuela, de la que se habrán retirado la tapa y las chalas dispuestas por encima. Abrir las puntas y servir con cuchara.

Heat lard and make a sauce with onion, sweet pepper, tomato and paprika. When sauce is sufficiently cooked add all the grated corn and the milk in which corn starch was diluted. Bring to a gentle simmer and cook for about 5 minutes until mixture has slightly thickened. Only then season with salt to taste, cinnamon, nutmeg and brown sugar. Oil or butter and oven casserole, pour *humita*, cover with cubed cheese, or cheese cut in thin strips, sprinkle some brown sugar over cheese, or white sugar if so preferred, and a little cinnamon. Individual ramekins or individual casseroles may also be used.

Bake in a moderate oven for about 1 hour, or until cheese on top begins to brown and *humita* is tender and fluffed up. Serve hot. It is also very good, either warm or cold, for cocktails.

(43) Humita Casserole with Chalas

4 cups freshly grated corn kernels (12 to 15 ears); reserve corn husks • 1/2 cup lard, or oil • 1 large onion, chopped • 1 teaspoon ground cumin, or less • 1 teaspoon anise seeds • 1 cup milk • 1 tablespoon cornstarch • salt and pepper to taste

Fresh ears of corn are indispensable for this preparation, since also the husks are used. Cut off ears at base and top, remove outer hard husks and reserve inner, softer ones. Remove from ears and husks all silks. Place husks in a deep pot, with 1 teaspoon salt, cover with boiling water and parboil only 3 minutes. Take away from water and drain.

After taking off husks, grate kernels, choosing preferably the cobs with the larger kernels, seeing to it that these are fresh and juicy.

After grating corn, heat lard and fry onion only for about two minutes or until limp. Add then cumin, anise seed, grated corn and milk with the cornstach diluted in it. Bring to a boil, and simmer gently until mixture thickens, stirring constantly to prevent sticking. Season with salt, pepper, and if so preferred add a little sugar, brown or white, not over 2 tablespoons at most.

Butter or oil a casserole, and with an ample measure of patience, line it inside —outside would be quite futile— with parboiled husks, first the sides and then the bottom. Husks on the sides must be placed with pointed ends upwards, so that they could be folded over casserole afterwards. Pour half cooked *humita* in husk lined casserole, fold over pointed husk ends and cover with additional husks, place a heavy cover on casserole and bake in a moderate-slow oven for over 1 hour, nearly 1 ½ hours, until *humita* is tender and fluffed up. Husks are used to still enhance the fresh corn aroma of *humita*. Serve hot from the oven, directly from casserole, removing cover and husks that were placed on top, opening up folded in husks lining casserole sides, using a large spoon. As might be obvious by now, *chalas* are the corn husks used to line the casserole, and even though not edible are the main seasoning for this very special dish.

(44) Humita al horno

> 4 tazas de choclos frescos rallados (12 a 15 choclos) • 1/2 taza de aceite o manteca • 1 cebolla mediana, finamente picada • 1 cebollita de verdeo entera, finamente picada • 200 g de queso blanco, quesillo o queso fresco • 1 taza de leche • 1 cucharada de maicena • 4 huevos ligeramente batidos • 100 g de queso rallado, tipo parmesano • 2 cucharadas de pan rallado • aceite, pizca de nuez moscada, sal y pimienta a gusto, anís

Rallar cuidadosamente los choclos para que no vaya incluida en la ralladura parte de la corteza dura de las mazorcas. Una vez preparada la ralladura de choclos, derretir la manteca y rehogar la cebolla, finamente picada, hasta que empiece a perder color; agregar la cebollita de verdeo y rehogar hasta que tome un tono verde subido. Incorporar fuera del fuego los choclos, el queso blanco, o el quesillo o queso fresco en cubitos, la taza de leche con la maicena diluida y los huevos ligeramente batidos. Sazonar con sal, pimienta, nuez moscada y anís.

En una fuente plana de horno, enaceitada, volcar la preparación y extenderla uniformemente; cubrirla primero con el queso rallado, luego con el pan rallado y, finalmente, con unos hilos de aceite o unos trocitos de manteca. Llevar a horno moderado por espacio de una hora, o hasta que comience a dorarse el queso. Servir caliente o fría como aperitivo, cortada en cuadraditos.

(45) Humita con morrones

Preparar una mezcla de humita según los ingredientes y las proporciones indicadas en la receta anterior. Colocarla en una fuente de horno y cubrirla con pimientos morrones, sin piel ni semillas, salpicando con un poco de pan rallado y unos hilos de aceite. Llevar a horno moderado y servir cuando la humita se haya secado y esponjado.

(46) Humita con huevos duros

Preparar una mezcla de humita según los ingredientes y las proporciones de la receta Nº 44. Colocarla en una fuente de horno y cubrirla con rodajas de huevo duro, aceitunas negras picadas y abundante salsa blanca. Llevar a horno moderado hasta que la humita está a punto y levemente dorada por arriba. Servir caliente.

(47) Pastel de humita con carne

Preparar un relleno de carne como para empanadas (ver recetas Nº 51 ó 52), añadiendo huevo duro picado, aceitunas picadas y unas pocas pasas de uva. Preparar también una mezcla para humita, según alguna de las recetas anteriores. Untar una fuente de horno con aceite o manteca, colocar el relleno de carne, cubrirlo con la mezcla de humita y llevar a horno moderado hasta que la humita esté a punto y algo dorada por encima. Servir caliente.

(44) Baked Humita

> 4 cups freshly grated corn kernels (from 12 to 15 ears) • 1/2 cup butter or
> oil • 1 medium onion, finely chopped • 1 scallion, finely chopped • 200 grs
> mild soft cheese, or cottage cheese • 1 cup milk • 1 tablespoon cornstarch
> • 4 eggs, lightly beaten • 100 grs grated cheese, Parmesan type • 2
> tablespoons bread crumbs, or more • oil, salt, pepper, anise seed and a
> pinch nutmeg

Grate kernels from corn cobs, carefully and thoroughly, seeing to it that the cobs
themselves are not grated too. An alternative procedure: slice kernel off cob and pass
through a blender, preferably without any additions, but should kernels be rather dry
then mix with part of the milk. When kernels are grated or ground to a paste, then fry
onion in butter or oil, until limp, add scallion until it turns a bright green, continue
stirring and adding corn, cubed or crumbled cheese, take away from fire and stir in
milk with diluted cornstarch, lightly beaten eggs, grated cheese, salt, pepper, anise
seed and a little nutmeg, seasoning to taste.

Oil a shallow baking dish, distribute corn mixture evenly throughout, sprinkle
with grated cheese, bread crumbs and drizzle oil on top or dot with butter. Bake in a
moderate oven, about 1 hour or until top is lightly browned. Serve hot, or let cool and
serve cut up in little squares.

(45) Humita with Sweet Peppers

Prepare a grated corn mixture as indicated in the previous recipe, and spread
evenly on an oiled shallow baking dish. Cover with strips of red or green peeled and
seeded sweet peppers, sprinkle with bread crumbs, drizzle with a generous amount of
oil, preferably olive, or dot with abundant butter, and bake in a moderate oven until
humita is fluffed out and top is lightly browned.

(46) Humita with Hard Boiled Eggs

Prepare a grated corn mixture according to recipe Nº 44, and spread evenly on a
previously oiled or buttered shallow baking dish. Cover with a generous amount of
sliced hard boiled eggs, dot with sliced or chopped black olives, pour abundant white
sauce on top, sprinkle with a little grated cheese and bake in a moderate oven until
humita is done, and top is lightly browned. Serve very hot.

(47) Beef and Humita Pie

Prepare a ground beef filling as for *empanadas* (recipes Nos. 51 or 52), adding to it
some chopped hard boiled egg, chopped olives and a few raisins. Prepare also a grated
corn kernels mixture, as any of the shown in the previous recipes. Place filling in an
oven dish, previously oiled or buttered, cover with grated corn kernels preparation
and bake in a moderate oven until *humita* is done and lightly browned on top. Serve
hot.

(48) Pastel de humita con pollo

Preparar un relleno con: 2 tazas de pollo cocinado, en trozos no muy chicos, cebollas rehogadas en manteca, pasas de uva, huevos duros, 1/2 taza de caldo, 1/2 taza de jerez seco y 1 cucharada de maicena, sal, pimienta, ají picante molido y nuez moscada a gusto. Colocar este relleno en una fuente de horno previamente enmantecada, cubrir con la preparación de humita (ver receta Nº 44) y llevar a horno moderado hasta que la humita esté a punto y ligeramente dorada por encima. Servir caliente.

(48) Chicken and Humita Pie

Prepare a filling with: 2 cups cooked and coarsely chopped chicken, onions cooked in butter, raisins, chopped hard boiled eggs, 1/2 cup broth, 1/2 cup dry sherry and 1 tablespoon cornstarch, salt, crushed red hot pepper, ground pepper and nutmeg to taste. Place filling in a previously buttered oven dish, cover with grated corn kernels preparation (see recipe N° 44), and bake in a moderate oven until *humita* is done and lightly browned on top. Serve hot.

III. Empanadas

III. Turnovers

≈ Las empanadas ≈

Son preparaciones comunes a muchas regiones, que de una manera u otra envuelven en masa un relleno. Tanto las masas como los rellenos son de una variación casi imposible de clasificar, pero para la América latina en general, y para Hispanoamérica en especial, puede decirse que se trata principalmente de un picadillo de carne envuelto en una masa de harina de trigo con algo de grasa como elementos primordiales. Claro está que hoy en día se han diversificado los rellenos posibles con la enorme variedad de elementos de que dispone cada región, y las masas ofrecen una gran gama de posibilidades que sería inútil tratar de catalogar. Por esta razón, sólo se han elegido las que pudieran servir como ejemplo.

Los métodos para hacer los picadillos también son muchos; se seleccionaron dos para el caso de los picadillos de carne de vaca, que representan los más corrientes entre los comunes a toda la Argentina y se agregaron otros rellenos para dar una idea de las variaciones posibles. Lo mismo ocurre con las masas, de las que se ofrecen una para freír y otra para hornear. Las empanadas fritas se hacen en grasa de vaca o de cerdo, en un recipiente de hierro pesado y profundo. Se fríen unas pocas a la vez, en grasa muy caliente, ya que únicamente es necesario dorar la masa. Las horneadas se hacen asimismo en horno fuerte y en pocos minutos, porque los rellenos están ya cocinados y sólo será necesario calentarlos.

Los rellenos se indican en proporciones pequeñas, a fin de que puedan ser fácilmente aumentados.

Las empanadas pueden servir como plato único —lo más corriente en la cocina casera que se está ilustrando— o bien a modo de aperitivo. En el primer caso, se calcularán hasta 6 empanadas por persona, divididas más o menos en: dos de verduras, tres de carnes y una dulce para postre. O si no en: dos de verduras, una de queso, una de carne, una de pollo y una dulce para postre. En el caso de aperitivos, se calcularán dos por persona, todas iguales o si no dos variedades como máximo, contando siempre con una de carne.

Masas para empanadas

(49) Masa para freír

3 tazas de harina común • 1 taza de grasa fina de cerdo, más bien escasa •
1 huevo ligeramente batido • 4 cucharadas de agua ligeramente salada

Formar una masa con la harina y la grasa de cerdo, agregando el huevo y gradualmente las cucharadas de agua hasta tener una masa más bien blanda. Trabajarla hasta que quede elástica y lisa, y dejarla descansar unos 30 minutos antes de usar. La cantidad de agua por agregar dependerá de varios factores, de modo que conviene unir el huevo a la masa y añadir luego gradualmente el agua, menos de la indicada o más si fuese necesario para conseguir la masa blanda que se busca.

∼ Turnovers ∼

These are preparations common to many parts of the world, consisting mostly of a kind of filling that is enclosed in some dough. Fillings are so many and varied, as well as the kinds of dough, that it is almost impossible to arrange them into a workable classification. However, in Latin America, and more especifically in Spanish America, it can be said that *empanadas* or turnovers are mainly a preparation with a ground meat filling enclosed in a wheat flour and animal fat dough. Today, with the enormous resources of the region becoming available to more people, fillings have seen an unexpected diversification and doughs have also developed to suit every area's preferences. Because of this wide variety, out of the many possibilities, only what seemed to be the best examples have been chosen to show what is the current *empanada* in Argentina.

The methods followed to make the diverse fillings are numerous to say the least. Ground beef filling was the only one current in Argentina until quite recently; but two only have been selected of the many ones that are popular and that have an ample distribution. Other kinds of filling have also been included to give an idea of the variations that are however possible. A similar procedure was followed with doughs. Choosing only one for baked *empanadas* and one for fried *empanadas*. To fry *empanadas* according to local usage, heat an abundant amount of lard, beef drippings of other beef fat in a large and deep cast iron skillet. Fry only a few *empanadas* at a time, turning them in the hot fat so that dough is quickly and evenly browned on all sides in a short time since just dough is to be cooked. Baked *empanadas* are also quickly browned in a very hot oven as fillings are already cooked and will only need heating through.

Quantities for fillings have been kept to minimum proportions, so that increasing the recipe's quantities should not prove a hard task.

As a rule, *empanadas* are by themselves a complete meal, more so for the home kitchen. Sometimes *empanadas* could be served as appetizers. When *empanadas* are the entire meal, 6 per person would be the normal count; make half with a beef filling, the rest divided so as to serve each guest 2 *empanadas* with a vegetable filling and 1 with a sweet filling. Or divide them into 2 vegetable, 1 cheese, 1 beef, 1 chicken and 1 sweet filling to serve a complete sampling. When *empanadas* are served as appetizers, 2 per person would be a normal proportion. Beef filling is then a must, or at the most 2 varieties can be served, one of them beef.

Empanada Dough

(49) *Frying Dough*

> 3 cups all purpose flour • 1 cup, rather short, fine pork lard • 1 egg, lightly beaten • 4 tablespoons lightly salted water

Work together lard and flour, stirring in egg and mixing into a dough. Add gradually water by tablespoonfuls to make a soft dough. Knead until smooth and elastic and let stand 30 minutes before using. The amount of water needed will vary, so that it is always best to work egg first into dough, adding gradually enough water to obtain a soft dough.

(50) Masa para horno

2 tazas de harina común • 1/2 taza de grasa fina de cerdo • 1 huevo chico, ligeramente batido • 1 cucharadita de pimentón rojo dulce • 1/2 cucharadita de sal • agua tibia

Batir ligeramente el huevo, agregándole la sal, el pimentón rojo dulce y suficiente agua como para hacer una 1/2 taza escasa de líquido. Mezclar primero la harina con la grasa de cerdo y añadir la 1/2 taza de la mezcla de huevo con agua, sal y pimentón. Si el líquido fuese demasiado, agregar un poco más de harina hasta tener una masa blanda pero consistente; en caso contrario, agregar un poco más de agua tibia. Sobar la masa un buen tiempo hasta que quede lisa y dejarla descansar al fresco una media hora.

La masa para empanadas se estira hasta darle menos de 1/4 cm de espesor. No debe ser muy fina, sino de alguna consistencia. Una vez estirada, se corta en redondeles grandes para las empanadas regulares, de unos 15 cm de diámetro, y algo más chicos —unos 10 cm— para copetín. Los tamaños son muy variables, pero se han dado las medidas más corrientes para las facturas caseras.

También son comunes la masa de hojaldre y el semihojaldre para las empanadas horneadas.

Rellenos

(51) Empanadas fritas de carne

1/2 kilo de carne de vaca magra, cortada a mano, en cubitos chicos • 1/2 taza de grasa de cerdo • 2 cebollas grandes picadas muy finamente • 2 cebollitas de verdeo picadas muy finamente • 2 cucharadas de harina • 1 cucharada de pimentón rojo dulce • 1/2 taza de caldo caliente o agua hirviendo • sal, pimienta y orégano a gusto • pasas de uva sin semilla, 2 cucharadas o algo más • aceitunas verdes descarozadas y picadas, 2 cucharadas • 3 huevos duros, cortados en ruedas delgadas

Poner en una olla pesada de hierro la grasa fina de cerdo y calentarla. Dorar primero la cebolla, agregar después la carne y revolver hasta que pierda su color; añadir entonces la harina y seguir revolviendo hasta que la carne se dore. Luego, las cebollitas de verdeo, el pimentón y el caldo, sólo el necesario para formar una pasta espesa. Mezclar bien, hervir unos 5 minutos y condimentar a gusto con sal, pimienta y orégano. Tibio ya el relleno, agregar las pasas sin semillas, las aceitunas picadas y los huevos duros en ruedas delgadas.

Una vez cortados los discos de masa, colocar en cada uno una cucharada de relleno, mojar los bordes con agua y cerrar las empanadas en mitades presionando con los dedos sobre los bordes para cerrarlos bien y evitar que el relleno escape. Hacer el repulgo y freír, hasta que estén doradas, en grasa de cerdo muy caliente.

(50) Baking Dough

> 2 cups all purpose flour • 1/2 cup fine pork lard • 1 small egg, lightly beaten • 1 teaspoon paprika • 1/2 teaspoon salt • warm water

Beat lightly first egg with salt and paprika, adding enough water to make 1/2 cup liquid. Work together lard and flour, stirring in gradually liquid mix to make a soft and pliable dough. It is best to add more flour to dough rather than be short on the liquid. Should liquid be not enough, then add a little more warm water. Knead dough until smooth and elastic, and let stand 3 minutes before using.

Remarks: Empanada dough should be rolled out to about 1/4 cm thick. I should not be however a thin sheet, but rather consistent. When rolled out cut into rounds of about 15 cm across for regular *empanadas* and somewhat smaller about 10 cm across for snack or appetizer *empanadas*. Sizes could undoubtedly be larger or smaller than the ones given here which represent those most current in the home kitchen. Puff pastry and short crust pastry are also widely used for baked *empanadas*.

Once dough is rolled out and circles are cut out, lift carefully and fill with about one rounded tablespoonful, rather generous, of your prepared filling, wet borders with water and close by pressing borders after folding circles in halves. To form edging press with tines of fork around *empanada* edge, pressing evenly on dough.

Fillings

(51) Fried Empanadas with Beef Filling

> 1/2 kg lean beef, in small cubes • 1/2 cup fine lard • 2 large onions, finely chopped • 2 scallions, finely chopped • 2 tablespoons flour • 1 tablespoon paprika • 1/2 cup boiling broth, or water • salt, pepper and oregano to taste • seeded raisins, about 2 tablespoons • chopped green olives, about 2 tablespoons • chopped hard boiled eggs, about 3

Heat lard until very hot in a heavy iron pot or deep skillet. Brown onion first, add then cubed beef and stir until it changes color, add then flour and continue stirring until beef is browned, add lastly chopped scallions, paprika and broth or water until a thick mixture is obtained. Blend well, bring to a boil and cook no more than 5 minutes, season to taste with salt, pepper and oregano. Remove from fire and let cool, add raisins after it is cold, along with chopped green olives and chopped or sliced hard boiled eggs.

Prepare chosen dough, roll out and cut in circles, place in each about 1 well rounded and abundant tablespoonful of filling, wet borders with water, press with fingers to seal after folding dough over filling, make edging and fry in abundant lard until lightly browned.

(52) Empanadas de carne al horno

1/2 kilo de carne magra, picada en la máquina • 1/2 taza de grasa de cerdo • 1 taza de cebollita de verdeo picada • 2 tomates medianos picados • 1 pimiento mediano, picado • 1 cucharada de ajo-perejil picado • 1/2 cucharadita de orégano • 1/2 cucharadita de comino molido • 1/2 cucharadita de pimentón rojo dulce • 1 cucharada o algo más de pasas de uva sin semillas • 2 cucharadas de aceitunas verdes descarozadas y picadas • 2 huevos duros grandes, picados gruesos • sal, pimienta a gusto • agua hirviendo, agua con sal

Poner en un tazón la carne de vaca picada y cubrirla con agua hirviendo. Dejar reposar unos minutos, hasta que cambie de color, y descartar inmediatamente el agua (que puede usarse para una sopa), escurrir y agregar sal. Aparte, derretir la grasa de cerdo y rehogar primero la cebollita de verdeo, luego los tomates y después el pimiento con el ajo-perejil; seguidamente agregar el orégano, el comino y el pimentón; mezclar y retirar del fuego. Una vez tibia la preparación, agregar las pasas de uva, las aceitunas picadas y el huevo duro, y dejar enfriar antes de añadir la carne.

Sobre los discos de masa para horno poner una cucharada colmada de relleno. Mojar los bordes con agua salada, presionar con los dedos para unirlos bien, una vez doblados en mitades y con un tenedor marcarlos para que no se abran. Poner en una placa de horno y llevar a horno fuerte unos pocos minutos hasta que estén doradas. Servir calientes.

Considerando que los sistemas para el armado de las empanadas no varían fundamentalmente de los ya apuntados, a continuación sólo se darán las indicaciones para los rellenos.

(53) Relleno de pollo

2 tazas de carne de pollo cocinada y picada gruesa • 1/2 taza de grasa fina de cerdo • 1 cebolla mediana, picada • 1 cebollita de verdeo, picada • 2 cucharadas de harina, escasas • 1/2 taza de caldo de ave, caliente, o algo más • 2 cucharaditas de pimentón rojo dulce • 1/2 cucharadita de comino molido • 1/2 cucharadita de pimienta o ají molido picante • perejil picado a gusto, sal

Rehogar la cebolla y luego la cebollita de verdeo en la grasa de cerdo, agregar la harina, tostar un poco, añadir caldo, pimentón, comino, ají picante o pimienta, un poco de perejil y hervir 3 minutos. Agregar entonces el pollo picado. Si la salsa resultase muy espesa, añadir algo más de caldo. Sazonar con sal a gusto y dejar enfriar antes de usar.

(54) Relleno de camarones

1/2 kilo de camarones, limpios y pelados, reservando las peladuras • 1/2 taza de manteca • 2 cebollas grandes, cortadas en medias rodajas muy finas • nuez moscada y sal a gusto

(52) Baked Empanadas with Beef Filling

> 1/2 kg ground beef, preferably lean • 1/2 cup fine lard, or other fat • 1 cup chopped scallions • 2 medium tomatoes, chopped • 1 medium sweet green pepper, chopped • 1 tablespoon chopped garlic and parsley mix • 1/2 teaspoon oregano • 1/2 teaspoon ground cumin • 1/2 teaspoon paprika • 1 tablespoon, or a little more, seedless raisins • 2 tablespoons chopped green olives • 2 large hard boiled eggs, coarsely chopped • salt and pepper to taste • boiling, lightly salted water

Place ground beef in a deep bowl and while stirring pour boiling water over it to cover. Let stand a few minutes, until beef changes color, take beef away from water, drain and let cool. Discard water, which may later be put to other use, such as a soup. Heat fat in a deep skillet or heavy iron pot, fry lightly scallion until it turns a bright green, add tomatoes, then pimento with garlic and parsley mix, and lastly oregano, cumin and paprika, blend well and take away from fire. Let cool, and add then seedless raisins, chopped olives and sliced hard boiled egg. Add ground beef when preparation is cold and season with salt, remembering that olives are cured in brine.

Roll out and cut in rounds selected dough. Place a rather abundant amount of filling in the center of each disc of dough, wet borders with water, fold dough over filling so that sides meet, press with fingers to seal and make edging if so preferred. Press with tines of fork to form edge and to seal tightly. Place *empanadas* on baking sheet and bake in a hot oven until lightly browned. Serve very hot.

Remarks: Considering that *empanadas* will always be made in about the same way, the following recipes will only mention the fillings.

(53) Chicken Filling

> 2 cups cooked chicken meat, shredded, in large pieces • 1/2 cup fine lard • 1 medium onion, chopped • 1 scallion, chopped • 2 tablespoons flour, level • 1/2 cup chicken broth or a little more, very hot • 2 teaspoons paprika • 1/2 teaspoon ground cumin • 1/2 teaspoon ground pepper or crushed red hot pepper • chopped parsley, to taste, salt

Heat fat and lightly fry onion first, then scallion, add flour, brown and add broth, paprika, cumin, ground pepper or crushed red hot pepper, a little chopped parsley and cook for 1 minute. Add then cooked chicken meat, season to taste and correct preparation adding a little more water if too thick. Let cool before using.

(54) Shrimp Filling

> 1/2 kg shrimp, cleaned and shelled, reserving shells • 1/2 cup sweet butter • 2 large onions, in very fine rounds • nutmeg and salt to taste

Derretir la manteca y agregarle las peladuras de los camarones algo machacadas. Freírlas un par de minutos, y luego quitar las peladuras de la manteca y descartarlas (se pueden usar para hacer caldo).

En la misma manteca, pasar ligeramente los camarones, sólo para calentarlos, y retirar de inmediato. En la misma manteca rehogar las cebollas hasta que queden trasparentes. Sazonarlas entonces con sal y nuez moscada. Poner en cada disco de masa una cucharada de cebollas fritas en la manteca; si fuesen chicos, tres camarones y, si muy grandes, uno solo. Cerrar y dorar en grasa fina de cerdo. Servir siempre muy calientes.

(55) Empanadas de vigilia

> 2 tazas de un buen puré de papas, con manteca y leche • 2 cebollas grandes, fritas en manteca, sin que lleguen a dorarse • 1 taza de pescado hervido, preferiblemente de carne blanca• sal y pimienta a gusto

Mezclar estos ingredientes, tratando de que el pescado no quede totalmente deshecho, y rellenar los discos de empanadas. Las empanadas de vigilia normalmente se hacen con masa de hojaldre al horno.

(56) Empanadas de pescado

> 2 tazas de pescado hervido, preferiblemente de carne blanca, y cuidadosamente abierto, sin espinas • 1 cebolla grande, picada • 1/2 pimiento mediano, en tiras muy delgadas • 1 tomate grande, sin piel ni semillas, en gajos finos • 3 cucharadas de buen aceite, preferiblemente de oliva • 1 cucharada de extracto de tomates • 3 cucharadas de agua hirviendo o caldo de pescado • pimentón rojo dulce, sal, pimienta a gusto • pan rallado y ajo-perejil picado

Hacer una salsa criolla algo espesa con cebolla, pimiento, tomate y aceite, agregando extracto de tomates, pimentón rojo dulce y algo de comino. Sólo si fuese necesario, un poco de agua hirviendo o caldo de pescado, para que la salsa no resulte muy espesa. Mezclar con el pescado y añadir ajo-perejil picado y una pizca de pan rallado, si la salsa no hubiese espesado lo necesario. Rellenar los discos de empanada y dorar al horno.

(57) Empanadas de queso

> 2 tazas de queso rallado tipo mozzarella • 2 huevos, batidas por separado las claras y las yemas • 1 cucharada de harina • sal y nuez moscada a gusto

Batir las yemas hasta que tengan un color limón claro; agregar un poco de sal y la cucharada de harina. Batir las claras a punto de nieve y añadir un poco de sal, mezclar el queso con las yemas y luego, con cuidado y con movimientos suaves y envolventes, mezclar las claras. Poner la mezcla de a cucharadas sobre discos de empanadas y llevar a horno caliente hasta que estén doradas. Servir muy calientes.

Melt butter and add reserved shrimp shells, pounded and broken in large pieces. Fry shells a couple of minutes, remove from butter, discard (may be used to flavor a broth) and fry in the shrimp flavored butter the very finely sliced onion rounds, until transparent. Season with salt and a little nutmeg. Since in Argentina shrimp are sold already cooked, these *empanadas* are made by placing the onion filling on the dough rounds and setting shrimp over onions before closing dough over. Should there be any need to cook shrimp, cook them in butter and reserve before frying onions. Place onion filling in center of circle of dough. and put shrimp, one or two if large, more if small, over onion and fold dough over. Seal tightly and brown, frying *empanadas* in fine lard. Serve always very hot. (See recipe Nº 51).

(55) Lenten Empanadas

> 2 cups fine potato purée, with milk and butter • 2 large onions, chopped and fried in butter until transparent but never browned • 1 cup boiled fish, preferably white fleshed fish • salt and pepper to taste

Mix ingredients, seeing to it that fish does not flake out but remains in rather large pieces, and fill *empanadas*. These *empanadas* are usually made with fine puff pastry dough and baked in a very hot oven. (See recipe Nº 52).

(56) Fish Empanadas

> 2 cups any white fleshed fish, boiled and carefully boned • 1 large onion, chopped • 1/2 medium sweet pepper, in very thin strips • 1 large tomato, seeded and peeled, in thin wedges • 3 tablespoons olive oil preferably, or other • 1 tablespoon tomato extract • 3 tablespoons boiling water or fish broth • paprika, salt and pepper to taste • bread crumbs and chopped garlic-parsley mix

Make a rather thick sauce with oil, onion, sweet pepper and tomato, adding tomato extract, paprika an salt. Add water, or broth, only in case sauce comes out too thick. Blend flaked fish with sauce, and in case sauce has not thickened, add some bread crumbs, garlic and parsley mix and adjust for salt. Fill rounds of dough with fish filling and bake in a hot oven.

(57) Cheese Empanadas

> 2 cups coarsely grated cheese, mozzarella type • 2 eggs, beaten separately • 1 tablespoon flour • salt and nutmeg to taste

Beat egg yolks thoroughly until lemon colored, add a little salt and fold in flour. Beat egg whites until stiff points are formed, and add a little salt. Blend grated cheese into egg yolk mixture, and then carefully fold in beaten egg whites. Place filling, by tablespoonfuls on dough rounds, fold over and seal. Bake in a very hot oven until browned. Serve very hot.

(58) Empanadas dulces de queso y canela

Hay quienes añaden al queso un poco de pimienta, o ají picante molido. Del mismo modo pueden hacerse dulces, batiendo las claras con 1 cucharada de azúcar por cada clara y agregando 1 cucharada de azúcar y 1 cucharadita de canela por cada taza de queso rallado.

(59) Empanadas de humita

> 2 tazas de humita, cocinada y enfriada, con queso o sin él (recetas Nos. 41 al 45) • 2 huevos batidos por separado • 1 cucharada de maicena • sal a gusto

Se baten por separado las yemas y las claras con un poco de sal. Se agrega la cucharada de maicena a las yemas, batiendo para mezclar bien; agregar luego con cuidado y en movimientos suaves y envolventes las claras batidas a punto de nieve. Añadir la humita, deshecha con un tenedor para abrirla y que no resulte pesada. Con esta preparación se rellenan los discos de empanada para horno. Se cocinan en horno muy caliente, sólo para dorar la masa, y se sirven calientes. Para estas humitas se prefiere masa hojaldrada.

(60) Empanadas de humita dulce

Se preparan del mismo modo que las anteriores, utilizando para el relleno una humita dulce (receta Nº 42). Se suelen pintar también con huevo o claras de huevo y azúcar. Servir muy caliente.

(61) Empanadas de choclo

> 2 tazas de choclos desgranados y un poco machacados, hervidos • 1 taza de salsa blanca espesa • 1 huevo batido con una pizca de sal y pimienta

Una vez hervidos y fríos los choclos desgranados se machacarán un poco y se mezclarán con la salsa blanca y un huevo muy bien batido con algo de sal y pimienta. Pueden condimentarse aún más con nuez moscada y ají picante molido y poca cantidad de cebollita de verdeo pasada por manteca. Con la mezcla se rellenan las empanadas, que se pueden servir tanto calientes como frías.

(62) Empanadas de acelgas

> 2 tazas de acelgas hervidas y escurridas, picadas • 1 taza de salsa blanca • 1/2 cebolla chica, cortada en rodajas muy delgadas • 1/2 diente de ajo, picado muy finamente • sal, pimienta y nuez moscada

Se rehogará la cebolla con el ajo en el aceite caliente y luego se pasarán las acelgas picadas para saltearlas ligeramente; mezclarlas con la salsa blanca y condimentarlas a

(58) Cinnamon and Cheese Sweet Empanadas

Following the previous recipe, there are some who add to the chesse mixture 1 tablespoon sugar and 1 teaspoon cinnamon to each cup of grated cheese, beating 1 tablespoon sugar per each egg white into egg whites. There are those who instead of adding sugar to cheese mixture prefer adding to the proportions given in the previous recipe a little white ground pepper or 1/2 teaspoon crushed red hot pepper, or both.

(59) Humita Empanadas

2 cups *humita* made according to recipes Nos. 41 through 45, with or without cheese • 2 eggs, beaten separately • 1 tablespoon cornstarch • salt to taste

Beat separately egg yolks with a little salt, and egg whites also with a little salt. Beat into egg yolks 1 tablespoon cornstarch, and when well blended, fold mixture into egg whites beaten to soft peaks texture. Break up *humita* with a fork, and blend egg mixture into it. Place this filling in dough rounds, fold dough over, seal and bake in a very hot oven until dough is evenly browned. Serve very hot. For these *empanadas* a flaky pastry is preferred.

(60) Sweet Humita Empanadas

Prepare according to previous recipe, using *humita* made as indicated in recipe Nº 42. There are cooks who usually brush *empanada* tops with beaten egg yolk, or a sugar and egg white mixture. Serve hot.

(61) Fresh Corn Kernel Empanadas

2 cups cooked fresh corn kernels, cut off the cob • 1 cup thick white sauce • 1 beaten egg, with a pinch of salt and nutmeg

Boil in abundant water the ears of corn, let cool drain and scrape off kernels from cob. Mash kernels a bit, mix with white sauce, blending in beaten egg with a little salt and nutmeg, and if so liked spicing mixture with white ground pepper and a chopped scallion lightly cooked in butter. Fill *empanadas* with mixture, bake or fry, and serve either hot or cold.

(62) Green Chards Empanadas

2 cups boiled, drained and chopped green chards • 1 cup white sauce • 3 tablespoons oil • 1/2 small onion, sliced in very thin rounds • 1/2 garlic clove, finely minced • salt, pepper and nutmeg

Heat oil and cook onion and garlic over a slow fire, toss chopped chards in and blend well, sautéing them lightly, add white sauce, season with salt, ground white

gusto con sal, pimienta y nuez moscada. Este relleno se pondrá en masa de horno. Se sirven calientes o frías. Es costumbre hacerlas también de espinacas, pero no de otras verduras.

(63) Empanadas de dulce

Son las empanadas de postre. Se hacen algo más chicas que las otras, en discos de menos de 10 cm de diámetro. Se rellenan con dulce de membrillo, cortado en bastoncitos, o con dulce de batata. Si se hacen fritas, se espolvorean con azúcar molida para servir calientes. Si se hacen al horno, se bañan con un fondant ligero y rápido de agua y azúcar impalpable, aromatizado con vainilla. Se pueden rellenar también con dulce de cidra, cayote o guayaba.

pepper and some nutmeg. Fill *empanada* rounds and bake in a hot oven. Serve either hot or cold. Spinach may also be used, but no other greens.

(63) *Sweet Preserves Empanadas*

Sweet preserves *empanadas* are in most cases dessert *empanadas*, made a little smaller than the others, using 10 cm dough rounds or thereabout. Quince paste or sweet potato paste preserve is used as filling, cut in strips. If fried, and served hot, sugar is sprinkled over them. If baked, then pour over them while still hot a simple icing made with powdered sugar, a little water and a few drops of vanilla. Other fillings are sweet cayote paste, made with a kind of squash, citron preserves or guava paste.

IV. Asados y parrillas

IV. Roasts and Grills

⚚ Asados y parrillas ⚚

De toda la cocina argentina, los asados han sido siempre las preparaciones más comentadas, tal vez porque en esta materia viene a tener muy pocos límites.

Hoy los asados se hacen de cortes selectos de carnes tiernas, así como de una parte de las achuras. Las carnes seleccionadas por sus cualidades de sabor y su condición de tiernas van al fuego sin preparaciones previas, salvo las condiciones indispensables de limpieza y frescura, y tal vez un poco de sazón que se limita las más de las veces a un poco de sal, que algunos puristas omiten. Toda la técnica del asado gira en torno a la preparación de la parrilla, el cuidado de las brasas para que den un calor uniforme y sin llama y la vigilancia de las carnes que se pondrán a asar, primero de un lado y luego del otro, hasta que estén cocinadas en el punto preferido. La carne asada en la Argentina se prefiere cocinada y jugosa; la semicocida o semicruda no es de gusto corriente. Las achuras se prefieren siempre muy cocinadas y tostadas. Para algunas carnes como la de cerdo, que siempre se asa muy bien, y para algunos cortes de vaca no tan tiernos, son corrientes los adobos, en los que se las deja descansar desde un par de horas hasta toda la noche al fresco. Las carnes de caza y otras de sabores fuertes son también corrientemente adobadas.

Esta sección tratará en primer lugar los asados a la parrilla; luego se verán los asados más corrientes hechos en la casa al horno, tanto de carnes rojas y blancas como de caza. Las recetas de los adobos irán con la receta que por lo general acompañan y, los más corrientes, en un sector aparte, al final.

Las proporciones a tener en cuenta para un asado no son difíciles de determinar: para un buen número de personas deberá calcularse a razón de medio kilo generoso por cada comensal. Para un grupo menor, el cálculo se hace más difícil, porque también debe considerarse la preferencia del anfitrión. Puede decirse que una cantidad mayor no estará fuera de lugar, teniendo en cuenta que en un grupo reducido se suele comer en mucha mayor proporción.

Según la costumbre más difundida, una parrillada casera tiene tres etapas: en la primera se sirven los chorizos y las morcillas, en la segunda las achuras y en la tercera las otras carnes y lo que haya tomado más tiempo para cocinarse.

Los asados se sirven inmediatamente después de retirados del asador o de la parrilla. Se acompañan con uno o dos tipos de ensaladas verdes y crudas, abundante pan, sal y pimienta y otros condimentos entre los que se destaca el *chimichurri*, que puede ser o no picante, según el gusto. Un asado termina normalmente con frutas frescas de la estación, o con algunas preparaciones de frutas frescas, secas o en conservas como, por ejemplo, ensaladas de fruta, compotas diversas o frutas en conserva al natural.

Asados al asador

Si bien el asado original fue hecho al asador, a pleno campo, donde el animal recién sacrificado se cocinaba y consumía de inmediato, no forma hoy parte de la más corriente de las preparaciones. Las familias y grupos son menores, y esta forma de asado ha quedado relegada a los establecimientos de proporciones y a ocasiones especiales. Consiste en la preparación de un fuego de grandes dimensiones, hecho a pleno campo sobre la tierra, y en un muy lento y largo cocinado de la carne elegida, atravesada en un hierro largo y punzante que queda clavado en tierra cerca del fuego. Por lo general, las piezas de carne son grandes y se preparan para muchas personas.

≈ Roasts and Grills ≈

Without any doubt, no Argentine dish has been more talked about than the *asado*. This may have happened because local custom knows almost of no limits whenever ready to prepare an *asado*, or the local version of an open charcoal fire grill.

Nowadays tender cuts of selected beef are used for most *asados*, as well as a wide variety of entrails and other tidbits. The best beef usually goes on the grill with no previous preparation at all. Care is taken to see that the usual standards of freshness and cleanliness are kept. Even a slight sprinkling with salt is ommitted by purists. Seasonings are added to the *asado* only after it is ready and on the plate, not before. The techniques are rather related to the mechanics of the preparations of the fire and other elements than to the getting ready and the cooking of the meats themselves. That is, that care is taken to see that the embers are glowing, giving off an even heat without flare ups so that the several meats will be evenly cooked on both sides. In Argentina, the general run of the people will prefer all grilled meats well cooked and at the same time juicy. Beef or other meats, done rare or half cooked are not liked and most people would reject them. On the other hand entrails and other variety meats are very much enjoyed as part of the *asado* and considered an indispensable part of it. These are also well cooked to a juicy tenderness, crisply browned on the outside. For a few cuts of meat, beef as well as pork, —which is always very well done—, marinating is a common practice. Especially if the cuts are not the tender and flavorful ones. Steeping them in a vinegar and brine solution with a few spices and herbs is the usual way to tenderize and give them an additional flavor. This steeping may take from just a few minutes, before the meats are placed on the grill, up to an overnight soaking. In the case of some game meats, this soaking may take even up to several days. Wild fowl and game are in all cases marinated, without exceptions.

The first part of this section deals with the open fire grill, or *asado a la parrilla*. To the second part is left the oven roasts as done in the home kitchen, as well as all the methods commonly used to cook red as well as white meats, including game. Recipes for marinades will be found in some cases by the main recipe they sometimes flavor while the other and more general marinades will be found in a separate section.

The usual proportions for an Argentine style *asado* are not difficult to set. A generous half a kilo of diverse meats must be allowed per person, if a large group is to be entertained. For a small group of people the usual meat allowance is more difficult to establish, for the preferences of the host must be taken into account. A somewhat larger proportion than that indicated for the larger group will not be out of place, considering that in a small group people will tend to consume a little more of everything.

According to a widespread custom, a home made open fire grill, or *parrillada*, will be done in three stages. First to go on the grill will be the *chorizos* and black sausages (*morcillas*), then will follow the entrails and other variety meats, and last of all come the larger cuts of beef or other meats, or the *asado* proper which are always served last.

All grilled meats are served immediately after being taken off the fire. With *asado*, several kinds of salad may be served. Usually a green salad, as well as a cooked one, are served, plenty of bread is a must, and the usual run of relishes and sauces among which the local *chimichurri* figures prominently.

As *chimichurri* is always home made, it will reflect the host's preference. It may, or it may not be hot. Any *asado* will end with a dessert of fresh fruits, prepared as a salad

Asados a la parrilla

Es el que se prepara en casi todas las casas y reúne a su alrededor a los grupos familiares, especialmente los fines de semana. También es corriente un asado para celebrar alguna ocasión extraordinaria y festiva. Requiere dos elementos esenciales: una parrilla con buen fuego y una considerable cantidad de carnes para asar, calculándose en todas las ocasiones un mínimo de 500 g de carne por persona.

El fuego, elemento esencial para el asado, estará listo cuando los carbones de buena madera estén bien encendidos, no despidan humo de ninguna clase y se cubran de una fina capa de cenizas blancas. Una vez listo el fuego, se colocará la parrilla sobre las brasas para que se caliente; se la limpiará entonces pasándole unos papeles resistentes o algunas rejillas de trapo seco para retirar impurezas que hubieren quedado adheridas a las rejas, se untará con algún trozo de grasa de vaca o de cerdo y, una vez que se haya calentado, se colocarán encima las piezas por asar.

No se ponen todas al mismo tiempo, sino que se tiene en cuenta que los chorizos y las morcillas deberán ir en primer término, por lo que estarán los primeros en el fuego. Luego, si las hubiera, las achuras y, al final, las piezas de carne, bifes o churrascos. En el caso de un asado de una pieza grande de carne, para empezar se asan chorizos y se pone la pieza importante al fuego, calculando el tiempo que tomará en cocerse. Por ejemplo, en el caso de hacer un cordero asado, que llevará unas tres horas como tiempo promedio, para estar a punto, los chorizos, que se comerán primero, se pondrán los últimos 40 minutos.

(64) Churrascos

Son bifes de carnes rojas y tiernas, sin hueso, más bien delgados, que se asan a la parrilla en muy pocos minutos. No llevan condimento alguno. Se salan y sazonan en el plato, ya servidos. Para la cocina casera no son de grandes dimensiones, sino por lo contrario de un peso promedio inferior a los 100 g, y suelen hacerse uno, dos o más por persona.

Los churrascos también se asan sobre una plancha de hierro muy caliente, ligeramente untada con un poco de grasa.

Se acompañan con una ensalada verde cruda, papas fritas o puré de papas y los condimentos que se prefieran.

(65) Bifes a la parrilla

Pueden ser delgados o gruesos. El tiempo que toman para estar a punto depende del gusto personal y del grosor de la carne. La costumbre casera prefiere asarlos rápidamente a fuego vivo, entendiendo que la carne asada por un tiempo relativamente largo tiende a secarse, mientras que la que se asa en un tiempo corto resulta jugosa. Los bifes, por gruesos que sean, se asan enteros, y en la Argentina nunca se les hacen tajos para cocinarlos más rápidamente. Se diferencian de los churrascos en que son más gruesos, toman más tiempo en estar listos, y pueden ser cortes que incluyan huesos, como el bife de costilla.

Se los sazona con sal, pimienta y otros condimentos a gusto, una vez retirados del fuego, evitando así una pérdida mayor de los jugos naturales.

or not. Compotes of fresh or dried fruit are not unusual, as well as canned or preserved fruits or vegetables, sweet fruit pastes and cheese.

Roasts on a Spit

Even if the original *asado* was a roast on a spit, made around a large fire in the open country to cook a freshly killed animal which was consumed on the spot right away, this is no longer the way to prepare it. Today the open fire spit roasts are prepared only in very large country establishments, and for very special occasions. These are time consuming affairs, requiring large amounts of all kinds of meat, needing specialized personnel to attend to a large number of people.

Roast on a Grill

The most popular of all preparations for family gatherings. Weekends are the proper time for the usual home made *parrillada* or the open fire roast on a grill. It requires two essential elements, a large grill or *parrilla* with plenty of glowing embers under it and a large amount of all kinds of meat fit for grilling. The usual apportionment runs to a half a kilo of diverse meats per person.

The fire is also an all important ingredient. It should be ready to cook the meats when the embers are glowing, without traces of smoke, covered with a slight film of white cinders. Once the fire is ready, the *parrilla* or grill goes over the fire, so that it can be cleaned of all grease and grit after it has been heated through. To clean it, just rub vigorously with some strong paper or dry cloth. Then, grease it slightly with some of the fat trimmings, either beef or pork, and when very hot it is ready. Place on it the several meats to be grilled, the embers at a suitable distance underneath.

Not all the meats are placed over the fire at the same time. *Chorizos* and black sausages (*morcillas*) should go on the grill first of all, not only because they'll take some more time to be ready but also because they'll be served before anything else. Entrails or variety meats will follow, if any, and finally the larger cuts, or steaks and *churrascos*. When a large cut of beef is being grilled, one of those that will take a long time to cook, the *chorizos* will go on the *parrilla* later so as to be ready before the larger cut is cooked. For instance, in the case of an *asado* of a large cut of lamb, which would normally take about three hours to be ready, the *chorizos* will go on the grill only when some 40 minutes are left for the lamb to be done.

(64) Churrascos

These are rather thin beef steaks, tender and without any bones, grilled on a *parrilla* or on a hot griddle in just a few minutes. They usually take no seasoning before cooking. Salt and pepper are used only when the *churrasco* is on the plate. Home cooking prefers them on the small side, of an average weight under 100 grs, so as to be quickly done. One or two, perhaps even more, are prepared per person. When cooked on a hot iron plate or griddle, this is slightly greased to prevent sticking. Green salads and fried or mashed potatoes, with any preferred relishes are served with *churrascos*.

Para la cocina casera se obtienen bifes de todo tipo de carnes, aun de las no tan tiernas. Éstas suelen mantenerse en un adobo simple, con sal, desde unos pocos minutos hasta 12 horas antes de llevarlos sobre el fuego.

Otra técnica intermedia procede de la siguiente manera para que los bifes delgados de carnes tiernas queden convenientemente sazonados con sal, evitando al mismo tiempo que se resequen: 1) preparar una salmuera liviana con sal gruesa y agua tibia (una cucharadita rasa de sal gruesa por cada 2 tazas de agua tibia), 2) con un ramito verde, sea de perejil, de apio, de hinojo, de laurel, romero, orégano, etc., se rocía esta salmuera sobre los bifes que se están asando, cuidando que 3) comience el rociado una vez que las superficies de la carne estén ya cocinadas y nunca sobre superficies crudas.

Otro procedimiento para evitar que las carnes se resequen consiste en untar ligeramente los bifes con un poco de aceite puro, sin sal, y tal vez con alguna hierba aromática.

Los bifes, así como los churrascos, también se asan sobre una plancha de hierro muy caliente, ligeramente untada con alguna grasa, animal o vegetal. Las recetas que siguen tienen en cuenta esta alternativa adicional y representan algunas variaciones de las técnicas para asar bifes.

(66) Bifes con pimienta

> 4 bifes de costilla, con hueso, no muy gruesos • 1 cucharada de aceite o de grasa de cerdo • pimienta en grano, recién molida y sal fina a gusto

Untar cuidadosamente los bifes con el aceite y la pimienta, frotándolos con los dedos para que ésta penetre un poco; ponerlos a asar de inmediato sobre una parrilla caliente. Cuando los lados que dan al fuego se han dorado un poco, a los 3 minutos por lo general, darlos vuelta y dorarlos del otro lado otros 3 ó 4 minutos. Con un fuego vivo adecuado deberán estar listos en no más de 7 minutos en total, tal vez menos aún. Rociar con sal fina y servir de inmediato. Se acompañan con una ensalada verde cruda, de lechugas y tomate preferiblemente.

(67) Bifes con ajo-perejil

> 4 bifes de costilla, gruesos, sin hueso • 1 cucharada de aceite, o de grasa de cerdo • 1 diente de ajo, chico, o 1/2 diente grande, picado • 3 briznas de perejil • 1 cucharada de perejil picado, 1 cucharadita de sal gruesa • 1 taza de agua y 1 taza de vino tinto

Untar los bifes con el aceite, o la grasa de cerdo, y ponerlos de inmediato a asar sobre una parrilla caliente, a un fuego moderado. Mientras tanto, en una licuadora preparar la siguiente salmuera: 1/2 diente de ajo picado, 1 cucharada de perejil picado, 1 cucharadita de sal gruesa, 1 taza de agua y 1 taza de vino tinto (o 2 tazas de agua), batir por un minuto y poner en un tazón. Se lleva la salmuera al lado del fuego y, una vez que los bifes están dorados de un lado, se los da vuelta y se los rocía con ayuda del ramito de perejil, salpicando por encima con la preparación de salmuera al ajo-perejil. Se repite la operación del otro lado, una y otra vez hasta que estén listos.

(65) Grilled Steaks

Thin or thick, the time they will take to be ready will depend on taste. Home cooking calls them *bifes* and prefers them quickly done over a big fire so that they will be served with their full natural juices. Longer cooking tend to dry them. Steaks always will be grilled whole, no cuts being made to cook them in a shorter time. To tell them apart from *churrascos*, consider that *bifes* are usually thicker, may include bones in the cut, are of tender cuts of beef and will take a bit longer to cook. Tender cuts are seasoned after cooking. Flavorful cuts will just take salt and a little pepper, when the *bife* is already on the plate. Cooks insistently state that seasoning tender cuts with salt before cooking wil result in a dryer *asado*.

The *bife* of Argentine home cooking may come also from the less tender cuts of beef. In those cases it would not be unusual to marinate it in a salt and vinegar solution. Steeping may take from a few minutes up to 12 hours before cooking. Another technique, meeting both previously mentioned halfways, proceeds along the following lines: 1) prepare a light brine solution with 1 level teaspoon coarse salt and 2 cups of warm water; 2) sprinkle this solution over the steaks while grilling them with the help of a fresh sprig of green parsley, celery, fennel, bay leaf, rosemary, oregano or other herbs, seeing that 3) sprinkling is done over cooked surfaces, never over any uncooked portion of a steak.

Still yet another alternative procedure to avoid unwanted drying up of the *bife* while grilling calls for oiling it lightly, no salt added, and perhaps a hint of an aromatic herb.

Steaks, as well as *churrascos*, are also cooked on a hot griddle plate or iron, lightly greased with a little animal or vegetable fat. The following recipes consider all the mentioned procedures.

(66) Peppered Steak

4 steaks, rib cut with bones, not too thick • 1 tablespoon oil or pork fat • freshly ground black pepper corns and salt to taste

Oil steaks carefully, rubbing in the freshly ground pepper with your fingers. Place them, better only two at the same time, over a very hot iron griddle or plate, lightly greased with some fat trimmings. Once browned on one side, turn them over and brown the other side. The entire cooking time for a tender cut will average 4 minutes to each side. Seasoning only after cooked to taste, serve the *bifes* along with a fresh green salad, lettuce and tomato being the most popular one.

(67) Garlic and Parsley Steak

4 steaks, preferably from a rib cut, thick, no bones • 1 tablespoon oil or pork fat • 1 small garlic clove, minced • 1 tablespoon chopped parsley • 1 teaspoon coarse salt • 1/2 cup of water • 1/2 cup red wine • a sprig or two of fresh parsley

El tiempo de cocción dependerá tanto del fuego como del grosor de los bifes. Se sirven calientes, acompañados de una ensalada cruda o de verduras cocidas, salteadas, o con alguna tortilla de papas.

(68) Bifes con romero

4 bifes anchos, no necesariamente tiernos • 1 taza de vino tinto • 1/2 cucharadita de sal • una brizna de romero fresco, picado muy finamente • pimienta a gusto

Picar finamente sólo las hojas del romero fresco o frotar y deshacer a un polvillo hojas de romero seco. Mezclar con la sal y el vino tinto (puede usarse cualquier otro líquido claro, nunca leche), y dejar descansar los bifes en este adobo por un par de horas. Calentar una plancha de hierro, untar con un poco de grasa vegetal o animal y, una vez que la plancha esté muy caliente, poner a asar los bifes, primero de un lado y luego del otro, hasta que estén dorados y a punto. Unos segundos antes de retirarlos de la plancha, volcarles encima el resto del adobo de vino; calentarlo solamente hasta que se desprendan los jugos de la carne que se hayan pegado a la sartén y servir todo de inmediato y muy caliente. Se presentan con un puré de papas o verduras cocidas.

Nota: Las tres recetas precedentes ilustran las técnicas más usuales para la preparación de bifes y complementan la más simple mencionada bajo el título de *bifes a la parrilla*.

Parrilladas

Las carnes con una aceptable proporción de grasas naturales son, sin duda alguna, las preferidas para este tipo de preparación. Aunque tarden un poco más de tiempo en estar a punto, son más sabrosas que las magras y salen más tiernas y jugosas.

Estas últimas deben asarse con mayor calor y en menos tiempo, porque pierden más rápidamente sus jugos naturales y tienden a secarse más que las carnes grasas.

(69) Asado de costillar

El costillar de vaca es el corte preferido para los asados. Se lo corta en tiras de unos 10 cm de ancho, que se separan en largos de unos 40 cm de promedio; de ahí su nombre popular de *asado de tira*, es decir, tiras de costillar. Es una carne gorda, sabrosa, de cocimiento relativamente fácil y aun rápido.

Se lo consume únicamente de carne estacionada un mínimo de 24 horas y nunca de carne fresca del momento.

Se colocan las tiras de costillar para asado sobre la parrilla caliente, a fuego vivo, con las costillas hacia abajo para que los huesos se tuesten primero. Después de unos 15 minutos, según el calor del fuego así como el grosor de los huesos, se da vuelta la tira y se cocina del lado de la carne. Se sala con salmuera liviana y con la ayuda de un ramito de perejil, una vez que esté tostada de ambos lados.

Si las costillas fuesen delgadas y de animal joven y tierno, y no tan graso, se hará rápidamente sobre un fuego vivo y sin ningún adobo. Si por lo contrario, fuesen de animal grande, se podrán hacer con un adobo de los que se mencionan al final de esta

Lightly oil, or grease if using pork fat, steaks and place them right away on a hot grill, over a moderate fire. Meanwhile, prepare a light brine solution, in a liquidizer or blender if so preferred, with the garlic, parsley, coarse salt, water and wine. Mix thoroughly for about one minute, change into a bowl and take it by the fire with the sprigs of parsley. As the steaks are browned on one side, turn them over and sprinkle them with the brine solution with the help of the sprigs of parsley. Repeat the operation as many times as judged necessary to keep the steaks from drying. Turn them over once again to season, and serve when done. Cooking time will depend on thickness as well as on the fire. Serve broiling hot with either a fresh green or a cooked vegetable salad, or even a potato omelette.

(68) Steak with Rosemary

> 4 thick steaks, not necessarily tender • 1 cup red wine • 1/2 teaspoon salt • 1 sprig of fresh rosemary, finely chopped • pepper to taste

Chop finely the leaves of a rosemary sprig, or rub to powder some dry rosemary leaves, mix with salt and wine (other liquids may be used, never milk), and let steep for about 2 hours, turning often. Heat an iron griddle, grease lightly with oil or other fat, and cook steaks to an even, nice brown on both sides. Cook two at a time, preferably. When steaks are done, pour over them the marinade, heating it through and working to loosen up any juices that may have stuck to the pan. Serve everything together, very hot, along with a side dish of mashed potatoes or any other cooked vegetables.

Remarks: The three preceding recipes illustrate the most common ways to cook steak, and complement the *bifes a la parrilla* methods shown before.

Open Fire Grilled Roasts

Those beef cuts with an acceptable proportion of natural fat are the ones preferred for an open fire *asado*, even though it might take a little while longer to have them ready for the table. Lean cuts, although quite as popular, are a bit less appreciated, even when done in a shorter time; a bigger fire will have to be used so as to avoid loosing much of the natural juices.

(69) Short Ribs Roast

Short ribs are the most popular cut of beef for the *asado a la parrilla*, or open fire grill. Usually cut in strips of some 10 cm wide, and separated in lengths of about 40 cm average, it is mostly known as *asado de tira* or short ribs in strips. It is a rather rich cut, flavorful, easily prepared and quick to get cooked.

Argentines never consume freshly butchered beef. However, aged beef is not sought after. The preferred beef is the one that has been butchered sometime before the last 24 hours.

The procedure is very simple. Once the embers are ready, the short rib strips are place on a sizzling hot grill, with the bones resting on the grill to receive first all the heat. After the bone side has turned a good brown color, —time will largely depend on the thickness of the bones, 15 minutes on an average— the strips are turned over

sección o condimentar, en el momento de servirlas o ya en el plato, con alguna salsa cruda como el chimichurri, picante o no, o si no simplemente con un poco de sal.

(70) Asado de lomo

La pieza entera del lomo de vaca se asa a fuego vivo y rápidamente porque, además de ser carne muy tierna, se seca fácilmente por falta de grasas naturales. Se la sala levemente, todavía en el fuego, pero una vez ya cocinada, llevándose a la mesa la pieza entera una vez que está a punto. Se la cortará en la mesa, en trozos parejos, para servirla con todos sus jugos naturales. Este asado, como los churrascos, no suele llevar condimento alguno.

(71) Asado de entrecot

Debe elegirse una pieza de entrecot de por lo menos unos tres kilogramos. Se hace un adobo simple con aceite, sal y pimienta blanca recién molida, y se lo frota vigorosamente con los dedos sobre la carne para que penetre bien. Bastarán unos 30 minutos de reposo en el adobo antes de llevar sobre una parrilla caliente, a fuego vivo primero para tostar la pieza por todos sus costados, bajando luego el fuego a un calor suave. Se continúa asando hasta que esté tierna y jugosa por dentro, nunca seca. Una vez dorada, se la sala paulatinamente con una salmuera ligera rociada con ayuda de un ramito fresco y verde de perejil o apio o hinojo, o similar. Se lleva a la mesa la pieza entera, para cortarla en tajadas parejas y servirla con todos sus jugos naturales.

(72) Asado de chorizos y morcillas

En la Argentina los chorizos son preparaciones de carne molida de cerdo, algunas veces con una ligera parte de carne vacuna y, por lo general, muy suavemente condimentadas. Suele haberlos picantes, pero no son los más comunes; por lo tanto, hay que pedirlos especialmente. Los hay también condimentados al gusto español y de otras clases.

Todos los asados empiezan cuando los chorizos ya están a punto. Es costumbre calcular dos chorizos por persona que se sirven junto con las morcillas que, si son chicas, van a razón de una por persona como proporción máxima.

Antes de poner los chorizos a asar al fuego, se acostumbra mojarlos poniéndolos unos minutos en un recipiente con abundante agua fresca para que la piel se humedezca y de este modo no se reseque enseguida de puesta al fuego. Otro método para evitar que los chorizos revienten una vez puestos al fuego es el pincharlos, para facilitar la salida de todos los jugos grasos.

Se doran rápidamente a un fuego vivo; luego, lentamente, se cocinan a fuego muy suave hasta que queden un tanto secos y libres de casi todos sus jugos grasos. Hay quienes prefieren cocinarlos lentamente a fuego suave y dorarlos al final con un fuego vivo, justamente antes de servirlos. Como son de carne de cerdo, deben siempre cocinarse muy bien.

Las morcillas, por lo contrario, ni se mojan ni se pinchan antes de poner al fuego. Se soasan a un fuego muy suave, no para que se cocinen, sino simplemente para que

and the meat side is then cooked. The brine solution is always sprinkled over the cooked parts, with the help of a fresh sprig of parsley, and that's all. No further seasoning is required while cooking.

Should the ribs come from a young animal, and so are tender with just a little fat, quick cooking over a brisk fire without any previous seasoning would be the experts' suggestion. However, should the ribs come from a larger, and considerably fatter animal, then marinating them would not be ruled out, but the most common marinades mentioned in the following section would be used. Or a plain cooking may be chosen, so as to season the *asado* on the plate with any of the uncooked sauces such as *chimichurri* in any of its untold variations, hot or not, or adding simply salt.

(70) Grilled Tenderloin

It is the entire cut that is usually grilled, over a quick fire, and for a short time not only because of its natural tenderness but also because it tends to dry out not having any fat. Season when cooked, adding salt a short time before taking it to the table. It will be sliced at the table, in even slices, to be served with all its natural juices. This kind of *asado*, as with *churrasco*, does not take any condiments.

(71) Grilled Ribs of Beef

In Argentina the *entrecot* is the part of the meat between the rib bones, in rather a large cut usually over 2 kilos. Choose a large cut, of some 3 kgs or more. Dress the beef cut with a mixture of oil, salt and freshly ground white pepper, rubbing it into the beef muscles with your fingers so as to penetrate it. Let stand 30 minutes, and place on a hot grill over a brisk fire first to brown the outsides evenly. Then lower the fire and continue roasting, turning the piece as many times as necessary until done. It should be tender and juicy inside, never dry. Once it is browned on the outside, sprinkle it with the help of a fresh sprig of parsley, celery, fennel or whatever you may like, with a light brine solution to season it. The whole cut, once done, is taken to the table where it is sliced and served with all its natural juices.

(72) Grilled Chorizos and Black Sausages

In Argentina *chorizos* are preparations of ground pork meat mainly, pork fat, sometimes with an addition of beef, mildly condimented and encased in pork sausage skins. Highly spiced or hot *chorizos*, not commonly sold, must be especially ordered. Spanish style *chorizos* and others, may also be found.

All *asados* begin when the *chorizos* are ready. The usual count is of 2 per person, to be served together with black sausages (*morcillas*) which go, if small, at about 1 per person if not less.

To prevent bursting of the *chorizo* skins, it is usual to soak them in abundant water so as to wet the casings. Another method is to pierce the skins with the tines of a fork, to let the fat out and thus prevent the skins from crackling while on the grill.

Chorizos are browned first over a brisk fire, then grilled over a low fire until done, crisp outside and dryish inside. Some people cook them the other way around, first over a low fire until almost done to finish them over a brisk fire until nicely browned.

queden bien calientes. Las morcillas deben quedar con la piel crocante y por dentro tiernas y jugosas, nunca resecas. Si se las pone a fuego demasiado fuerte se resecan muy pronto por fuera y revientan con mucha facilidad. Se sirven calientes y, una vez que se tostaron al fuego y la piel quedó cocinada, se dejan enfriar y se ofrecen también frías para copetín.

(73) Asado de achuras

Se entiende por achuras para el asado algunos de los menudos de res, de los que se sacan del vientre de la vaca. No son achuras para el asado ni el mondongo, ni el hígado ni los bofes. Las más corrientes son: mollejas, riñones, ubre, chinchulines, corazón, criadillas y tripa gorda. Tanto las de vaca como las de cordero son buscadas para el asado familiar, no así las de cerdo. El hígado, si bien se asa a la parrilla, no forma parte normal de un asado.

(74) Asado de mollejas

Se les quita la grasa y la piel que las recubre y, sin adobos ni otra preparación previa, se las coloca sobre la parrilla caliente, a un fuego mediano, hasta que queden firmes. Una media hora después, más o menos, es decir, una vez doradas por ambas partes y de consistencia firme, se las retira del fuego y se dejan reposar 10 minutos para que se enfríen un poco. Se cortan luego en tajadas de 1 cm de ancho y se vuelven a colocar en la parrilla, a fuego vivo, hasta que queden tostadas de ambas caras. Se sirven muy calientes, sin otro paso adicional que agregar sal a gusto en el plato.

(75) Asado de riñones

Se les quita la grasa y la piel que los recubre y se cortan en bifes de más o menos 1 cm de grosor. Se los deja descansar unos 15 minutos en un recipiente, bañados en vinagre o vino tinto con sólo un poco de sal, preferiblemente gruesa. Se los escurre y se los lleva directamente sobre la parrilla caliente, a fuego vivo para que cocinen rápidamente, dándolos vueltas y cuidando que no se tuesten demasiado ni se sequen. Se sacan del fuego una vez ligeramente tostados, tiernos y jugosos, aunque no crudos. Hay quienes los prefieren muy cocinados y un tanto secos. Se sazonan en el plato con salsas crudas, como chimichurri, mostaza preparada u otros condimentos a gusto.

(76) Asado de ubre

Si la ubre es de animal joven, y por lo tanto tierna, se corta en bifes chicos (de unos 5 cm por 10 cm, más o menos) que se ponen sobre la parrilla caliente, a fuego vivo, sin condimento previo alguno. Se los da vuelta frecuentemente para que se asen sin tostarse, aunque deben tomar un ligero tono dorado. Deben quedar firmes, tiernos y jugosos. Requieren gran cuidado porque se secan rápidamente una vez que están a punto. A último momento se los sala con un poco de salmuera rociada con una ramita verde y fresca, ya sea de perejil, apio o hinojo. Las ubres pasadas y resecas no son agradables.

Since chorizos are made with mostly pork, or all pork meat, they should be always well done.

Black sausages or *morcillas*, do not require any soaking nor any piercing before going over the fire. The usual way to grill them is to heat them over a very low fire, so as to just warm them through. *Morcillas* as a rule are not cooked, only heated and the outside done to a crisp, while remaining tender and juicy inside, never dry. If placed over a brisk fire they'll dry out soon and burst very easily even while on the grill. Both *chorizos* and *morcillas* are served hot, just from the grill, or cold. In any case they also make excellent additions to a buffet or cocktails.

(73) Grilled Variety Meats

In Argentina *achuras* means most variety meats that come from the inside of a beef carcass, and are used in making the *asado*. The lights, tripe, or liver are not counted among the *achuras*. The ones most widely used are: sweetbreads, kidneys, udder, intestines, heart, fry and lower intestines. The ones most sought after are beef and lamb, but not those of pork. Liver, even though often grilled does not belong in an *asado*.

(74) Grilled Sweetbreads

Once rid of excess fat and trimmed of any membranes without any other preparation sweetbreads are put on the grill, over a medium fire, until firm. Then, take them out of the grill, and let them rest a while to cool. Slice them, about 1 cm thick, and place again on the grill, over a brisk fire, until browned on both sides. Serve very hot, and without any further preparation. Season with salt when on the plate.

(75) Grilled Kidneys

Trim them of all fat and membranes, and slice not over 1 cm thick. Let stand some 15 minutes marinating in a vinegar or wine and salt solution, preferably made with coarse salt. Drain off liquid and place directly on the hot grill, under a brisk fire so that cooking will be quickly done, turning them over several times and watching so that browning is even and burning is avoided. When lightly browned, tender and juicy, take them out of the fire. Argentines, as a general rule avoid or reject any beef or meat when slightly underdone. There are some who like kidneys very well done, even somewhat dry. Season on the plate with some of the many uncooked sauces, like *chimichurri* or similar ones, prepared mustard or other condiments.

(76) Grilled Udder

Grilled udder is considered a very special delicacy, and is highly appreciated if from a young animal, therefore tender, sliced in a way resembling scaloppine (small steaks of about 5 cm by 10 cm), grilled over a brisk fire without any previous seasoning. Turn them over frequently until nicely browned on both sides. These scaloppine are grilled just until tender, firm and juicy. Great care should be taken not to get them

Si la ubre fuese de animal grande, y por lo tanto bastante gruesa, de más de unos 3 cm de espesor, se la rebana en bifecitos de aproximadamente 1 cm de espesor; se dejan a fuego suave hasta que estén firmes y a fuego muy vivo, se doran para servir, cuidando que queden tiernos y jugosos por dentro. La ubre se asa rápidamente y está casi a punto en cuanto los tejidos se ponen firmes.

(77) Asado de corazón

Como las partes carnosas del corazón son en sí mismas tiernas, es preferible elegir siempre uno grande. Se le debe quitar todas las grasas, partes duras de arterias y venas y membranas, tanto externas como internas. Debido a su sabor un tanto fuerte, se corta en rebanadas delgadas a lo largo de la fibra del músculo para sacar unos bifecitos de menos de 1/2 cm de espesor que se pasan primero por agua clara para desangrarlos, y se ponen después en un adobo simple de sal gruesa, vino tinto o vinagre, ajo-perejil picado fino y un poco de pimienta recién molida, unos 15 minutos antes de llevarlos a la parrilla.

En este momento se untan con un poco de aceite o grasa de cerdo. Como es una carne muy magra se asa rapidamente. Conviene un fuego vivo, y darlos vuelta frecuentemente hasta que comiencen a perder sus jugos, momento en que estarán listos. Servir de inmediato, con alguna salsa cruda o aliño.

(78) Cordero a la parrilla

En la Argentina, aun cuando los corderos sean crecidos y de buen tamaño, tienen un gusto suave y tiernos. Por esto mismo, suelen asarse de a media res o en cuartos, por lo menos. Llevan por lo general un adobo simple, de abundante ajo-perejil muy picado, sal gruesa, ají picante molido, aceite y algo de vino o vinagre, con el que se los frota un momento antes de llevarlos a la parrilla.

Es costumbre que primero se doren del lado de las costillas, colocando bajo el costillar un fuego suave y algo más fuerte bajo los cuartos. El cordero se asa con un fuego más bien bajo y suave, por largo tiempo, para que se cocine en sus jugos naturales. Debe quedar bien cocido y tierno en los cuartos, con la carne desprendiéndose de los huesos y crocante el costillar. Por tratarse de una pieza más bien grande, se procurará darle la menor cantidad posible de vueltas, sobre todo hacia el final del tiempo de cocción, el que dependerá no sólo del fuego y su cuidado, sino también del tamaño, el peso y la edad del animal. En realidad, no debería hacerse en menos de dos horas; como promedio, deberá tardar unas tres horas para estar a punto, o poco tiempo más.

Una vez dorado del lado del costillar, se lo dará vuelta con cuidado para no lastimar la pieza y se pondrá a cocinar del lado del pellejo, siguiendo el mismo procedimiento: fuego suave bajo el costillar y un tanto más vivo bajo los cuartos. Inmediatamente de dado vuelta, puede comenzarse a rociarlo con una salmuera liviana sobre las partes ya doradas, teniendo en cuenta que la sal se absorberá siempre mejor del lado donde no haya piel. Cocinado por ambos lados, se le dará un golpe de fuego vivo, primero del lado del costillar y después del lado del pellejo, para llevarlo crocante y caliente a la mesa, donde se partirá y distribuirá a los comensales. Un cordero previamente adobado y salado a gusto no requiere otros condimentos. Se acompaña con ensaladas frescas crudas y ensaladas cocidas o verduras salteadas, o alguna preparación de verduras cocinadas, como budines, croquetas, bocaditos o tortillas.

overdone and dry. The difference between perfection and disaster is perhaps less than a minute's fatal oversight. Dried up udder is tough, devoid of any flavor and definitely not a delicacy.

Should the udder come from a large animal, and therefore somewhat thicker, that is some 3 cm in width, then slice it like scaloppine and cook it over a not so brisk a fire until firm. Brown afterwards over a big fire when ready to be served, taking care to have them tender and juicy inside. Udde takes only a very brief grilling, and will be ready when firm to the touch.

(77) Grilled Beef Heart

As the meaty sections of beef heart are always tender, choose whenever possible a large one. It must be trimmed of all fat, membranes and hard tendons, outside as well as inside. As it is strong in flavor, it is usually thinly sliced following the muscle fibers in small scaloppine like little steaks, no over 1/2 cm thick. Wash them thoroughly in clear water to remove all trace of blood, and marinate for some 15 minutes in a light brine solution made with coarse salt, red wine or vinegar, a little garlic and parsley chopped together with some freshly ground pepper. Heart is a very lean muscle meat, thus oil slightly before placing on the grill, and cook rapidly over a brisk fire turning the little steaks frequently. The moment they begin loosing their juices, take them out of the grill because they'll be ready. Serve immediately, with an uncooked sauce or other dressing.

(78) Grilled Lamb

Lamb in Argentina, even though from rather large animals, is tender and mildly flavored. It is usual to grill not less than a quarter carcass, a whole half being the most common asado. Lamb is lightly rubbed with a simple mixture of abundant garlic and parsley, finely minced, coarse salt, some hot ground pepper, oil and a little wine or vinegar.

Almost inmediately after being rubbed with the oil mixture, place on a hot grill to brown, ribs facing down towards the fire. Care should be taken to place a few embers only under the ribs and concentrate the fire under the thicker upper and lower quarters. Lamb should take a long time to be ready, done over a low fire, so that it is cooked in its natural juices. It must be well done in all cases, tender and with the meat in the point of separating from the bones on the quarters, crisp and well browned on the ribs. Being normally a large piece, it should be handled as little as possible, turning it over only once or at most twice especially seeing that towards the end of its cooking time it is moved with great care so as to avoid dismembering it. As a general rule, lamb should take a long time to cook, in no case under 2 hours, as an average 3 hours would be more or less right, perhaps a little more.

Once it is browned on the ribs side, turn it over with all precaution so as not to damage it, and set it on the grill skin side down. Follow the same procedure, putting more embers under the quarters than under the breast. Immediately after turning it, sprinkling with the brine solution may be started, seeing that the sprinkling is done only on those cooked parts and that any seasonings will be better absorbed where there is no skin. When almost ready to take away from the fire, brown it lightly

(79) Chivito a la parrilla

Los chivitos se consiguen enteros o de a media res. Deben ser animales muy jóvenes y tiernos para que tengan un sabor suave y delicado. Si no son tan jóvenes, y han llegado a pastar, tienen un gusto suavemente salvaje. No es corriente adobarlos ni someterlos a ninguna preparación antes de ponerlos sobre la parrilla, aunque conviene untarlos con aceite y una pizca de romero, según los entendidos la única hierba aromática que realza su gusto. En este caso, deberá picarse bien primero y luego molerlo en un mortero hasta conseguir una pasta que se mezclará con el aceite. Si se usa romero seco, se lo reducirá a polvo antes de mezclarlo con el aceite. No debe emplearse sal porque resecará el chivito antes de tiempo

Se unta sólo unos minutos antes de llevarlo al fuego, cuidando de arreglar las brasas para obtener un fuego suave bajo el costillar y un tanto más fuerte, aunque nunca más que moderado, bajo los cuartos. Se colocará en la parrilla, al igual que el cordero, primero el lado de las entrañas, hacia las brasas, es decir, las costillas sobre la parrilla, para que se doren primero. Al darlo vuelta, quedarán los lomos y el pellejo sobre la parrilla, teniendo la precaución de que el fuego muy suave quede bajo los lomos y algo más fuerte bajo los cuartos. Una vez que se ha dorado la parte de las costillas, y se lo dio vuelta, se comenzará a rociarlo con una salmuera ligera para evitar que se reseque, preferentemente con un ramito de romero fresco muy verde, o si no con un ramito de perejil fresco, también verde. Al chivito hay que rociarlo casi constantemente después de que se lo haya dado vuelta la primera vez; se hará siempre sobre las partes doradas y nunca sobre la carne todavía sin cocinar. También como en el caso del cordero es preferible asarlo lentamente y darle la menor cantidad posible de vueltas. Por ser un animal naturalmente muy tierno más aún una vez cocinado, las presas tienden a desprenderse con gran facilidad.

Una vez cocinados los cuartos, es decir, cuando al pincharlos con un tenedor en las partes más gruesas sueltan jugos ya trasparentes y no rosados, se avivará el fuego para dorarlo parejo, dándole únicamente la cantidad de vueltas necesarias. Es en esta última etapa del asado cuando las presas tienden a desprenderse, por lo que habrá que manejar el animal con grandes precauciones.

Es sumamente difícil dar una idea del tiempo que tomará en hacerse un asado de chivito, porque hay muchos factores por tener en cuenta: entre los principales, el fuego, y luego la edad del animal. Cuanto más joven y tierno, menos tardará en estar a punto. Puede decirse, a modo de guía, que un chivito puede estar listo y a punto en un promedio de dos horas a contar desde el momento en que se lo puso sobre el fuego, aunque su cocción puede llevar siempre algo más y muy difícilmente algo menos de tiempo.

Si llegara a asarse a fuego vivo, tardará mucho menos y quedará igualmente tierno y jugoso, pero deberá cuidarse de que esté bien cocinado, evitando en todo momento que se tueste demasiado por fuera, cosa que puede ocurrir con gran facilidad.

(80) Lechón a la parrilla

Se elige por lo común un lechón joven y tierno. Una vez limpio, se adoba con una mezcla de aceite, sal, pimentón rojo dulce, un poco de ajo picado muy fino y algo de tomillo; a veces, se agrega una pizca de ají picante. Es costumbre muy difundida ado-

quickening the fire, so as to take the grilled lamb crisp and broiling to the table where it will be carved and served. Lamb that was marinated will not require any further condiment. Serve with fresh or cooked salad, boiled or sauteed vegetables or any other kind of vegetable preparation such as puddings, croquettes or fritters.

(79) Grilled Young Kid

Young kid or *chivito*, as well as lamb, are usually grilled by the whole piece, that is the entire carcass or at least half a carcass. Young and tender animals must be chosen to insure tenderness and a mild flavor. If not so young, and the animal reached a feeding stage, then a rather wild taste is to be expected. It is not common to marinate young kid nor to season it in any way before cooking, though it would not be out of place to oil it and rub it with a little rosemary, which would be the only herb suitable for it according to most experts. In order to properly prepare it, use fresh rosemary leaves finely minced and pounded in a mortar before mixing with oil. If dried rosemary is used, powder it and then mix it with oil. Do not use any salt before cooking kid to prevent drying it to excess.

If oiling the kid, it should be done only a few minutes before putting it on the grill. Arrange the embers so as to have the milder fire under the breast and the brighter fire under the quarters, and never a fire strong enough to scorch it. Place it on the grill with the rib side towards the fire at first to brown, turning it afterwards with the skin downwards. After the rib side is browned, and the piece turned over, sprinkling may be started. Use a lightly salted mild solution to season the roast and sprinkle it with the help of a fresh sprig of some garden herb such as parsley, or rosemary, or any other of your choice. Grilled kid must be constantly sprinkled after being turned, seeing that only the cooked parts are seasoned. As with lamb, cooking should be slow; try turning it as few times as possible. Kid is naturally a very tender animal, and even more when cooked, so that it might be very easily bruised. Besides, bones will tend to become separated. When done, its natural juices will be transparent and the meat will come off the bones.

It is difficult to state a cooking period or even an approximate time for young kid, since the variables will be many, among which the animal's age and the fire will count as very important elements. The younger the animal, the less time it will take to be ready. However, it may be said without pretending to establish a rule, that a young kid should not be done in less than 2 hours, although it would be preferable to cook it a while longer.

Using a rather brisk fire will undoubtedly mean a shorter cooking time, however in this case extreme care will have to be taken so as to cook it evenly throughout, avoiding a scorched outside and an underdone inside.

(80) Grilled Suckling Pig

Though called suckling pig following an Argentine custom this term is applied to a somewhat larger animal, young and tender but not necessarily small. In fact, the *lechón* is an animal weighing about 5 kgs. Once properly dressed, it is rubbed with the following mixture: some oil, not a large quantity, coarse salt, abundant paprika, a little minced garlic, a trace of thyme, and rarely a bit of hot ground pepper or cayenne. This mixture, known in Argentina as *adobo*, is rubbed on the *lechón* the night before.

bar los lechones la noche anterior y dejarlos al fresco en el adobo hasta pocos minutos antes de llevarlos al fuego. Al contrario de lo que se hace con el cordero y con el chivito, se lo asa primero del lado de la piel, con fuego moderado. También suelen romperse en los animales no tan jóvenes las coyunturas de jamones, paletas y patas, partiendo además el espinazo en dos o tres partes con una cuchilla pesada para que no encoja al asar. Los animales muy jóvenes sólo necesitan un movimiento en las coyunturas para quedar descoyuntados, con lo que las partes gruesas cocinarán mejor.

El lechón toma un tiempo largo para estar a punto. Puede calcularse un mínimo de cuatro horas para un animal cercano a los sesenta días. Debe resultar siempre muy bien cocido y con la piel crocante.

El asado de lechón es uno de los pocos que no puede y no debe apurarse. El fuego debe ser suave pero decidido y mantenerse constante, especialmente bajo los cuartos. Si bien se pone a tostar primero, la piel, la mayor parte del tiempo debe cocinarse con fuego muy controlado del lado de las entrañas. No debe quedar jugoso, de acuerdo con el gusto más difundido, sino bien cocinado, hasta el punto en que la carne se separe de los huesos sin trabajo y la piel solamente quede dorada, no tostada ni mucho menos quemada. Si el animal es chico, se llevará entero a la mesa, donde se trozará caliente para servir a medida que se va partiendo; si fuese un tanto grande, se llevará a la mesa por cuartos, los delanteros primero y los traseros más tarde. Se acompaña con ensaladas frías, crudas y frescas o verduras cocidas. Cuando se asa lechón, no es costumbre asar a la vez otras carnes ni factura de cerdo, como chorizos o morcillas.

(81) Asado de costillar de cerdo

Los costillares de cerdo suelen ser de animal ya grande y, por lo tanto, de gusto fuerte, por lo que se los adoba con la siguiente preparación: 1 taza de vinagre, 1 taza de vino tinto, 1 cucharada de ajo-perejil finamente picado, 1 cucharada de pimentón rojo dulce, 1 cucharadita de sal gruesa, 1 cucharadita de comino en polvo, ají picante molido a gusto, romero a gusto, y una cucharada colmada de pan rallado. Se pasan los ingredientes por licuadora para lograr una mezcla homogénea y se unta el costillar la noche anterior, dejándolo reposar al fresco hasta la mañana siguiente. Antes de ponerlo sobre la parrilla caliente, se frota con un poco de aceite. Se asa a fuego moderado por unas dos horas, o hasta que esté bien cocido y las costillas crocantes. Unos 15 minutos antes de retirarlo del fuego se bañará primero una mitad con el resto del adobo, se dorará a fuego fuerte y luego se hará lo mismo con la otra mitad. Se sirve con una ensalada de tomates a la italiana (receta Nº 156), y con alguna compota de frutas ácidas preferiblemente de frutas frescas. Un costillar de cerdo puede repartirse entre solamente tres o tal vez cuatro personas. Si el animal fuese muy grande, se cortará en tiras como las del asado.

(82) Pollo a la parrilla

Los pollos a la parrilla tienen la virtud de cocinarse en poco tiempo; quedan siempre tiernos y jugosos. Pueden elegirse aves grandes o chicas; estas últimas se asan a fuego vivo para que queden tiernas, sabrosas y doradas, y las grandes a fuego suave al principio, para terminar dorándolas a fuego vivo a fin de presentarlas más apetitosas.

The basting solution will have more or less the same ingredients in an acidified light brine, made with 1/2 cup vinegar or red wine, 1 ½ cups water and 1 teaspoon coarse salt. Grilling procedures for *lechón* differ from those of lamb or *chivito*, in that the *lechón* is placed on the grill skin side downwards first, and once the skin is nicely browned it is turned over and cooked to a finish with the cavity side downwards. There are some who prefer to break the joints or simply to disjoint the *lechón*, separating the ham and the shoulder joints, and to break the backbone with a cleaver in two or three parts, to avoid shrinking. Disjointed animals, according to the experts, will cook better especially about the joints. In a young animal a simple tearing movement will displace and separate the joints.

A young pig will be better cooked in a grill if done over a slow fire for a rather long time. Care should be taken to maintain a side fire going, so as to be provided with glowing embers for the entire grilling time, which should run to an average 4 hours. *Lechón* is always well done, and the skin should be browned to a crackling crisp. It is one of the *asados* that will not bear any hurried haste. The fire must be kept low, but alive, and constantly renewed under the quarters. Even though the skin side will be cooked at first, the longest cooking time will be taken by the cavity side, and all this will require constant control and attention. The *asado* must be well done, the meat should be cooked throughout and to the point of separating from the bones. If the animal is not a large one, it is then taken whole to the table, where it will be carved and served right away. Should it be a rather large one, then the quarters are taken to the table first, front and hind, leaving last the breast. *Lechón* is served with cold salads, either fresh green or cooked ones. Whenever a whole pig is grilled, then the *asado* will be complete without any further additions, not even *chorizos* and *morcillas*.

(81) Grilled Breast of Pork

When the whole breast of pork is sold separately, it usually comes from a large animal. Therefore it is a cut rather strong in taste, so that it is usually marinated for some time before grilling it. To marinate prepare the following mix: 1 cup of vinegar, 1 cup red wine, 1 tablespoon finely minced parsley with a little garlic, 1 tablespoon paprika, 1 teaspoon coarse salt, 1 teaspoon ground cumin, 1 tablespoon fine bread crumbs, a little cayenne or other hot spice, and a bit of rosemary. Mix all the ingredients thoroughly, it can be done in a mixer, and brush over the breast of pork the night before, to let it stand the whole night. The breast should be lightly oiled before putting it on the fire. Grill over a moderate fire, 2 hours on an average, or until well done, so that the flesh between the ribs comes out golden and crisp. Baste frequently while grilling, and before taking it away from the fire, brown it evenly with a brisk fire. Serve with a tomato salad "a la italiana" (recipe Nº 156), and with a fresh fruit compote. Even a large breast of pork will not be enough for more than three, perhaps four people. If it should prove to be a very large cut, have it cut up in strips, similar to those of beef.

(82) Grilled Chicken

Grilled chicken has the advantage of a quick cooking process which gives a tender and juicy final product, even to the least experienced cook. Select either large or

Los pollos, una vez limpios de pluma y pelo, se lavan a fondo para quitar todo vestigio de sangre, se secan con un lienzo y se adoban con una mezcla simple de aceite, sal y pimienta, un poco de jugo de limón y una pizca de perejil u orégano fresco, finamente picado. Para que asen bien se los parte al medio, por la pechuga o por el espinazo, y se los descoyunta. Es preferible partirlos a lo largo por el espinazo para que las pechugas no se sequen y queden tiernas y con sus jugos naturales. Se abren y separan todas las coyunturas, tanto de alas como de patas y muslos, en parte para que no encojan al asarse y en parte para que no queden sitios muy gruesos donde haya dificultad para que penetre el calor de las brasas. Una vez descoyuntada el ave, se la frota con el adobo mencionado más arriba, o con cualesquiera de los otros que se detallan al final de esta sección, y se coloca de inmediato sobre una parrilla caliente, a fuego suave pero decidido. Se lo pone con el lado abierto hacia las brasas para que se cocine primero por el lado de los huesos internos y se doren los interiores. Luego se da vuelta y se cocina del lado de la piel, rociándolo frecuentemente con una salmuera ligera y con la ayuda de una ramita verde y fresca de perejil, orégano o romero. Como las pechugas cocinan rápidamente, debe concentrarse el esfuerzo en tener listos y a punto primero las patas y los muslos, para que, al dar vuelta el ave del lado de la piel hacia el fuego, terminen de cocinarse los muslos mientras se hacen a punto las pechugas. Se probará el punto pinchando las partes más gruesas de los muslos; estará listo si sólo afloran jugos trasparentes. Quedará mejor si, antes de llevarlo a la mesa, se lo deja reposar unos cinco minutos al calor, fuera ya del alcance de las brasas más fuertes, para secar un poco más sólo la piel. Se acompaña con papas fritas, en puré o al horno, y otras preparaciones de verduras, tales como budines, con abundante salsa blanca o verduras salteadas.

(83) Pescado a la parrilla

Se asan a la parrilla pescados de todos los tamaños: los más chicos a fuego vivo y en poco tiempo y los de mayor tamaño a fuego más moderado, y por mucho más tiempo, sobre todo si van enteros y son piezas realmente grandes. Se prefieren los de carnes gordas. Se conocen varios métodos; mencionaremos aquí sólo los más prácticos y comunes.

Los más chicos se asan sobre las brasas o sobre una parrilla, pinchados en un tenedor largo o broqueta, para darlos vuelta constantemente, evitando así que se tuesten demasiado de un solo lado.

Los de tamaño mediano y los mayores requieren para su mejor manejo ya sea unas canastillas de alambre o tostadoras hechas con este fin, o bien se los envuelve en varios dobleces de un papel fuerte y resistente muy bien enaceitado, atados por las puntas para poder tomarlos con mayor facilidad. De este modo se hacen enteros, con la ventaja de que guardan todos sus jugos naturales y por lo tanto quedan más sabrosos. También los de tamaño muy grande pueden asarse cortados en trozos grandes o en postas, utilizando para moverlos espátulas anchas para evitar lastimar las piezas que son muy frágiles, sobre todo una vez que están a punto.

Las mejores preparaciones consisten en:

1) *En canastillas*. Abrir el pescado por el medio a lo largo del espinazo de un lado al otro, quitar el espinazo entero y rellenarlo con una preparación simple o rociarlo con un adobo de aceite, sal, media cebolla picada finamente y una cebollita de verdeo

small fowl. The smaller the bird, the quicker should be the fire so that it remains tender, flavorful and nicely browned. Large birds will require a lower fire at the beginning, to be finished off over a brisk one so that a golden and appetizing product is taken from the fire.

Once the chicken is properly dressed and cleaned, wash to do away with all traces of blood, pat dry with a cloth and rub with a mixture of oil, salt, a few drops of lemon juice, a pinch of fresh, minced parsley or oregano and a little white ground pepper. To grill on a *parrilla*, split open in halves along the backbone or along the breast, and disjoint. It would be preferable to split them open along the backbone to keep the breasts whole, and in that way they'll come out tender and juicy. With a light tearing movement separate all joints in wings as well as in thighs and legs, partly to avoid shrinking while grilling and to cook better the thicker parts. When the bird has been split open and disjointed, rub well with an oil mixture, or with any other of your choice —see the section on marinades, dressings and other uncooked sauces—, and grill on a *parrilla* over a brisk fire. Place the chicken with its cavity side downwards facing the fire so that the bones are cooked and browned first. Then turn it over, and grill the skin side, sprinkling frequently the cooked side with a slight brine solution (see recipe Nº 104), using a sprig of fresh parsley. The fire should be so distributed that legs and thighs are almost done by the time the bird is turned over, and will be ready at the same time as the breast, which being a tender flesh will cook rather quickly. To test the legs prick them with a fork. If done or nearly done, slightly pinkish juices or almost clear ones will ooze out. When the bird is done on both sides, quicken the fire with a few more bright embers, turn it a nice brown color and take it away from the fire, letting it stand for some 5 minutes before taking it to the table, preferably in a warm place. Serve with potatoes, boiled, fried, mashed or oven roasted along with some other vegetables prepared in several ways sauteed or braised, or in a pudding covered with a good amount of white sauce.

(83) Grilled Fish

Any size of fish may be grilled in a *parrilla*. The smaller ones will be done over a brisk fire, and in a short time. The larger ones are grilled over a moderate fire, not so brisk, and in a longer period of time, especially if the fish is a really large specimen. Those richer in texture and in fat are normally preferred to the lean ones. Of the several methods used in Argentina, only two will be seen considering them to be not only practical but also original.

The smaller fish are broiled by the flames of an open fire, turning them frequently to get them done and browned on both sides at the same time. The larger fish to be better handled requires either a wire basket or an oiled paper wrapping to wich a twisted grasp is made at both ends. In this way the fish may be turned more easily, especially when grilled whole. In this way it will also keep all its natural juices and all its flavor. Fish too large to be handled in this way, are usually cut up in thick slices. To turn over fish slices, a wide spatula is recommended since slices will become flaky and breakable once done. Forks or other type prongs will not do a good job.

The best ways to grill fish are:

1) *In a Wire Basket.* Have fish opened up lengthwise, from head to tail and boned snipping both ends of backbone before lifting it out. Fill the fish cavity with a simple

también picada. Formar nuevamente el pescado, cuidando que el adobo o relleno queden dentro, rociarlo por fuera con más aceite y colocarlo en la canastilla o tostadora para llevarlo al fuego sobre una parrilla caliente. Asarlo sobre un fuego moderado si fuese de un tamaño mediano, y suave si fuese un tanto más grande, dándolo vuelta tantas veces como sea necesario para cocinarlo en forma pareja de ambos lados, rociándolo frecuentemente con una mezcla de 3 partes de aceite con 1 de una salmuera ligera para que la piel no se seque y no se parta. Retirarlo una vez dorado y a punto, es decir, cuando las estrías de la carne se separen fácilmente. Se servirá caliente, recién retirado de la parrilla, acompañando únicamente con unas papas blancas o doradas a la manteca.

2) Envuelto. Sin partir el pescado en ninguna forma, dejándolo entero, con cabeza y todas las aletas, y aun sin quitarle las escamas, y sin adicionarle ninguna clase de sazón o condimento, cuidando únicamente de que sea fresco y esté limpio de entrañas. Alguna cocinera escrupulosa querrá quitarle las escamas, pero no es imprescindible según este método, corriente en las costas de los ríos y que da un resultado extraordinario también con los pescados de mar. Se lo envuelve en varios dobleces de un papel resistente muy bien enaceitado, frotando el pescado también con otro poco de aceite. Al paquete de papel se le hacen dos tomas, una frente a la cabeza del pescado y la otra a la altura de la aleta caudal, encerrándolo para manejarlo mejor y llevándolo a la parrilla sobre un fuego adecuado a su tamaño, suave y lento si fuera de buen tamaño y un poco más vivo si es mediano. Como guía para el tiempo de cocción necesario, se calcularán siete minutos a fuego moderado —nunca vivo— o suave por cada centímetro de espesor que haya a la altura del espinazo, inmediatamente detrás de la cabeza.

Este tiempo varía de acuerdo con el fuego y la cantidad de dobleces que se hubieran hecho. A los pescados de tamaño mediano —unos 4 cm de grosor detrás de la cabeza— se les darán por lo menos cuatro vueltas enteras de papel y podrán calcularse los siete minutos por centímetro a fuego lento, pero decidido.

Habrá que tener cuidado de no quemar el papel, que se rociará frecuentemente con una mezcla bien batida de una parte de agua con una de aceite. Al acercarse el tiempo en que el pescado deberá estar a punto, al dejar de perder el vapor de sus jugos naturales, el papel comenzará a tostarse con gran facilidad. Como se trata de un papel enaceitado, podrá llegar a calentarse tal vez demasiado corriendo entonces peligro de arder, por lo que será necesaria una constante y estricta vigilancia; tampoco estará de más la precaución de mantener al costado un recipiente con agua para apagar cualquier principio de incendio.

Para servirlo, se dispondrá de una fuente de tamaño apropiado, en la cual se colocará el pescado envuelto tal cual se retiró de la parrilla. Con unas tijeras se recortará el papel alrededor del pescado, para dejarle sólo sobre el que descansa y el que lo recubre. Se le hará entonces, con tijeras o con un cuchillo de punta aguzada y afilada, una incisión o tajo superficial a lo largo de todo el lomo, de la cabeza a la cola, y también a todo lo largo del vientre, recortando el área que cubre la aleta final, para quitar la piel que lo recubre y que se desprenderá fácilmente de la carne. A veces, esta piel podrá quedar adherida al papel, por lo que será necesario hacer la incisión antes de retirar el papel que la cubre, siendo este caso más frecuente cuando al pescado se le quitan las escamas. Esta operación puede llevarse a cabo al costado de la parrilla, o bien en la mesa.

stuffing or with a mixture of oil, salt, half a small onion chopped fine and a whole minced scallion. Put fish halves together again, seeing that the filling remains inside, place in a wire basket, oil generously and grill over a moderate fire if the fish is medium sized or over a slow fire if rather large. Turn the basket as often as it may seem necessary, so as to cook both sides evenly. Sprinkle while it cooks with a mixture of 3 parts oil and 1 part a light brine solution (recipe Nº 104). This will prevent excessive drying up and unwanted shrinkage. To test if done, pry up the flesh with a fork. When ready it will separate easily in large flakes. Quicken the fire and brown for a few more minutes so as to take it to the table with nice brown color. Serve, broiling hot, with boiled potatoes or potatoes sauteed in butter.

2) *In Paper Wrapping.* Leave the entire fish whole, seeing only that it is properly dressed and clean. There is no need to cut off either head or tail, nor to scale it. Since this is a procedure used mainly along the river banks, it comes out best with recently caught fish or with very fresh fish. In case a somewhat squeamish cook might want to go ahead and scale the fish, it may be done; however it will not bear at all on the outcome of this preparation. This method has also been tested with success on all kinds of fish, regardless whether they came from fresh or salt water. Wrap fish in several folds of a rather strong and resistant paper, well oiled. The purpose of this is to end up with a strong bundle, a little longer than the fish, that can be easily turned about over a hot grill. To seal fish inside, grasp tightly each end and give it a few turns twisting the paper. Place on a *parrilla* over a rather low to medium fire. Care should be taken that no flames burst up, and caution must be taken to avoid any burning. Turn the bundle as many times as it may seem necessary, and sprinkle it with a water and oil mixture, in a proportion of a part of each, to keep it wet all the time. As the fish gets done, it will be loosing less of its own juices and so the paper wrapping will dry up and tend to burn. Oiled paper, when too hot and dry, will burn if a burst of flame comes near it. A bucket with water, a precaution that must always be taken when grilling an *asado*, could come in handy in case the paper flares up. A little sprinkling with salt water will always put out the fire.

As a guide to an approximate cooking time, figure on an average of 7 minutes for each centimeter of width measured at the point where the head joins the backbone. Of course, allowance should be made if the fire is too low or if too many folds of paper were used in wrapping the fish. For a medium sized fish, that is one that will weigh about 2 kgs before dressing, 4 thicknesses of paper will be quite enough, turning the fish 4 times so that it could be easily and comfortably handled.

To serve this fish a metal platter would be preferable, of an appropriate size, a bit larger than the fish. Take the fish bundle off the *parrilla*, place it on the platter, and with a pair of scissors cut off the paper at both ends and around the fish to remove all folds of paper, save those the fish is resting on and the one on top. Most often the paper would have stuck to the fish skin. In this case, remove skin and paper at the same time. To loosen the skin all around the fish, it is best to make a shallow cut with a sharp knife following a line over the back and belly up to the tail end, pull up and the skin will come out with the paper. If the skin is not stuck to the paper, take the paper off first and then peel off the skin. This entire operation may be made, either by the *parrilla*, or at the table. Larger fish are served in individual portions, while the smaller ones are passed on one to each guest, paper and all, so that each will be on his or her own and free to do the required honors according to his or her own abilities, and in a measure with the accumulated appetite.

Si el pescado fuese de buen tamaño se servirán porciones individuales, con ayuda de una pala. Por lo contrario, si el tamaño fuese para porciones individuales, se prepararán tantos pescados como comensales hay. En este último caso, éstos quedarán libres de hacer los debidos honores de acuerdo con sus habilidades y su apetito.

Los métodos indicados son totalmente intercambiables, pudiendo hacerse el pescado entero y sin escamar en la canastilla o tostadora y el pescado relleno envuelto en papel aceitado; también puede hacerse el pescado envuelto y en la canastilla, especialmente si se hace relleno, es de buen tamaño y la canastilla tiene la capacidad adecuada.

Los pescados a la parrilla se acompañan con ensaladas preparadas con verduras cocidas y algo condimentadas, con alguna ensalada de cebollas o tomates a la italiana (recetas Nos. 156 y 157), con hortalizas o verduras salteadas o en salsa de tomates, o preparadas de diversas maneras.

Asados al horno

Las carnes asadas al horno constituyen una parte importante de la dieta argentina. De entre una gran variedad de fórmulas corrientes se han tratado de elegir las más difundidas, así como las que puedan dar el panorama de las tendencias de la cocina local.

Por entender que las técnicas de los asados al horno no difieren de región en región y los tiempos de horno son los mismos en todas partes para los mismos cortes y tipos de carnes, se han simplificado estas recetas a sólo guías para la preparación de las más corrientes. Asimismo se atiende más a dar una idea de su presentación antes que a explicar en sí misma la técnica del horneado.

En la Argentina todas las carnes se asan al horno, tanto las de vaca, tiernas y no tan tiernas, como las de cerdo, cordero, chivito, aves de corral y aves de caza, carnes de caza y de animales salvajes, y pescados. Se hacen al horno con preparaciones previas muy simplificadas. Los acompañamientos se reducen a ensaladas, ya crudas, ya cocidas, algunas verduras y pastas o arroz.

(84) Matambre asado a la criolla

> 1 ½ kg de matambre de vaca, tierno, en una sola pieza • 1/2 taza de adobo simple, de ajo-perejil (receta Nº 100) • 2 cucharadas de pan rallado • aceite para untar, hojas de laurel, lonjas de panceta

Untar la pieza de matambre con el adobo y distribuir sobre un lado del matambre una o dos lonjas de panceta, el pan rallado y unas hojas de laurel. Se lo arrolla, se ata y se pone en una cazuela o asadera a horno moderado, cuidando de darle una media vuelta cada 15 minutos. Mientras tanto, se prepara la siguiente salsa criolla:

> 1/2 taza de aceite • 2 cebollas picadas • 2 pimientos, en tiras • 2 tomates, en gajos finos • 2 dientes de ajo, machacados • 1 cucharada de perejil picado • 1 cucharadita de vinagre • 1 cucharadita de azúcar • sal a gusto y una 1/2 taza de agua, caldo o vino

Both methods suggested to grill fish Argentine style are interchangeable, that is that the stuffed fish can be made in paper wrappings and the unscaled fish in a basket. Or even, a stuffed fish may be wrapped in paper and grilled within a wire basket if so preferred.

Grilled fish are generally served with all kinds of vegetables, preferably cooked and lightly condimented, such as sauteed vegetables, or in a tomato sauce, or in a pudding covered with abundant white sauce. Also a tomato or onion salad "a la italiana" is very popular (recipes Nº 156 and 157).

Oven Roasts

All kinds of oven roasts are an important part of the current Argentine diet. From among a wide possible selection, only those have been chosen which at the same time will offer a sampling of the preferences of local taste as well as the widest spread throughout the country.

Understanding that oven roasting techniques do not differ from those used in other parts of the world, and that cooking times will be the same, or almost the same, for similar cuts of beef and other meats, the following recipes have been simplified to the necessary guidelines to prepare roasts according to Argentine preferences. In this way, only those roasts that have a distinct and local character have been included in this selection, with the explanations bearing more on matters of preparation and presentation than on actual cooking techniques.

In Argentina most cuts of beef, or other meat, are also roasted in the oven. Tender, and those not so tender ones, will be taken to the oven, so beef, pork, lam, mutton, kid, poultry and wild fowl, game and other wild animals, including fish in the list, with simple preparations will be good fare. Side dishes are also kept simple, the main contribution being the vegetables cooked with the meat in the same roasting pan. Other cooked vegetables, some fresh salads, and in a few cases even rice or pasta are the usual garnishes.

(84) Rolled Flank Steak Criollo

> 1 ½ kg beef flank steak, tender, in one whole piece • 1/2 cup simple garlic and parsley marinade (see recipe Nº 100) • 2 tablespoons bread crumbs • oil for oiling, bay leaf, some bacon slices

Brush steak with marinade, place over a flat surface, cover upper side with two or more slices of good bacon, bread crumbs and one or two bay leaves. Roll, tie with string to keep in shape and place on a roasting pan in a moderate oven; turn every 15 minutes to brown evenly on all sides. Prepare meanwhile the following Creole sauce:

> 1/2 cup oil • 2 onions chopped • 2 sweet peppers, cut in fine strips • 2 tomatoes cut in thin wedges • 2 cloves of garlic, mashed • 1 tablespoon chopped parsley • 1 teaspoon vinegar • 1 teaspoon sugar • salt to taste, 1/2 cup or more water, broth or wine

rehogando, primero la cebolla en el aceite y luego los pimientos, tomates, ajos y perejil, agregando vinagre y azúcar y dejando cocinar sólo unos 10 minutos o hasta que los tomates estén un poco deshechos. Se añadirá un poco de caldo o agua, o vino, no más de 1/2 taza en total, y se sazonará únicamente con un poco de sal. Esta salsa se agrega a la carne una vez que se doró en el horno, es decir, después de los primeros 45 minutos, aproximadamente. Después de media hora más de horno, es decir, al aproximarse la hora y media, se probará si está a punto, pinchándola con un tenedor o cuchillo aguzado que deberá penetrar fácilmente en la carne y atravesarla de lado a lado. Una vez que la carne está a punto se retira del horno, se deja reposar cinco minutos, se corta en rebanadas más o menos gruesas y se lleva a la mesa bañada en la salsa y acompañada por papas blancas.

Nota: De esta misma forma se preparan casi todas las carnes, ya sean de vaca, de aves, etcétera. Las aves deben partirse en cuartos, o por lo menos por la mitad si son chicas; se asan primero hasta quedar doradas, siempre untadas con aceite o grasa fina de cerdo, y se les agrega a mitad de cocción la salsa criolla con la que terminan de cocinarse. Las carnes de vaca y las de cordero o cerdo se ponen en la asadera con abundante cantidad de grasa fina de cerdo hasta que estén doradas. Se desgrasan entonces los jugos de la asadera y se agrega la salsa criolla con la que terminan de hacerse. De este modo se preparan corrientemente:

Peceto asado a la criolla
Asado de paleta a la criolla
Nalga o bola de lomo a la criolla
Pierna de cordero a la criolla
Paleta de cerdo a la criolla
Pollo al horno a la criolla
Pato al horno a la criolla
Conejo al horno a la criolla
Nutria al horno a la criolla
Pescado al horno a la criolla
Vizcacha al horno a la criolla
Perdices al horno a la criolla

(85) *Carne adobada al horno*

> 2 kg de carne de vaca para horno • adobo de aceite y romero • 1 taza de agua, caldo o vino tinto • 1 cucharada de maicena o harina • sal a gusto

Elegir un corte de carne de vaca más bien graso y adobarlo con un adobo simple de aceite y romero (receta Nº 102) desde la noche anterior. Llevarla a horno moderado. Una media hora antes de estar a punto, rociarla con media taza de vino, caldo o agua, a gusto. Al retirar la carne de la asadera, poner ésta al fuego y agregarle una media taza de vino, o caldo o agua, en la que se diluyó la maicena. Hervir tres minutos revolviendo constantemente para despegar los jugos adheridos a la asadera, colar y bañar con esta salsa la carne, que se cortará en la mesa. Se pueden agregar unas hojas más de romero al vino en el momento en que se termina de hacer la salsa. Servir con papas al horno, con papas blancas o cubos de zapallo frito.

Fry onion first in hot oil, then add peppers, tomatoes, garlic and parsley, with vinegar and sugar; cook slowly 10 minutes or until tomatoes are cooked. Add at this point only enough liquid to bind the sauce, 1/2 cup being just a guideline, and season with salt. Add this sauce to the roasting pan where the steak is cooking, after it has browned evenly on all sides. When 1 ½ hour cooking time comes up, test steak with a fork. If ready, the fork will penetrate easily and no juices will ooze out. Take away from the oven, let stand for 5 minutes, take off all strings and slice rather thickly. Take to the table, sliced and covered with its sauce. Serve with boiled potatoes.

Remarks: In more or less the same way all cuts of beef, or other meats, can be prepared. These are the *criollo* ways of roasting any kind of meat in the oven. Birds are usually split in halves if small, or quartered if rather large. Roast first until nicely browned all over, covered with a good amount o butter, oil or other fat, adding lastly the sauce, to cook in it the last half hour. Beef, pork, mutton and lamb are browned with good pork fat, which is poured off the pan before adding the sauce, and cooked in the sauce the last third of the total cooking time. Following this method are also prepared:

Oven Roasted Rump (or Eye of Round) Steak Criollo
Oven Roasted Blade Steak Criollo
Oven Roasted Standing Rump or Chuck Steak Criollo
Oven Roasted Leg of Lamb Criollo
Oven Roasted Pork Shoulder Criollo
Oven Roasted Chicken Criollo
Oven Roasted Duckling Criollo
Oven Roasted Rabbit Criollo
Oven Roasted Nutria Criollo
Baked Fish Criollo
Oven Roasted Vizcacha Criollo
Oven Roasted Partridges Criollo

(85) Marinated Beef Roast

2 kg roasting beef • oil and rosemary marinade • 1 cup water, broth or red wine • 1 tablespoon cornstarch, or flour • salt to taste

Select a rather rich beef roast, rub well with a simple oil and rosemary marinade (recipe Nº 102) and let stand overnight. Place in a moderate oven on a shallow roasting pan. Pour over roast, 30 minutes before it is done, 1/2 cup of hot water, broth or wine. Take roast from pan, once it is done, let stand a few minutes to set, and prepare gravy with pan juices and the other 1/2 cup of liquid in which the cornstarch was diluted. Boil a few minutes over a brisk fire, not more than 3 minutes for cornstarch and over 5 minutes for flour, strain and pour over roast. Slice beef at the table. A little more rosemary leaves, freshly chopped, may be added to the pan juices at the last moment. Serve with baked potatoes, or boiled potatoes, or fried squash cubes.

Del mismo modo puede procederse con cualesquiera de los adobos mencionados en la sección correspondiente. En el caso de los adobos compuestos y picantes, en lugar de vino se agregará a la asadera solamente agua y se hará la salsa con caldo o vino y maicena. Puede emplearse harina, en cuyo caso conviene agregar un poco más de agua para que la salsa se haga ya en el horno mientras termina de cocinarse la carne. Aves, cerdos, corderos y pescados se asan corrientemente de esta forma. Se acompañan con verduras; papas, batatas, zanahorias, cebollas, zapallo, zapallitos, etc., también asadas en el horno, junto con la carne. De este modo se preparan corrientemente:

Tira de asado adobada al horno
Cordero adobado al horno
Paleta de cordero adobada
Lechón adobado al horno
Pechito de cordero adobado
Liebre adobada al horno
Conejo adobado al horno
Pescado adobado al horno

(86) Carne mechada al horno

1 ½ kg de nalga, peceto, u otra pulpa magra para horno • 100 g de panceta ahumada, en cubitos chicos • 10 aceitunas negras descarozadas y picadas • 1 cucharadita de perejil picado • 1 diente de ajo, finamente picado • 1 cucharadita de orégano • 2 cucharadas de aceite • grasa fina de cerdo para untar la carne • sal y pimienta negra molida, a gusto

Mezclar en un tazón la panceta con aceitunas, perejil, ajo, orégano y un poco de aceite, y sazonar con sal y pimienta a gusto. Hacer con un cuchillo delgado, largo y filoso, un corte por el centro del corte de carne para atravesarlo. Untar bien con aceite el interior del corte y rellenar con la mezcla de panceta. Sazonar la carne con sal y pimienta por fuera, untarla con el aceite y llevarla a horno caliente en una asadera o cazuela apropiada. Poner encima dos cucharadas de grasa fina y darla vuelta cada diez minutos hasta que esté dorada por fuera. Agregar entonces 1/2 taza de agua o caldo, bajar el horno a temperatura moderada y continuar asándola hasta que esté tierna.

Unos 45 minutos antes de que esté a punto, poner en la misma asadera papas medianas peladas y cortadas en cuartos, cubos de zapallo y ruedas de batata. Una vez que las verduras y la carne estén a punto, se sirve todo junto, la carne cortada en rebanadas no muy gruesas y las verduras bañadas con los jugos del asado.

También puede hacerse la carne mechada con una salsa criolla o con una salsa de vino en cuyo caso se preferirá vino tinto y se acompañará con cebollas asadas en la misma asadera, aromatizadas con romero u orégano. Hay diferentes tipos de relleno para el mechado, casi todos en base a una mezcla de panceta como, por ejemplo:

Remarks: The same method may be followed with any of the marinades mentioned in the marinades section. In the case of hot marinades, it is usual to add only water to the roasting pan, and to finish the sauce with the cornstarch diluted in either broth or wine. If flour is preferred, add a little more water to the roast with the flour included so that the gravy will be made while the roast is in the oven. Pork, lamb, fowl and fish are prepared along these lines too. Serve with the roast an assortment of vegetables, baked in the same roasting pan with the meat, such as potatoes, sweet potatoes, all kinds of squash, carrots, onions, and so forth. With this method the following are prepared:

Oven Roasted Beef Short Ribs
Marinated Lamb Roast
Marinated Lamb Shoulder Roast
Marinated Pork Roast
Marinated Breast of Lamb Roast
Marinated Hare Roast
Marinated Rabbit Roast
Marinated Baked Fish

(86) Larded Beef Roast

1 ½ kg boneless rump, top round or eye of round steak, or other lean cut of beef • 100 grs bacon, cubed • 10 black olives, pitted and chopped • 1 teaspoon chopped parsley • 1 clove of garlic, minced • 1 teaspoon oregano • 2 tablespoons oil • lard for basting • salt and ground pepper to taste

Mix in a bowl the cubed bacon, chopped olives, parsley, garlic, oregano and some oil, season to taste with salt and pepper. With a long and pointed sharp knife make a deep gash through a central point in the whole roast going in as far as the middle from each end of the cut. Open gash, oil it and push the bacon and olives mixture into it. Rub roast with oil, salt and pepper, place on a shallow roasting pan and cook in moderate oven, basting the first half hour with some lard to brown it. Once browned, pour over roast 1/2 cup water and continue cooking until tender. About 45 minutes before end of cooking time add to roasting pan peeled and quartered potatoes, cubed squash and sweet potato rounds. When meat and vegetables are done, serve all together, slicing the roast in thick slices and covering the vegetables with the pan juices.

Remarks: larded beef can also be cooked with a creole sauce, or with a wine sauce. Red wine is preferred for the wine sauces, while baking in the pan with only some onions, seasoned with either oregano or rosemary. There are many ways to prepare lardings for these large cuts of beef, almost all of them start with a cubed bacon base, as the following:

(87) Beef Larding with Carrots

100 grs bacon, in small cubes • 1 teaspoon garlic and parsley mixture, minced • 2 tablespoons bread crumbs • 1 medium carrot, grated • milk to bind mixture, salt and pepper

(87) Mechado con zanahorias

> 100 g de panceta, en cubitos chicos • 1 cucharadita de ajo-perejil picado • 2 cucharadas de pan rallado • 1 zanahoria cruda rallada • leche para unir, sal y pimienta

Mezclar la panceta con el ajo-perejil picado y la zanahoria rallada, agregar una cucharada de pan rallado y unir con algo de leche. Amasar esta mezcla con los dedos por un minuto y añadir más pan rallado hasta obtener una pasta homogénea. Sazonar con sal y pimienta y rellenar la carne mechada.

(88) Mechado con ciruelas

> 100 g de panceta ahumada, en daditos chicos • 10 ciruelas secas, descarozadas, finamente picadas • 1 cucharadita de mostaza en polvo • 1 cucharadita de azúcar morena • 1 cucharadita de vinagre de vino • pan rallado para espesar y unir, sal y pimienta a gusto

Mezclar en un tazón todos los ingredientes y amasar con los dedos hasta obtener una pasta homogénea. Añadir un poco de pan rallado.

(89) Pechito de cerdo adobado al horno

> 1 pechito de cerdo, de no más de 1 kg • 1 cucharada de maicena • 1 cucharada de vino blanco seco • adobo de aceite y pimentón (receta Nº103)

Mezclar en un tazón el adobo y agregar el vino y la maicena. Untar y frotar con esta mezcla el pechito de cerdo y dejar reposar por lo menos unas 6 horas. Asar a horno moderado hasta que la carne entre las costillas esté crocante, rociando con el resto del adobo elegido diluido en una salmuera ligera (no más de 1/2 taza). Servir con una ensalada fresca y cruda y una compota de frutas ácidas.

(90) Cordero al horno

Adobar una pierna de cordero, o una media res de cordero tierno, y dejar descansar unas seis horas con el adobo elegido. Asar luego a horno moderado hasta que la carne se separe de los huesos. Se acompaña con papas medianas, peladas y partidas al medio, abundantemente rociadas con aceite o grasa fina de cerdo y asadas junto con el cordero, añadiendo además pimientos morrones partidos al medio y desemillados, cebollas, batatas y zapallo. Se sirve todo junto.

(91) Conejo al horno

Se adoba el conejo o nutria de criadero la noche anterior con un adobo apropiado (receta Nº 102). En el momento de poner al horno se unta con grasa fina de cerdo y se asa a fuego moderado hasta que la carne empiece a separarse de los huesos, cuidan-

Mix cubed bacon with garlic, parsley and grated carrot, add one table spoon bread crumbs and bind with a little milk. Work mixture with hands about one minute and add some more bread crumbs to obtain a smooth paste. Season with salt and pepper, and use to lard any large beef roast.

(88) Roast Larding with Prunes

100 grs smoked bacon, in small cubes • 10 prunes, pitted and minced • 1 teaspoon powdered mustard • 1 teaspoon sugar, dark brown preferably • 1 teaspoon wine vinegar • bread crumbs to bind • salt and pepper

Mix in a bowl all ingredients, working with hands to obtain a smooth paste, adding bread crumbs to give it consistency. Use to lard any roast.

(89) Marinated Pork Breast

1 spareribs side, not more than 1 kg • 1 tablespoon cornstarch • 1 tablespoon white dry wine • oil and paprika marinade (recipe N⁰ 103)

Mix marinade with wine and cornstarch. Rub mixture well on spareribs and let stand for at least 6 hours. Roast in moderate oven, until meat between ribs is crisp and dry, basting the roast with the remainder of the marinade and not more than 1/2 cup of a light brine solution. Serve with a fresh green salad and with a fresh fruit tart compote.

(90) Roasted Lamb

Select a marinade, and rub a side of young lamb with it. Let stand for 6 hours. Roast in a moderate oven, until well done, when the meat begins to separate from the bones. Serve with potatoes roasted in the same pan, peeled and quartered and abundantly basted in lard. Add also some sweet peppers split in halves and seeded, halved onions, sweet potatoes and squash. Serve all together, with the pan juices.

(91) Roasted Rabbit

Select an appropriate marinade (recipe N⁰ 102), rub with it a rabbit, and let stand overnight in a cool place. Place in a shallow roasting pan, with some lard on top, and roast in a moderate oven until the meat begins to separate from the bones. Baste frequently with the marinade to which 1/2 cup of a light brine solution has been added, mixed with the pan juices. One of the most popular marinades, the oil and herbs one, is made especially for rabbit with a mixture of bay leaf and thyme. Rabbit is served well done in all cases, and with carrots or squash prepared in many different ways. For an alternative marinade, see recipe N⁰ 117.

do de rociarlo frecuentemente con una media taza de salmuera ligera mezclada con los jugos de la asadera. Uno de los adobos preferidos es el de aceite y hierbas, laurel y tomillo mezclados. Se acompaña con zanahorias y zapallo preparados en diversas formas.

(92) Chivito asado con romero

Una vez elegido el chivito tierno se lo rocía con un adobo simple de aceite y romero. Poner a horno moderado hasta que esté a punto, rociándolo frecuentemente con una salmuera ligera levemente aromatizada con una pizca de romero. Se sirve bien cocinado y tierno, con una ensalada de papas.

(93) Mulita al horno

Se adoba la mulita la noche anterior y se lleva a horno suave, cuidando de colocarle un sostén de madera a lo largo para que no encoja al asarse. Una vez a punto, se deja reposar unos 10 minutos antes de servir. También se puede comer fría, con un chimichurri suave de perejil y ajo y una pizca de pimienta, debiendo quitársele entonces el caparazón.

(94) Nutria al horno

Se despresa la nutria y se adoba desde la noche anterior. Se lleva a horno suave, en una cazuela o asadera apropiada, colocándola sobre una camada de cebollas cortadas en rodajas y cubierta con otra camada de rodajas de cebollas y de tomates también en rodajas, hojas de laurel y un poco de sal, aceite en poca cantidad y media taza de vino blanco seco. Debe cocinarse hasta estar tierna, cuando la carne comience a desprenderse de los huesos. Se sirve con las cebollas y sus jugos, acompañada de papas y arvejas salteadas u otras verduras también salteadas.

(95) Pollo al horno

Elegido un buen pollo grande y tierno se lo parte en dos a lo largo, separándolo por el espinazo y por la pechuga. Se unta con abundante manteca o aceite, sal y unas gotas de limón. Se asa a fuego moderado hasta que la carne empiece a desprenderse de los huesos. Para servir, se parte en cuartos y se lo lleva a la mesa con un chimichurri de perejil recién preparado. Se acompaña con alguna ensalada de papas o una ensalada cruda fresca.

(96) Pollo con crema de choclos

Se asa un pollo al horno tal como se indica en la receta anterior. A mitad de cocción, es decir, a los 30 minutos aproximadamente, se agregan 1/2 taza de caldo y 1/2 taza de agua con 1 cucharada de maicena desleída. Aparte, con 1/2 cebolla finamente picada y 1/2 taza de choclos recién rallados, rehogados en 2 cucharadas de

(92) Roasted Kid with Rosemary

Select a tender side or whole kid, and rub well with an oil and rosemary marinade. Roast in a moderate oven until well done, basting frequently with a light brine solution slightlyl scented with a little more rosemary. Serve kid, either with the marinade and pan juices, or discard the marinade and pan juices at the last minute, melt one cup fresh sweet butter, baste kid with it a few minutes before taking it from the oven, and send the butter used for basting to the table along with the roasted kid. A potato salad, baked potatoes, or potatoes roasted along in the pan are served with kid.

(93) Roasted Mulita

The *mulita* is a variety of armadillo, much appreciated. It is first marinated overnight, and then roasted in a moderate oven. Since it is covered by a rather hardy carapace, a stick is placed along its cavity lengthwise to avoid shrinkage while cooking. Once ready, let stand 10 minutes before carving. It is not a strongly flavored meat, since the animal follows mainly a vegetarian diet. It is served directly from the oven, and also cold, with a *chimichurri* of garlic, parsley and some ground pepper. If served cold, remove carapace.

(94) Roasted Nutria

The *nutria* is a wild vegetarian forager, hunted for its pelt. Have the *nutria* split and quartered, and let stand overnight in a marinade. Roast it in a moderate oven, on a shallow baking dish or casserole. Let it brown first with the help of some lard, and then cover with rounds of onion, tomato and a few bay leaves, pouring over it a little oil, half a cup of wine and some salt. It will be done when the meat begins to separate from the bones. Serve with its own sauce from the roasting dish and with sauteed potatoes and peas, or other vegetables.

(95) Roast Chicken

Select a rather large and tender chicken, split it in two lengthwise halving it along the breast and backbone. Brush generously with butter, sprinkle with salt and a few drops of lemon juice. Place in a shallow roasting pan and roast in a moderate oven, well browned until the meat begins to separate from the bones. Argentines like chicken well done. Quarter to serve, and take to the table along with the pan juices in a sauce boat and a mild parsley *chimichurri* with just a pinch of white pepper (recipe Nº 101). Serve with potatoes, roasted in the same baking pan with the chicken, peeled and quartered, or with fried or sauteed potatoes. A green salad is also frequent. A variation of this recipe calls for a more elaborate marinade (recipe Nº 122), freshly prepared, with abundant parsley.

(96) Chicken with Fresh Corn Cream

Split a chicken, as indicated in the preceding recipe and roast in a moderate oven in a shallow roasting pan. About 30 minutes before end of cooking time, add to the

manteca, se prepara una crema agregando 1/2 taza de leche y 1 taza de los jugos de la asadera ya espesados con maicena, sazonándola con sal y nuez moscada. Se sirve el pollo con papas doradas, bañado todo con la crema de choclos.

(97) Pato asado con cebollas

Elegir un pato tierno y partirlo en cuartos, pinchando bien la piel con un tenedor. Untar con abundante manteca o aceite y sal y, en una cazuela o fuente de horno, poner en horno moderado. Sancochar en poca agua —sólo la necesaria para cubrirlas— unas cebollas chicas. Se calcularán 3 cebollas por persona, se les hará en los extremos unos tajos poco profundos en cruz para que no se abran al hervir. Sancochadas sólo 5 minutos, condimentadas con poca sal, 1 cucharada de azúcar rubia o morena y un clavo de olor, se escurrirán y se añadirán a la asadera donde se asa el pato, junto con 1 taza del agua en que hirvieron. Aparte mezclar 1 cucharada de maicena con 1 de azúcar morena, una pizca de sal y hervir con 1 taza del agua en que se cocinaron las cebollas unos 5 minutos. Una vez que el pato está a punto, se escurre de los jugos de la asadera y se coloca junto con las cebollas en una fuente honda. Una vez desgrasado el contenido de la asadera, se le mezcla la salsa de maicena y 1 cucharada de vinagre. Hervir un minuto y servir colado sobre el pato y las cebollas. Llevar muy caliente a la mesa.

(98) Pescado al horno relleno

1 pescado de unos 3 kg, limpio y escamado, entero • 2 cucharadas de aceite • 2 cebollas, grandes, picadas • 2 cebollitas de verdeo, picadas • sal, pimienta y tomillo a gusto • pan rallado y jugo de limón

Una vez limpio el pescado, partirlo por el lado del vientre al medio y a lo largo, de la cabeza hasta la aleta caudal, dividiéndolo en dos, hasta los lomos, para quitarle todo el espinazo. También se puede quitar la cabeza, que ayudará a desprender el espinazo, cortándolo con unas tijeras en las últimas vértebras anteriores a la aleta caudal. Rehogar en una cucharada de aceite las cebollas y las cebollitas de verdeo, rápidamente, sazonar con sal, pimienta y tomillo y distribuir sobre el pescado abierto, salpicar con nuez moscada, volver a armar el pescado acomodando una sobre otra las mitades separadas (no se debió lastimar la piel del lomo del pescado), y poner en una asadera de tamaño adecuado o fuente para horno. Rociar con aceite, pan rallado y jugo de limón. Llevar a horno suave por espacio de una hora, o hasta que las estrías del pescado puedan separarse fácilmente con un tenedor. Servir caliente, acompañado con un budín de verduras, de zanahorias o de zapallos, y abundante salsa blanca.

(99) Pescado al horno con huevos

1 ½ kg de filetes de pescado, sin espinas • 1 kg de papas, peladas y cortadas en rodajas finas • 2 cebollas grandes, cortadas en rodajas finas • 3 huevos batidos ligeramente • 2 tazas de leche • 2 cucharadas de aceite • 2 cucharadas generosas de harina • 1 cucharadita de sal • nuez moscada y orégano a gusto, sal y azúcar, vinagre

pan 1/2 cup broth and 1/2 cup water with 1 tablespoon cornstarch. Prepare separately some fresh corn cream with 1/2 onion finely chopped, 1/2 cup of freshly ground or grated corn kernels, cooked gently in 2 tablespoon butter, add 1/2 cup milk and 1 cup of the pan juices already thickened with cornstarch, season with salt and nutmeg. Serve chicken with sautee potatoes, and covered with the corn cream.

(97) Roast Duckling with Onions

Select a young and tender duckling, have it quartered and prick skin thoroughly with skewer or other pronged utensil. Brush generously with butter, or oil, and a little salt, placing it in a shallow baking dish or casserole. Roast in a moderate oven. Parboil in water just to cover, some onions —figuring about 3 per person— scoring them at both ends with a shallow criss-cross cut, to prevent their coming apart while boiling. Season with a little salt, 1 tablespoon sugar —preferably brown sugar— and 1 clove. Cook onion not more than 5 minutes, drain thoroughly and add to roasting pan with 1 cup of their cooking water. Mix 1 tablespoon cornstarch with 1 tablespoon brown sugar in a small sauce pan, pour over 1 cup of the onion cooking liquid, bring to a boil and cook 5 minutes. When duckling is done, lift from pan and place together with onions in a deep serving dish or platter. Pour off fat from roasting pan, add cornstarch mixture with 1 tablespoon vinegar an bring to a boil stirring constantly to blend well cornstarch to pan juices. Strain, cover duckling and onions with sauce and take to the table. Serve as hot as possible.

(98) Baked Stuffed Fish

1 whole fish, about 3 kgs, dressed and clean, very fresh • 2 tablespoons oil • 2 large onions, chopped • 2 scallions, or green onions, chopped • salt, pepper and thyme to taste • bread crumbs and lemon juice

Have the fish cleaned and dressed, split in halves lengthwise along backbone. Remove backbone, and head of fish if so desired, snipping it at both ends and lifting out. Cook gently in 1 tablespoon oil the onions and scallions, seasoned with salt, pepper and thyme, and sprinkle this mixture over the opened halves of fish. Put fish together again, keeping stuffing inside, place in a shallow baking dish, lace with oil, cover with bread crumbs and a few drops of lemon juice, and bake in a slow oven about 1 hour or until fish easily flakes when pricked with a fork. Serve hot, with a vegetable pudding, carrot or squash being favorites, which will go to the table well covered with abundant white sauce.

(99) Baked Fish with Eggs

1 ½ kg fish fillets, without any bones • 1 kg peeled potatoes, sliced thin • 2 large onions, sliced thin • 3 slightly beaten eggs • 2 cups milk • 2 tablespoons oil • 2 tablespoons, or more, flour • 1 teaspoon salt • nutmeg, oregano, salt, pepper and sugar to taste • a little vinegar or a few drops of lemon juice

Cortar la cebollas en rodajas finas, colocar en un tazón y espolvorear con un poco de sal, azúcar y orégano; dejar reposar 15 minutos. Pelar las papas, cortarlas en rebanadas finas y, en una fuente de horno previamente enaceitada, colocarlas en el fondo bien distribuidas. Acomodar sobre las papas el pescado, cortándolo en trozos chicos y encima colocar las rodajas de cebolla escurridas. Batir los huevos con el aceite, la harina, sal y un poco de orégano y agregar la leche, la nuez moscada y unas gotas de vinagre. Volcar este batido sobre el pescado y llevar a horno suave hasta que todo esté a punto, es decir, poco más de una hora. Se sirve caliente, cuando está algo dorado por encima, aunque también frío resulta excelente.

Esta preparación es ideal para los pescados magros de carnes blancas. Los filetes de pescados de río, mucho más grasos, así son también muy buenos, teniendo cuidado de agregar al batido de huevos una cucharada más de harina y una salsa criolla rápida hecha con aceite, 1 tomate chico, 1 pimiento chico y 1 cebolla chica, u otra salsa de tomates (véanse recetas 293 al 296).

Slice onion in rather thin rings, place in a bowl and sprinkle with salt, sugar and oregano; let stand 15 minutes. Peel potatoes and slice in thin rounds. Oil a deep baking dish, place potatoes evenly distributed, cover with fish fillets also evenly distributed and top with drained onion rings. Mix beaten eggs with oil and milk, flour generously, season with nutmeg, oregano, salt and sugar, and a few drops of vinegar or lemon juice. Pour batter over contents of casserole and bake in a moderate oven until fish is done. This will take approximately 1 hour, until potatoes are cooked along with fish. Serve when lightly browned. This is served either hot, or cold. If planning ahead to serve cold, add to egg batter 2 tablespoonfuls of grated Parmesan type cheese, and bake in a shallow pan, slicing thinly the fish fillets so that all potatoes will be covered. Once cold, cut up in small squares; excellent for a cold buffet.

This preparation will come out better if lean fish is used, with white and firm flesh. Should fatter fish, or river fish be used, increase amount of flour slightly and add to batter either a small amount of portuguese sauce or make a quick *Criollo* type sauce with oil, and a sliced onion, a sweet pepper sliced in thin strips and a tomato sliced in thin wedges, sparingly seasoned with only salt (see recipes Nos. 293/294/295/296).

V. Adobos y aliños

V. Marinades
and Dressings

Los adobos y aliños son salsas crudas o aderezos que se usan para condimentar las comidas. Los adobos, sobre todo en el caso de las carnes de caza, también se emplean para conservar y sazonar mejor estas carnes y así poder cocinarlas dentro de un mayor período de tiempo.

Son combinaciones en crudo de variados elementos aromáticos que se ligan por medio de un líquido principal que puede ser salado o ácido, o de un elemento oleoso, o de una mezcla de todos ellos.

Las carnes se adoban antes de poner al fuego, sea a la parrilla o al horno, y aun a veces antes de hacerlas a la olla. Los adobos, como también sirven para conservar las carnes, suelen hacerse un tanto más fuertes que los aliños, aunque los más corrientes en la cocina casera son muy simples y rápidos y se frotan sobre las carnes sólo unos minutos antes de ponerlas a cocinar.

Las salsas crudas con que se condimentan las carnes ya cocinadas, y las ensaladas en general, se conocen también como aliños y aderezos. Algunos, como el *chimichurri* y el *ajiaco*, tienen nombres específicos, pero los más —aunque forman parte del bagaje culinario corriente y más difundido— no los tienen.

En las recetas que se ofrecen a continuación se darán proporciones mínimas como para poder duplicarlas o triplicarlas con facilidad, teniendo en cuenta que es muy difícil calcular la cantidad de adobo necesario para un número indeterminado y general de cortes de carne. Estas recetas, como las de toda la colección, se ajustan más o menos a las necesidades de unos cuatro comensales.

ᕗ Los adobos ᕗ

Se usan sobre las carnes, sean éstas rojas o blancas, y para condimentar los pescados por dentro más que por fuera, sobre todo cuando se los asa a la parrilla.

Según la costumbre popular son muy contados los casos en los cuales las carnes van a la parrilla sin alguna preparación previa, por sencilla que fuese. Estas preparaciones que ayudan a cocinarlas mejor se basan en la más simple y difundida, que consiste en untarlas con un poco de aceite y sal. En primer lugar se verán los adobos más corrientes y sencillos, que se ponen sobre las carnes que irán a la parrilla sólo unos minutos antes de empezar a cocinarlas. Por lo general, se frotan con algún vigor para que penetren mejor.

Actualmente es difícil encontrar a alguien que, en la preparación de un adobo, se tome el tiempo requerido para pasar todos los ingredientes por un mortero, que es el método ideal. Quienes conservan más ajustadamente las tradiciones de un buen adobo empiezan por moler los ingredientes vegetales en un mortero con ayuda de unos granos de sal gruesa para mezclarlos después con los ingredientes líquidos. Hoy se pueden medir todos los ingredientes en el vaso de una licuadora y mezclarlos un par de minutos para que el adobo esté listo.

Los adobos compuestos, que se verán después, son para las carnes que se adoban con anticipación al momento en que serán cocinadas y son los que permiten una mayor libertad individual en su preparación. Se verán algunas de las combinaciones más corrientes, que podrán servir a la persona curiosa y con espíritu renovador como guía para lograr otras combinaciones.

Under the names of *adobo* and *aliño* are known mostly uncooked sauces and dressing preparations used to season a great variety of foodstuffs. The *adobo*, in the case of meats, is also used to keep them for some time before cooking, seasoning and tenderizing the meat additionally. In the case of game, the *adobo* acts mainly as a tenderizer.

In general, these are uncooked combinations of varied aromatic elements with a liquid binding, either salty or acidified. The liquid may also be oil, or a combination of all the mentioned agents.

Meats are usually marinated, or rather rubbed, with an *adobo* before cooking. *Adobos* are made somewhat stronger than *aliños*, lingering still the idea that meats should stand some time before cooking in a preserving brine or acidified liquid. Nowadays *adobos* are rubbed in just a few minutes before putting the roast in the oven.

All uncooked sauces used to season cooked meats, as well as all kinds of salad, are known by several names among which *aliño* and *aderezo* seem to be totally interchangeable. Some of these uncooked dressings have specific names, like the *chimichurri* and the *ajiaco*. However, most of the commonly used and prepared dressings know of no proper name.

In the following selected recipes, minimum proportions will be given throughout so as to make duplication an easier task. The recipes, as most of the present collection, will enable anyone to prepare sufficient quantities for 4 people, more or less.

Marinades (Adobos)

There are really very few points of contact between an *adobo* and a marinade, although both are used for similar purposes. *Adobos* are mostly on a dryish side, originally used on hung cuts of meat. Today *adobos* are also made liquid, and are used to season red, white and dark meats, game and fowl, and even fish.

According to the most widespread usage, there are some cases in which a roast doesn't take an *adobo*. Except the tenderest, flavorful and choicest cuts of beef, most other cuts will take even a simple *adobo* of oil and perhaps a little salt. The simplest ones will be seen, those that are rubbed in just a few minutes before the roast goes on the *parrilla* or into the oven. Cooks will vigorously rub them in, so that they penetrate the meat better.

The ideal procedure to prepare an *adobo* following old methods and without a doubt still the best way to blend flavors, is to pound all the dry ingredients in a mortar. The technique is as follows: pound with a heavy wooden pestle all vegetable ingredients first, with the help of a few grains of coarse salt, a little at a time. After a smooth paste is obtained, take out of mortar with a spoon, place in a bowl, and continue pounding and mashing other ingredients, also a little at a time. When a paste is obtained, take out into a bowl where finally all liquids will be added and blended with a wooden spoon. If a small quantity is made, pound vegetable ingredients with a few grains of salt. When a smooth paste is made, mix in other liquids slowly with the help of the pestle, taste and adjust seasonings. An alternative method, is to mix all ingredients for a few minutes in an electric blender.

A few of the most common ways to prepare an *adobo* will be shown here. The simpler ones will keep to a set formula, while the composite ones will allow for individual flights of fancy.

Adobos simples

Son los más frecuentes para todo tipo de carnes, especialmente en la cocina casera. Se preparan rápidamente y se agregan frotándolos sobre las carnes pocos minutos antes de cocinarlas. Sólo es cuestión de mezclar los ingredientes, batiéndolos por un par de minutos, a mano o en una licuadora.

Naturalmente que estas recetas-guía pueden ser modificadas, teniendo en cuenta las proporciones que son el resultado de gustos populares. La modificación de las proporciones básicas podría apartar el producto final del gusto fijado por las costumbres más difundidas en la cocina argentina.

(100) Adobo de aceite y ajo

2 cucharadas de aceite • 1/2 diente de ajo, finamente picado • 1 cucharadita de sal

Se mezclan estos componentes, a mano, en batidora o preferiblemente en un mortero, agregando a gusto uno o más de los siguientes elementos; no más de 1/2 cucharadita de uno o dos ingredientes, o menos en el caso de más de dos ingredientes, especialmente en proporciones mayores del doble de las cantidades indicadas de perejil picado, orégano, romero, tomillo, comino molido, pimentón dulce, ají picante molido.

Este adobo se utiliza especialmente para pollos y pescados.

(101) Adobo de aceite y limón

2 cucharadas de aceite • 1 cucharada de jugo de limón o más, a gusto • 1 cucharadita de sal

Se mezclan estos componentes a mano, o en batidora, y se les agrega, a gusto, uno o más de los siguientes elementos, en una proporción de no más de 1/2 cucharadita en el caso de uno o dos de ellos, y en el caso de más de dos en proporciones aún menores. Se tendrá, en cuenta esta relación especialmente cuando se hiciese más del doble de las cantidades indicadas: perejil, cebollita de verdeo, orégano fresco, romero fresco, tomillo y pimienta molida. Este adobo se usa sobre todo en pescados y pollos.

(102) Adobo de aceite y hierbas

2 cucharadas de aceite • 1 cucharadita de sal • 1/2 cucharadita de pimienta negra molida • 2 cucharaditas de: perejil picado, orégano o romero por separado

Este adobo es el más corriente para todo tipo de carnes rojas.

The Simpler Adobos

These are the most frequently used in home cooking. Prepare rapidly and rub into meat a few minutes before cooking. They take but a few seconds to blend. These recipes, collected from many different sources, will naturally bear many modifications, if main guidelines are followed to keep to traditional seasoning patterns. Proportions are very important in the making of these sauces, and should be strictly adhered to. Do not be tempted into wandering away from these patterns, already set by local traditions and tastes.

(100) Oil and Garlic Marinade

> 2 tablespoons oil • 1/2 clove of garlic, finely minced • 1 teaspoon salt

Mix these ingredients, either in a blender or by hand. One of the following may also be added: not more than 1/2 a teaspoon of one or two of the ingredients that are mentioned (and in case of adding a larger number of components reduce to 1 teaspoon total amount of chosen elements) as chopped parsley, oregano, rosemary, thyme, ground cumin, paprika, crushed red hot pepper or cayenne. This marinade is used mainly on chicken and fish.

(101) Oil and Lemon Marinade

> 2 tablespoons oil • 1 tablespoon, or more, lemon juice • 1 teaspoon salt

Beat these ingredients together, or mix in a blender, and add any of the following elements: parsley, scallion or green onion, freshly picked oregano leaves, freshly picked rosemary leaves, freshly picked thyme sprig, freshly ground black or white pepper. For a small quantity keep to just one or perhaps two additions, not more than 1/2 teaspoon of each. For a larger quantity, reduce amount of individual elements to even smaller proportions. This marinade goes on chicken or fish, preferably.

(102) Oil and Herbs Marinade

> 2 tablespoons oil • 1 teaspoon salt • 1/2 teaspoon freshly ground black pepper • 2 teaspoons of one of the following: finely chopped parsley, chopped oregano leaves, chopped rosemary leaves

Mix ingredients and use on red meats. Combinations are possible, but are not recommended.

(103) Adobo de aceite y pimentón

> 2 cucharadas de aceite • 1 cucharada de pimentón rojo dulce • 1 cucharada de agua para desleír el pimentón (o vino blanco) • 1 cucharadita de sal • 1 cucharadita —o menos o más, a gusto— de ají picante molido

Se combinan estos ingredientes a mano. Si se hace una buena cantidad de adobo resulta práctica la licuadora. Se frota de inmediato sobre el cerdo, para el que resulta excelente. (Se emplea con cordero, nutria y vizcacha.)

(104) Adobo de salmuera

Es el más popular para rociar todo tipo de asados cuando no llevan otra preparación previa:

> 2 tazas de agua tibia • 2 cucharadas generosas de sal gruesa • pizca de pimienta negra molida • jugo de limón, a gusto

Rociar el asado con 1 ramito de perejil fresco, apio o hinojo u otra hierba olorosa.

Adobos compuestos

Se diferencian de los anteriores por llevar algunos otros ingredientes y ser más fuertes. Algunos se frotan sobre las carnes pocos minutos antes de cocinarlas, mientras que otros se hacen en mayor cantidad y se dejan reposar las carnes en el adobo desde la noche anterior, o aún por más tiempo.

(105) Adobo criollo

> 1 taza de agua, preferiblemente tibia • 2 cucharadas de vinagre, blanco o de vino • 1 cucharada rasa de sal gruesa • 1 diente de ajo, finamente picado • 1 cucharadita de perejil picado • 1 cucharadita de cebollita de verdeo (la parte verde) • 1/2 pimiento morrón, picado • 1 cucharadita de pimentón rojo dulce • 1/2 cucharadita de ají picante molido • 1/2 cucharadita de comino molido • 1/2 cucharadita de orégano • 1 hoja de laurel

Mezclar preferiblemente en mortero o en batidora, o picar finamente todos los ingredientes a mano y batir un par de minutos antes de usar. Se emplea especialmente para carnes rojas y también para cerdo asado. Se usa de inmediato, o bien sobre carnes que se preparan para asar al otro día.

(106) Adobo criollo especial

> 1 taza de vino tinto • 2 cucharadas de vinagre de vino • 1/2 cebolla chica, picada muy finamente • 1 cebolla de verdeo, sólo lo verde, picada finamente • 1 diente de ajo, finamente picado • 1 cucharada rasa de sal gruesa •

(103) Oil and Paprika Marinade

> 2 tablespoons oil • 1 tablespoon paprika • 1 tablespoon water or white wine to dilute paprika • 1 teaspoon salt • 1 teaspoon —more or less according to taste— crushed hot pepper

Mix ingredients by hand, or in an electric blender if making a large quantity, and rub into pork for which it is preferred (or lamb, *nutria* o *vizcacha*).

(104) Brine Marinade

It is the most popular *adobo* to sprinkle *asados* with, when no othe previous preparation has been made:

> 2 cups warm water • 2 teaspoons, rather full, coarse salt • pinch of ground black pepper • lemon juice, to taste

Sprinkle over roast with a fresh green sprig of parsley, celery, fennel or other aromatic herb.

Compound Marinades

These differ from the simpler ones in that a few more ingredients are added, and are a bit stronger in taste. Some are rubbed in a few minutes before cooking, while others are made in a larger quantity and the meats are left soaking in them overnight or for a longer time.

(105) Criollo Marinade

> 1 cup water, preferably warm • 2 tablespoons vinegar, either white or red • 1 tablespoon coarse salt, level or scant • 1 garlic clove finely minced • 1 teaspoon chopped parsley • 1 teaspoon chopped scallion or green onion (green part only) • 1/2 sweet pepper, chopped • 1 teaspoon paprika • 1/2 teaspoon crushed red hot pepper • 1/2 teaspoon ground cumin • 1/2 teaspoon oregano • 1 bay leaf

Mix preferably in a mortar adding afterwards all liquids, or blend in an electric blender, or chop finely and beat for two minutes before using. Use on red meats, or also on pork, to steep overnight or to rub in just before cooking; use also to baste *asado* the last few minutes before serving.

(106) Special Criollo Marinade

> 1 cup red wine • 2 tablespoons wine vinegar • 1/2 small onion, very finely chopped • 1 scallion or green onion, green leaves only, chopped fine • 1 garlic clove, minced • 1 tablespoon coarse salt, level and scant • 1/2 small

1/2 pimiento morrón chico, finamente picado • 1/2 tomate chico, enteramente picado • 1/2 cucharadita de romero fresco, picado • 1/2 cucharadita
de pimentón rojo dulce • 1/2 cucharadita de comino molido • 1/2
cucharadita de ají picante molido • 1 cucharada de pan rallado o migas
blancas de pan oreado • 2 cucharadas de aceite de oliva u otro

Mezclar todos estos ingredientes —en batidora o licuadora es más práctico, sobre
todo si se hace en cantidades grandes—, y frotar sobre las carnes rojas por condimentar. Se puede usar tanto en asados a la parrilla como al horno. No se adapta a las carnes
blancas.

(107) Adobo para asados

1 taza de agua tibia • 1/2 taza de vino tinto • 1 cucharada rasa de sal gruesa
• 1 cucharada de perejil picado fino • 1 cucharada de cebolla de verdeo
(sólo lo verde), picada finamente • 1/2 cucharadita de pimienta negra recién molida o ají picante • 1/2 cucharadita de comino molido • 1/2
cucharadita de orégano • 1/2 taza de aceite para ensalada

Se usa casi exclusivamente sobre carnes rojas. Se puede usar tanto para asados a la
parrilla como al horno y a la plancha. Esta composición no se adapta a las carnes
blancas.

(108) Adobo para pollo

1/2 taza de agua • 1/2 taza de vino blanco • 1 cucharada de jugo de limón
• 1 cucharadita de perejil picado • 1 cucharadita de tomillo • 1 cucharadita
generosa de sal fina • 1/2 cucharadita de pimienta blanca molida

Se usa exclusivamente para pollo y otras carnes blancas, tanto a la parrilla como al
horno. A veces se añade, para esta proporción, medio diente de ajo picado.

(109) Adobo especial para pollo al horno

1 taza de vino blanco seco • 1 cucharada de jugo de limón o vinagre blanco
• 1 cucharadita generosa de sal fina • 1/2 cucharadita de mostaza en polvo
• 1/2 cucharadita de tomillo u orégano • 1 cucharadita escasa de perejil
picado • 1/2 cucharadita escasa de pimienta blanca molida • 1 cucharada
de maicena

Se mezclan estos ingredientes y se deja descansar el pollo en el adobo algunos
minutos antes de llevarlo al fuego. Durante el período de cocción, sea al horno o a la
parrilla, se lo rocía con un poco de aceite o manteca. Unos minutos antes de sacarlo
del horno, se rocía con el resto del adobo, se servirá con el que quede en la asadera,
hirviéndolo un par de minutos si todavía no se hubiese espesado lo suficiente. La
adición de maicena espesará la salsa y permitirá un dorado delicado.

green sweet pepper, finely chopped • 1/2 small tomato, chopped • 1/2 teaspoon freshly picked rosemary leaves, chopped • 1/2 teaspoon paprika • 1/2 teaspoon ground cumin • 1/2 teaspoon crushed red hot pepper • 1 tablespoon bread crumbs, or stale white bread shreds • 2 tablespoons olive oil, or salad oil

Mix all ingredients —mix in electric blender if so desired, especially if preparing a large amount of marinade—, and rub in on beef to be seasoned. Use on *asados a la parrilla* as well as on any oven roast. This marinade is not used with fowl, poultry or fish.

(107) Marinade for Roasts

1 cup warm water • 1/2 cup red wine • 1 tablespoon coarse salt, scant • 1 tablespoon finely chopped parsley • 1 tablespoon scallion or green onion (greens only), chopped • 1/2 teaspoon freshly ground black pepper, or red hot pepper • 1/2 teaspoon ground cumin • 1/2 teaspoon oregano • 1/2 cup salad oil

Used almost exclusively on beef, it is rubbed in on roasts to be grilled as well as on those that go in the oven. It is also popular on steaks grilled on an iron griddle. It is too strong for poultry, fowl or other white meats.

(108) Marinade for Chicken

1/2 cup water • 1/2 cup white wine • 1 tablespoon lemon juice • 1 teaspoon chopped parsley • 1/2 teaspoon thyme • 1 teaspoon table salt, rather full • 1/2 teaspoon, or less, white pepper

To be used mainly on poultry, fowl and other white meats and roasts, for the grill as well as those for the oven. There are some who prefer to add 1/2 clove of garlic, proportionately, finely minced.

(109) Special Roast Chicken Marinade

1 cup white dry wine • 1 tablespoon lemon juice, or white vinegar • 1 teaspoon, plentiful, table salt • 1/2 teaspoon powdered mustard • 1/2 teaspoon thyme, or oregano • 1 teaspoon chopped parsley, scant • 1/2 teaspoon, or less, freshly ground white pepper • 1 tablespoon cornstarch

Mix ingredients. Brush chicken with marinade and let stand for a few minutes before roasting. While chicken is cooking, baste with oil or butter. A few minutes before chicken is ready to be taken out of the oven, pour rest o marinade over it, cooking it in the roasting pan. Serve with all the pan juices. Should marinade fail to thicken by the time chicken is ready, put pan over a high flame and bring to a boil for two or three additional minutes. Pour over chicken and serve. The addition of cornstarch to the marinade thickens it and gives the chicken a delicate finishing glaze.

(110) Adobo para cerdo a la parrilla

1/2 taza de aceite • 1 taza de vino blanco seco • 1 cucharadita de sal gruesa • 1 cebollita de verdeo, sólo lo verde, picada finamente • 1 cucharada de perejil picado fino • 1 diente de ajo, picado finamente • 1 cucharadita de orégano • 1/2 cucharadita de pimienta blanca molida, o menos • 1/2 cucharadita de comino, o menos

Se mezclan estos ingredientes y se soban sobre el cerdo unos minutos antes de llevarlo al fuego. Una vez dorado de un lado, se continúa rociándolo parcamente, hasta que esté totalmente cocinado.

(111) Adobo para cerdo al horno

1/2 taza de aceite • 1 taza de vino tinto seco • 1/2 taza de vinagre • 1 cucharada de sal gruesa • 1 cucharada de perejil picado • 1 cucharadita de orégano • 1 diente de ajo picado finamente • 1 cucharadita de pimentón dulce • 1/2 cucharadita de ají picante molido, o menos • 1/2 cucharadita de comino molido, o menos

Se mezclan estos ingredientes, se baten bien por unos cinco minutos y se soban sobre el cerdo, que descansará en el adobo unas horas. Para darle un poco de cuerpo al cocinarse, es recomendable añadir 1 cucharada de maicena, lo que lo espesará una vez cocinado en la asadera junto con los jugos del cerdo y dará a éste un tono dorado brillante.

(112) Adobo para pato al horno

1/2 taza de aceite • 2 cucharadas de vino tinto • 1 cucharada de vinagre • 1 cucharada de maicena • 1 cucharadita de sal • 1 cucharadita de mostaza en polvo • 1/2 cucharadita de orégano seco • 1/2 cucharadita de pimienta blanca molida

Mezclar todos los ingredientes y untar con ellos el pato, tanto por fuera como por dentro de la cavidad, unos minutos antes de llevar a horno suave. Rociar el ave con este adobo mientras se cocina y agregar 1 taza de vino tinto adicional para que se haga una salsa espesa con los jugos naturales del pato. Se puede agregar cualquier otro condimento a gusto, que no sea dulce ni dulzón, como aceitunas, alcaparras, encurtidos variados, etcétera.

(113) Adobo dulzón para pato al horno

1/2 taza de manteca (unos 100 g) derretida • 2 cucharadas de vinagre blanco de manzanas • 1/2 taza de sidra o vino blanco dulzón • 2 cucharadas de azúcar • 1 cucharadita de mostaza en polvo • 1 cucharada de maicena • el jugo de 1 naranja mediana o grande • sal a gusto y cáscara de naranja picada fina

(110) Marinade for Grilled Pork

> 1/2 cup oil • 1 cup dry white wine • 1 teaspoon coarse salt • 1 scallion or green onion, green part only, finely chopped • 1 tablespoon chopped parsley • 1 garlic clove minced • 1 teaspoon oregano • 1/2 teaspoon ground white pepper, or less • 1/2 teaspoon ground cumin, or less

Mix ingredients and rub well into pork a few minutes before cooking it. When browned on one side, turn over and baste on cooked portion with marinade, sparingly. Keep basting and turning roast until thoroughly cooked.

(111) Roast Pork Marinade

> 1/2 cup oil • 1 cup red wine, preferably dry and full bodied • 1/2 cup vinegar • 1 tablespoon coarse salt • 1 tablespoon chopped parsley • 1 teaspoon oregano • 1 garlic clove, minced • 1 teaspoon paprika • 1/2 teaspoon cayenne pepper or crushed hot red pepper, or less • 1/2 teaspoon ground cumin, or less

Mix ingredients, beat well for some 5 minutes, rub well into pork meat and let stand in it for a few hours. To thicken marinade add 1 tablespoon cornstarch, recommended to turn marinade into a sauce that will cook in the roasting pan along with the pan juices. To give roast a golden and brilliant glazing, baste frequently with marinade. Serve hot or cold.

(112) Marinade for Roast Duckling

> 1/2 cup oil • 2 tablespoons red wine • 1 tablespoon vinegar • 1 tablespoon cornstarch • 1 teaspoon table salt • 1 teaspoon powdered mustard • 1/2 teaspoon dry oregano • 1/2 teaspoon ground white pepper

Mix all ingredients and rub well on duckling, inside as well as outside, a few minutes before cooking. Roast duckling in a moderate oven, basting frequently with pan juices, to brown it nicely all over. About 30 minutes before end of cooking time add an additional cup of red wine, to make a sauce with the juices in the pan. Additions can be made to this sauce, seeing that no sweetening is added. All kinds of olives, capers and otherwise non sweetened pickles, a little chopped, can be added at the last minute.

(113) Sweet Marinade for Roast Duckling

> 1/2 cup melted butter (about 100 grs) • 2 tablespoons cider vinegar • 1/2 cup apple cider, or any sweetish white wine • 2 tablespoons sugar • 1 teaspoon powdered mustard • 1 tablespoon cornstarch • juice of 1 medium or large orange • salt to taste, minced orange peel

Mezclar todos los ingredientes tibios y bañar el pato en el adobo por 30 minutos antes de llevar al horno. Rociar con el adobo mientras se cocina y agregar 1 taza adicional de vino o sidra durante el período de cocción para que se haga una salsa con el adobo y los jugos del pato. Se pueden agregar, a gusto, otras especias que ayuden a mantener su tono dulzón.

(114) Adobo dulce para jamón al horno

1/2 taza de vino blanco dulzón • 1/2 taza de vinagre blanco de manzanas • 1 cucharadita de sal • 2 cucharadas de azúcar, preferiblemente negra • 1 cucharadita de mostaza en polvo • 1 cucharada de maicena • 1/2 taza de jugo de piñas • 1/2 cucharadita, o menos, de clavo de olor

Mezclar los ingredientes y rociar sobre el jamón que se ponga al horno. Durante el tiempo de cocción podrá agregarse una media taza adicional de líquido, que podrá ser vino o jugo de piñas u otras frutas.

(115) Adobo para aves de caza

1/2 taza de aceite • 1 taza de agua o vino blanco seco • 1 cucharada de sal gruesa • 2 dientes de ajo, picados • 1 cucharada de perejil picado • 1 cucharada de cebolla de verdeo (sólo lo verde) picada • 1/2 cucharadita de comino, o menos • 1/2 cucharadita de romero • 1/2 cucharadita de orégano • 1/2 cucharadita de pimienta negra molida • 2 hojas de laurel desmenuzadas

Este adobo se usa sobre todo para aves de caza de campo abierto; por no ser ácido, sólo sirve para dejar las aves en adobo de la noche hasta el día siguiente, y no por mucho más tiempo.

(116) Adobo para liebre o vizcacha

1/2 taza de aceite • 1/2 taza de vinagre de vino • 1 taza de vino tinto • 1/2 cucharadita de: orégano, romero, perejil, ajo picado, comino, pimentón rojo dulce, ají picante molido • 2 cucharaditas de sal gruesa • 1 hoja de laurel, desmenuzada • unos granos de pimienta negra, algo machacados

Este adobo debe dejarse estacionar unas seis horas antes de ser usado. Sirve para conservar por pocos días algunas carnes de caza, especialmente las carnes negras y fuertes. Tanto la liebre como la vizcacha son comunes en las pampas; la vizcacha es especie nativa, mientras que la liebre es importada.

(117) Adobo para conejo o nutria

1/2 taza de aceite • 1 taza de vino blanco seco • 2 cucharadas de vinagre blanco • 1 cucharadita de sal gruesa • 1/2 cucharadita de: orégano, tomi-

Mix ingredients, keeping them warm, and brush duckling inside as well as outside with marinade. Let stand in it some 30 minutes before cooking. Baste with marinade while roasting, adding to it 1 cup additional cider or wine to turn it into a sauce. Other additions may be made in keeping with the prevailing sweetness of this marinade.

(114) Roast Ham Sweet Marinade

> 1 cup sweet white wine • 1/2 cup white apple cider vinegar • 1 teaspoon salt • 2 tablespoons sugar, preferably brown • 1 teaspoon powdered mustard • 1 tablespoon cornstarch • 1/2 cup pineapple juice • 1/2 teaspoon, or less, ground cloves

Mix ingredients and brush over ham to be roasted. During baking time a 1/2 cup additional liquid may be added, be it wine, pineapple juice or any other tart fruit juice.

(115) Marinade for Wild Fowl

> 1/2 cup oil • 1 cup water or white wine • 1 tablespoon coarse salt • 2 cloves of garlic, minced • 1 tablespoon chopped parsley • 1 tablespoon chopped scallion or green onion (greens only) • 1/2 teaspoon cumin, or less • 1/2 teaspoon rosemary • 1/2 teaspoon oregano • 1/2 teaspoon ground black pepper, or more • 2 bay leaves, broken in pieces

This marinade, without any acids and on a line with other brine solution, is used to steep overnight wild fowl or other lean birds. Since this is not a preserving solution, do not use for steeping a longer period of time.

(116) Marinade for Hare or Vizcacha

> 1/2 cup oil • 1/2 cup wine vinegar • 1 cup red wine • 1/2 teaspoon of each: oregano, rosemary, parsley, minced garlic, ground cumin, paprika and cayenne or ground red hot pepper • 2 teaspoons coarse salt • 1 bay leaf, broken in pieces • a few peppercorns, bruised

Mix ingredients and let stand 6 hours before using. Hare and *vizcacha*, as well as other small game, may be soaked in it for a few days, to season and preserve, before cooking, being especially good for dark meat. Hare and *vizcacha* are wild rodents common in the Pampas; *vizcacha* is the native one, while hare was introduced nearly a hundred years ago.

(117) Marinade for Rabbit or Nutria

> 1/2 cup oil • 1 cup white dry wine • 2 tablespoons white vinegar • 1 teaspoon coarse salt • 1/2 teaspoon each: oregano, thyme, parsley, ground cumin,

llo, perejil, comino, pimienta blanca molida, ajo picado (escasa) • 1 cebolla de verdeo, picada • 1 hoja de laurel, desmenuzada

Este adobo también puede usarse para otras carnes blancas, de caza o de cría. Las conserva por sólo unos pocos días, al fresco. Para que sirva por más tiempo deberá aumentarse al doble la cantidad de sal y triplicar la cantidad de pimienta blanca molida, preferiblemente recién molida o en granos enteros algo machacados.

Para usar como salsa, deberá agregarse 1 cucharada de maicena y duplicar la cantidad de líquido, agregando más vino o agua o caldo de ave, una vez terminada la cocción.

⁌ Los aliños ⁍

Son salsas crudas que sirven para condimentar especialmente carnes asadas, a la parrilla o al horno, de preparación rápida y sencilla y que se emplean inmediatamente después de preparadas. Si bien en contados casos hay quienes prefieren preparar algunas, como por ejemplo el "chimichurri", uno o dos días antes de usarlo, no es una preparación para guardar por más tiempo porque pierde su característica esencial de frescura, aunque otros de sus sabores se acentúan por efecto de una maceración prolongada. Otros aliños se usan exclusivamente sobre preparaciones de verduras u hortalizas y sobre ensaladas.

(118) Chimichurri

1/2 taza de aceite • 1 taza de agua tibia • 1 taza de vinagre o 1/2 taza de vinagre y 1/2 de vino • 1 cucharadita de sal fina, o menos, a gusto • 2 dientes de ajo, finamente picados • 2 cucharadas de perejil, finamente picado • 1 cebollita de verdeo, muy finamente picada • 1 tomate chico, sin piel, finamente picado • 1 pimiento morrón chico, muy finamente picado • 1 cucharadita de pimentón rojo dulce • 1/2 cucharadita de comino molido • 1/2 cucharadita de pimienta negra molida o ají picante molido • 1/2 cucharadita de orégano seco, desmenuzado • 2 hojas de laurel, finamente desmenuzadas

Los elementos del chimichurri deben ser todos finamente picados y casi desmenuzados, pero no reducidos a una combinación homogénea como la que resultaría de un prolongado batido en licuadora. En esta salsa cruda cada ingrediente deberá retener su característica original. La técnica más difundida consiste en picar finamente a mano los ingredientes, combinándolos con los elementos líquidos, embotellarlos y batir luego periódicamente el contenido de la botella, unas 12 horas, antes de usar. Es la salsa del asado y, naturalmente, presenta tantas variaciones como sería de esperar tratándose de una preparación tan difundida. Los ingredientes pueden aumentarse o disminuirse; hay quienes prefieren emplear agua, o sólo vino, o guardar en la relación vinagre-aceite una proporción más afín a las vinagretas o a los otros aliños para la mesa en los que se usan tres partes de aceite por cada parte de vinagre o vino o mezcla de vino y vinagre. Hay quienes la prefieren muy simple, con sólo perejil, ajo y alguna otra hierba aromática como romero u orégano, y otros que la hacen más dulzona y

minced garlic (sparse), ground white pepper • 1 scallion or green onion, chopped • 1 bay leaf, broken in pieces

Nutria (otter) is a wild rodent native to the River Plate region, as white fleshed as rabbit, tender and very mild flavored. This marinade is also good on any white meat, either wild or domestic. Use to season and preserve only a few days, an overnight steeping being enough. To preserve game or fowl a longer time, double amount of coarse salt and triple amount of white pepper, which should preferably be freshly ground or slightly crushed and bruised whole kernels.

If used in basting a roast, to make sauce add 1 tablespoon cornstarch diluted in 1 cup of additional liquid, which may be either more wine or a nice chicken broth, or water. Make sauce in the pan, during the last cooking minutes.

❧ Dressings ❧

Under the name of *aliños*, uncooked dressings are understood. Some are used mainly on roasted or grilled meats. Their preparation is in almost all cases very simple, requiring nothing more than a quick mixing of all the ingredients. Even though these uncooked sauces are used immediately after mixing, there are some who prefer steeping their sauces, as in the case of *chimichurri*, for one or two days before using. These preparations will not keep a long time without loosing freshness, one of their essential qualities. The longer the steeping, the more accentuated will become some of their compound flavors. Other *aliños* or dressings are used on vegetables, raw or cooked, and on salads.

(118) Chimichurri

1/2 cup oil • 1 cup warm water • 1 cup vinegar, or 1/2 cup vinegar and 1/2 cup wine • 1 teaspoon table salt, or less, to taste • 2 cloves of garlic, minced • 2 tablespoons parsley, finely chopped • 1 scallion or green onion, chopped • 1 small tomato, peeled and seeded, chopped • 1 small sweet pepper, finely chopped • 1 teaspoon paprika • 1/2 teaspoon ground cumin • 1/2 teaspoon ground pepper or chili powder • 1/2 teaspoon ground oregano leaves • 2 bay leaves, broken in small pieces

These ingredients should be finely chopped, but in no case reduced to a smooth paste like the one that could be obtained by a prolonged mixing in an electric blender. All elements should be easily recognizable, even though finely chopped. The usual technique will call for a thorough mincing and chopping, a mixing with the liquids, putting all together in a bottle and then shaking the bottle occasionally during a steeping period of some 12 hours at least; that is before using. This is the sauce for *asado*. There are many variations, as could be expected in such a popular preparation. Ingredients may be diminished or increased, substituted or omitted. There are some who prefer to make it with water only, or wine; some who prefer it more in line with a vinaigrette dressing and keeping a proportion 3-1 in the amounts of oil-vinegar, like most of the other salad dressings in which a ratio of three parts oil to one part of vinegar, or water-vinegar, or wine-vinegar is usual.

picante, empleando casi exclusivamente ajo, pimiento morrón rojo, vinagre en buena proporción, azúcar y ají picante molido, además de pimentón rojo dulce o pimientos rojos o amarillos secos reducidos a polvo. Para satisfacer algunos espíritus curiosos, a continuación se ofrecen tres variaciones del chimichurri que intentan representar algunas formas de las más corrientes a modo de guía para su preparación. La proporción de los ingredientes y, por lo tanto, el gusto final quedará a criterio de quien se disponga a modificarlas.

(119) Chimichurri al ajo

> 1 taza de aceite para ensalada • 4 dientes de ajo, finamente picados • 4 cucharadas de perejil, picado grueso • 3 cucharadas de vinagre de vino tinto • 3 cucharadas de vino tinto • 1 cucharadita de sal fina • 1 cucharadita de orégano o tomillo • 1 hoja de laurel, finamente desmenuzada • pimienta blanca o negra molida, a gusto

Este chimichurri puede mezclarse con ventaja en una licuadora. No necesita reposo antes de ser usado. Se utiliza para sazonar carnes asadas ya sean rojas, blancas o pescado.

(120) Chimichurri picante

> 1/2 taza de aceite para ensalada • 1 taza de agua tibia • 1 cucharadita colmada de sal gruesa, o menos, a gusto • 1/2 taza de vinagre blanco, preferiblemente de manzanas • 2 pimientos morrones dulces y rojos, sin piel ni semillas, muy finamente picados • 1 cucharada de pimentón rojo dulce • 1 cucharadita de ají picante molido, o más, a gusto • 1 cucharadita de pimienta blanca molida • 2 dientes de ajo, muy finamente picados • 1 cucharada de azúcar

Este chimichurri, como el anterior, puede mezclarse con ventaja en licuadora, teniendo la precaución de reservar medio pimiento morrón rojo dulce que se picará a mano muy finamente y se agregará a la salsa para darle el cuerpo que la caracteriza. La cantidad de azúcar puede variarse a gusto, así como también la de ají picante molido. Esta versión acepta sólo la adición de 1 hoja de laurel, finamente desmenuzada, aunque nada impedirá agregar otras hierbas aromáticas. Resulta especialísima sobre carne de cerdo, asada a la parrilla o al horno, y condimenta con excelentes resultados todo tipo de carnes rojas.

(121) Chimichurri de tomate

> 1/2 taza de aceite, preferiblemente de oliva • 1/2 taza de agua tibia • 1 taza de pulpa de tomate, fresco, recién picada, sin piel ni semillas • 1 cebolla chica, o 1/2 cebolla mediana, finamente picada • 1 cucharadita de sal fina • 1 cucharada de pimiento morrón, rojo o verde, muy finamente picado • 1 cucharadita de perejil picado • 1 cucharadita de orégano • pimienta blanca molida o ají picante molido, a gusto • un poco de vinagre de vino, a gusto

There are others who prefer a much simpler mix, with an oil-brine solution as a base to which only a little parsley, rosemary or oregano is added with a trace of garlic; and still others who make it mincing garlic in a good proportion and adding to it some paprika, red sweet pepper, some crushed red hot pepper or chili powder, sugar and vinegar. To satisfy a few of those more inquisitive souls, three more examples of what goes for *chimichurri* are added.

These are taken from the very wide selection of personal recipes available to anyone who would go around asking for formulae. The proportions of the several elements will vary, but the ingredients to be used will be found with a very few additions in the recipes given in this section.

(119) Garlic Chimichurri

1 cup salad oil • 4 cloves of garlic, minced • 4 tablespoons parsley, coarsely chopped • 3 tablespoons red wine vinegar • 3 tablespoons red wine • 1 teaspoon table salt • 1 teaspoon either oregano or thyme • 1 bay leaf, broken in small pieces • ground pepper, black or white, to taste

This *chimichurri* may be mixed to advantage in an electric blender, and will need no standing before using. Use on any kind of meat, be it red or white, even on fish, grilled or roasted.

(120) Hot Chimichurri

1/2 cup salad oil • 1 cup warm water • 1 teaspoon, rather full, coarse salt —or less, to taste— • 1/2 cup white vinegar, preferably apple cider vinegar • 2 red sweet peppers or pimentos, seeded, finely chopped • 1 tablespoon paprika • 1 teaspoon chili powder, cayenne or hot pepper powder, or more, to taste • 1 teaspoon ground white pepper • 2 cloves of garlic, minced • 1 tablespoon sugar

This *chimichurri*, like the previous one, may be mixed to advantage in an electric blender. However, to keep its distinctive characteristics without too many changes, reserve half a sweet red pepper to be finely chopped by hand and added to sauce after blending. The amount of sugar may also be changed to taste, as well as the amount of red chili powder. The version shown will only accept the addition of a bay leaf, broken in small pieces, to be added along with the chopped pimiento after blending. This recipe, with a basic garlic-oil-paprika-red pimiento base is characteristic of the ones used on pork, grilled or roasted in the oven. It also goes very well on any red meats.

(121) Tomato Chimichurri

1/2 cup oil, preferably olive • 1/2 cup warm water • 1 cup freshly chopped and drained tomato, peeled and seeded • 1 small onion, or 1/2 a medium one, finely chopped • 1 teaspoon table salt • 1 tablespoon sweet green or red pepper, very finely chopped • 1 teaspoon chopped parsley • 1 teaspoon oregano • ground white pepper; or cayenne, or chili powder, to taste a little • red wine vinegar, to taste

Mezclar todos los ingredientes, muy finamente picados, condimentar con pimienta o ají picante a gusto, acidular con vinagre a gusto, embotellar y batir unos dos minutos en la botella, probar la cantidad de sal —debe resultar medianamente salado—, y utilizar de inmediato sobre todo tipo de carnes.

Acepta la adición de ajo picado a gusto, hoja de laurel y alguna otra hierba finamente picada como apio, hinojo, eneldo, etcétera.

(122) Chimichurri de perejil

1/2 taza de aceite fino de ensalada • 2 dientes de ajo, muy finamente picados • 1/2 taza de perejil, finamente picado • 1 cucharadita de sal fina, escasa • 2 cucharadas de jugo de limón • pizca de pimienta blanca molida

Puede mezclarse en licuadora, o si no en mortero, porque el perejil debe quedar hecho una pasta juntamente con el ajo, a la que se agregará el limón con la sal y la pimienta y se ligará finalmente con aceite hasta lograr una mezcla homogénea de un intenso color verde, ligeramente acidulada con el jugo de limón y ligeramente salada. Puede hacerse con una mayor proporción de perejil. Debe resultar una salsa de gusto muy suave. Es muy adecuada para pollos a la parrilla, cuando se hacen con un adobo simple de aceite y limón, o si no con pescados.

(123) Aderezo para ensaladas

3 cucharadas de aceite • 1 cucharada de vinagre • 1/2 cucharadita de sal, o menos • 1/2 cucharadita de perejil picado • pimienta blanca o negra molida, a gusto

Este aderezo, bien batido, se emplea especialmente sobre toda clase de verduras hervidas, papas, arvejas, zanahorias, batatas, bróccoli, coliflor, etcétera.

(124) Aderezo para ensaladas crudas

Mantiene las mismas proporciones que el anterior, es decir, una parte de vinagre, o poco menos, por cada tres partes de aceite y lleva, además de sal, algún otro ingrediente por lo general único, como por ejemplo, orégano para ensaladas de cebollas o de tomates y, para ensaladas mixtas de lechuga, tomates y cebollas, una mezcla de ajo-perejil picado.

(125) Aderezo aromático

3 cucharadas de aceite para ensalada • 1 cucharada de vinagre de vino • 1 cucharada de vino tinto • 1 cucharadita escasa de sal • pizca de orégano, pimienta molida y unas gotas de amargo de Angostura • 1 cucharadita de cebolla, picada muy fina

Mix all ingredients, all very finely chopped, season with ground pepper or any chili powder to taste, add a few drops of vinegar just to acidify it a little, bottle and shake for a couple of minutes. Taste for salt —it should be rather on the salty side—, and use right away on any kind of meat. This *chimichurri* will accept an addition of garlic, minced, and bay leaf, finely chopped, or some other flavorful herbs such as celery, fennel, dill, etc. Tomato-dill *chimichurri* is an excellent addition to any baked fish, either hot or cold.

(122) Parsley Chimichurri

1/2 cup of a fine salad oil • 2 cloves of garlic, minced • 1/2 cup finely chopped parsley • 1 teaspoon, scant, table salt • 2 tablespoons lemon juice • pinch of ground white pepper

Mix in an electric blender, or better still in a mortar. Both parsley an garlic must be reduced first to a paste, to which lemon and salt are added, then a little pepper to end up by binding the whole with oil to obtain a very smooth mixture, of an intense green color. It should come out lightly acidified and a little salty. A larger amount of parsley may be used. This should be a mildly flavored sauce, rather thick in texture, that pours easily. It is excellent on chicken, either grilled over a *parrilla* or oven roasted, and better still if the chicken was rubbed with some lemon and oil *adobo*. It is also very good on grilled or baked fish.

(123) Salad Dressing

3 tablespoons salad oil • 1 tablespoon wine vinegar, preferably red • 1/2 teaspoon, or less, table salt • 1/2 teaspoon chopped parsley • ground white or black pepper, to taste

Beat well, mixing oil and vinegar with salt, and add then parsley and pepper. It is used on all kinds of boiled vegetables such as potatoes, peas, carrots, sweet potatoes, broccoli, cauliflower, and so forth. It is the only possible dressing for the potato, green bean and hard boiled egg salad that will be found all over Argentina. (See Recipe Nº 127)

(124) Green Salad Dressing

Maintaining the same proportions as in the previous recipe, that is three parts oil to one part vinegar, more or less, it will take besides salt, another single ingredient such as oregano for onion or tomato salads, and for the usual mixed salad (Romaine lettuce, tomato and onions) a mixture of parsley and garlic.

(125) Herb Dressing

3 tablespoons salad oil • 1 tablespoon red wine vinegar • 1 tablespoon red wine • 1 teaspoon, or less, table salt • pinch of oregano, ground pepper, a

Este aderezo se usa sobre ensaladas crudas de hoja, especialmente de escarolas, endivias y otras hojas de paladar básico de tono amargo.

(126) Pesto

1/2 taza de aceite de oliva • 1/2 taza de nueces picadas • 1/2 taza de queso rallado tipo parmesano • 1 cucharada de perejil picado finamente • 2 cucharadas de hojas de albahaca picadas • sal y pimienta a gusto • ajo picado, a discreción

Mezclar en mortero, o en licuadora hasta obtener una pasta homogénea.

few drops of Angostura bitters, thyme, rosemary • 1 teaspoon grated onion

Used this dressing over any fresh green salad, especially those with a somewhat bitterish base such as endive, escarole, curly endive, etc.

(126) *Pesto Sauce*

Mix in a mortar, or in an electric blender, to obtain a smooth paste.

1/2 cup olive oil • 1/2 cup chopped walnuts • 1/2 cup grated Parmesan cheese • 1 tablespoon finely chopped parsley • 2 tablespoons chopped fresh basil leaves • salt, pepper and garlic, to taste

VI. Verduras y rellenos

VI. Vegetables
and Stuffings

∼ Las verduras ∼

Todo lo que no sea carne, en la Argentina se llama verduras, palabra con la cual se designan las verduras propiamente dichas, las hortalizas y las legumbres. Se preparan, por lo general, de maneras muy simples: hervidas y con un aliño de aceite, sal y vinagre, solas o combinadas, o salteadas en aceite con un poco de ajo, o fritas. Otra manera de presentarlas es en budines, con alguna salsa sencilla. Ofreceremos sólo dos o tres recetas clave para cada tipo de preparación, a fin de presentar un panorama más completo de lo que la cocina casera argentina logra con las verduras.

(127) Ensalada de papas y chauchas

3 cucharadas de aceite • 1 cucharada de vinagre • 1 pizca de sal • 2 tazas de papas hervidas, cortadas en cubitos • 2 tazas de chauchas hervidas y cortadas • 1 huevo duro, picado grueso • 1 cucharadita de perejil

Mezclar el aceite con el vinagre y la sal. Poner en una ensaladera las papas hervidas cortadas en cubitos, las chauchas hervidas y cortadas y el huevo duro picado grueso; aliñar con la mezcla de aceite, vinagre y sal y espolvorear con perejil. Mezclar todo con cuidado para no deshacer las papas y servir.

(128) Ensalada de papas y batatas

1 taza de papas, hervidas y cortadas en cubitos • 1 taza de batatas, hervidas y cortadas en cubitos • 1 taza de zapallo, hervido y cortado en cubitos • 1 taza de zanahorias, hervidas y cortadas en cubitos • 3 cucharadas de aliño simple de aceite, vinagre y sal

Esta ensalda se hace, lo general, con las verduras del puchero. Se mezclan las verduras, se aliñan con aceite, vinagre y sal y se sirven como complemento de platos de carne o pescado.

(129) Ensalada de papas y zanahorias

1 taza de papas cortadas en cubitos y hervidas • 1 taza de zanahorias cortadas en cubitos y hervidas • 1 taza de arvejas hervidas (o de lata) • 2 cucharadas de mayonesa

Mezclar las verduras y aderezar con la mayonesa. Pueden agregarse otras verduras hervidas, sean o no de puchero.

⇜ Vegetables ⇝

Under the general name of *verduras*, which in Spanish means green leaf vegetables, in Argentina are designated all kinds of edibles of a vegetable nature, including peas, beans, and other dry legumes. Of the several methods used in cooking them, boiling and the simpler preparations are the most common ones. Vegetables as a rule are served boiled with an oil, vinegar and salt dressing, in simple salads that will combine not more than two or perhaps three vegetables; some will be sauteed in oil and spiced with a little nutmeg, with an unavoidable pinch of garlic; others will be included in many current vegetable puddings, bathed in abundant sauces such as Creole or white sauce. Since this is only a limited selection, the scope will be reduced to some key preparations so as to present a wider sample of the several ways in which the Argentine cook prepares the many vegetables at hand.

(127) Potato and Green Bean Salad

> 3 tablespoons salad oil • 1 tablespoon red wine vinegar • 1 pinch of salt • 2 cups boiled potatoes, diced • 2 cups boiled fresh green beans, cut in 3 cm lengths • 1 hard boiled egg, coarsely chopped • 1 teaspoon chopped parsley

Mix oil, vinegar and salt. Place potatoes, in a rather deep serving plate with green beans and chopped egg, pour dressing over, mix with care to avoid mashing potatoes, sprinkle with chopped parsley and serve, either warm or cold.

(128) Potato and Sweet Potato Salad

> 1 cup boiled potatoes, in cubes • 1 cup boiled sweet potatoes, in cubes • 1 cup boiled squash, in cubes • 1 cup boiled carrots, cubed • 3 tablespoons oil, vinegar and salt dressing

This is the typical salad made with the *puchero* vegetables, which is an alternative to the presentation of vegetables that go with that dish. Place vegetables in a deep serving plate, pour over dressing, mix with care and serve to complement any meat, boiled beef or boiled fish entrée.

(129) Potato and Carrot Salad

> 1 ½ cup boiled potatoes, in small cubes • 1 ½ cup boiled carrots, in small cubes • 1 cup boiled, or canned, peas, well drained • 2 tablespoons mayonnaise

Place vegetables in a deep serving plate, and mix with mayonnaise. A few drops of additional vinegar, or lemon juice, are usual, as well as a pinch of chopped parsley. Other *puchero* vegetables may be added. Serve warm or cold.

(130) Ensalada rusa

> 1 taza de papas hervidas, cortadas en cubitos • 1 taza de zanahorias hervidas, cortadas en cubitos • 1 taza de arvejas hervidas • 1 taza de batatas hervidas, cortadas en cubitos • 1 taza de remolachas hervidas, cortadas en cubitos • 3 cucharadas de mayonesa

Mezclar todas las verduras, que serán por lo general de puchero, o hervidas por separado. Aderezar con mayonesa y servir. Es la ensalada más popular de todas las de verduras hervidas y sirve para acompañar toda clase de platos fríos o calientes. No lleva otros aderezos.

Con los dos aliños más populares: la mezcla de aceite, vinagre y sal, o aceite, limón y sal, y mayonesa, se aderezan casi todas las ensaladas de verduras cocidas. Existen infinitas combinaciones posibles de verduras solas, como papas, batatas, zanahorias y, en fin, todas las hortalizas comunes o mezcladas. La casi única adición que estos aliños permiten para alguna variante son perejil, o ajo y perejil picados, de vez en cuando, o bien orégano en contados casos.

(131) Alcauciles en salsa de tomates

> 4 alcauciles grandes, hervidos, partidos en cuartos • 3 cucharadas de aceite • 1 cebolla mediana, picada • 1 pimiento morrón verde, picado o en tiras • 2 tomates, sin piel ni semillas, cortados en gajos finos • 1 hoja de laurel • una pizca de perejil picado, sal a gusto

Hacer una salsa rápida rehogando las cebollas, el pimiento y los tomates en el aceite caliente, agregar la hoja de laurel, el perejil y un poco de sal, y cocinar 10 minutos a fuego fuerte. Agregar los alcauciles partidos y proseguir a fuego suave por 10 minutos más. Servir caliente o fría.

Del mismo modo se tratan casi todas las verduras más corrientes: zapallitos, chauchas, berenjenas, coliflores, bróccoli, cebollas, repollitos de Bruselas, arvejas, puerros, choclos y repollos.

(132) Acelgas salteadas

> 3 tazas de acelgas hervidas, escurridas y algo picadas • 3 cucharadas de aceite • 1 diente de ajo, finamente picado • 1 cebolla chica, finamente picada • sal a gusto, nuez moscada y pasas de uva remojadas

Rehogar rápidamente en aceite y a fuego muy fuerte primero las cebollas, agregar el ajo (en este orden para evitar que el ajo se queme y dé mal gusto) y finalmente las acelgas, revolviendo de manera constante para calentarlas bien y empaparlas en el aceite. Se sazonan con un poco de sal y nuez moscada; hay quienes agregan unas pocas pasas de uva remojadas en agua caliente a último momento. Servir caliente. Acompaña toda clase de platos de carnes rojas o blancas, hervidas, fritas o al horno.

(130) Russian Salad

1 cup boiled potatoes, in small cubes (almost pea size) • 1 cup boiled carrots, also in very small cubes • 1 cup boiled peas • 1 cup boiled sweet potatoes, in small cubes (pea size) • 1 cup boiled beets, in small cubes (pea size) • 3 tablespoons mayonnaise

Mix all the vegetables, which may come from a *puchero*. Beets are usually boiled apart. Dress with mayonnaise and serve. It is found everywhere in Argentina, the most popular vegetable dish, as the side dish for most cold meat preparations. Also goes along with *asados*, roasts and baked fish; goes as stuffing in tomatoes, canapes, etc. It doesn't take any other addition, substitution or omission.

Remarks: With the two most popular dressings, that is the mixture of oil-vinegar-salt or of oil-lemon juice-salt, and with mayonnaise, the Argentines dress almost all of their salads, cooked or not. Salad combinations are of course infinite, but popular trends have reduced them to a mixture of two or perhaps three main elements, potatoes, tomatoes and onions figuring among the most widely used. As has been seen in the corresponding section, the only additions that a salad dressing will take are: a little chopped parsley, a combination chopped parsley with minced garlic, and occasionally a little oregano.

(131) Artichokes in Tomato Sauce

4 large artichokes, boiled and quartered • 3 tablespoons oil • 2 medium onions, chopped • 1 sweet pepper, greeen, chopped or in thin strips • 2 tomatoes, peeled and seeded, in thin wedges • 1 bay leaf, broken in pieces • a pinch of parsley, chopped, and salt to taste

Cook onions first gently in oil, then add sweet pepper and tomatoes, bay leaf, parsley and a little salt. Cook 10 minutes over a big flame. Add quartered artichokes, simmer 10 minutes more. Serve, hot or cold.

Remarks: Most current vegetables are treated in the same way: green beans, eggplant, cauliflower, broccoli, onions, Brussels sprouts, peas, leeks, cabbages, fresh corn, zucchini, carrots and squash.

(132) Sauteed Chards

3 cups boiled chards, well drained and coarse chopped • 3 tablespoons oil • 1 clove of garlic, minced • 1 small onion, finely chopped • salt, ground nutmeg and soaked and plumped raisins, to taste

Over a big fire cook chopped onion first in hot oil, adding afterwards garlic (in this order to prevent garlic from scorching and becoming bitter), and finally boiled chards, stirring all the time to heat them through and coat them with oil. Season with a little salt, a sparse pinch nutmeg, and if so liked a few raisins plumped in hot water. Serve immediately, very hot. As a side dish, goes with any meat preparation, beef, red or white meat, roasted, boiled, etc.

Del mismo modo, con aceite, cebolla y ajo, se preparan verduras previamente hervidas, como: espinacas, borrajas, coles, bróccoli, repollitos de Bruselas, chauchas y arvejas.

(133) Berenjenas con ajo y perejil

4 berenjenas medianas, hervidas, partidas en mitades a lo largo, escurridas y frías • 6 cucharadas de aceite de oliva • 2 dientes de ajo, finamente picados • 2 cucharadas de perejil picado muy fino • 8 cucharaditas de queso rallado tipo parmesano • sal a gusto

Aderezar las berenjenas hervidas y partidas al medio a lo largo con una cucharadita de queso rallado espolvoreado por encima. Mezclar el aceite con el ajo y perejil picados muy finos y un poco de sal y distribuir entre las berenjenas. Servir frío. Acompaña todo tipo de platos de carne, especialmente asados al horno.

Del mismo modo se preparan especialmente chauchas, bróccoli, cebollas, puerros y coliflor.

(134) Zanahorias en salsa blanca

3 tazas de zanahorias hervidas, cortadas en ruedas • 1 taza de salsa blanca • sal, nuez moscada y pimienta a gusto

Mezclar la salsa blanca recién hecha con zanahorias y mantener caliente hasta el momento de servir. Sazonar con sal y nuez moscada. Puede condimentarse con un poco de pimienta blanca molida.

Del mismo modo se tratan casi todas las verduras más usuales, empleando salsa blanca muy poco condimentada. Salvo las de base más amarga, como los alcauciles, las berenjenas, los nabos y las radichetas, todas se preparan con salsa blanca. Si se trata de coliflor, papas, bróccoli y choclos, se añade a la salsa blanca una buena porción de manteca y queso rallado tipo parmesano.

(135) Zapallo frito

500 gramos o más, de zapallo, cortado en láminas gruesas • 1/2 taza de aceite • sal gruesa, harina para rebozar

Cortar el zapallo en láminas de no más de 1 cm de espesor y no más de 5 cm de ancho. Salpicar con sal gruesa y dejar escurrir en un colador unos 15 minutos, o poco más. Pasado este tiempo, secar con un lienzo las láminas de zapallo, pasarlas ligeramente por harina y freirlas en no más de 1 dedo de aceite muy caliente. Deben quedar doradas. Servir de inmediato. Acompañan todo tipo de platos de carnes o aves.

Del mismo modo se tratan los zapallitos y las berenjenas, cortándolos en láminas delgadas de menos de 1 cm de espesor. Una vez terminado el frito, en el caso de las berenjenas se acostumbra añadir al resto del aceite en la sartén una cucharadita de ajo y perejil picados, freír unos minutos y volcar sobre las berenjenas a modo de salsa. Se sirve siempre muy caliente.

Remarks: Prepare following this same method all kinds of green vegetables, such as: boiled spinach, borage, kale, broccoli, Brussels sprouts, green beans, peas, cabbages.

(133) Eggplants Argentine Style

4 medium boiled eggplants, split in halves lengthwise, drained and cold • 6 tablespoons olive oil • 2 garlic cloves, minced • 2 tablespoons finely chopped parsley • 8 teaspoons Parmesan type cheese, grated • salt to taste

Boil eggplants split in halves lengthwise, drain and let cool. Season each half with a teaspoon grated Parmesan type cheese sprinkled over the split side, then with a mixture of oil, parsley, garlic and a little salt evenly distributed among all halves. Let stand a few minutes before serving. To serve, lace each half with a little more olive oil. Excellent to go with all kinds of roast or cold cuts.

Remarks: In the same way are prepared: green beans (served warm), leeks, broccoli (served warm or cold), cauliflower and onions (warm or cold).

(134) Carrots with White Sauce

3 cups boiled carrots, sliced in rather thin rounds • 1 cup white sauce • salt, ground nutmeg and white pepper, to taste

Cover carrots, freshly boiled and still warm, very well drained, with plenty of white sauce, mix a little and maintain warm until serving time. Season with salt and some ground nutmeg; some like to add a little white pepper, freshly ground.

In the same way most boiled vegetables are prepared, mixed with a little white sauce, slightly condimented, and with plenty of it on top. Excluded from this procedure are those vegetables that have a somewhat bitter basic taste, like artichokes, eggplants, turnips, chicory, endives, and others. When using over cauliflower, broccoli, potatoes and fresh corn kernels, it is usual to add to the white sauce a good amount of fresh sweet butter and abundant grated Parmesan type cheese. It is not typical of Argentine cooking to season any vegetable with butter, but nobody would oppose it.

(135) Fried Squash

500 grs. or more, squash, in thick slices • 1/2 cup oil • coarse salt, flour to coat

Cut squash in rather thick slices, about 1 cm wide and no more than 5 cm long on each side. Sprinkle with coarse salt, and place in a colander to drain for some 15 minutes, or a little more. Pat dry with a cloth, coat lightly with flour and fry in oil, no more than 1 cm deep. Oil must be very hot. Squash will cook rapidly, turning to a nice golden color. Drain on paper, keep warm and serve when still crisp on the outside and tender inside. If kept waiting too long, slices will become mushy and will be difficult to handle. Goes well with any meat course.

Remarks: In the same way proceed with zucchini, eggplants and the Argentine zapallitos, slicing them a bit less than 1 cm thick. All vegetables fried in this way are

(136) Espárragos con mostaza

espárragos hervidos, para 4 personas • 1 pote de crema de leche fresca • 2 cucharaditas de mostaza en polvo • 1 cucharada de perejil picado muy fino • sal y pimienta a gusto

Hervir los espárragos hasta que estén tiernos y a punto. Acidulando el agua con una o dos cucharaditas de vinagre, y añadiéndole la misma cantidad de azúcar, se reducirá el peligro de que las puntas queden demasiado blandas y se desprendan. Colocar los espárragos fríos y escurridos en una fuente apropiada. En un tazón se bate la crema hasta el punto en que empieza a tomar cuerpo, y no más. Sólo se pretende espesarla un poco. Se agregan entonces a la crema unas gotas de limón o vinagre blanco, no más de 1 cucharadita, y las 2 cucharaditas —que pueden ser también 3, a gusto— de mostaza en polvo; se mezcla bien, teniendo especial cuidado en no batir más la crema, que debe quedar espesa, pero líquida. Se vuelca la salsa sobre los espárragos, dejando libres los extremos, y se salpica la crema con todo el perejil. Se pone al fresco, en la heladera, hasta que tome cuerpo. Se sirve frío.

Del mismo modo, para servir fríos, se preparan otros platos de verduras cocidas. Los más difundidos son: coliflores, zanahorias, chauchas, bróccoli y cebollas, y también sobre verduras crudas: pepinos y tomates, hinojos y apio.

(137) Albóndigas de verduras

1 taza de migas de pan blanco, oreado • 1 taza de leche hirviendo • 2 huevos batidos • 1/2 seso chico de vaca, hervido, escurrido y picado • 1 taza de acelgas hervidas, escurridas y picadas • sal, nuez moscada y pimienta para sazonar • harina para rebozar

En un tazón poner las migas de pan oreado cortadas en cubitos muy chicos y volcar encima la leche hirviendo. Dejar reposar hasta que las migas están empapadas y tibias y añadir entonces los huevos batidos, no más de 1 taza colmada de sesos picados, y las acelgas. Mezclar bien hasta obtener una pasta firme, sazonar con sal, nuez moscada y pimienta a gusto. Rebozar las albóndigas ligeramente en harina y cocinarlas en la siguiente salsa:

1/2 taza de aceite • 2 cebollas cortadas en tiras o ruedas finas • 1 pimiento grande cortado en tiras • 1 taza de pulpa de tomates frescos, sin piel • 1 cucharada de pimentón dulce • 1 hoja de laurel • sal a gusto y caldo

que se hace rehogando ligeramente en aceite los ingredientes en el orden en que fueron mencionados, y agregando no más de 1 taza de caldo o agua para ligar la salsa. Cubrir las albóndigas con la salsa y cocinar en una olla tapada unos 10 minutos; destapar y cocinar unos 5 minutos más. Servir caliente.

always served immediately and very hot. In the case of eggplants, it is usual to add a little minced garlic and parsley to the oil left over from frying, heat it through and pour it over the fried eggplants the moment before serving.

(136) Asparagus in Mustard Cream

> a portion of boiled and drained asparagus, for 4 people • 1 cup fresh sweet dairy cream • 2 teaspoons, rather plentiful, powdered mustard • 1 tablespoon finely chopped parsley, or more • salt and white ground pepper to taste

Cook asparagus in abundant water with a little lemon juice and a pinch of sugar, until tender. Drain and let cool. Cooking asparagus, and any other tender vegetables with a teaspoon each, vinegar and sugar, to each pint of liquid, any danger from over cooking will be avoided, to a certain extent. In the case of asparagus, lemon juice is more appropriate, and the tender points will not fall off so easily from the stalks when done. Place cooled asparagus in a long platter, well drained. In a bowl beat cream until it begins to thicken, and no more. In this preparation, cream should not go beyond a slight thickening point. Add then to it mustard —a little more than the 2 teaspoons indicated will not do any harm to the final results—, a few drops of lemon juice to strengthen mustard, and mix well with cream, taking especial care not to beat it any more. Cream must still be in a semi-liquid stage. Pour sauce over asparagus tips and upper part of stalks, cover sauce with chopped parsley, and place in a cool place to set. Serve very cold.

Remarks: Prepare in the same way, to serve cold in all cases, boiled vegetables such as: cauliflower, carrots, broccoli, onions, green beans, leeks. Also very good with uncooked vegetables such as: cucumbers, tomatoes, celery and fennel.

(137) Vegetable Dumplings

> 1 cup finely diced stale bread, white parts only • 1 cup boiling milk • 2 slightly beaten eggs • 1/2 cup grated Parmesan type cheese • 1 cup chopped, boiled beef brains, well drained • 1 cup chopped, boiled chards, well drained • salt, ground nutmeg and pepper, to taste • flour to coat dumplings

Pour boiling milk over finely diced stale white parts of bread, and let soak 15 minutes, stirring to mix well and break up bread. When cool, add beaten eggs, not more than 1 cup boiled and chopped beef brains, the chards, and blend all ingredients well to obtain a smooth paste, firm and somewhat consistent. Season with salt, nutmeg and a little pepper. Form into balls the size of a small egg, coat with flour and cook in the following sauce:

> 1/2 cup oil • 2 onions, sliced in thin rounds or strips • 1 large sweet pepper or pimiento, in thin strips • 1 cup chopped whole tomatoes, peeled • 1 tablespoon paprika • 1 bay leaf • salt to taste, some broth

to be made by cooking gently in oil all ingredients, added in the order given, and adding up to 1 cup of broth or water to bind the sauce. Cover dumplings with sauce, and simmer in a covered sauce pan some 10 minutes.

Del mismo modo, y variando la verdura principal, que puede ser cualquiera de las más comunes, pueden hacerse albóndigas de: zanahorias, espinacas, coliflor, chauchas, repollo, choclos desgranados y pisados, etcétera.

(138) Colchón de chauchas

3 tazas de chauchas frescas, sancochadas y escurridas • 2 tazas de salsa de tomates a la criolla (recetas Nos. 293/294) • 2 cucharadas de aceite • 4 huevos • sal y pimienta

Una vez sancochadas las chauchas en poca agua y sal, con unas gotas de vinagre y una pizca de azúcar para que no se deshagan, se escurren y se dejan secar un poco. No deben quedar totalmente cocinadas.

Una vez escurridas, y un tanto secas, se saltean ligeramente en aceite, sólo un minuto, y se colocan en una fuente de horno playa, se bañan con la salsa de tomates a la criolla, que puede ser un poco picante, y se llevan a horno suave hasta que la salsa comience a burbujear.

En ese momento se cascan los huevos, se acomodan distribuidos sobre las chauchas haciéndoles un lugar a cada uno, se sazonan con un poco de sal y se lleva nuevamente la fuente al horno hasta que las claras de los huevos queden cuajadas.

Se sirve caliente.

Del mismo modo se procede con arvejas frescas o de lata, coliflor picada y hervida, bien escurrida, bróccoli, choclos desgranados y porotos frescos.

⤙ Los rellenos ⤚

Las verduras rellenas más corrientes, en orden de frecuencia, son: zapallitos, pimientos, berenjenas, papas y cebollas. Se rellenan menos frecuentemente los zapallos grandes y los repollos.

Se explicarán los rellenos más corrientes, cada uno en base a un ejemplo típico. Si bien serían teóricamente intercambiables, la costumbre hace que no se rellenen con salsa blanca ni pimientos ni cebollas, de modo que después de cada receta se darán las verduras pertinentes.

Las recetas de rellenos serán aproximaciones ajustadas, ya que es imposible estimar las cantidades exactas para volúmenes tan variables como pueden ser los de una cebolla, un zapallo o una berenjena.

Se tratará de dar una idea aproximada a las proporciones más comunes.

En esta sección se verán los rellenos para verduras cocidas y en otra los rellenos para carnes, cerdo y aves en general.

Los rellenos para verduras crudas se ofrecerán en la sección correspondiente a las ensaladas.

Uncover, test for doneness, and continue simmering 5 minutes more or until done. Serve always very hot.

Remarks: In the same way, and only changing the main vegetable ingredient of dumplings, for which any of the more usual ones will do, such as: spinach, cauliflower, cabbage, green beans, fresh corn kernels slightly crushed, carrots, and so forth, many varieties of vegetable dumplings may be prepared. Left over *humita*, and *mazamorra*, will make unusual and excellent dumplings. Squash or pumpkin, with additional cheese, is especially good in a white sauce instead of the tomato sauce indicated in the preceding recipe. If beef brains are not obtained, substitute them for 1/2 cup bread crumbs and 2 more eggs plus 1 tablespoonful cornstarch.

(138) Green Beans Ranch Style

> 3 cups parboiled fresh green beans, well drained, cut in 2 cm lengths • 2 cups tomato sauce creole (recipes Nos. 293/294) • 2 tablespoons oil • 4 eggs (or more, to taste) • salt and pepper

Parboil green beans in salted water, with a few drops of vinegar and a pinch of sugar to keep them tender but firm, drain thoroughly and let dry. It is better if green beans are only half way done, since additional sauteing, and cooking in the sauce is required. Pat dry with a cloth and sautee in very hot oil, until most of the oil is absorbed, and place in a shallow oven dish. Cover with sauce, either hot or not, and put in a moderate oven until sauce bubbles. At that time break eggs, one or more per person, make a little well for each egg —use empty shells— in green bean and sauce mixture, place eggs carefully in wells, season with salt and pepper, and put again in oven to set, and cook to desired point of doneness. Serve hot.

Remarks: This recipe allows a number of possible variations. However the main characteristics are: a boiled vegetable, sauteed, which is placed in a shallow dish, covered with an abundant tomato sauce and studded with eggs. The usual sauces used are the creole tomato sauce, in its sweet or hot version, the Portuguese sauce or the Provençal sauce. Sauteing with oil is the most common procedure, but there are no rules against using lard, nor about adding a little ham or bacon. The most usual vegetables are: green beans, freshly picked beans and peas, dried peas and dried beans, chick peas (garbanzos), fresh corn kernels, broccoli, cauliflower, artichoke bottoms and Brussels sprouts. In all cases, sauce must be abundant and the bed of cooked vegetables must be some 2 to 3 cm deep.

✎ Stuffings ✎

This section will deal with the most usual stuffings, as found in Argentine home kitchens. Each recipe will show a key typical example, and some ideas on its possible variations. Even though theoretically all stuffings might seem to be interchangeable, practice tells that it is not so. For instance, neither peppers nor onions will be stuffed with a white sauce compound. So, after each key recipe, a list of the vegetables thus stuffed will be found. Naturally that those lists will not pretend to be final, nor complete, but only guidelines to the most common usage. The recipes for stuffings have been adapted to a minimum example, mainly to give an idea of proportions. Exact

(139) Zapallitos rellenos

4 zapallitos, partidos por la mitad al través y sancochados • 1 taza de migas de pan, cortadas en cubitos • 1 taza de leche hirviendo • 1 cebolla grande, picada muy fina • 2 cucharadas de aceite o manteca • 1 cucharadita de perejil picado • 1/2 taza de queso rallado tipo permesano • 1/2 taza de pan rallado • 2 huevos ligeramente batidos • sal, nuez moscada y pimienta, a gusto • aceite para rociar

Lavar los zapallitos, partir al medio al través y cortar las puntas de los cabitos para que quede una base donde asentar las mitades, y sancochar por un par de minutos en agua hirviendo con un poco de sal, unas gotas de vinagre y azúcar (conviene poner la misma cantidad de vinagre que de azúcar, por ejemplo 1 cucharadita de cada uno). Luego escurrir en un colador y dejar enfriar hasta que estén tibios para poder manejarlos mejor. Con cuidado quitar la pulpa del centro de cada mitad, dejando por lo menos 1 cm de espesor en los bordes. Preparar el relleno rehogando en el aceite primero las cebollas, agregando luego la pulpa de los zapallitos, el perejil picado y el queso. Retirar del fuego y dejar entibiar. Verter la leche hirviendo sobre las migas y machacar hasta que estén blandas y deshechas; mezclarlas con el frito de cebollas y pulpa y los huevos ligeramente batidos, y sazonar con sal, pimienta y nuez moscada. Si la mezcla estuviese demasiado chirle, agregar un poco de pan rallado. Rellenar los zapallitos con la preparación, uno por uno, cubrir la superficie con un poco de pan rallado, dejándolos colmados, rociar con unos hilos de aceite y llevar a horno moderado unos 45 minutos o hasta que estén dorados por arriba. Servir calientes o fríos.

Con el mismo relleno de pan mojado en leche, perejil picado, pulpa, queso y huevos, se preparan berenjenas, cebollas y todo tipo de zapallos. Hay quienes untan la asadera con aceite al llevarlos al horno, y también quienes prefieren poner en lugar de aceite una media taza de agua. Puede variarse también el tipo de queso; en lugar de queso rallado, queso criollo o fresco en mayor proporción. De este modo se obtendrán:

Berenjenas rellenas con queso criollo
Cebollas rellenas con queso criollo
Zapallo relleno con queso criollo

(140) Cebollas rellenas a la criolla

4 cebollas grandes, sancochadas y partidas por el medio • 100 g de salchicha de cerdo • 50 g de panceta ahumada • 1/2 taza de migas de pan oreado • 1/2 taza de leche hirviendo • 1/2 taza de queso fresco, en cubitos • perejil, nuez moscada, sal a gusto • 2 huevos batidos ligeramente • 1/2 taza de pan rallado • aceite para rociar

Elegir cebollas grandes y partir por el medio, quitándoles la parte central y cuidando de dejar varias capas gruesas de las externas. Sancochar ligeramente las medias cebollas vaciadas en agua con sal y 1 cucharadita de azúcar mezclada con 1 cucharadita de vinagre o jugo de limón. Mientras tanto, verter la leche hirviendo sobre las migas

measurements and quantities to prepare a given number of stuffed vegetables, in practice would prove ineffective for it is an almost impossible task to approximate even an estimate of the quantities that would be needed for such variables as the inside volume of onions, pumpkins or eggplants.

In the first part of this section, stuffings used in filling cooked vegetables will be seen. Then will come stuffings used to fill different kinds of meat and fowl. Fillings for uncooked vegetables are included with salads.

(139) Stuffed Zapallitos

4 zucchini, medium, split lengthwise in halves, and parboiled in slightly salted water; if using *zapallitos* split in halves, crosswise • 1 cup very small cubes stale bread • 1 cup boiling milk • 1 large onion, finely chopped • 2 tablespoons oil, or butter • 1 teaspoon chopped parsley • 1/2 cup grated Parmesan type cheese • 1/2 cup bread crumbs • 2 slightly beaten eggs • salt, ground nutmeg and pepper, to taste • a little oil

Zapallitos are small, rounded, very tender squash, akin to zucchini or vegetable marrows. In the case of zucchini or marrows, split in halves lengthwise, after washing and cleaning them; *zapallitos* are split in halves crosswise slicing off a portion at the top and another at the bottom so as to stand better each half. Parboil for a few minutes in salted water to which vinegar and sugar has been added (equal parts of each, a teaspoon per pint of liquid). Remove from water and set in a colander to drain until cool, to handle them with ease. Scoop out pulp, leaving a rind of about 1 cm thick all around. Reserve pulp, to be added to stuffing. To prepare stuffing, pour first boiling milk over bread cubed and let soak thoroughly; cook gently in oil chopped onion until tender, add then finely chopped scooped out pulp, parsley and cheese.

Blend well, take out of the fire, beat for a few more minutes, add soaked bread cubes, beaten eggs and season with salt, nutmeg and pepper to taste.

Mix must be consistent; if not so, add some bread crumbs. Stuff mixture into empty *zapallitos* shells, cover with bread crumbs, lace with a little oil and bake in a moderate oven about 45 minutes or until nicely browned. Serve hot, or cold.

With the same stuffing, that includes bread soaked in boiling milk, some fried onion, some scooped out pulp, grated cheese, parsley and eggs, are filled: all kinds of squash, pumpkins, eggplants and onions. There are some cooks who prefer to oil the shallow and open pan where these vegetables are baked, and some who instead of oil add about 2 cm of water. Also the kind of cheese added to the filling may be changed to a medium soft cheese or even some ricotta, or what is called a creole type cheese and thus are made:

Stuffed Eggplants with Criollo Cheese (*queso criollo*)
Stuffed Onions with Criollo Cheese
Stuffed Squash with Criollo Cheese

(140) Criollo Stuffed Onions

4 large onions, split in halves and parboiled • 100 grs pork sausage • 50 grs smoked bacon • 1/2 cup diced stale bread • 1/2 cup boiling milk • 1/2 cup

para empaparlas y deshacerlas. Por otra parte, calentar la salchicha, sin piel, junto con la panceta ahumada hasta que estén doradas y hayan soltado sus jugos, en los que se dorarán las partes del centro quitadas a las cebollas, finamente picadas. Mezclar las salchichas y las cebollas doradas con las migas deshechas, el queso, el perejil, la nuez moscada y los huevos batidos, hasta obtener un relleno semiconsistente. Las cebollas se sancocharán solamente lo necesario para ablandarlas un poco, no más de un par de minutos. Se retirarán cuidadosamente del agua para que no se deshagan y se dejarán escurrir. Una vez tibias se rellenarán, colmadas, se cubrirán con pan rallado, se rociarán con aceite y se llevarán a horno moderado unos 45 minutos. A mitad de este tiempo de cocción se bañarán con una salsa criolla de tomates (recetas Nos. 293/294). Una vez a punto, se servirán calientes.

Del mismo modo se prepararán berenjenas, zapallitos, pimientos y papas. Se acostumbra también a hacer el relleno con carne de vaca picada en cubitos muy chicos en lugar de salchicha, agregando choclos desgranados. De este modo se obtendrán:

Papas rellenas a la criolla
Zapallitos rellenos a la criolla
Pimientos rellenos a la criolla
Berenjenas rellenas a la criolla

(141) Pimientos rellenos con humita

4 pimientos morrones grandes, partidos al medio y a lo largo, y ligeramente sancochados en agua con sal • 4 tazas de humita (ver receta Nº 41) • pan rallado y aceite para rociar

Una vez preparada la humita de choclos frescos rallados, se sancochan ligeramente en agua un poco salada los pimientos ya partidos en dos a lo largo, sin semillas. En el caso de que la humita no fuese suficiente para el volumen de los pimientos, se añadirá pan remojado en leche y 1 huevo batido. Se rellenan los pimientos con la humita, se cubren con pan rallado, se rocían con unos hilos de aceite y se llevan a horno moderado, por lo menos 1 hora, hasta que la humita esté esponjada y a punto y dorada por arriba. Se sirven calientes; fríos son riquísimos como aperitivo.

Del mismo modo se hacen: papas, zapallitos y zapallos de todo tipo. Las papas rellenas con humita, por lo general van al horno en fuente honda y cubiertas totalmente con una salsa blanca y espolvoreadas con queso rallado, manteca o algo de pan rallado por encima. Así se tendrán:

Papas rellenas con humita
Zapallitos rellenos con humita
Zapallos rellenos con humita

grated cheese, or crumbled • 2 eggs slightly beaten • 1/2 cup bread crumbs • parsley, ground nutmeg, salt to taste

Select large onions, slice them in halves lengthwise and pick out some of the inner layers, leaving most of the thicker outer layers. Parboil a very short time the onion shells in a little water, with some salt, sugar and vinegar (equal parts sugar and vinegar, a teaspoon of each to a pint of liquid), then drain and let cool. Meanwhile, pour boiling milk over diced bread, and let it soak thoroughly. Skin sausage and dice smoked bacon, heat in a skillet and fry until nicely browned. Chop inner layers of onions, add to skillet and cook until tender. Mix in soaked bread, cheese, parsley, nutmeg, eggs and season with salt. Blend all elements thoroughly, to obtain a smooth and consistent paste.

Fill cavities of onion shells mounding stuffing domelike, cover with bread crumbs, lace with a trickle of oil and place in a shallow roasting pan lightly oiled. Bake in a moderate oven about 45 minutes or until onions are cooked but still firm. About 15 minutes before end of cooking time cover with a creole tomato sauce (recipe Nº 293), or other tomato sauces (see recipes Nos. 294/295/296/297 or Nos. 258/259). Serve hot with plenty of sauce.

Remarks: In the same way are prepared: eggplants, *zapallitos,* all kinds of squash, sweet peppers, potatoes, sweet potatoes and the smaller pumpkins. Substituting sausage meat with beef in very small dice and adding a small amount of fresh corn kernels, boiled, you will obtain:

Criollo Stuffed Potatoes
Criollo Stuffed Squash
Criollo Stuffed Sweet Peppers
Criollo Stuffed Eggplants

(141) Humita Stuffed Sweet Peppers

4 large sweet red peppers, split in halves lengthwise and parboiled in slightly salted water • 4 cups *humita* (see recipe Nº 41) • bread crumbs and oil

Parboil a few minutes in some salted water the sweet peppers, after the *humita* has been prepared. Peppers should be split lengthwise in halves and seeded. Should *humita* be not enough, add some bread crumbs and a beaten egg. Fill cavities with *humita,* cover with bread crumbs, lace over with a little oil, place in a shallow roasting pan, lightly oiled, and bake in a moderate oven about 1 hour, or until tops of filled peppers are nicely browned and *humita* is puffed. Serve hot, or cold.

Remarks: Prepare in the same way: *zapallitos* or all kinds of squash, potatoes, sweet potatoes and pumpkins. Potatoes filled with *humita* as a rule are served with abundant white sauce, sprinkled with cheese and browned under a hot grill. In this way you will prepare:

Humita Stuffed Potatoes
Zapallitos with Humita
Pumpkin with Humita

Los zapallos también pueden rellenarse con humita dulce, que se condimenta con canela, nuez moscada y clavo de olor, añadiendo pasas de uva o sultanas y obteniendo así:

Zapallo relleno con humita dulce y pasas

(142) Pimientos rellenos con arroz y queso

> 4 pimientos morrones rojos, dulces, grandes, partidos al medio y ligeramente sancochados • 4 tazas de arroz con zapallo y queso • perejil picado y pan rallado, aceite para rociar

Se prepara primero un sabroso arroz con zapallo y queso criollo, con el que se rellenan los pimientos ya sancochados. Se espolvorean por encima con perejil picado, un poco de pan rallado, se rocían con aceite y se llevan a horno caliente sólo los minutos necesarios para dorarlos por arriba. Estos pimientos no deben quedar sino ligeramente calentados, no cocinados. Suelen untarse con aceite, o bien se pone un dedo de agua en la asadera. Se sirven calientes.

(143) Pimientos rellenos con chorizo

> 4 pimientos morrones dulces, verdes o rojos, partidos al medio y ligeramente sancochados en agua salada, hirviendo • 2 chorizos, sin piel, un poco deshechos • 1 cebolla picada • 2 cucharadas de extracto de tomates • 2 tazas de arroz blanco hervido • pan rallado y aceite para rociar

Se fríen primero los chorizos, se rehogan las cebollas con los chorizos, se agrega el extracto de tomates y se mezcla todo con arroz blanco hervido. Con esta preparación se rellenan los pimientos morrones, partidos al medio, desemillados y ligeramente sancochados en agua con sal. Se cubren con pan rallado, se rocían con unos hilos de aceite y, en una asadera aceitada o con un dedo de agua, van a horno moderado hasta que estén dorados por arriba. Se sirven calientes.

Estos pimientos también se presentan con una salsa de tomates a la criolla, así como también zapallitos y berenjenas, con lo que se obtendrá:

Pimientos rellenos con chorizo a la criolla
Berenjenas rellenas con chorizo a la criolla
Zapallitos rellenos con chorizo a la criolla

Rellenos para carnes y aves

Si bien es común rellenar las aves y las carnes, predominan las fórmulas originales y foráneas. Se pueden separar, sin embargo, unas pocas fórmulas locales, que como en el caso de los rellenos anteriores para verduras, serán meras aproximaciones, ya que resulta casi imposible estimar con justeza el volumen por rellenar de cavidades tan variables como son las de aves o carnes.

Large pumpkins are also filled with sweet *humita*, after scooping out seeds and cooking them first, filling them with milk, either by steaming in a pressure cooker, or baking in a moderate oven. Spices, such as cinnamon, nutmeg or cloves, may be added to *humita* along with raisins, to obtain:

Pumpkin Stuffed with Sweet Humita and Raisins

(142) Sweet Peppers Stuffed with Rice and Cheese

> 4 large sweet red peppers, split lengthwise in halves, parboiled in lightly salted water • 4 cups rice with squash and cheese • chopped parsley, bread crumbs, oil

Prepare beforehand some rice, with squash and cheese, boiling 1 cup of rice with 1 cup diced squash pulp with a little salt, and adding to it after rice is done 1/2 cup grated or crumbled cheese. Fill and mount loosely cavities of parboiled peppers, and bake in a moderate oven, after sprinkling top of filling with some parsley, bread crumbs and a little oil. Brown tops only, peppers should be firm. There are some who oil the roasting pan, others add a little water. Serve hot.

(143) Chorizo Stuffed Sweet Peppers

> 4 large sweet peppers, red or green, split lengthwise in halves • parboiled in lightly salted water • 2 *chorizos*, skinned, broken up • 1 medium onion, chopped • 2 tablespoons tomato extract • 2 cups boiled rice • bread crumbs and some oil

Heat *chorizos*, breaking them up with the tines of a fork, browning them in their own fat. Add onions, cook until tender, gently, add tomato extract, cook two minutes more, take off the fire, stir in boiled rice and blend well. Adjust seasonings, and fill parboiled *pimientos* with mixture, sprinkle with breadcrumbs and lace with oil. Bake in a moderate oven, until golden on top, and serve very hot.

Remarks: Following the preceding recipe, and adding to the filling a bit of the scooped out pulp and some beaten egg, *zapallitos* and eggplants are also prepared. Some cooks will also add, for the last minutes of baking, any tomato sauce, and thus will have:

Chorizo Stuffed Sweet Peppers Criollo
Chorizo Eggplants Criollo
Chorizo Stuffed Zapallitos Criollo

Meat and Poultry Fillings

Filling meats and fowl is quite a common procedure in the Argentine kitchen. Even though original formulae, brought from overseas, predominate a few recipes may be found that have developed following local trends. The ones shown here are for the most part intended as guidelines, since estimating adjusted quantities is almost an impossible task.

(144) Cima rellena

Elegida una cima de ternera, se abre en forma de bolsa, y se rellena con la siguiente preparación: 1 parte de acelgas hervidas, escurridas y picadas, 1 parte de miga de pan remojada en leche, 2 huevos duros enteros, 2 zanahorias hervidas cortadas en cubitos, 2 huevos batidos, 1/2 taza de queso rallado tipo parmesano, 1/2 taza de arvejas frescas hervidas y escurridas, o de lata, sazonado todo con sal, pimienta y nuez moscada. La mezcla debe quedar bien amasada, y los huevos duros en el centro del relleno. Se cose la cima y se hierve en un caldo de puchero bien condimentado o en agua con algunas verduras, como cebollas, zanahorias, puerros, ajo, apio y laurel, hasta que esté tierna, es decir, una hora y media aproximadamente. Se enfría bajo algún peso que la prense y, para presentar, se corta en rebanadas, se sirve fría y acompañada con alguna ensalada cruda y fresca.

Puede sustituirse la acelga por espinacas hervidas o una mezcla de ambas, o una combinación con otras hojas verdes hervidas. En lugar de pan remojado en leche es también costumbre agregar arroz blanco hervido, pero lleva en todos los casos verduras de hoja verde, huevos duros y arvejas como elementos indispensables.

(145) Matambre relleno

El matambre relleno es un plato muy difundido; por lo tanto, presenta una gran variedad de fórmulas populares. Si bien se hace al horno, o hervido, el método de cocción no tiene influencia sobre los rellenos que usualmente lleva y que tienen gran afinidad con los de la cima rellena, pero se diferencian en que nunca llevan verduras de hoja en su composición, no les falta alguna forma de panceta y, por lo general, son picantes, levemente picantes, o fuertemente condimentados con ajo y perejil, orégano y otras hierbas. Los ingredientes principales más comunes son: 1 parte de zanahorias hervidas y machacadas, o puré de zapallo un tanto seco, 1 parte de miga de pan remojada en leche, 1 huevo duro y 2 huevos ligeramente batidos, 2 lonjas de panceta ahumada o salada, enteras o cortadas en cubitos o tiritas, 1 cebolla picada, 1 cucharada de ajo y perejil picados, 1/2 cucharadita de orégano, sal, pimienta o ají picante molido, comino molido y también algunas arvejas hervidas frescas o de lata. Se distribuye este relleno sobre el matambre, que se arrollará, se coserá y se pondrá a horno suave o bien a hervir en caldo. Si es tierno podrá estar listo en poco más de 1 ½ hora; en cambio, si es grande y no muy tierno, tardará no menos de 3 horas. Existen variaciones en el modo de arrollar el matambre: 1) una consiste en extender el relleno, que será una mezcla unida de todos los ingredientes, sobre toda la superficie en forma uniforme. Al arrollarlo, quedará una delgada capa de relleno entre las capas de carne, 2) adobar el matambre en sus dos lados, colocar los huevos duros en el centro con la mayor parte del relleno y una ligerísima capa de relleno entre las capas de carne; el relleno será una mezcla homogénea de los ingredientes, y 3) espolvorear solamente sobre la superficie que quedará hacia adentro con todos los condimentos, orégano, pimienta, ají picante, comino y ajo y perejil; sobre éstos colocar la miga de pan remojada, el puré de zanahorias con algunas zanahorias enteras y las arvejas, arrollando luego la pieza. Luego se cose y se cocina. El matambre queda cosido y fuertemente atado para cocinarse tanto como para enfriarse, de modo que no requiere prensado.

(144) Stuffed Veal

Select a veal flank steak, large enough to have a pocket made in it. Mix together the following: 1 cup cooked and drained, chopped chards, 1 cup bread cubes soaked in milk, 2 hard boiled eggs, 2 boiled and diced carrots, 2 slightly beaten eggs, 1/2 cup grated Parmesan type cheese, 1/2 cup boiled fresh peas, drained —canned peas may be used—, and season to taste with salt, pepper and nutmeg. Mixture must be thoroughly blended, stuff first half into pocket, place hard boiled eggs in center and fill with rest of stuffing, sew up or skewer and lace and boil in *puchero* broth or in water adding some or all of the following vegetables: onions, carrots, leeks, garlic, celery and bay leaf. Simmer about 1 ½ hour or until veal is tender. Cool under a weight, and serve cold, in thick slices, with a fresh salad.

Remarks: Veal stuffed in this way will always take a filling of green vegetables, chards being the most common, or spinach, or a mixture of both. Boiled rice may be used instead of bread cubes. Stuffing should have in any case some peas, hard boiled eggs and boiled greens.

(145) Stuffed Beef Flank Steak

Matambre as is commonly called the stuffed beef flank steak is a very popular preparation, and so its possible variations are numberless. The same cut of beef, which may be tender or not, is stuffed with an ample variety of elements and cooked in several ways, which include roasting in an oven, boiling, braising and even grilling. There is no set formula. However, stuffings for *matambre* bear a certain resemblance to those of veal or *cima*, from which they differ in that: they never take any boiled greens, they always include some bacon and are definitely condimented with hot red pepper, from a slight touch to a goodly pinch but no more since Argentine taste for hot stuffs is rather moderate. And a garlic and parsley combination is never absent, with the addition of other herbs, such as oregano or rosemary. The usual ingredients are: 1 cup boiled and mashed carrots, or day old and thoroughly dried mashed squash, 1 cup milk soaked bread crumbs, 1 hard boiled egg and 2 slightly beaten eggs, 2 slices of bacon, diced or in thin strips, 1 chopped onion, 1 tablespoon chopped garlic and parsley mixture, 1/2 teaspoon oregano and salt, pepper, crushed hot red pepper, ground cumin and also some peas, boiled or canned. Spread this mixture evenly over entire upper surface of steak, roll it and sew it, and put to boil or roast in an oven. A tender steak will be done in about 1 ½ hour and one not so tender in a minimum of 3 hours. There are several ways to roll up a *matambre*: 1) spreading evenly over the entire surface of the steak the stuffing mixture, so that a thin layer of filling will separate the layers of rolled steak, 2) rubbing into both sides of steak an *adobo*, stuffing and hard boiled eggs are placed in the center of steak so that almost no stuffing is left between layers of steak after rolling, and 3) sprinkling upper surface of steak with all condiments first, that is oregano, crushed red hot pepper, ground black pepper, cumin, garlic and parsley, then covering these spices with mashed carrots, milk soaked bread crumbs, a few whole boiled carrots and peas, and finally rolling steak, securing it with thread or sewing it. Once tied with thread, cook it in simmering water or broth or roast it in an oven. It is usually served cold, with a potato or a Russian salad, or any other vegetable salad dressed with mayonnaise.

Se sirve frío, por lo general acompañado con ensalada rusa y una ensalada de papas o alguna otra verdura ligada con mayonesa.

Guardando las proporciones de:

> 1 taza de miga de pan oreado, en cubitos • 1 taza de leche hervida • 2 huevos ligeramente batidos • 2 lonjas de panceta • 1 cucharada de ajo y perejil picados

se agregan por lo general 1 ½ taza de verduras cocidas en caldo o en agua con sal, como chauchas, zapallo, zanahorias, arvejas, pimientos, choclos desgranados, hervidos y pisados, cebollas, hongos remojados, aceitunas descarozadas, coliflor y huevos duros enteros o en rodajas. También es corriente la adición de queso rallado, tipo parmesano.

(146) *Matambre relleno a la criolla*

> 1 matambre de no más de 2 kg, tierno, ya desgrasado • 1/2 taza de migas de pan oreado, en cubos muy chicos • 1/2 taza de leche hirviendo • 1 huevo ligeramente batido • 1 lonja de panceta en tiritas • 1 cucharada de ajo y perejil picados • 1 cucharadita de orégano • 1/2 taza de zanahorias hervidas, picadas • 1 pimiento morrón, rojo, sin piel y sin semillas • 1/2 taza de arvejas de lata, escurridas • 2 cucharadas de queso rallado • sal y nuez moscada a gusto • 2 tazas de salsa criolla de tomates (receta Nº 293) • aceite para untar

Untar el matambre con un poco de aceite, sal y pimienta y dejar descansar 15 minutos. Colocarlo sobre una mesa plana, con la parte magra hacia arriba, y distribuir uniformemente la mezcla que se habrá hecho con las migas de pan remojadas en leche hirviendo, la panceta en tiritas, ajo y perejil picados, orégano, zanahorias, arvejas, queso, todo sazonado con sal, nuez moscada y el huevo batido. Se pondrán por encima las tiras de morrón, cuidando que la mezcla quede a un par de centímetros de los bordes. Se arrollará el matambre, se atará haciendo unas buenas ligaduras, y se pondrá en una asadera a horno fuerte unos 10 minutos para dorar. Luego se bajará el fuego y se cocinará por una hora, al cabo de la cual se agregará en la asadera la salsa criolla de tomates con la que se terminará de asar. Llevará en total aproximadamente dos horas, o un poco menos si es tierno. Se sirve caliente con la salsa y una ensalada de papas con mayonesa y perejil, o una ensalada de tomates, cebollas y coliflor, u otras combinaciones de verduras cocinadas, o lechugas y tomates.

(147) *Matambre relleno en caldo*

> 1 matambre, de no más de 2 kg, tierno, ya desgrasado • 1/2 taza de migas de pan oreado, en cubitos • 1/2 taza de leche hirviendo • 2 lonjas de panceta en tiritas • 1 cucharada de ajo y perejil, picados finos • 1/2 taza de queso rallado tipo parmesano • 1/2 taza de zapallo hervido, picado y deshecho • 2 huevos ligeramente batidos • 1/2 taza de choclos desgranados, hervidos y pisados • sal, nuez moscada y pimienta a gusto • aceite para untar, orégano y unas gotas de vinagre

There are many possible variations for the stuffing, keeping these proportions; to each: 1 cup stale bread cubes, 1 cup boiling milk, 2 slightly beaten eggs, 2 slices bacon, 1 tablespoon chopped garlic and parsley mixture, add 1 ½ cups of the following, boiled and lightly mashed or broken vegetables: green beans, squash, carrots, peas, sweet pepper, cauliflower, corn kernels, onions, mushrooms, pitted olives, *zapallitos* or zucchini and hard boiled eggs, mixed or not. Grated cheese, 1/2 cup, is also a common addition.

(146) Stuffed Flank Steak Criollo

1 large, tender, flank steak of about 2 kg, trimmed and without excess fat • 1/2 cup stale bread, diced • 1/2 cup boiling milk • 1 slightly beaten egg • 1 slice of bacon, in thin strips • 1 tablespoon chopped garlic and parsley mixture • 1 teaspoon oregano • 1/2 cup boiled and lightly mashed carrots • 1 sweet red pepper, seeded and peeled, in strips • 1/2 cup drained peas • 2 tablespoons grated cheese • salt and nutmeg, to taste • 2 cups creole tomato sauce (recipe Nº 293) • a little oil

Rub into steak a little oil, salt and pepper and let stand 15 minutes. Lay on a board, lean side upwards and spread over it, evenly, a mixture made with: bread cubes soaked in boiling milk, thin strips of bacon, chopped parsley, minced garlic, oregano, mashed carrots, peas, grated cheese and egg, seasoned with salt and nutmeg. See that spread is kept about 2 cm from borders, so that it doesn't ooze out while rolling. Scatter about over filling red pepper strips and roll steak, securing with string; do not press while rolling.

Place in a shallow roasting pan, oil and brown in a hot oven about 10 minutes, and continue roasting until tender in a moderate oven, about 1 ½ hour. Add tomato sauce and cook 30 minutes more, basting roast with sauce. Serve hot, slicing roast at the table, with a potato salad, mayonnaise and parsley dressing, or with a tomato combination salad.

(147) Stuffed Flank Steak in Broth

1 large flank steak, not over 2 kg, tender and trimmed • 1/2 cup stale bread cubes • 1/2 cup boiling milk • 2 slices of bacon, in thin strips • 1 tablespoon mixed garlic and parsley, finely chopped • 1/2 cup Parmesan type cheese, grated • 1/2 cup squash, boiled and partly mashed • 2 eggs, slightly beaten • 1/2 cup cooked corn kernels, partly mashed • salt, nutmeg and ground pepper to taste • oil, oregano and a few drops of vinegar

Trim steak of any excess fat and rub into it a mixture of oil, salt, ground pepper, oregano and a few drops of vinegar. Let stand a few hours.

Prepare meanwhile stuffing, soaking bread cubes in boiling milk, and adding: strips of bacon, garlic and parsley mix, cheese, squash, corn kernels and eggs, season to

Una vez desgrasado el matambre, untar con aceite, sal, pimienta, orégano y unas gotas de vinagre. Dejar en este adobo por unas horas. Mientras tanto, verter la leche hirviendo sobre las migas de pan para remojarlas y deshacerlas y, una vez empapadas, agregar todos los otros ingredientes para hacer el relleno: panceta, ajo y perejil, queso, zapallo, choclos y huevos. Distribuir el relleno uniformemente, cuidando de que no llegue a los bordes, y dejando un par de centímetros libres —a fin de que no escurra— y arrollar el matambre.

Envolver el matambre arrollado en un lienzo, metiendo las puntas hacia adentro para que el relleno no escape, y atar asegurando con unas cuantas ligaduras. Así envuelto y atado, poner en una cacerola de un buen tamaño cubierto de agua con sal gruesa, unos granos de pimienta negra, una hoja de laurel, una cebolla, puerros, zanahorias y una ramita de apio. Cocinar a fuego muy suave por espacio de tres horas, con lo cual, si bien se extenderá el tiempo total de cocción, se evitará que el matambre encoja demasiado, con lo que quedará más tierno y sabroso. Estará a punto cuando, pinchado con un tenedor o un cuchillo aguzado, delgado y largo, o un pincho de cocina, se lo atraviese fácilmente de lado a lado. Se sirve preferentemente frío, con una salsa cruda simple o con mayonesa y alguna ensalada de verduras, cocinadas o frescas.

(148) Gallina rellena

1 gallina de buen tamaño, gorda y pesada

el relleno se preparará con:
1 taza de migas oreadas, en cubitos • 1 taza de leche hirviendo • 1/2 taza de acelgas escurridas y picadas • 1 cebolla grande picada • 2 lonjas de panceta en tiritas • 1 huevo duro en rodajas • 2 huevos ligeramente batidos • perejil, nuez moscada, sal • jugo de 1 limón • hojas de laurel • puerro, zanahoria, apio, pimienta negra en grano

Una vez limpia la gallina, se le quitará toda la gordura posible, y se frotará con aceite, sal y unas gotas de jugo de limón, dejándola descansar mientras se pica la gordura hasta tener una 1/2 taza que se pondrá en una sartén a derretir lentamente para que no se queme. Una vez derretidas unas dos o tres cucharadas, se descartará el resto; en esa grasa se pondrán a rehogar las lonjas de panceta, preferiblemente ahumada, en tiritas, y la cebolla picada.

Una vez doradas la panceta y la cebolla, se salteará la acelga, ya escurrida y picada, y se añadirán las migas en cubitos y la leche, revolviendo todo para mezclar bien y deshacer las migas. Se dejará descansar y entibiar. Se añadirán finalmente los huevos batidos, los huevos duros en rodajas, el perejil y se sazonará con nuez moscada y sal a gusto. Lista la preparación, se rellena la gallina, para lo cual se la ata bien con abundantes ligaduras y se envuelve en un lienzo para evitar que el relleno escape; también puede coserse, aunque esto último no resulta tan práctico en un animal grande. El lienzo puede ser atado o bien cosido. Preparada la gallina, se pone en agua hirviendo a la que se agregan jugo de limón, laurel, puerro, zanahoria, apio, pimienta negra en grano y sal a gusto. Se deja cocinar a fuego muy suave hasta que la gallina esté tierna,

taste, and spread evenly on surface of steak keeping mixture about 2 cm from edges allowing some room for it to run while rolling.

Secure with string, rather loosely. Wrap in a cloth, tucking in edges while rolling to keep filling in, and tie firmly with more string. Cover with boiling water, in a sufficiently large pot, add coarse salt, a few peppercorns, a bay leaf, an onion, leeks, carrots and a stalk of celery. Simmer about 3 hours, and in this way steak will not shrink as much as it would if cooked in rapidly boiling liquid, and will come out tender and full of flavor. It will be done when a skewer easily runs through it. Serve preferably cold, with an uncooked sauce (recipes Nos. 119/122) or with mayonnaise, and with a fresh or cooked salad.

(148) Stuffed Boiled Hen

1 large boiling fat hen

to make stuffing:
1 cup stale bread, cubed • 1 cup boiling milk • 1/2 cup boiled, drained and chopped chards • 1 large onion, chopped • 2 slices of bacon, in thin strips • 1 hard boiled egg, in rounds • 2 eggs, slightly beaten • parsley, nutmeg, salt • 1 bay leaf • juice of a lemon • a leek, a carrot, celery, a few peppercorns

Wash clean dressed hen, trim off excess fat and rub in some oil, salt and lemon juice, let stand a few minutes. Meanwhile prepare stuffing: chop hen fat, about 1/2 cup, and heat in a skillet to render over a slow fire. Use only two tablespoons, or three, melt fat to fry bacon and onion until well browned, sautee chards, and add soaked bread crumbs and beaten eggs. Stir to blend thoroughly all ingredients, and add chopped hard boiled egg, parsley, nutmeg and salt. Fill hen's cavity with stuffing and skewer up, lace and truss. Then wrap in cloth, tie with string, see to it that all corners are well tucked in and that hen is closely wrapped to prevent stuffing from oozing out. Cavity should be loosely filled up, as filling will tend to puff up while boiling and might split hen apart. For this same reason cooks avoid sewing and prefer to wrap it up. Hen is cooked in barely simmering water or broth, for up to four hours or until tender. This procedure will result in a tender bird, thoroughly cooked without much shrinking and the danger of the hen breaking apart by the expansion of its filling will most assuredly be averted. Add to cooking liquid during the last hour a bay leaf, some drops of lemon juice, leek, carrot, celery stalk, a few slightly bruised peppercorns and salt. Size, and age of hen will determine cooking length of time. To test prick with skewer or any sharp kitchen utensil. It should run through thickest parts with ease. Once done, place in a rack to drain and cool. Remove wrapping when it is easy to handle. Serve cold, with sliced stuffing, plenty of mayonnaise and a potato salad, or a Russian salad. Except beets, Russian salad vegetables are cooked along with hen in the same pot (Recipe Nº 130).

There are some cooks who will substitute chards for spinach, and still others who usually make this stuffing with cooked white rice instead of bread crumbs, adding to it a few chopped nuts and some raisins.

proceso que tomará entre 3 y 4 horas, según el tamaño y la edad del animal. El fuego muy suave hará que no encoja tanto la gallina y disminuirá el riesgo de reventar por la expansión del relleno. Para saber el punto se pinchará sobre los muslos, que deberán quedar muy tiernos. Por lo general se sirve fría, con mayonesa y ensalada rusa. Las verduras para la ensalada rusa se cocinan en el caldo de la gallina, excepto las remolachas.

Este plato también suele prepararse con un relleno similar, utilizando arroz blanco ya cocinado en lugar de pan mojado en leche añadiendo nueces y pasas de uva y usando a veces espinacas en vez de acelgas.

(149) Pechito de ternera relleno

Se hace un relleno similar a los anteriores, en cuanto a proporciones, con pan remojado en leche o arroz blanco hervido, cebollita de verdeo ligeramente rehogada junto con panceta en tiritas o cubitos, orégano, pimienta blanca y huevos batidos. Se asa a horno suave en asadera o fuente apropiada, y se añaden como salsa y acompañamiento cebollas chicas cortadas en mitades, doradas en manteca o aceite, con harina tostada, caldo, laurel y comino. Esta salsa se agrega a la asadera, y en ella se termina de asar la ternera. Se sirve caliente, con el relleno en un bolsillo hecho sobre las costillas del pechito.

(150) Pechito de cordero relleno

Se procede en forma similar al anterior, con un relleno de arroz blanco hervido, panceta, romero, cebolla, huevos y queso, que se pone en una bolsa que se hace sobre las costillas y se cierra con escarbadientes o cosiéndola. Se pone a horno suave en una asadera o fuente de horno apropiada para ir directamente a la mesa y a los 30 minutos de cocción o una vez dorado de ambos lados el pechito, se agrega una salsa de tomates a la criolla con aceite, cebolla, pimiento, tomate, romero, comino, pimentón rojo dulce, ají picante molido, si se desea, y una taza de buen caldo, más sal a gusto. El pechito estará listo cuando la carne esté a punto de desprenderse de los huesos. Se sirve caliente, con su salsa y alguna preparación de verduras crudas en ensalada.

Salpicones

Los salpicones son preparados del tipo de las ensaladas, en los que se mezclan: 1) diversos tipos de carnes cocidas, de vaca o de ave, condimentadas con algún aliño, 2) verduras cocidas, como papas, batatas, zanahorias, zapallo, coliflor, chauchas, y también arroz blanco o legumbres hervidas frías como porotos, frescos o secos, garbanzos, lentejas, etc., 3) verduras crudas infaltables, como tomates y cebollas, más otras a elección como pimientos, pepinos, apios, hinojos, etc., y 4) el todo ligado con una mayonesa simple a la que se le puede agregar orégano o ajo y perejil y nada más.

Los salpicones que se verán son los más corrientes, y se ofrecen a modo de guía para toda una gama de posibles combinaciones.

(149) Stuffed Breast of Veal

Have a pocket opened in the breast of veal, and fill it with a stuffing made with: cubed stale bread soaked in boiling milk or cooked white rice, scallions or green onions gently cooked in butter with strips of bacon, oregano, white ground pepper, salt and eggs. Roast in a moderate oven in a shallow roasting pan, adding to the pan juices: peeled and halved medium onions slightly browned in butter or oil, some toasted flour (no more than 2 tablespoons), about 1 cup broth, a bay leaf and a little ground cumin. The sauce will be made while the roast is being cooked. Allow plenty of onions for each guest. There are some cooks who will add, at the last minute, just when the roast is taken out of the oven, 1 cup at least of a white dry wine. Serve roast hot, with onions and plenty of sauce, slicing breast in rather thick slices.

(150) Stuffed Breast of Lamb

It is made in a way similar to the previous recipe, with the addition of more and stronger spices to the filling, and finishing the roast with an addition of some tomato sauce during the last 15 minutes of baking. To prepare filling, mix in the proportions mentioned in recipe Nº 148, boiled white rice, bacon, rosemary and thyme, scallion, onions, eggs and cheese, some nutmeg or ground cumin, and a trace of hot red pepper. Place filling in a pocket made in the breast over the rib bones from the side, stuffing it loosely, and closing it with skewers or with toothpicks laced with string, or sewing it. Roast on a shallow and uncovered roasting pan or dish, in a moderate oven. Brown first on all sides, and after the first 30 minutes add about 2 cups creole tomato sauce (recipe Nº 293), substituting oregano with rosemary and a little thyme and adding a pinch of red hot crushed pepper. As this sauce should be rather thin, to allow for some basting, add to it about 1 cup of a good broth, or boiling water. The sauce will be finished in the roast pan, along with the roast, and will be absorbing all the pan juices and drippings. Breast will be done by the time meat begins to separate from bones. To serve, lift breast from pan onto serving platter, and cover with sauce. A green fresh salad, or any other salad made with uncooked vegetables is usual.

Salpicones

In Argentina, by *salpicón* is meant a vegetable salad to which some red or white meat has been added, dressed with a very simple mayonnaise, and served in all cases cold or at room temperature. There are some points to be watched when preparing a *salpicón* Argentine style, such as 1) before mixing in meats to the vegetable preparation, these are in all cases condimented with a simple dressing, 2) some cooked vegetables are usual such as potatoes, sweet potatoes, carrots, squash, cauliflower, green beans, to which some cooked white rice or some cooked legumes such as beans, lentils or garbanzos (chick peas) may be occasionally added, to which 3) a few uncooked vegetables are a must such as tomatoes, onions and *pimientos* and a few more will be put in following the cooks preferences such as cucumbers, celery, fennel, etc., 4) all this takes but a single binding agent, mayonnaise, which may take in just a trace of oregano, garlic or parsley and nothing else.

(151) Salpicón de carne

Se prepara con carne de vaca cortada en cubitos, hervida, de puchero, o asada a la parrilla o al horno, a la que se agrega un aliño de aceite-vinagre-sal más un poco de orégano, comino y ajo-perejil.

Una vez aliñada la carne, se agregan papas hervidas cortadas en cubitos, batatas hervidas también en cubitos, arvejas de lata o hervidas frescas, cebolla cortada muy fina, tomates enteros en cubitos, poca lechuga cortada y pimiento en tiritas muy finas.

Se mezcla todo y, en caso de ser necesario, se agrega un poco más del aliño.

Se sirve frío como entrada o plato principal, según la estación del año y las cantidades. Se los prefiere como plato principal en el verano.

(152) Salpicón de ave

Se hace con carne de gallina hervida o con pollo hervido, asado o cocinado de cualquier otra forma. La carne se deja en trozos grandes, o se la corta en cubitos que se aliñarán con mayonesa y algunos pickles no picantes, como pepinillos o coliflores, agregándosele arroz blanco hervido, zanahorias hervidas en cubitos, cebolla cruda cortada muy fina, tomates en cubitos, apio o hinojo en cubitos, orégano y un poco de pimienta blanca molida. Es también un plato frío, preferido sobre todo en verano.

(153) Salpicón de pescado

Para este salpicón se utilizan pescados enlatados a los que se agrega arroz blanco hervido, cebollas crudas cortadas muy finas, tomates en gajos finos, algo de ajo-perejil picado muy fino, aceite y limón y un poco de mayonesa. Es una entrada muy popular. Se presenta sobre el arroz blanco ligado con un poco de mayonesa el pescado cubierto por las rodajas de cebolla y los gajos de tomate, todo rociado con la combinación de aceite-limón-orégano. Se puede adornar de muy diversas maneras con ruedas de limón, lechugas, ruedas de huevo duro y aceitunas negras.

(154) Tomates rellenos

Los tomates rellenos más comunes son los que se hacen con un salpicón de pescado, de ave o de carnes cocidas. Uno de los métodos más difundidos consiste en:
a. Partir los tomates por el medio, vaciar con una cucharita y salarlos ligeramente con muy poca sal fina;
b. Rellenar las mitades vaciadas con un salpicón de sardinas, de caballa o de atún, que son los más corrientes, sin descartar los de ave ni los de carne cocida, al que se incorporan las partes vaciadas de los tomates;
c. Apilar el relleno generosamente sobre las mitades de los tomates, no sólo llenando las cavidades, sino montándolo en forma de cúpula redondeada, y cubrir con abundante mayonesa;
d. Decorar con una aceituna verde o negra, descarozada o no, colocada en el centro de la cúpula, salpicando la mayonesa con un poco de perejil picado.

Three examples of a typical *salpicón* will follow, intended as guidelines only to the preparation of anything similar because variations are possible keeping always in mind the main points given above.

(151) Meat Salpicón

Use cubed bolied beef from a *puchero* (recipe Nº 1) and season with a simple dressing (recipe Nº 123) or an herb dressing (recipe Nº 124). Pile on top cubed boiled potatoes, cubed boiled sweet potatoes, boiled fresh peas or canned peas, very thin strips of onion, cubed tomatoes, some shredded lettuce, a little sweet pepper in very thin strips, pour over the whole some more oil and vinegar dressing and mix carefully. Serve at room temperature, with a thin mayonnaise. This *salpicón* is preferred as a main dish in Summer, or as a side dish any time. Any cooked meat besides boiled beef may also be used.

(152) Chicken Salpicón

Use cubed boiled chicken meat, or any other white meat, cooked, dressing it with a mayonnaise and pickles mix. Argentines use only unspiced pickles, made with a brine and white vinegar mixture to which a trace of chili pepper or crushed red hot pepper may be added; however, mild unspiced pickles are the general rule. Small cucumbers and cauliflower floweretes are the ones preferred, with an addition of carrots, turnips and celery. Add to cubed and dressed chicken some boiled white rice, cubed boiled carrots, onion in very thin strips, tomatoes in small cubes or in wedges, a little celery or fennel in small dice, oregano and a trace of white ground pepper. It is served at room temperature and preferred as a Summer dish. There are no fast and set rules that might limit the possible additions that may be made to any *salpicón*, so that total freedom is enjoyed to throw in some Brussels sprouts, turnips, cucumbers, sweet peppers, chick peas, green beans, cubed celery stalks, and so forth.

(153) Fish Salpicón

Most fish used in *salpicón* will be picked rather from a shelf than from a line. It is a quick and easy dish, usually prepared in a very short time. Canned sardines or tuna fish are the most common choices, with occasionally some mackerel, to which a main base of cubed potatoes or boiled white rice is added. The dish is completed with a very finely sliced small onion, a medium tomato sliced in thin wedges, plenty of mayonnaise, some parsley and perhaps a few lemon juice drops. It may be mixed in a bowl and garnished with hard boiled egg wedges, or may be prepared with the fish arranged on a bed of boiled white rice binded with mayonnaise, onions and tomatoes on top and the whole well soused with an oil-lemon-salt-oregano mix just before serving.

Black olives, lettuce leaves, lemon wedges or rounds, sliced hard boiled egg, are some of the usual garnishes. Serve at room temperature.

Remarks: Any of the three preceding *salpicones*, may be used as stuffing or garnish for a number of other dishes.

Se sirven fríos al comienzo de las comidas y también como acompañamiento, en lugar de ensalada.

(155) Tomates rellenos con camarones

Siguiendo el procedimiento de la receta anterior, se preparan con el relleno de una ensalada simple de papas y zanahorias, o papas con otras verduras, o simplemente papas con perejil picado, o bien con una ensalada rusa en la que no deben faltar las remolachas, se cubren generosamente de mayonesa y se decora cada tomate con camarones frescos o enlatados.

Ensaladas crudas

El sistema de preparación es universalmente conocido y presenta infinidad de variaciones posibles. Se aliñan con una mezcla de aceite-vinagre-sal, a la que se agregan o no hierbas aromáticas u otras esencias. A veces el limón se sustituye por vinagre. No existe otro aliño en las preparaciones caseras más difundidas. Las ensaladas van a la mesa indefectiblemente sazonadas de antemano, ya sean crudas o cocidas.

(156) Ensalada de tomates a la italiana

Una vez elegidos los tomates de un tamaño parejo, maduros y firmes, se cortan en rodajas finas, se colocan en una fuente playa y se sazonan con:
1) sal fina en primer lugar, esparcida uniformemente sobre todas las rodajas, 2) en segundo lugar se distribuye también uniformemente sobre todas ellas una cantidad de orégano variable, pero siempre generosa, 3) se salpican por encima unas gotas de vinagre de vino o de manzanas, y 4) se termina rociándolas con unos hilos de buen aceite de mesa, preferiblemente de oliva. Acompañan los platos de carne, especialmente todos los asados, a la parrilla o al horno.

(157) Ensalada de cebollas a la italiana

Se cortan las cebollas, elegidas de antemano de un tamaño uniforme, en ruedas no muy finas, y se colocan en la fuente o ensaladera en que irán a la mesa, o se las pone en un tazón. Se sazonan con aceite, sal, unas gotas de vinagre y abundante orégano, y se dejan macerar unos 15 minutos antes de servir, mezclándolas repetidas veces para que absorban los jugos del aliño. Al macerar quedarán un tanto ablandadas. Hay quienes prefieren aliñarlas sólo con sal, orégano y aceite de oliva. Las ensaladas a la italiana llevan siempre un aliño de aceite-sal-vinagre (muy poco vinagre), con abundante orégano y tal vez un poco de pimienta blanca molida.

(154) Salpicón Stuffed Tomatoes

Any one of the three previously mentioned *salpicones* may be used to stuff tomatoes. The most popular ones are tuna fish *salpicón* or chicken *salpicón*, with boiled meat *salpicón* as a last choice. The usual method to prepare stuffed tomatoes goes as follows:

a. Slice tomatoes in halves across the middle, with a spoon scoop out a portion from the very center, season with a little salt.
b. Fill tomato shells with a sardine *salpicón*, or a tuna fish *salpicón*, or a mackerel *salpicón*, to which the scooped out tomato pulp will be added. Nothing will rule out a chicken and rice *salpicón*, or a boiled beef and potatoes *salpicón*.
c. Stuff *salpicón* over tomato, piling it up as high as it may go, and cover with plenty of a rather thick mayonnaise so that *salpicón* does not show.
d. Decorate top with a black or green olive, pitted or not, and sprinkle over mayonnaise a little chopped parsley.

Serve cold, at the beginning of a meal or instead of a salad as a side dish to a roast. A Russian salad, Argentine style (recipe № 130) is also widely used as a stuffing for tomatoes, with the addition or not of some canned fish.

(155) Tomatoes Stuffed with Shrimp

Following the same procedures explained in the preceding recipe, stuff tomatoes with a potato and carrot salad, or potato and another vegetable salad, or with a potato salad with a little chopped parsley, or with a Russian salad with abundant beets, piling filling on tomatoes generously, covering with abundant mayonnaise and decorating tops with two or three small shrimp, freshly boiled or canned, some chopped shrimp may be included in the filling.

Fresh Vegetables Salads

The methods followed in Argentina to prepare salads are those world wide known. The usual elements are dressed by the addition of a freshly made oil-vinegar-salt mix to which occasionally some herbs or other condiments could be added. Lemon, as substitute for vinegar, is quite common. There is no other salad dressing for the home cook. Variations are indeed minimal, since the addition of a little ground black or white pepper would be the only one possible. Salads go to the table already dressed.

(156) Italian Style Tomato Salad

Select tomatoes, so that all are about the same size, of a good color, firm and ripe. Slice thinly in rounds, and place overlapping in a shallow platter. Season by sprinkling over tomatoes, 1) a little table salt evenly distributed, 2) a generous portion of dry oregano leaves, also more or less evenly distributed; never be stingy with oregano, 3) a few drops of a good wine vinegar, and 4) end with a generous amount of a good salad oil, preferably olive oil. Serve with all kinds of beef dishes, grilled *asados*, roasts, and also with pork and lamb.

Del mismo modo, sin vinagre y con la adición de un poco de pimienta blanca molida, se obtendrá:

Ensalada de apios a la italiana
Ensalada de hinojos a la italiana

(158) Ensalada de verano

Se hace con una mezcla a gusto de tomates cortados en gajos delgados, cebollas en ruedas delgadas, pimientos en gajos delgados, pepinos en ruedas delgadas y perejil picado, aliñado todo con aceite, vinagre y sal. Hay quienes también agregan ajos picados. Se prepara una media hora antes para que se maceren las verduras en sus jugos y resulte así una ensalada jugosa. Acompaña especialmente carnes asadas a la plancha, bifes, milanesas y escalopes.

(159) Ensalada mixta

Es la ensalada más popular y la que acompaña todos los asados a la parrilla. Se hace con lechugas, tomates y cebollas; pueden agregarse pimientos, pepinos, zanahoria rallada, rabanitos y berros. Se prepara cortando primero en rodajas finas o gajos finos todas las verduras que no sean de hoja: tomates, pimientos, cebollas, pepinos, etc., que se colocan en una fuente, ensaladera o tazón hondo. Se sazonan con sal, algo de pimienta, aceite y muy poco vinagre; es corriente también la adición de cebollitas de verdeo picadas muy fino. Se mezclan estas verduras y se dejan macerar unos minutos. Mientras tanto se eligen, se lavan, se limpian, se parten las lechugas que se colocan sobre los tomates y cebollas aliñadas y se mantienen de ese modo hasta el momento de servir, que es cuando se mezclan. Se pueden usar indistintamente todos los tipos conocidos de lechuga, solas o mezclando varios tipos.

(160) Ensalada de escarolas

Se hace preferentemente con las escarolas rizadas, aunque pueden usarse también las de hoja ancha. Se eligen, se lavan, se limpian y se parten con la mano las escarolas y se les agrega una cucharada de cebollas cortadas muy finas y picadas con un poco de perejil picado, para aliñarlas con una mezcla de aceite, vinagre y sal a la que se añaden unas gotas de amargo de Angostura. Se prepara sólo unos minutos antes de llevar a la mesa, para servir de inmediato.

(157) Italian Style Onion Salad

Select even sized onions, and slice them in rounds, not so thin. Place either in a bowl, or in a deep salad bowl, and season with oil, salt, a few drops of a good red wine vinegar, plus abundant oregano. Let steep in this dressing some 15 minutes before serving, mixing onions well with dressing and stirring frequently so that onions are thoroughly seasoned. When onions are beginning to wilt, the salad is ready to be served. There are some who prefer to dress it with just some olive oil, oregano, a little salt and perhaps some ground white pepper. Without vinegar, and with white ground pepper are prepared:

Italian Style Celery Salad   *Italian Style Fennel Salad*

(158) Summer Salad

It is a mixture of thin tomato wedges, thinly sliced onions, thin sweet pepper strips, thinly sliced cucumbers and some chopped parsley, with a dressing of oil, vinegar and salt. There are some who will add a little minced garlic. This salad is prepared some time before serving, so that all its ingredients will be steeped in the juices and the vegetables somewhat wilted. Serve with all kinds of roast or *asado*. It is also good with any beef dishes, such as *bife*, *milanesa*, and so forth. Even though the proportions of the different mentioned vegetables may be varied according to taste, this salad, to keep to the Argentine version, will not allow for additions or omissions. Any Argentine will insist on this dish being a salad, a juicy one but nevertheless a salad. There may be some who will think of this dish rather as a cold, uncooked vegetable soup.

(159) Combination Salad

This is the salad that goes with all *asados* and will be found everywhere. A good amount of lettuce, a generous proportion of tomatoes and not so little onions will always go into it. There are many who will add sweet pepper or pimiento in thin strips, thinly sliced cucumbers, grated carrots, radishes and water cress in diverse amounts. It is prepared by slicing first, in thin wedges or strips, all vegetables, except the greens, and placing them in a deep bowl. Season with salt, a little ground pepper, oil and a few drops of vinegar; the addition of finely chopped scallions or green onions is quite common. Mix sliced vegetables to blend well seasonings and let steep for 15 minutes, more or less. Meanwhile, select, wash clean and shred lettuce, placing them over the vegetables already dressed in the bowl. The whole salad will be mixed only a few minutes before serving. One or several kinds of lettuce may be used, singly or in any combination that will suit your taste.

(160) Escarole Salad

Any of the several varieties of escarole or endive may be used, even though the curly endive is the one that is more popular for this particular combination. Choose your endive, wash clean and hand shred it. Add some very thinly sliced onions that were chopped together with a little parsley, and dress the salad with oil, a few drops of vinegar, salt and just a trace of Angostura bitters. Prepare the salad, and dress only the minute before taking it to the table, to serve it immediately.

VII. Pasteles, tartas y budines

VII. Pies, Tarts and Puddings

❧ Los pasteles ❧

(161) Pastel de papas

4 tazas de puré de papas con manteca y sazonado • 2 huevos • 1 cucharadita de perejil picado • 2 cucharadas de queso rallado • 1 cebolla mediana picada • 2 tomates enteros picados • 1 cucharada de extracto de tomates • 1 diente de ajo picado • 1 pimiento cortado en tiras • 1/2 taza de aceite • 2 tazas de carne picada • sal y pimienta a gusto

Freír la cebolla y el ajo en aceite, agregar el pimiento revolviendo constantemente, los tomates y el extracto, y cocinar a fuego fuerte unos minutos hasta que el tomate se haya deshecho. Añadir la carne, revolviendo para mezclar bien, y una vez que la carne perdió su color, sazonar y dejar reposar 5 minutos para que termine su cocción fuera del fuego sin perder sus jugos.

En un tazón mezclar bien los cuatro primeros ingredientes. Untar con aceite una fuente de horno y colocar la primera mitad del puré, distribuyéndolo uniformemente. Luego, sobre el puré, colocar el picadillo y cubrir con el resto, alisando la superficie y haciéndole unos dibujos con las puntas de un tenedor. Llevar a horno moderado, unos 20 minutos, hasta que el puré tome color en los costados y empiece a dorarse la superficie. Servir caliente.

(162) Pastel de arroz

4 tazas de arroz blanco hervido y sazonado • 2 huevos • 1 cucharadita de cebolla picada muy finita • 2 cucharadas de queso parmesano rallado • una pizca de nuez moscada • 1 cebolla mediana picada • 1 tomate grande entero picado • 1 morrón rojo en tiras • 1/2 cucharadita de pimentón dulce • una pizca de comino molido • 1/2 taza de aceite • 2 tazas de carne picada • 1/2 taza de caldo • sal a gusto

Freír la cebolla con el morrón a fuego fuerte hasta que ambos empiecen a tostarse; añadir el tomate junto con el pimentón y el comino. Luego agregar la carne, revolviendo para mezclar bien hasta que ésta pierda su color, agregar un poco de caldo para que quede jugosa la preparación y dejar reposar fuera del fuego.

En un tazón mezclar bien los cuatro primeros ingredientes con una pizca de nuez moscada. Untar con aceite una fuente de horno y distribuir uniformemente una primera mitad del arroz, poner encima el picadillo y terminar con la segunda mitad del arroz. Llevar a horno moderado unos 30 minutos, hasta que esté dorado el pastel. Servir caliente o frío.

(163) Pastel simple de choclos

4 tazas de choclo rallado • 1/2 taza de leche • 2 cucharadas de aceite • 1 cebolla chica picada • 1/2 taza de queso rallado • sal y pimienta a gusto • 4 huevos bien batidos con dos cucharadas de aceite

~ Pies ~

(161) Potato Pie

> 4 cups mashed potatoes, seasoned with butter and salt • 2 eggs • 1 teaspoon chopped parsley • 2 tablespoons grated cheese • 1 medium onion, chopped • 2 tomatoes, chopped • 1 tablespoon tomato extract • 1 garlic clove, minced • 1 sweet pepper, in strips • 1/2 cup oil • 2 cups ground beef • salt and pepper to taste

Heat oil and fry onion with garlic, add sweet pepper and then stirring all the time keep adding tomatoes, tomato extract and cook over a quick fire a few minutes until tomatoes are cooked and soft. Add ground beef, stirring to blend well all ingredients, and when beef changes color, season and let stand 5 minutes away from the fire.

Mix and blend well all first four ingredients. Oil a baking dish and spread evenly on the bottom half the mashed potatoes. On mashed potatoes lay ground beef preparation, spreading mixture evenly, and cover ground beef with the rest of the mashed potatoes, score top with tines of fork and bake in a moderate oven until top is lightly browned. Serve hot.

(162) Rice Pie

> 4 cups white boiled rice, seasoned with salt • 2 eggs • 1 teaspoon finely chopped onion • 2 tablespoons grated cheese • pinch of nutmeg • 1 medium onion, chopped • 1 large tomato, chopped • 1 red sweet pepper, in strips • 1/2 teaspoon paprika • pinch ground cumin • 1/2 cup oil • 2 cups ground beef • 1/2 cup broth • salt to taste

Heat oil and fry over a quick fire onion and sweet pepper until both begin to brown, add then tomato along with paprika and cumin. Then add ground beef, stirring to blend well until beef looses its color, pour in broth so that mixture is not dry and let stand away from the fire for a few minutes.

Mix all first four ingredients with a pinch of nutmeg. Oil a baking dish and spread evenly on bottom half the rice mixture. Put on it the ground beef preparation, spreading it evenly throughout and cover with rest of rice. Bake in a moderate oven until browned on top, about 30 minutes. Serve hot, or cold.

(163) Fresh Corn Pie

> 4 cups fresh corn kernels, cut off the cob • 1/2 cup milk • 2 tablespoons oil • 1 small onion, chopped • 1/2 cup grated cheese • 4 eggs, well beaten with 2 tablespoons oil • salt and pepper to taste

Cut kernels off the cob from about 12 ears of fresh corn, pass through a blender adding 1/2 cup milk, so as to obtain a little over 1 lt mixture.

Desgranar unos 12 choclos de tamaño mediano y pasar por licuadora, agregando la 1/2 taza de leche. Deben rendir poco más de un litro en total.

Freír la cebolla en el aceite y, una vez dorada, agregar la mezcla de choclos con leche, llevar a hervor suave y cocinar revolviendo bien a fuego lento unos 15 minutos. Dejar enfriar unos minutos. Batir los huevos con sal a gusto y la mitad del queso rallado, y agregar a la mezcla de choclos una vez que ésta haya entibiado. Untar una fuente de horno un tanto profunda con aceite y distribuir la mezcla uniformemente. Salpicar por encima el resto del queso, rociar con unos hilos de aceite, y llevar a horno suave hasta que el pastel esté bien cocinado y comience a dorarse por arriba —unos 45 a 50 minutos—. Se puede servir caliente, o frío como aperitivo.

(164) Pastel de humita al horno

4 tazas de choclo rallado (12 choclos desgranados y pasados por licuadora) • 1 cebolla mediana picada • 1 pimiento morrón picado • 1 tomate entero picado • 1 cebollita de verdeo, picada • 1/2 taza de aceite • 1/2 taza de leche • 4 huevos batidos con 1 cucharada de harina • 1/2 taza de queso fresco deshecho o cortado en cubos • sal, pimienta y nuez moscada a gusto

Freír la cebolla primero, luego los morrones, el tomate y la cebollita de verdeo, rehogar un par de minutos, agregar la leche y las 4 tazas de choclo desgranado y pasado por licuadora. Llevar a hervor suave y cocinar revolviendo constantemente unos 15 minutos. Retirar del fuego y dejar entibiar. Mientras, batir los huevos con una cucharada de harina, sal, pimienta y nuez moscada a gusto, y unir a la mezcla de choclos. Untar con aceite una fuente honda para horno, distribuir la mezcla de modo uniforme, agregar los cuadraditos de queso y llevar a horno suave entre 45 minutos y una hora, hasta que esté dorado. Servir tibio o frío.

(165) Pastel de choclos a la criolla

2 tazas de choclo tierno desgranado y pasado por licuadora • 1 cebolla chica picada • 2 cucharadas de aceite • sal a gusto y una pizca de nuez moscada • 2 huevos batidos con 1 cucharada de harina • 2 tazas de carne picada a mano en daditos • 1 cebolla picada • 1 tomate picado • 2 cucharadas de aceite • 1/2 taza de caldo • 1 huevo duro picado • una pizca de comino, pimienta molida, una pizca de canela en polvo, aceitunas picadas, perejil picado, pasas de uva a gusto

Hacer un picadillo dorando las cebollas en aceite, agregar la carne y los tomates, un poco de caldo, comino, sal y pimienta. Cocinar un par de minutos hasta que la carne haya cambiado de color y agregar las pasas de uva, las aceitunas y un poco de perejil picado. Dejar reposar. Una vez listo el picadillo preparar los choclos desgranados pasándolos por la licuadora junto con los huevos, la harina, la sal y la nuez moscada. Freír la cebollita en el aceite hasta que tome color y agregar también a los choclos.

En una fuente de horno enmantecada poner primero el picadillo, distribuyéndolo de modo uniforme, y encima el huevo duro picado. Cubrir con la preparación de choclos. Llevar a horno suave por espacio de una hora, o hasta que el choclo esté dorado y un poco levantado. Servir caliente.

Fry onion in hot oil, and when browned add the milk and corn kernels mixture, bring to a slow boil and cook stirring constantly over a slow fire for about 15 minutes. Let then cool. Meanwhile, beat well eggs with two tablespoons oil, some salt and half the grated cheese. Add to cold corn kernels mixture. Oil or butter a deep baking pan and spread in it egg and corn mixture, sprinkle with the rest of grated cheese, drizzle with a little oil and bake in a moderate oven until pie is done and a little browned on top —some 45 to 50 minutes—. Serve hot, or cold as appetizer.

(164) Baked Humita Pie

> 4 cups fresh corn kernels, cut off the cob (about 12 fresh ears of corn) • 1 medium onion, chopped • 1 sweet pepper, chopped • 1 tomato, chopped • 1 scallion, chopped • 1/2 cup oil • 1/2 cup milk • 4 eggs, beaten with 1 tablespoon flour • 1/2 cup jack cheese, crumbled or cubed • salt, pepper and nutmeg to taste

Heat oil and fry onion first, then sweet pepper, tomato and lastly scallion, stirring for a few minutes, add milk and the 4 cups of corn kernels passed through a blender. Bring to a boil and simmer until thick, about 15 minutes, stirring all the time. Remove from fire and let cool. Beat eggs with 1 tablespoon flour, salt, pepper and nutmeg to taste, and combine with corn kernels mixture. Oil a deep baking dish, spread mixture evenly, dot with cheese cubes and bake in a moderate oven for about 45 minutes, or until top is browned. Serve hot or cold.

(165) Criollo Fresh Corn Pie

> 4 cups fresh corn kernels, cut off the cob (about 12 fresh ears of corn) and passed through a blender • 1 small onion, chopped • 2 tablespoons oil • 2 eggs, beaten with 1 tablespoon flour • salt and pepper to taste • 2 cups cubed lean beef • 1 onion, chopped • 1 tomato, chopped • 2 tablespoons oil • 1/2 cup broth or boiling water • 1 hard boiled egg, chopped • pinch ground cumin, ground pepper, powdered cinnamon • chopped green olives, chopped parsley, raisins to taste

Heat 2 tablespoons oil and fry onion, add cubed beef and tomato, then broth, cumin, salt and pepper. Cook for a few minutes, until beef changes color, take away from fire, add raisins, olives and chopped parsley, and let stand. This ground beef is prepared in the same way as a *picadillo*, differently spiced however; the addition of cinnamon and cloves is occasional. Prepare then fresh corn kernels, cutting them off the cob and passing through a blender, or grating them. Add to corn eggs, flour, salt and nutmeg. Fry a small onion in some oil and add also to corn mixture.

Butter a baking pan or dish, deep enough, spread first *picadillo* or ground beef mixture evenly on bottom, sprinkle with coarsely chopped hard boiled egg and cover with corn mixture. Bake in a moderate oven for about 1 hour, or until corn is lightly browned on top and fluffed out. Serve hot.

(166) Pastel de polenta

1 taza de harina de maíz (polenta), remojada de la noche anterior en cuatro tazas de agua • 1 cebolla grande, picada • 2 huevos batidos • sal a gusto • 2 tazas de carne de ave, cocinada y picada gruesa • 2 cebollas grandes cortadas en ruedas • 2 tomates grandes picados • 1/2 taza de aceite • 1/2 taza de caldo • sal a gusto • 1 cucharada de pasas de uva remojadas • 2 morrones asados, sin piel, y cortados en cuartos • 1 cucharadita de comino • 1 cucharada de harina • 1 cucharada de pimentón dulce

Cocinar la polenta en el agua del remojo, revolviendo constantemente, con la cebolla picada muy fina. Después de 15 minutos de cocción, retirar del fuego y dejar reposar con la olla tapada. Cuando esté tibia, añadir los huevos batidos y algo de sal.

Dorar a fuego fuerte las cebollas en el aceite, agregar los tomates, rehogar un par de minutos y agregar luego todos los otros ingredientes, menos los morrones. Cocinar a fuego lento hasta que la salsa haya espesado. Mientras tanto, asar sobre la llama los morrones hasta que la piel se cubra de ampollas, envolverlos en un lienzo húmedo y caliente y dejarlos sudar 15 minutos. Quitarles la piel y las semillas y cortar en cuartos.

En una fuente de horno colocar primero el relleno de pollo, distribuyendo equitativamente los cuartos de morrón. Cubrir con la polenta y llevar a horno suave por espacio de una hora, o poco menos, hasta que la polenta comience a dorarse por arriba. Servir caliente.

⁓ Las tartas ⁓

(167) Masa para tartas

3 tazas al ras de harina común • 1 taza de manteca de cerdo • 2 cucharaditas de sal fina • 1 taza de agua helada con cubitos

Incorporar trabajando con los dedos, rápidamente, o con espátula, la manteca de cerdo a la harina hasta que se hayan formado grumos del tamaño de arvejas. Distribuir la sal fina y añadir de a una cucharada por vez el agua, que debe estar muy fría. Cuatro o cinco cucharadas de agua deberán ser suficientes para unir ligeramente la masa, que no debe trabajarse ni amasarse. Tapar con lienzo húmedo y dejar reposar en la heladera por espacio de una hora. Estirar luego sobre mesa de mármol, con palote de madera, hasta un espesor no menor de 1/2 centímetro, y forrar el molde elegido para la tarta. Con estas proporciones puede forrarse un molde abierto de hasta 2 litros de capacidad o, con tapa, un molde de hasta 1 litro.

(168) Tarta de cebollas y queso

4 cucharadas de aceite • 2 cebollas grandes, cortadas en ruedas finas • 1 cucharadita de orégano • 1 cucharadita de perejil • 4 huevos batidos • 2 tazas de leche • sal, pimienta blanca molida, nuez moscada • porción de masa para forrar un molde de 1 ½ litro • 1 cucharadita de azúcar • 1/2 taza de queso rallado • queso fresco, en cubitos

(166) Polenta Pie

> 1 cup dry corn meal (*polenta*) soaked overnight in 4 cups cold water • 1 large onion, chopped • 2 eggs, lightly beaten • salt to taste • 2 cups cooked and coarsely chopped chicken or poultry meat • 2 large onions, sliced in rounds • 2 large tomatoes, chopped • 1/2 cup oil • 1/2 cup broth, preferably chicken • 1 tablespoon flour • 1 tablespoon paprika • 1 teaspoon ground cumin, or less • 1 tablespoon soaked and plumped raisins • 2 large sweet peppers, roasted, peeled and seeded, and quartered

To cook *polenta*, bring to a boil in its soaking water together with chopped onion. Lower fire to a gentle simmer and cook for about 15 minutes, stirring frequently to avoid sticking to the bottom of the pan. Remove from fire, let cool in a covered pan and when cold add beaten eggs. Season with salt.

Prepare filling, heating oil and frying onions first over a quick fire, then tomatoes, adding lastly all other ingredients, except sweet peppers. Cook over a slow fire until thickened. Meanwhile, roast sweet peppers over a high flame, until skins are full of blisters. Fold in a towel lightly sprinkled with water and warmed in the oven, and let rest for about 15 minutes. Peel off skins, which should come off easily, remove seeds and quarter.

Butter a deep enough baking dish, spreading filling on bottom, distribute quartered sweet peppers and cover with *polenta* mixture. Bake in a moderate oven for about 1 hour, or until *polenta* is lightly browned on top. Serve hot.

☞ Tarts ☜

(167) Pastry Shell Dough

> 3 cups, level, all purpose flour • 1 cup fine lard • 2 teaspoons table salt • 1 cup with ice cubes and water

Work lard into flour, preferably with a pastry cutter; or working rapidly with your fingers until pieces are the size of small peas. Sprinkle over with salt and add iced water sparingly, mixing dough, by tablespoonfuls. The secret of a tender crust is a minimum of handling. Four to five tablespoons water should be enough to form dough into a ball. Cover with a damp cloth and chill for about 1 hour. Roll out on a cold surface, such as marble top, to a 1/2 cm but no less and lay on a tart plate. With these proportions an open tart of about 2 lts capacity may be prepared, or a covered one of about 1 lt. If a juicy tart is to be made, sprinkle bottom crust with a little flour, to catch the juices and prevent it from being juice soaked.

(168) Onions and Cheese Tart

> 4 tablespoons oil • 2 large onions, in thin rounds • 1 teaspoon oregano • 1 teaspoon chopped parsley • 4 beaten eggs • 2 cups milk • 1 teaspoon sugar • 1/2 cup grated cheese • some cubed jack type cheese • salt, white ground pepper, nutmeg • tart shell of about 1 ½ lt capacity

Cortar las cebollas en ruedas finas, agregar azúcar, sal, una cucharada de aceite y el orégano, mezclar bien y dejar reposar 15 minutos. Batir los huevos, añadirles sal, perejil, nuez moscada, pimienta blanca molida y queso rallado.

Forrar con la masa un molde de 1 ½ litro de capacidad, cuadrado, redondo, ovalado o rectangular, reforzando los bordes; pinchar la masa con un tenedor y llevar a horno suave por espacio de 40 minutos hasta que la masa esté crocante, pero no llegue a dorarse. Retirar del horno, acomodar las cebollas y los cubitos de queso sobre la masa, cubrir con los huevos batidos y llevar otra vez a horno suave hasta que los huevos cuajen, alrededor de unos 20 minutos. Dejar reposar una media hora antes de servir.

(169) Tarta de zapallitos

> 4 cucharadas de aceite • 1 cebolla mediana, picada fina • 2 tazas de zapallitos cortados en cubitos • 4 huevos batidos • 1 cucharada de harina • 1/2 taza de leche • sal, pimienta y nuez moscada a gusto • masa para forrar un molde de 1 ½ litro

Forrar con la masa un molde de 1 ½ litro de capacidad, reforzando los bordes. El ideal sería un molde para tartas de unos 25 cm de diámetro con bordes de 3 cm de altura. Pinchar la masa con un tenedor y llevar a horno suave por espacio de 40 minutos hasta que la masa esté crocante, pero no llegue a dorarse.

Retirar la tarta del horno y dejar reposar unos minutos antes de rellenar.

Freír la cebolla hasta que empiece a tomar color, agregar los zapallitos cortados en cubitos —o si se prefiere, en rodajas finas—, y freír a fuego lento con la olla tapada por unos 5 minutos. Sazonar con sal, pimienta y nuez moscada. En un tazón batir los huevos con un poco de sal, harina y leche, incorporarles los zapallitos y dejar reposar un minuto. Volcar la preparación en la tarta y llevar a horno moderado hasta que los huevos cuajen. Servir caliente.

(170) Tarta de puerros con queso

> 1/2 taza de aceite • 4 puerros blancos grandes; la parte blanca cortada en rodajas anchas • 2 lonjas gruesas de panceta, cortadas en daditos • 1 cebolla chica cortada en rodajas finas • 4 huevos batidos con un poco de sal • 1 taza de queso rallado • sal, pimienta y nuez moscada a gusto • masa para un molde de tarta de 1 ½ litro

Mientras se hace al horno la masa de la tarta, se prepara el siguiente relleno:

Freír ligeramente en el aceite los puerros, cortados en rodajas medio anchas, junto con los daditos de panceta. Se puede usar la parte verde de uno de los puerros, finamente picada, que se añade a la fritura junto con la cebolla una vez que los puerros hayan tomado color. Cuando la cebolla se pone trasparente, retirar del fuego y dejar reposar unos minutos. Agregar los huevos batidos con el queso, la sal, la pimienta y una pizca de nuez moscada, unir bien y volcar la mezcla en la tarta.

Llevar a horno suave por espacio de 20 minutos, o hasta que el huevo cuaje. Dejar reposar unos 10 minutos y servir.

Slice onions in thin rounds, add sugar, salt, 1 tablespoon oil and oregano. Let stand for about 15 minutes, mixing well. Beat eggs, add salt, parsley, nutmeg, white ground pepper and grated cheese.

Have ready a tart shell of about 1 ½ lt capacity, already baked but not yet browned. Arrange on bottom first onion slices, and cubed cheese to taste, cover with egg mixture and bake in a moderate oven until eggs are set, about 20 minutes. Let stand some 30 minutes before serving, preferably warm.

(169) Zapallito Tart

4 tablespoons oil • 1 medium onion, finely chopped • 2 cups cubed *zapallito* • 4 eggs, beaten • 1 tablespoon flour • 1/2 cup milk • salt, pepper and nutmeg to taste • tart shell of about 1 ½ lt capacity

Line with tart dough a tart plate of about 1 ½ lt capacity, folding excess dough over borders so as to strengthen them. A round plate, some 25 cm in diameter, with about 3 cm high borders, would be ideal. Prick bottom and sides of dough with a fork and bake in a moderate oven for about 40 minutes, or until dough is set but not browned. Remove from oven and let stand a few minutes before filling.

Heat oil and fry onion over a quick fire, add *zapallito*, lower fire and cook over a low fire with covered pan, stirring frequently, until *zapallitos* are tender, about 5 minutes. Season with salt, pepper and nutmeg. Remove from fire and let cool. Beat eggs with a little salt, flour and milk, combine with *zapallito* and onion mixture, blend well, let stand one minute and then pour on tart shell. Bake in a moderate oven until eggs are set. Serve hot.

(170) Leek and Cheese Tart

1/2 cup oil • 4 very large white leeks, white portion only, sliced in thick rounds • 2 thick slices bacon, cubed • 1 small onion, in thin rounds • 4 eggs, beaten with a little salt • 1 cup grated cheese • salt, pepper, nutmeg to taste • tart shell of about 1 ½ lt capacity

While baking tart shell, prepare filling as follows:
Heat oil and lightly fry leek rounds, sliced in thick rounds, together with cubed bacon. The green top of one leek may be used, finely chopped, to be added with sliced onion when leeks are fried and have turned a little yellow. When onion is transparent, remove preparation from fire and let stand to cool. Add then beaten eggs, with grated cheese, salt, pepper and a pinch of grated nutmeg, blend well and pour on shell. Bake in a moderate oven for about 20 minutes, or until eggs have set. Let stand 10 minutes before serving.

(171) Tarta de chauchas con jamón

1/2 taza de manteca • 1 cebolla chica, finamente picada • 1/2 taza de jamón cocido, picado grueso • 2 tazas de chauchas cocinadas, picadas grueso • 1 cebollita de verdeo entera, picada • 4 huevos batidos • 1 cucharada de harina • 1 cucharada de queso parmesano rallado • sal y pimienta a gusto • masa para un molde de tarta de 1 ½ litro

Mientras se termina de cocinar en el horno la masa para la tarta, se prepara el siguiente relleno:

Freír en manteca la cebolla chica finamente picada, agregar después de un par de minutos el jamón, rehogar otro par de minutos más y añadir las chauchas picadas junto con la cebollita de verdeo picada. Dejar enfriar un poco y unir los huevos batidos con la harina, el queso, la sal y la pimienta. Volcar todo en la masa para la tarta.

Llevar a horno suave por espacio de 20 minutos, o hasta que el huevo haya cuajado. Dejar reposar unos minutos y servir. Para dar mejor vista puede bañarse la superficie con un poco de salsa blanca chirle salpicada con un par de cucharadas de queso rallado; gratinar unos momentos antes de servir.

(172) Tarta de fondos de alcauciles

1/2 taza de manteca • 2 tazas de fondos de alcauciles más bien chicos, hervidos y algunos picado grueso • 4 huevos batidos • 1/2 taza de crema de leche fresca • 1 cucharada de perejil • 1 cucharada de harina • 1 cucharada de pan rallado • 1 cucharada de queso rallado • sal y pimienta a gusto • masa para tarta, de 1 ½ litro

Cocinar en horno suave la masa para la tarta. Rellenar con la siguiente preparación:

Freír ligeramente la pulpa de fondos de alcauciles en la manteca. Batir los huevos con el perejil, la harina y la crema fresca, sazonando a gusto con sal y pimienta. Unir estas dos mezclas y volcar en la tarta. Llevar a horno suave hasta que los huevos estén cuajados. Mezclar el pan rallado con el queso, espolvorear por encima de los huevos ya cuajados y poner una vez más en el horno hasta que quede todo parejamente dorado. Servir de inmediato.

(173) Tarta de camarones y berberechos

2 tazas de camarones pelados y limpios • 1 ½ taza de berberechos al natural (o almejas), sin jugo • 1 taza de crema fresca • 4 huevos bien batidos • 1 cucharadita de sal • 2 cucharadas de aceite • 2 cucharadas de harina • 2 cucharadas de jerez • 1 cucharadita de ajo-perejil picado muy fino • masa para una tarta de 1 ½ litro

Cocinar en horno suave la masa para la tarta. Una vez hecha, rellenar con la siguiente preparación:

(171) Green Beans with Ham Tart

>1/2 cup butter • 1 small onion, finely chopped • 1/2 cup cooked ham, coarsely chopped • 2 cups green beans, cooked, coarsely chopped • 1 scallion, chopped • 4 eggs, beaten • 1 tablespoon flour • 1 tablespoon grated Parmesan type cheese • salt and pepper to taste • tart shell, of about 1 ½ lt capacity

While baking tart shell, prepare filling as follows:

Heat butter and fry onion first, after a few minutes add chopped ham, stir and fry lightly over a slow fire for about two minutes, add cooked green beans and chopped scallion. Let cool a short while and combine with eggs beaten with a little salt, flour, pepper and grated cheese. Pour mixture into shell and bake in a moderate oven for about 20 minutes or until eggs have set. Let stand a few minutes before serving. There are some who top green beans and ham mixture with a small amount of white sauce, rather thin, sprinkle over some grated cheese and brown under the grill, to serve immediately, still bubbling and very hot.

(172) Artichoke Bottoms Tart

>1/2 cup sweet butter • 2 cups small, boiled, artichoke bottoms, a few coarsely chopped • 4 eggs, beaten • 1/2 cup fresh sweet cream • 1 tablespoon chopped parsley • 1 tablespoon flour • 1 tablespoon bread crumbs • 1 tablespoon grated cheese • salt and pepper to taste • tart shell, about 1 ½ lt capacity

Bake tart shell, blind, and meanwhile prepare following filling:

Toss lightly in melted and hot butter artichoke bottoms, a few coarsely chopped, just to heat them through, to coat them with butter. Remove from fire and mix with beaten eggs, with cream, parsley, flour and season with salt and pepper to taste. Pour mixture into shell and bake in a moderate oven until eggs are set. Mix bread crumbs with cheese and sprinkle over eggs, as soon as these are set, put under a grill or bake in a very hot oven until evenly browned on top. Serve immediately.

(173) Shellfish Tart

>2 cups shrimp, cooked and shelled • 1/2 cup clams, drained • 1 cup fresh sweet cream • 4 eggs, well beaten • 1 teaspoon salt • 2 tablespoons oil • 2 tablespoons flour • 2 tablespoons dry sherry • 1 teaspoon garlic and parsley mix, finely chopped • tart shell, about 1 ½ lt capacity

Have tart shell baked blind and prepare following filling:

Place in baked shell shrimp and clams. Have in mind that recipe calls for *berberechos*, which are very small clams, usually packed in salt water. Substitute with well drained small clams or with minced large clams should *berberechos* prove difficult to find.

Batir los huevos en un tazón hasta que hagan buena espuma y agregar uno por uno y en el orden en que están dados los ingredientes que se mencionan más arriba, menos los mariscos. Colocar éstos en el fondo de la tarta. Volcar encima el batido de huevos. Llevar al horno y cocinar a fuego suave por espacio de 30 minutos, o hasta que los huevos cuajen. Dejar reposar 10 minutos y servir.

Los budines

En la cocina argentina los budines son preparaciones sobre todo caseras, simples y rápidas, que acompañan el plato principal de carne. Las verduras y las hortalizas son sus componentes principales; se cocinan al baño de María, al horno o sobre el fuego, y van acompañados de salsa blanca o preparaciones similares.

(174) Salsa blanca rápida para budines

2 litros de leche • 1 taza al ras de harina común • 1/2 taza de manteca • 1 cucharadita de azúcar • 1 cucharadita de sal • 1/2 cucharadita de nuez moscada • 1 hoja de laurel

Poner en una cacerola de tamaño adecuado —unos tres litros de capacidad, por lo menos—, 1 ½ litro de leche con la manteca y llevar a un hervor suave. En un tazón poner harina, azúcar, sal y nuez moscada, combinar todo uniformemente y de a poco mezclar con el medio litro de leche en frío. Hacer una pasta homogénea, cuidando de que no se formen grumos. Una vez que la leche comienza a hervir, se le añade la hoja de laurel y la pasta con la harina, revolviendo constantemente hasta que la leche retome el hervor y espese. Continuar el hervor suave cinco minutos a fuego muy lento y retirar. La salsa estará lista para ser usada, o combinarse con otros elementos para modificar el gusto básico.

(175) Budín de acelgas

2 tazas de acelgas hervidas, escurridas y picadas • 1 zanahoria rallada • 1 cebolla chica picada • 1/2 taza de aceite • 1 taza de salsa blanca • 4 huevos batidos • 1 taza de pan rallado • 1 taza de leche • sal, pimienta y nuez moscada a gusto

Rehogar en aceite la cebolla picada y la zanahoria rallada no más de dos minutos. Dejar reposar. Mientras, aceitar un molde de horno, preferiblemente de metal, de poco más de dos litros de capacidad, y cubrir la superficie aceitada con un poco de pan rallado.

Volcar en el molde la mezcla homogénea y bien trabajada de todos los ingredientes mencionados. Salpicar por arriba con un poco más de pan rallado y unos hilos de aceite y poner al horno a baño de María. Después de una hora probar su consistencia. Una vez listo, dejar reposar en el molde unos minutos, desmoldar con cuidado en una fuente con bordes altos, cubrir bien con salsa blanca y servir. También puede ir a la mesa con una salsa espesa de tomates.

Beat eggs with rest of ingredients, season to taste, remembering that clams or *berberechos* could be a little salty, pour over shellfish and bake in a moderate oven until eggs are barely set. Take from oven, let rest a few minutes and serve, still hot.

⊱ Puddings ⊰

For the Argentine home kitchen, if current and numerous, briefly and easily made, puddings are not sweet but chiefly prepared as side dishes to the main meat or poultry courses. Vegetables are the principal ingredients, along with rice or corn meal. Puddings are molded and baked, or cooked in a water bath (*baño de María* or *bain marie*) either in the oven or over a fire, served unmolded and covered with a truly generous amount of any white sauce or similar preparation.

(174) *Quick White Sauce for Puddings*

> 2 lts milk • 1 cup, level, all purpose flour • 1/2 cup sweet butter • 1 teaspoon sugar • 1 teaspoon salt • 1/2 teaspoon nutmeg • 1 bay leaf

Bring to a boil 1 ½ lts milk in an adequately sized sauce pan —about 3 lts capacity— with the butter and keep simmering gently. Mix in a bowl flour, sugar, salt and nutmeg, blend well and stir in the remaining 1/2 lt cold milk, to obtain a smooth mixture. See that no lumps are formed. When milk in sauce pan is boiling, add first bay leaf, then milk mixture, stirring all the time until it boils again and begins to thicken. Cook over a very low fire for 5 minutes, watching that sauce does not stick to the bottom of the pan, and then remove from fire. Sauce is now ready to be used, or to be combined with other ingredients to modify its bland basic flavor.

(175) *Green Chards Pudding*

> 2 cups chards, boiled, well drained and chopped • 1 carrot, grated • 1 small onion, chopped • 1/2 cup oil • 1 cup white sauce • 4 eggs, beaten • 1 cup bread crumbs • 1 cup milk • salt, pepper and nutmeg to taste

Lightly try in hot oil onion and carrot, not over two minutes. Let stand away from the fire. Meanwhile, oil a baking pan or mold, preferably round and fluted or ring shaped, about 2 lts capacity, and sprinkle generously with bread crumbs. Mix all ingredients with fried onion and carrot, season to taste, blend thoroughly and pour into baking pan or mold. Sprinkle over mixture a little more bread crumbs, lace with oil, and place mold in a water bath. Bake in a moderate oven for about 1 hour, or until set. Let stand for 5 minutes before unmolding onto a large serving dish, preferably a little deep so that it may hold as much sauce as possible, cover with sauce and serve. It may be covered with a thick white sauce or tomato sauce.

(176) Budín de zanahorias

2 tazas de puré de zanahorias hervidas, bien escurridas • 1 cebolla chica picada • 1/2 taza de aceite • 1 taza de salsa blanca • 1 taza de pan rallado • 1 taza de leche • 4 huevos bien batidos • 1/2 taza de queso rallado • 1 cucharadita de sal • 1 cucharadita de azúcar negra • 1 cucharadita de perejil picado fino • pimienta blanca molida y nuez moscada a gusto

Rehogar en el aceite la cebolla picada por un par de minutos. Dejar reposar. En un tazón de tamaño adecuado mezclar todos los ingredientes mencionados y agregar la cebolla rehogada junto con el aceite. Trabajar bien la mezcla para lograr un compuesto homogéneo. Volcar en una budinera enaceitada y cubierta de pan rallado y llevar a horno suave por espacio de una hora. Retirar, desmoldar con cuidado, bañar con salsa blanca y servir.

Nota: Guardando las mismas proporciones y los mismos elementos, se puede variar el ingrediente principal para obtener toda una serie de budines sabrosos, por ejemplo, de coliflor, de zapallo, de espinacas, de bróccoli, de chauchas, de choclo desgranado, de berenjenas, etc., sustituyendo las 2 tazas de zanahorias cocidas por 2 tazas de las verduras mencionadas, cocidas, escurridas y hechas puré y el azúcar negra por blanca, u omitiéndola totalmente.

(177) Budín de cebollas y salvia

2 cebollas grandes, finamente picadas • 1/2 taza de manteca • 6 hojas de salvia fresca, finamente picadas • 1 cucharadita de sal • 1/2 cucharadita de nuez moscada • 6 rebanadas de pan lactal, preferiblemente oreado • 3 tazas de leche hirviendo • 4 huevos batidos • un poco de aceite, pan rallado, perejil picado

Cortar en cubitos el pan lactal, preferiblemente oreado, y volcar encima las tres tazas de leche hirviendo. Dejar reposar. Rehogar en la manteca la cebolla hasta que empiece a tomar color, agregar la salvia picada muy fina y la nuez moscada, y mezclar muy bien. Con un tenedor o prensapapas deshacer muy bien la miga de pan, agregar la manteca con la cebolla y las especias, la sal, los huevos batidos y el perejil picado. Trabajar y hacer una pasta homogénea. Volcar en una budinera previamente enaceitada y espolvoreada con pan rallado. Llevar a horno suave por espacio de una hora. Desmoldar después de haber dejado reposar el budín unos minutos fuera del horno, cubrir con salsa blanca y llevar a la mesa. Acompaña especialmente asados de carne al horno, aves y patos.

(178) Budín de coliflor

2 tazas de coliflor hervida, bien escurrida y picada • 1 cebolla mediana, picada • 1/2 taza de aceite • 1 cucharadita de perejil picado • 4 huevos batidos • 4 rebanadas de pan lactal, oreado, sin corteza y cortado en cubitos • 2 tazas de leche hirviendo • 1/2 taza de queso rallado • sal, pimienta y nuez moscada • un poco de aceite y pan rallado

(176) *Carrot Pudding*

2 cups boiled and mashed carrots, well drained • 1 small onion, chopped • 1/2 cup oil • 1 cup white sauce • 1 cup bread crumbs • 1 cup milk • 4 eggs, well beaten • 1/2 cup grated cheese • 1 teaspoon salt • 1 teaspoon brown, or dark brown sugar • 1 teaspoon parsley, finely chopped • ground white pepper and grated nutmeg, to taste

Heat oil and fry onion lightly for a couple of minutes only. Let stand away from the fire. Mix separately in a large bowl the rest of the ingredients, add fried onion and oil, and blend well. A good pudding will always require a very thorough blending of all ingredients. Oil a pudding mold, preferably round and fluted or ring shaped, sprinkle with bread crumbs, pour into mold pudding mix and bake in a moderate to slow oven for about 1 hour or until set. Let stand a few minutes before unmolding. Place in a deep serving dish and cover with plenty of white sauce, serve immediately.

Remarks: Keeping. the same proportions, and the same ingredients, except the main one which may be changed for mashed cauliflower, mashed squash, mashed eggplant, chopped spinach, broccoli, green beans or fresh green corn kernels, any number of vegetable puddings may be easily made. If short of any vegetable to make the 2 cups required, mix with other suitable vegetable or with white boiled rice, boiled polenta or corn meal, hominy, etc. Cover pudding with white sauce, or onion sauce, or cheese sauce, or tomato sauce if served hot, or even with mayonnaise if served cold or warm. These vegetable puddings are very good also baked in a large square or rectangular shallow baking dish, covered with white sauce or mayonnaise, cut up into little squares and served cold. In some cases it will be better to omit sugar.

(177) *Onion and Sage Pudding*

2 large onions, finely chopped • 1/2 cup sweet butter • 6 fresh sage leaves, or 1 teaspoon rubbed sage • 1 teaspoon salt • 1/2 teaspoon, or less, grated nutmeg or mace • 6 slices stale white bread, preferably a day old • 3 cups milk, scalded • 4 eggs, beaten • some oil, bread crumbs and chopped parsley

Cube slices of stale white bread, pour over scalded milk and let soak. Melt butter and fry onion until it begins to change color, add sage, if fresh very finely chopped, grated nutmeg and stir to blend well. With a fork shred and mash thoroughly soaked bread cubes, add butter and fried onions with seasonings, beaten eggs and a little parsley. Work all ingredients to a smooth paste and pour into a well buttered baking mold, previously sprinkled with bread crumbs. Bake in a moderate oven for about 1 hour, or until set. Let stand for a few minutes before unmolding. Cover with white sauce and serve.

(178) *Cauliflower Pudding*

2 cups boiled cauliflower, well drained and chopped • 1 medium onion, chopped • 1/2 cup oil • 1 teaspoon parsley, chopped • 4 eggs, beaten • 4 slices stale white bread, trimmed and cubed • 2 cups scalded milk • 1/2 cup grated cheese • salt, pepper and grated nutmeg • some oil and bread crumbs

Freír la cebolla en el aceite hasta que comience a dorarse y agregar luego la coliflor hervida, bien escurrida y picada. Saltear por espacio de dos o tres minutos, agregar el perejil y retirar del fuego. En un tazón poner los cubitos de pan lactal oreado, sin corteza, y volcar encima la leche hirviendo, revolver para mezclar bien con un tenedor, y deshacer un poco el pan; dejar entibiar. Mezclar la coliflor con el pan con leche, revolver para hacer una mezcla homogénea, y agregar los huevos batidos junto con el queso rallado. Poner en una budinera enaceitada y espolvoreada con pan rallado y llevar a horno suave por espacio de una hora. Servir caliente o fría, con salsa blanca o salsa de tomates.

(179) *Budín de arroz con sesos*

> 1 taza de sesos hervidos, escurridos y cortados en dados • 1 cucharada de aceite • 1 cucharada de ajo-perejil bien picado • 1 cucharada de vinagre • 2 tazas de arroz blanco hervido y frío • 1 taza de salsa blanca • 4 huevos batidos • sal y pimienta a gusto

Volcar la mezcla de aceite, vinagre, sal y pimienta y ajo-perejil sobre los sesos y dejar reposar unos minutos. Batir los huevos en un tazón de buen tamaño, agregar la salsa blanca y el arroz frío, mezclar bien, ajustar de sal, e incorporar cuidadosamente los sesos cortados en cubos y su aliño. Poner en una budinera enmantecada y espolvoreada con pan rallado y llevar a horno suave por espacio de una hora, o menos si se hace en fuente de vidrio plana para horno. Servir tibio o frío, desmoldado y bañado en salsa blanca. Se sirve caliente, directamente de la fuente de horno, sin desmoldar, y acompañando con salsa en una salsera, sea de tomates, de hongos o de queso.

(180) *Budín de arroz amarillo con hongos frescos*

> 1/2 taza de hongos frescos, picados (o el equivalente de hongos secos, remojados en agua caliente, escurridos y picados) • 1/2 taza de manteca • 1 cebolla grande, picada fina • 1 taza de salsa blanca, muy espesa • 1 cucharadita de tomillo • 4 huevos batidos • sal y pimienta • 2 tazas de arroz amarillo al azafrán, frío

Freír en la manteca la cebolla picada hasta que empiece a dorarse. Agregar entonces los hongos. Freír hasta que éstos hayan perdido gran parte de su humedad. Se agrega después el tomillo, preferiblemente fresco, y la salsa blanca, que debe ser bien espesa. Se retira del fuego, se añaden las 2 tazas de arroz amarillo y luego los huevos, mezclando siempre para hacer una mezcla muy trabajada; finalmente se prueba la sal y se sazona a gusto. Poner en una budinera enmantecada y espolvoreada con pan rallado, y llevar a horno suave por espacio de una hora. Servir con salsa blanca, salsa de cebollas o de tomates.

Boil cauliflower until tender in abundant salted water, drain well and chop. Heat oil, fry onion and then add chopped cauliflower, toss in hot oil to coat not more than two minutes, sprinkle chopped parsley and remove from fire. Pour scalded milk over cubed bread slices, and let soak for a few minutes, shred and mash, let cool. Combine bread and cauliflower, blend well, add beaten eggs and grated cheese. Pour into a previously buttered baking mold, preferably round and fluted, sprinkled with some bread crumbs. Bake in a moderate oven for about 1 hour, or until set. Serve hot or cold, with a white sauce, a tomato sauce or a similar sauce.

(179) Rice and Brains Pudding

> 1 cup boiled beef brains, drained and cubed • 1 tablespoon oil • 1 tablespoon garlic and parsley mixture, finely chopped • 1 tablespoon vinegar • 2 cups boiled white rice, cold • 1 cup white sauce • 4 eggs, beaten • salt and pepper to taste

Mix oil, garlic, parsley, vinegar, salt and pepper and pour over boiled and cubed beef brains, let stand a few minutes, tossing brains to coat and season them. Beat eggs in a large bowl, add white sauce, cold boiled white rice, blend well, add carefully cubed beef brains and its dressing, mix seeing that cubed brains are not mashed, adjust for salt. Butter a round baking dish, sprinkle with bread crumbs and pour rice and brains mixture into it. Bake in moderate oven for about 1 hour, or until set and lightly browned on top —less time if baked in a shallow dish. Serve hot or cold, unmolded and covered with white sauce. As a side dish to any beef or other meat roast, serve ho directly from the baking dish, without unmolding. Tomato sauce, mushroom sauce or cheese sauce may go separately to the table.

(180) Yellow Rice and Fresh Mushroom Pudding

> 1/2 cup fresh mushrooms, chopped (or equivalent amount soaked dry mushrooms, squeezed and chopped) • 1/2 cup sweet butter • 1 large onion, finely chopped • 1 cup white sauce, very thick • 1 teaspoon fresh thyme leaves • 4 eggs, beaten • salt and pepper • 2 cups saffron rice, cold

Melt sweet butter and gently fry chopped onion until it changes color, add then mushrooms. Continue frying gently so that mushrooms loose most of their water. Add then thyme, preferably fresh and a very thick white sauce. Remove from fire, combine with cold yellow saffron rice, then beaten eggs and work into a very smooth mixture. Taste for salt and season to taste. Butter a baking mold, sprinkle with bread crumbs, pour mixture into it, and bake in a moderate oven for about 1 hour or until set. Serve with white sauce, onion sauce or a tomato sauce. If cold, serve plain.

(181) Budín de puerros con panceta

4 puerros grandes • 1 taza de caldo de ave • 1 taza de vino blanco seco •
1/2 taza de manteca • 1/2 taza de panceta ahumada, cortada en daditos •
1 cebollita chica, picada • 4 rebanadas enteras de pan lactal, oreado, en
cubitos • 4 huevos batidos • 1/2 taza de queso rallado • sal, pimienta y
nuez moscada

Cortar los puerros en ruedas más bien gruesas, de la parte blanca, y picar las partes
verdes. Cocinarlos 15 minutos en la taza de caldo y vino combinados. Mientras, derretir la manteca y lentamente dorar los cubitos de panceta. Una vez dorada la panceta, añadir los cubitos de pan y continuar friendo hasta que comiencen a tostarse.
Escurrir los puerros, prensarlos un poco y añadirlos a la fritura junto con dos tazas
medidas del caldo en que hirvieron, el queso rallado y la nuez moscada. Agregar los
huevos batidos, sazonar todo con sal y llevar en fuente de horno a horno suave por
espacio de una hora. Llevar la fuente a la mesa y, en una salsera, salsa de queso o de
cebollas para acompañar.

(182) Budín de pollo con cerveza

1 taza de carne de pollo, picada grueso • 1 taza colmada de cubitos de pan
blanco • 1 taza colmada de cubitos de pan negro o integral • 2 tazas de
cerveza blanca hirviendo • 4 huevos batidos • 1 cucharada de perejil picado • 1 cucharada de cebollitas de verdeo picadas • 1 huevo duro, picado •
1 ramita de orégano fresco • sal y pimienta a gusto

Medir dos tazas de cerveza blanca y hervir junto con la ramita de orégano fresco.
Después de 1 minuto de hervor fuerte incorporar las dos tazas de pan; retirar del
fuego y deshacer con tenedor. Añadir el perejil, la cebollita de verdeo y los huevos
batidos, una vez que haya entibiado. Sazonar con sal y pimienta e incorporar el pollo
y el huevo duro picado. Mezclar todo para hacer una preparación homogénea y uniforme. Poner en una fuente de horno y llevar a horno suave por espacio de una hora.
Para servir caliente no se desmolda y se acompaña con una salsa de huevos, en salsera.
Para servir fría, se baña en salsa alemana una vez desmoldado el budín, adornándolo
con alcaparras.

(183) Budín de zapallo con arroz

2 tazas de puré de zapallo • 2 tazas de arroz blanco, frío • 4 huevos batidos
• 1/2 taza de queso rallado • 1/2 taza de aceite • 1 cebolla grande, picada
• una pizca de canela • 1 cucharada de azúcar • sal y pimienta a gusto

Freír la cebolla hasta que empiece a dorarse. Agregar el zapallo hervido y hecho
puré y calentar un poco, revolviendo. Retirar del fuego, añadir el arroz blanco, el
queso y los huevos batidos, sazonar con sal a gusto, azúcar y canela, y poner en una
budinera enmantecada y enharinada. Llevar a horno suave por una hora; servir frío o
caliente.

(181) Leek and Bacon Pudding

> 4 leeks, rather large • 1 cup chicken broth • 1 cup dry white wine • 1/2 cup butter • 1/2 cup bacon, cubed • 1 small onion, chopped • 4 slices white bread, at least a day old, cubed • 4 eggs, beaten • 1/2 cup grated cheese • salt, pepper and grated nutmeg to taste

Wash and clean leeks, slice white parts into thick rounds, chop green stalks. Combine broth and dry white wine, bring to a boil and cook leeks about 15 minutes. Remove from fire and let cool. Melt butter, brown cubed bacon, add cubed bread, and continue frying until bread browns a little. Drain leeks, press a little, add to frying mixture, stir for one minute. Then complete 2 cups liquid with broth and wine in which leeks were boiled, adding some more broth or water, add to frying bread, together with grated cheese. Beat eggs, combine with leeks mixture, blend well, and adjust seasonings to taste.

Bake in a loaf pan for about 1 hour, or until firm and lightly browned on top. Serve immediately, not necessarily unmolded, with sauce separately, if any.

(182) Chicken in Beer Pudding

> 1 cup cooked chicken meat, coarsely chopped • 1 full cup cubed white bread, stale and trimmed • 1 full cup rye or wholewheat brown bread, trimmed and cubed • 2 cups white beer, boiling • 4 eggs, beaten • 1 tablespoon parsley, chopped • 1 tablespoon scallion, chopped • 1 hard boiled egg, coarsely chopped • 1 sprig fresh oregano, or 1 teaspoon dry oregano • salt and pepper to taste

Measure 2 full cups white beer and bring to a boil, together with a sprig of fresh oregano. After boiling rapidly for 1 minute, add cubed breads, stirring to soak well, and remove from fire. Shred bread, and mash, beating with a fork or wire whisk, add parsley, chopped scallion, and when cool beaten eggs. Season with salt and pepper, and fold in cubed, cooked chicken meat and coarsely chopped hard boiled egg. Blend in all ingredients, pour into buttered baking pan or mold, and bake in a moderate oven for about 1 hour, or until firm. Take hot to the table, serve with an egg sauce separately. To serve cold, unmold and cover with a Sauce Allemande, dot with capers.

(183) Squash Pudding with Rice

> 2 cups boiled yellow squash, drained and mashed • 2 cups boiled white rice, cold • 4 eggs, beaten • 1/2 cup grated cheese • 1/2 cup oil • 1 large onion, chopped • 1 tablespoon sugar • pinch cinnamon, salt and pepper to taste

Heat oil and fry onion until it begins to brown. Add then mashed squash, stir and heat a little. Remove from fire, add white boiled rice, cheese, beaten eggs and season to taste with salt, pepper and a little cinnamon. Pour into a buttered baking dish, sprinkled with a little flour, and bake in a moderate oven, 1 hour or until set. Serve hot or cold, unmolded or not, with or without a sauce.

(184) Budín de harina de maíz

1 taza de harina de maíz amarillo (polenta) • 4 tazas de agua • 1 cebolla grande, picada • 1/2 taza de aceite • 2 huevos batidos • 1 taza de leche • 1/2 taza de queso rallado • sal y pimienta

Poner en remojo desde la noche anterior la taza de polenta en las tazas de agua, y al día siguiente, a fuego muy suave, llevar a un hervor lento, revolviendo con frecuencia para que no se pegue. En licuadora, deshacer la cebolla con el aceite y la taza de leche, incorporarla a la polenta y hervir 20 minutos. Retirar del fuego, dejar enfriar y, una vez tibia la preparación, agregarle el queso y los huevos batidos. Llevar en una budinera a horno suave por espacio de una hora. Desmoldar y servir, acompañando carnes, con salsa de tomates.

(184) Cornmeal Pudding

1 cup yellow corn meal (*polenta*), soaked overnight in 4 cups water • 1 large onion, chopped • 1/2 cup oil • 2 eggs, beaten • 1 cup milk • 1/2 cup grated cheese, or more, to taste • salt and pepper

Soak yellow corn meal overnight in 4 cups cold water, and next day bring to a boil over a very slow fire, stirring constantly. Pass chopped onion through a blender, together with oil and milk, and add to boiling corn meal. Cook for 20 minutes, watching carefully for it must not stick to the bottom of the pan. Remove then from fire and let cool. Add then beaten eggs and grated cheese, season to taste with salt and pepper, pour into a buttered mold or baking pan, and bake in a moderate oven for about 1 hour or until firm. Unmold, hot or cold, and serve as a side dish to any meat roast, with or without a tomato sauce.

VIII. Milanesas
y croquetas

VIII. Breaded Fritters
and Croquettes

⮾ Las milanesas ⮾

La milanesa ocupa un lugar destacado en la cocina argentina. Es un bife de carne magra de vaca, por lo general muy delgado, al que se da un grosor uniforme con un mazo, y se pasa por huevo batido y pan rallado y luego se fríe en aceite. Hay numerosas variantes de la fórmula básica, así como de sus condimentos. Se sirven solas o acompañadas de rodajas o gajos de limón, perejil picado por encima, o alguna salsa ligera. Un segundo procedimiento consiste en un horneado o gratinado, como en el caso de la *milanesa a la napolitana*, que lleva salsa de tomates y queso derretido por encima. Se llama también milanesa todo elemento que se pasa por huevo y pan rallado y se fríe en aceite u otro producto graso. La lista de milanesas es muy nutrida y depende, más que otra cosa, del ingenio de quien tiene a su cargo la cocina. Pueden mencionarse al pasar las milanesas de mondongo, de pollo, de pescado, de sesos, de hígado, de salchichas, de costillas de cerdo, de patitas de cerdo o cordero, de ranas, de calamares, de camarones, de berenjenas, de cardos, etcétera. Hoy en día también se hacen al horno, para lo cual se agrega un poco de aceite a los preparados que cubren la carne u otro elemento por cocinar, y se llevan a horno fuerte, precalentado, en placa de horno o asadera de bordes bajos, para que se cocinen en corto tiempo.

Si bien es costumbre hablar de *milanesas de ternera*, en la Argentina el uso corriente prefiere la carne de vaca que pueda cortarse muy delgada, para lo cual se eligen cortes firmes y magros, no necesariamente tiernos. Las milanesas se fríen en poco aceite, tan caliente como para que las tueste rápidamente de ambos lados, sin quemarlas. Es experiencia común que el aceite de maní reúne condiciones óptimas para los fritos, porque entre otras cosas permite obtener los dorados más parejos y apetitosos.

El método más difundido para hacer una milanesa es el siguiente:

Sazonar bifes delgados de la carne elegida con un poco de sal y pimienta y golpearlos con un mazo sobre una tabla para que queden delgados y parejos. Disponer en un recipiente playo los huevos batidos con un poco de sal y ajo-perejil, picado fino. En otro recipiente playo, irá el pan rallado. Se pasan los bifes, de a uno, primero por el huevo batido, cuidando que queden bañados en toda su superficie, y luego por el pan rallado, aplastándolos un poco con la mano para asegurar que se hayan cubierto uniformemente de pan en ambos lados y en los bordes. Se sacuden ligeramente para desprender el sobrante, y se colocan sobre una tabla esperando el momento de la fritura. Si se prefiere, puede omitirse el ajo en el huevo, dando en cambio el grado indispensable de gusto friendo un par de dientes enteros de ajo algo machacados en el aceite en que se hará la fritura, tratando de que no lleguen a tostarse ni mucho menos a quemarse. Después de quitar los ajos del aceite, se fríen las milanesas. La fritura se hará con poca cantidad de aceite en la sartén, nunca más de un dedo, agregando más en caso de ser necesario. También se cuidará que el aceite no caliente demasiado, debido a que el pan rallado desprendido se quema con extrema facilidad. En el caso de que deba freírse una gran cantidad de milanesas y en algún momento hubiera mucho pan desprendido en el fondo de la sartén, se descartará el contenido de aceite y migas tostadas para empezar de nuevo con la sartén limpia y aceite fresco.

Una vez doradas las milanesas por ambos lados se pondrán en una fuente con papel absorbente, manteniéndolas calientes. Se llevarán a la mesa recién hechas acompañadas de papas fritas, torrejas, puré de alguna clase, ensaladas crudas o cocidas, o una preparación de verduras.

☞ Breaded Fritters (Milanesas) ☜

Argentine home cooking places the *milanesa* in a preeminent position. It is chiefly a lean beef steak, very thinly sliced, pounded to an even thickness, dipped in beaten egg, coated with bread crumbs and then fried in hot oil. There are numerous variants to the basic formula, as well as to the basic seasonings it may usually take. It is served plain, with lemon wedges and some chopped parsley, or with a light sauce. It may also be put through a secondary cooking process such as baking, au gratin or a quick grilling, so as to take it hot to the table with a bubbling sauce on top, as in the *a la napolitana* recipe, which calls for a tomato sauce and a melted cheese topping.

Apart from the breaded steak, there is a number of meat products and other foodstuffs that because of being dipped in egg, covered with bread crumbs and fried in oil, are also called *milanesa*. It is thus that the possible list of *milanesa* preparations would really be a large one, and be ultimately dependent on the cook's ingenuity. In passing, we could mention the most common ones, such as those made with tripe, chicken, fish, beef or calves' brains, liver, sausages, pork chops, pig's trotters or lamb's feet, frog's legs, squid, shrimp, eggplants, cardoons, and so forth.

Today, *milanesa* are also made in the oven instead of fried, adding a little fat to the coating elements and placing them on a baking sheet or shallow baking pan to bake in a very hot oven.

Although the usual way to express it is with the saying *milanesa de ternera*, or breaded veal steak, common usage prefers a very thinly sliced beef steak, out of a rather lean and firm beef cut not necessarily tender. *Milanesas* are fried in a little oil, heated so as to cook rapidly and evenly the breaded steak on both sides, without scorching it. It is a general experience that peanut oil is the best suited for all purpose frying. Among other things, it browns evenly all fritters to a light golden hue, making them so much more appetizing.

The most widely spread method to make *milanesas* is as follows:

Season thinly sliced beef steaks with salt and pepper and pound with a meat mallet over a kitchen board to thin them evenly to about the same thickness. Have beaten eggs in a shallow dish seasoned with a little salt and a chopped garlic and parsley mixture. In another dish have bread crumbs spread out. Dip steaks first in beaten egg to coat well, then dredge with bread crumbs, patting and pressing on steak to assure an even coating on both sides as well as around the borders. Shake to loose excess crumbs and lay on a board until ready to start frying.

Garlic will be unavoidable for an Argentine style *milanesa*. If it may well be omitted from the egg dip, the necessary garlic touch must be given by frying a couple of slightly bruised whole garlic cloves in the cooking oil. See to it however that these are not browned, nor come near scorching. Discard garlic and start frying.

To fry *milanesas* use a very little oil, never more than about 1 cm deep, adding more as needed as you go on frying. Oil should be heated to keep steaks frying steadily, but not over the needed temperature so as to avoid scorching the crumbs which will always be falling off steaks or other fried elements. Should there be at any time a large amount of loose crumbs in the bottom of the frying pan, due perhaps to the large number of *milanesas* made, discard skillet's content and start anew with fresh oil on a clean skillet.

Once *milanesas* are evenly browned on both sides, lay them on absorbent paper and keep warm. Take them to the table as soon as possible, freshly made, and serve with fried potatoes, fritters, croquettes, mashed vegetables, fresh or cooked salads or any vegetable preparation.

(185) Milenesas caseras

8 bifes de carne para milanesa, tamaño mediano (aproximadamente 1/2 kilo) • 3 huevos batidos con una pizca de sal • 1 cucharadita de ajo-perejil picado fino • 2 tazas de pan rallado • aceite para freír • 1 limón en rodajas para acompañar • sal y pimienta a gusto

Poner los bifes sobre una tabla, salarlos y aplastarlos con mazo de madera para que queden de un grosor uniforme, pasarlos por el huevo batido, luego por el pan rallado y freírlos. Poner sobre papel absorbente y mantenerlos calientes. Se llevan a la mesa con rodajas de limón y se acompañan con papas o batatas fritas, algún puré, verduras salteadas o ensalada fresca.

(186) Milanesas de carne picada

1/2 kilo de carne picada • 1/2 taza de pan rallado • 2 cucharadas de aceite • 1 cucharada de ajo-perejil picado fino • para el rebozo: 3 huevos batidos con una pizca de sal, 2 tazas de pan rallado, sal y pimienta a gusto • 1 limón en rodajas para acompañar

Poner en un tazón los primeros cuatro ingredientes y amasar hasta conseguir una mezcla homogénea. Sazonar con un poco de sal y pimienta. Dividir la masa de carne en pequeñas porciones iguales y aplastarlas, dándoles una forma redondeada. Pasarlas primero por el pan rallado y después por el huevo batido. Freír y llevar calientes a la mesa, acompañadas de rodajas de limón.

(187) Milanesas caseras especiales

8 bifes de carne tierna, cortada para milanesas, de tamaño mediano (en total, medio kilo) • 2 cucharadas de aceite • 2 tazas de harina común • 3 huevos batidos • una pizca de sal, pimienta y orégano en polvo • 2 tazas de pan rallado • sal y pimienta a gusto • aceite para freír • rodajas de limón

Sobre una tabla aplastar los bifes para darles un espesor parejo. Rociarlos con 2 cucharadas de aceite, distribuyéndolo con cuidado, y un poco sal; dejar descansar 15 minutos. Pasar luego los bifes por harina primero, luego por el huevo que se habrá batido con una pizca de sal y un poco de pimienta y polvo de orégano y, finalmente, por el pan rallado. Preparar todos los bifes y freírlos en aceite. Servir con rodajas de limón y acompañar con alguna ensalada, papas fritas o verduras salteadas.

(188) Milanesas al horno

8 bifes delgados de carne para milanesa • 1 taza de leche • 2 tazas de harina • 3 huevos batidos con 1/2 cucharadita de sal, 1/2 taza de aceite, 1 cucharadita de perejil, pimienta a gusto —los condimentos del huevo varían a gusto— • 2 tazas de pan rallado • limón en rodajas

(185) Breaded Steak (Milanesa)

8 thinly sliced beef steaks, medium sized (approximately 1/2 kilo) • 3 eggs, beaten with a little salt • 1 teaspoon chopped garlic and parsley mixture • 2 cups bread crumbs • oil for frying, salt and pepper to taste • 1 lemon, sliced or in wedges

Season thinly sliced beef steaks with salt and pepper to taste, then pound them with a meat mallet over a kitchen board to bring them to about the same thickness. Mix eggs with garlic and parsley mixture. Dip steaks in egg, dredge with bread crumbs, pat and press to fix crumbs onto steak, and fry in hot oil. As soon as browned lay on absorbent paper and keep warm. Take to the table along with lemon wedges or lemon slices, serve with fried potatoes or fried sweet potatoes, any mashed vegetables, sauteed vegetables or a fresh salad.

(186) Breaded Beef Patties

1/2 kilo ground beef • 1/2 cup bread crumbs • 2 tablespoons oil • 1 tablespoon chopped garlic and parsley mixture • to coast: 3 eggs, beaten with a pinch of salt, 2 cups bread crumbs, salt and pepper to taste • 1 sliced lemon

Mix all first four ingredients in a bowl, kneading with your hands to make into a smooth mixture. Season with salt and pepper. Divide into equal portions, form into balls, press out into flat rounded patties, dredge with bread crumbs first, then dip in egg and fry immediately. Take very hot to the table, and serve with lemon slices.

(187) Special Breaded Steak

8 thinly sliced beef steaks, medium sized (not over 1/2 kilo in total) • 2 tablespoons oil • 2 cups all purpose flour • 3 eggs, beaten with a pinch of salt, ground pepper and powdered dry oregano leaves • 2 cups bread crumbs • salt and pepper to taste • oil for frying - lemon wedges

Pound steaks on a board to bring them to about the same thicknes. Spread oil on steaks, season with salt and let stand for a few minutes. Dredge first with flour, then dip in egg beaten with salt, pepper and some powdered oregano, and coat then with bread crumbs. Prepare all steaks, then heat oil and fry. Serve with lemon wedges, and a fresh salad, fried potatoes or sautee vegetables.

(188) Baked Breaded Steak

8 thinly sliced beef steaks, medium sized (not over 1/2 kilo) • 1 cup milk • 2 cups flour • 3 eggs, beaten with 1/2 teaspoon salt, 1/2 cup oil, 1 teaspoon chopped parsley, ground pepper to taste —vary egg seasonings to taste— • 2 cups bread crumbs • lemon wedges

Rociar ligeramente los bifes con leche, dejarlos reposar unos minutos, pasarlos luego por harina, seguidamente por huevo y pan rallado, y aplastarlos con la palma de la mano para asegurarse de que el pan quedó firmemente adherido. Poner en una placa ligeramente aceitada y llevar a horno moderado hasta que comiencen a tostarse en los bordes. Si los bifes son un tanto gruesos, para que no se levanten habrá que hacer unos cortes de medio centímetro en el borde. Servir calientes o frías. Cortadas en cuadraditos, frías, son un excelente acompañamiento para copetines.

(189) Milanesas a la mostaza

8 bifes delgados de carne para milanesa • 1 taza de leche • 2 tazas de harina • 3 huevos batidos con polvo de orégano, ajo-perejil picado fino, 1/2 cucharadita de mostaza en polvo, 2 cucharadas de queso rallado, sal y pimienta a gusto • 2 tazas de pan rallado • aceite para freír

Dejar reposar al fresco la carne en la leche por lo menos durante 2 horas. Escurrir un poco los bifes, pasarlos por harina, luego por el huevo batido y condimentado y, finalmente, por el pan rallado. Aplastar con las manos para asentar bien las migas y freír en aceite caliente. Servir con gajos de limón y acompañar con alguna ensalada fresca o cocida.

(190) Milanesas rellenas

Preparar milanesas siguiendo cualesquiera de las recetas anteriores, salvo la Nº 186. Doblar en dos por la mitad mientras están calientes y rellenar por el medio con queso tipo "muzzarella" desmenuzado o rallado y una tajada de jamón cocido. Asegurar los bordes con palillos y poner en horno fuerte hasta que el queso se haya derretido. Servir siempre muy caliente.

Se pueden preparar también de este modo: doblar por la mitad y rellenar la cavidad del medio de bifes sin rebozar con queso rallado tipo "muzzarella" o queso fresco con una tajada de jamón cocido; apretar con firmeza para que mantengan su forma y rebozar pasándolos por harina, huevo y pan rallado. Freír lentamente en aceite caliente o si no asegurar por los bordes con palillos y cocinar en horno caliente. En este caso es conveniente contar con unos bifes más bien grandes, muy aplastados con un mazo para que queden delgados y recortados para emparejar. Cuanto más delgados sean los bifes, cocinarán mejor y en menor tiempo. Las milanesas que se cocinan por un tiempo prolongado suelen salir resecas y no tan tiernas, aunque hay quienes las prefieren muy secas y crocantes.

(191) Milanesas al horno con salsa

Preparar milanesas según las recetas anteriores, fritas o al horno, excepto la Nº 190. Mientras todavía están calientes, colocarlas en una placa de horno o asadera playa, cubrirlas con salsa de tomates y salpicar por encima abundante queso fresco desmenuzado. Calentar en horno bien caliente hasta que el queso derrita y quede burbujeante. Servir muy calientes.

Pound steaks to thin evenly, place in a shallow pan and cover with milk. Let stand about 15 minutes, drain lightly, coat with flour, dip in egg an dredge with bread crumbs. Press and pat to help crumbs adhere firmly to steak. Place in a lightly oiled baking sheet and bake in a moderately hot oven until steak borders begin to brown. Should steaks be somewhat thick, score borders to avoid curling. Serve hot, or cold. Once cold, cut up into small squares, about 3 × 3 cm, are excellent cocktail or cold buffet tidbits.

(189) Mustard Breaded Steak

> 8 thinly sliced beef steaks, medium sized (not over 1/2 kg) • 1 cup milk • 2 cups all purpose flour • 3 eggs, beaten with 1/2 teaspoon, or more, powdered mustard, 2 tablespoons grated cheese , a pinch powdered oregano, chopped garlic and parsley mixture, salt and pepper to taste • 2 cups bread crumbs • lemon wedges • oil for frying

Pound and thin evenly steaks, place in a shallow pan and cover with milk. Let stand at least 2 hours, better overnight. Milk will act as a tenderizer. Drain milk, coat steaks first with flour, then dip in egg and dredge with bread crumbs, pressing and patting to help crumbs adhere firmly to steak. Fry in hot oil. Serve with lemon wedges, with a fresh green salad or any cooked salad.

(190) Stuffed Breaded Steaks

Prepare milanesas as in any of the previous recipes, except Nº 186, fold them in halves while still hot, fill cavity with grated mozzarella type cheese and a slice baked or boiled ham. Secure border with toothpicks, and bake in a hot oven until cheese is melted. Serve very hot.

Another way to make stuffed milanesas: fold in halves, and stuff cavity of still unbreaded steak with grated mozzarella type cheese, or any other grated or crumbled cheese, a slice baked or boiled ham, press firmly to keep shape, coat with flour, dip in egg, dredge with bread crumbs and fry slowly in hot oil or secure with toothpicks and bake in a moderate oven. In this case, use rather large steaks, very thinly pounded, trimmed before stuffing. Thin steaks must be used, so that cooking, which should not be too long, can be done in a relatively short time. Milanesas cooked for a long time come out dry, and not so tender. Some prefer their milanesas well done and crisp.

(191) Baked Milanesa with Sauce

Prepare milanesas either baked or fried, as indicated in any of the previous recipes, except Nº 190. While still warm, place them in a shallow baking or roasting pan, cover with a tomato sauce, top with grated cheese, mozzarella type, and heat through in a hot oven until cheese is melted and bubbly. Serve immediately, very hot.

Vary recipe adding any number of ingredients to tomato sauce, such as pitted green or black olives, sweet or hot peppers, mushrooms, sausages, baked or boiled

Pueden hacerse numerosas variantes a esta receta cambiando los ingredientes que se agreguen a la salsa de tomates, tales como aceitunas verdes o negras descarozadas, ajíes dulces o picantes, hongos, salchichas, jamón, etc., siguiendo más o menos los gustos de la "pizza". También se pueden bañar con diversas salsas, como de cebollas, de queso, etc., agregando verduras salteadas. Los límites a las variaciones imaginables están dados únicamente por la ingeniosidad, la pericia culinaria y el gusto de quien se disponga a probar nuevas combinaciones.

(192) Milanesas de mondongo

Elegir un mondongo tierno y limpio. Cocinarlo en abundante agua con sal, 1 diente de ajo y 1 hoja de laurel. Una vez que esté a punto escurrirlo, prensándolo un poco para quitarle totalmente el agua, y dejarlo entibiar. Frío ya, cortarlo en rectángulos regulares de unos 3 × 6 cm de lado, o en triángulos. Secarlos con un lienzo, pasarlos por harina, huevo batido y pan rallado, freírlos en aceite o grasa de cerdo, y servirlos calientes con rodajas de limón y un poco de perejil picado. Se acompañan bien con algún puré, arroz o fideos al natural.

(193) Milanesas de hígado

Pedir al carnicero que corte, de un hígado fresco, unos bifes parejos de unos 2 cm de ancho. Adobar por media hora en un aliño de aceite, ajo picado fino, orégano y perejil. Añadir el aliño al huevo batido, pasar los bifes por harina, huevo, luego por pan rallado y freír en aceite abundante hasta que estén los lados dorados. Servir con puré de batatas, bocaditos de zanahorias o de arroz (receta nº 137) o algún budín de verduras.

(194) Milanesas de sesos

Elegir sesos frescos y firmes. Limpiarlos de la tela que los recubren en agua corriente, y poner a cocinar en poca agua —sólo recubiertos— con una cucharada de vinagre, una pizca de sal y una ramita de orégano fresco. Un hervor de 15 minutos será suficiente. Deben dejarse enfriar totalmente en el líquido de cocción. Una vez fríos, escurrirlos y cortarlos en rebanadas gruesas de más de 1 cm de espesor. Con ayuda de una espátula pasar las rodajas por harina, huevo batido solamente con sal y unas gotas de limón y pan rallado.

Freír en aceite o manteca, dándolas vuelta con espátula y servir bien calientes, con verduras salteadas o a la manteca, acompañadas de rodajas de limón.

(195) Milanesas de mollejas

Elegir unas mollejas grandes y limpiarlas de las telas que las recubren. Cocinar en poca agua con 1 cucharada de vinagre, sal y una hoja de laurel, hasta que estén firmes. Un hervor de 15 minutos será suficiente. Dejar enfriar en el líquido en que cocinaron y, una vez frías, escurrir y prensar un poco con las manos para quitar todo el líquido que pudieren tener. Si son grandes, cortar en rebanadas parejas de 1 cm de

ham, and so forth, keeping rather in the pizza line. Onion sauce, or cheese sauce are also possible, and even sauteed vegetables. All variations are only limited by the ingenuity and cooking ability or good taste of those hardy spirits willing to try out new combinations.

(192) Tripe Milanesa

Choose tender and lean tripe. Boil it in abundant salted water with 1 garlic clove and 1 bay leaf. When tender, drain it and press it a little to squeeze out as much water as possible. Let cool. When cold, cut it up in rectangles, about 3 × 6 cm, or in large triangles. Pat dry with a cloth, coat with flour, dip in egg and dredge with bread crumbs, fry in hot oil or lard until golden —coating only must be cooked— and crisp. Serve hot with lemon wedges and sprinkled with chopped parsley, along with mashed vegetables, buttered rice or buttered noodles.

(193) Liver Milanesa

Ask your butcher to slice, from a very fresh beef liver, some steaks not over 2 cm thick. Marinate for half an hour in an oil, minced garlic, oregano and chopped parsley mix. Add excess marinade to eggs, coat steaks with flour, dip in eggs, dredge with bread crumbs and fry in hot oil until well browned on both sides. Serve with mashed sweet potatoes, carrot croquettes, rice fritters or any vegetable pudding.

(194) Beef Brains Milanesa

Select fresh and firm beef brains. Remove outer membranes under running water, wash well and cook in simmering water —just to cover— with a pinch of salt, some vinegar and a sprig fresh oregano. Cook for about 15 minutes, let cool in cooking water. Once cold, drain and cut in slices about 1 cm thick. With the help of a spatula, coat with flour, dip in egg and dredge with bread crumbs. Season beaten eggs with salt only and a few drops lemon juice. Fry in oil or butter, turning with a spatula and serve very hot, with vegetables sauteed in butter and with lemon wedges.

(195) Sweetbread Milanesa

Select some large sweetbreads, wash and remove all outer membranes. Boil in water to cover, with 1 tablespoon vinegar, a little salt and 1 bay leaf, until firm. Cook for no more than 15 minutes. Let cool in cooking liquid, and when cold, drain and press to squeeze out as much liquid as possible. If large, cut in even slices, about 1 cm thick, crosswise. If small, slice in halves lengthwise, so as to have slices 1 cm thick or thereabout. Coat with flour, dip in egg seasoned with salt, pepper, nutmeg and some lemon juice, and dredge in bread crumbs. Fry in butter. Serve hot, sprinkled with chopped fresh parsley, lemon wedges and with its frying butter poured over. Vegetables au gratin are the usual garnish.

espesor al través y, si fuesen chicas, partir por el medio y dejar unas rebanadas de más o menos 1 cm de ancho. Pasar primero por harina, luego por huevo batido condimentado con sal, pimienta, nuez moscada y media cucharada de jugo de limón. Terminar pasando por pan rallado y friendo en manteca. Van a la mesa salpicadas con un poco de perejil picado, rodajas de limón y la manteca en que frieron. Se acompañan con verduras gratinadas.

(196) Milanesas de pescado

> 4 filetes grandes de pescado, limpios y sin espinas, u 8 chicos • jugo de limón y una pizca de sal • 1 taza de harina • 3 huevos batidos • 1 cucharada de aceite • 1 cucharadita de pimentón rojo dulce y ají picante a gusto • 2 tazas de pan rallado (preferiblemente de migas blancas) • aceite para freír

Dejar reposar el pescado con una pizca de sal y unas gotas de limón unos 15 minutos. Mientras, batir bien el huevo con el aceite, el ají y el pimentón, y dejar reposar también 15 minutos. Pasar el pescado por la harina, el huevo condimentado y el pan rallado. Freír y servir de inmediato.

Para que el color del pimentón sea más fuerte puede calentarse en el aceite unos minutos antes y enfriar antes de unir al huevo.

(197) Milanesas de lenguado

> 8 filetes chicos de lenguado, limpios y sin espinas • una pizca de sal y unas gotas de limón • 1 taza de harina • 3 huevos batidos con sal, un poco de pimienta blanca molida y una cucharadita de tomillo fresco • 2 tazas de pan rallado • manteca fina para freír • rodajas de limón

Aliñar el pescado con sal y unas gotas de jugo de limón y dejar descansar no más de 15 minutos. Mientras tanto, batir los huevos con un poco de sal, pimienta blanca molida y suficiente tomillo fresco picado fino. Dejar reposar también unos 15 minutos. Escurrir los filetes de pescado, pasarlos por huevo y pan rallado, y freírlos en manteca. Una vez terminada la fritura, añadir a la manteca sobrante unas gotas de limón. Calentar y rociar el pescado y llevar de inmediato a la mesa, acompañado con rodajas o gajos de limón, papas fritas o puré, un budín de verduras o cualquier tipo de preparación de verduras.

Variantes: Los filetes de pescados de carnes finas y blancas se preparan del mismo modo. El jugo de limón no debe ser fuerte; en ese caso diluir con un poco de agua. Hay quienes prefieren dejar reposar los filetes en leche en lugar de jugo de limón. La adición de harina hace que el rebozo sea más grueso y más tierno y tenga mejor sabor, añadiendo los aliños junto con el huevo.

(198) Pollo a la milanesa

> 1 pollo no muy grande (no más de 1 ½ kg), limpio y cortado en presas • 1 taza de harina • 3 huevos batidos con pizca de sal, pimienta blanca molida, ajo-perejil picado fino (poco), polvo de orégano, nuez moscada, comino molido, mostaza en polvo (poca) • 3 tazas de pan rallado • aceite para freír

(196) Fish Milanesa

4 large fish fillets, cleaned and boned, or 8 small ones • lemon juice and a pinch of salt • 1 cup all purpose flour • 3 eggs, beaten • 1 tablespoon oil • 1 teaspoon paprika with a trace cayenne • 2 cups bread crumbs (preferably white) • oil for frying

Season fillets with salt, pour over lemon juice and let stand about 15 minutes. Beat eggs with oil, paprika, a trace of cayenne and also let stand 15 minutes. For a deep red color, mix paprika and cayenne with oil, heat stirring for just a couple of minutes, let cool and then add to eggs. Coat fillets with flour, dip in egg mixture and then dredge with bread crumbs. Fry and serve immediately.

(197) Flounder Milanesa

8 flounder fillets, not large, cleaned and boned • a few drops lemon juice, dash salt • 1 cup all purpose flour • 3 eggs, beaten with a pinch of salt, some ground white pepper and a few fresh thyme leaves, about 1 teaspoon • 2 cups bread crumbs • sweet butter for frying • lemon wedges

Sprinkle fillets with a few drops lemon juice, season with a little salt and let stand, not more than 15 minutes. Beat eggs with a pinch of salt, white pepper and fresh thyme leaves, finely minced or crushed dry leaves. Let also stand about 15 minutes. Drain fillets, coat with flour, dip in egg, dredge with bread crumbs and fry in butter. Add remaining lemon juice to butter left over in frying pan, heat, pour over fish and take to the table immediately, with lemon wedges, fried or mashed potatoes, a vegetable pudding or any vegetable preparation.

Remarks: In the same way all fine, white fleshed fish fillets are made.

Should lemon juice be too strong, dilute with a little water. There are some who prefer to stand fish fillets in milk instead of lemon juice. Flour provides a thicker though tender coating, better flavored with a seasoned egg dip, well suited to lean, white fleshed fish.

(198) Chicken Milanesa

1 chicken, not large (not over 1 ½ kg), cleaned, dressed and cut up in medium sized pieces • 1 cup flour • 3 eggs, beaten with pinch of salt, pinch of ground white pepper, chopped garlic and parsley, crushed oregano, dash nutmeg, dash round cumin, little powdered mustard • 3 cups bread crumbs • oil for frying

Cut up chicken into serving pieces. Dry with a cloth, coat pieces first with flour, then dip in seasoned egg, dredge with bread crumbs and finally fry in oil. Work with care seeing to it that all pieces are coated and that bread crumbs evenly cover all surfaces. If necessary press bread crumbs into all hollows, checking pieces, one by one. Should chicken be a really tender one, pieces may be coated a second time with bread crumbs, after dipping again in egg.

Despresar el pollo en presas chicas. Secar bien con un lienzo, pasar las presas ligeramente por la harina, luego por el huevo condimentado y finalmente por el pan rallado. Trabajar con atención, cuidando que las presas vayan completamente bañadas en huevo y cubiertas todos los intersticios con pan rallado. Es necesario trabajar con los dedos para asegurarse de que el pan rallado cubra todos los huecos, revisando las presas una por una. Si el pollo fuera tierno, pueden rebozarse las presas una segunda vez, con lo que quedarán más condimentadas.

Freír en abundante aceite caliente hasta que estén doradas las presas y el pollo bien cocinado por dentro. Es conveniente que las presas no sean grandes para asegurar una cocción completa en poco tiempo. Servir caliente, con papas fritas, ensaladas o alguna preparación de verduras.

El pollo preparado en esta forma puede freírse de antemano, dorándolo apenas, y mantenerse luego en horno moderado por algún tiempo antes de servir, con lo que se asegurará un cocinado completo además de un dorado crocante y parejo en todas las presas.

(199) *Pechugas de pollo en milanesa*

> 4 pechugas de pollo, sin ningún hueso • jugo de limón, sal y pimienta • 2 huevos batidos con 1 cucharada de harina, 1 cucharada de jerez, 1/2 cucharadita de nuez moscada, 1/2 cucharadita de estregón (o tomillo), una pizca de mostaza en polvo • 2 tazas de pan rallado • manteca fina para freír • limón en rodajas

Rociar las pechugas con unas gotas de jugo de limón, sazonar ligeramente y dejar reposar 15 minutos. Secar con un lienzo, aplastar para dejarlas de un grosor parejo y pasarlas por el rebozo de huevo y pan rallado. Volver a aplastarlas, con la palma de la mano para asegurarse de que el pan quedó perfectamente adherido.

Freírlas en manteca, a fuego moderado, dorándolas primero de un lado y luego del otro. Servir de inmediato, calientes y tiernas, rociadas con el resto de la manteca en que frieron. Se acompañan con papas fritas, croquetas o alguna ensalada fresca.

(200) *Milanesas de berenjenas*

Cortar las berenjenas en rodajas finas, de no más de 1 cm, sin quitarles la piel. Salpicar las rodajas con sal gruesa y dejar en un colador escurriendo por espacio de una hora. Secar luego con un lienzo, pasar por harina, huevo bien condimentado — orégano, ajo y mostaza, por ejemplo—, para terminar con pan rallado. Freír en abundante aceite, a fuego moderado, para que cocinen del todo y se doren. Servir con una salsa portuguesa (receta Nº 295), o una salsa espesa de tomates fritos con albahaca (receta Nº 296). Solas son un plato suculento, o bien acompañan perfectamente la carne asada. Pueden servirse calientes o frías. Son una excelente variación para el copetín, simples o con alguna salsa.

(201) *Milanesas de zapallitos*

Solamente salen bien con zapallitos muy frescos y tiernos que se cortan en rebanadas gruesas, más o menos de 1 cm de ancho o enteros si son chicos, o partidos pri-

Fry in abundant hot oil, until pieces are golden outside and chicken cooked inside. It is better if all pieces are not too large, so as to assure an even cooking time for all of them. Serve hot, with fried potatoes, some kind of salad or a vegetable preparation.

Chicken prepared this way may be fried somewhat in advance, cooking it thoroughly but not browning it, and then finishing it in a moderate oven so as to have it all ready at meal time. With this procedure you will be assured that all pieces will be well done, inside as well as outside.

(199) Chicken Breasts Milanesa

> 4 chicken breasts, boned and trimmed, skinned if so preferred • lemon juice, salt and pepper • 2 eggs, beaten with 1 tablespoon flour, 1 tablespoon dry sherry, 1/2 teaspoon or less nutmeg, 1/2 teaspoon or less thyme, dash powdered mustard • 2 cups bread crumbs • sweet butter for frying • lemon wedges

Rub breasts with a few drops lemon juice, season lightly with salt and pepper and let stand, not over 15 minutes. Dry with a cloth, pound with a meat mailed to flatten a little to an even thickness, dip in egg, dredge with bread crumbs and press to assure that coating will cling well throughout. Fry in butter, over a moderate fire, first on one side and then on the other until golden but tender. Serve immediately, sprinkled with the remaining butter left in the skillet, along with fried potatoes, croquettes or a fresh green salad.

(200) Eggplants Milanesa

Choose some firm eggplants, slice in rounds, about 1 cm thick, without peeling. Sprinkle slices with coarse salt, and place in a colander to drain, about 1 hour. Then, dry with a cloth or absorbent paper, coat with flour, dip in well seasoned beaten eggs —with oregano, garlic and powdered mustard, for instance—, dredge with bread crumbs. Fry in abundant oil, over a quick fire so that eggplant is rapidly cooked and well browned. Serve with a Tomato Portuguese Sauce (see recipe Nº 295) or a thick fried Tomato Sauce (see recipe Nº 258). By themselves, these milanesas are a succulent dish, or as an accompaniment to any meat dishes. Serve hot or cold, as you may wish. Excellent as an unusual cold buffet dish, or warm as appetizers, plain or with a sauce.

(201) Zucchini Milanesa

Use only very fresh and tender zucchini or zapallitos. Slice in rounds about 1 cm thick, without peeling. If zapallitos are large, cut in halves before slicing. Sprinkle slices with coarse salt, so that excess water may be lost, and set in a colander to drain, about 1 hour. Dry with a cloth or absorbent paper, coat with flour, dip in beaten egg, slightly seasoned —just salt and pepper—, dredge in bread crumbs. Fry in hot oil or lard. Excellent as a side dish to any roast. Serve hot or cold. As appetizers serve cold, sprinkled with a minced garlic, chopped parsley and some grated cheese mix.

meramente al medio si son grandes. Salpicarlos con sal gruesa y dejarlos reposar una hora, para que pierdan la mayor parte del agua. Escurrir, secar con un lienzo, pasar por harina, huevo batido —sólo con sal y pimienta—, y pan rallado. Freír en aceite o grasa fina de cerdo. Son un excelente acompañamiento para platos de carnes o aves al horno. Se sirven calientes o fríos. Para el copetín son especiales, fríos y rociados con una mezcla de ajo, perejil y queso rallado.

⤳ Las croquetas ⤶

En la mesa diaria argentina, las croquetas no constituyen el plato principal, sino el acompañamiento de carnes, aves o pescados, sin que por ello se dejen de lado como recurso tradicional, rápido y sencillo, disponiendo de elementos ya preparados para completar un menú sencillo.

Las bases más comunes para las croquetas son el puré de papas y el arroz y su límite está dado solamente por la ingeniosidad. A la base típica se añaden los complementos determinantes —pescado, carnes en general, verduras u hortalizas cocidas, etc.—, se termina con una masa trabajada, que se envuelve en huevo y pan rallado, y se fríe a continuación hasta que quede dorada y crocante. Hoy en día también es frecuente encontrar croquetas terminadas en el horno.

No son corrientes, en la manufactura casera, las croquetas rellenas; se las prefiere simples, de preparación rápida y de sabores neutros. Se sirven calientes, bien doradas y sin salsas. Son de buen tamaño, es decir, en promedio mayores que un huevo, y llegan a ser tan grandes como un chorizo —un cilindro de puntas redondeadas de hasta unos 10 cm de largo por tres de diámetro—. Es por esto que se preparan a razón de dos o tres por persona. En parte, esto significa que el tiempo que requieren en la cocina, a mayor tamaño, se reduce. No son corrientes —salvo, por supuesto, en los casos de bocaditos para tragos o cócteles— las de tamaño menor a un huevo grande.

(202) Croquetas de papa al horno

4 tazas de puré de papas frío, mejor si es oreado (12 croquetas) • 2 huevos batidos con: pizca de sal, nuez moscada, perejil picado, queso rallado y 2 cucharadas de harina • 2 huevos batidos para el rebozo, con 1 cucharada de agua y 1 cucharada de aceite • 2 tazas de pan rallado

Si el puré fuese recién hecho, será necesario secarlo en la olla y dejarlo entibiar un poco; las croquetas salen mejor si se hacen con puré estacionado del día anterior. Agregar al puré los huevos batidos con queso, perejil, sal, nuez moscada y harina.

Tomar porciones abundantes de puré, darles la forma de croquetas —un cilindro de unos 3 cm de diámetro por unos 8 cm de largo—, trabajando con las manos para terminarlas, pasarlas por huevo y pan rallado y colocarlas separadas en una placa para horno ligeramente aceitada. Llevar a horno caliente hasta que se doren. Servir de inmediato.

(203) Croquetas de arroz

2 tazas de arroz cocinado, preferiblemente estacionado y frío • 1 huevo batido con: pizca de sal y pimienta • 1 cucharada de harina • 1 cucharada

⁓ Croquettes ⁓

For the average Argentine home meal, croquettes are never served by themselves as a separate dish. However, as a side dish to any meat, poultry or fish main course, croquettes are very popular and form part of a traditional recourse to dispose of already cooked elements in a quick simple and flavorsome way.

Mashed potatoes, or rice, are the principal and basic ingredients. To these typically basic ingredients a main element is added, such as fish, any kind of meat, poultry or cooked vegetables. This mixture is then shaped, coated in flour, dipped in egg and dredged with bread crumbs, finally fried in oil or lard, until crisp and golden outside. Croquettes may also be baked in a hot oven instead of fried.

Filled croquettes are rarely seen now. Home cooking today prefers simpler recipes, that are easy to prepare and rapidly made. Croquettes, the Argentine way, are always mild flavored, well browned and served without any sauce. Though medium sized, they may range from walnut size to the size of a large *chorizo*: a round ended cylinder, up to 10 cm long by about 3 cm in diameter. Prepare two to three per person, not too large especially if baked, about the size of a medium egg. However, when prepared for cocktails or as appetizers, croquettes are made very small, tender and crisp.

(202) Baked Potato Croquettes

> 4 cups cold mashed potatoes, better if a day old • 2 eggs, beaten with a pinch of salt, nutmeg, chopped parsley, grated cheese and 2 tablespoons flour • 2 eggs, beaten with 1 tablespoon water, 1 tablespoon oil, and a pinch of salt • 2 cups bread crumbs

Should mashed potatoes be freshly made, then stir over a low fire and dry, then let cool. Croquettes come out better if made with mashed potatoes from the day before. Anyhow, potatoes must be well mashed into a smooth mixture and cold. Add eggs beaten with grated cheese, flour, parsley, nutmeg and a little salt.

Form croquettes from portions of mixture —a round ended cylinder, about 8 cm long and 3 cm in diameter—, working with your hands, dip in egg mixture, roll in bread crumbs, and place slightly apart in a lightly greased baking sheet or very shallow baking pan.

Bake in a moderate oven until done, tender inside, crisp and golden outside. Serve immediately. Makes about 12 croquettes.

(203) Rice Croquettes

> 2 cups boiled white rice, cold, preferably a day old • 1 egg, beaten with a pinch salt and pepper, 1 tablespoon flour, 1 tablespoon grated cheese, 1 tablespoon leek greens, finely chopped • coating: 1 egg, beaten with 1 tablespoon water, pinch salt • bread crumbs • oil, for frying

de queso rallado • 1 cucharada de hojas de puerro picadas muy fino • para el rebozo: 1 huevo batido con 1 cucharada de agua; pizca de sal • pan rallado y aceite para freír

Batir el huevo con todos sus condimentos y mezclar con el arroz trabajando para lograr una masa consistente y más bien seca. Si no fuese lo suficientemente seca como para armar fácilmente las croquetas, agregar de a poco y con cuidado algo de pan rallado. Formar las croquetas del tamaño habitual —mayores que un huevo de gallina grande—, rebozarlas y freírlas en aceite. Servir de inmediato acompañando carnes asadas al horno.

Nota: En esta receta se dan las proporciones básicas para las croquetas de arroz, que permiten toda una serie de variaciones por el simple expediente de añadir una 1/2 taza de algún otro ingrediente, tal como pescado ya cocinado, otras carnes cocinadas (pollo, pavita, etc.), verduras u hortalizas cocinadas picadas y bien escurridas (acelgas, zanahorias, apios, etc.), en fin, lo que la cocina pueda proporcionar.

(204) Croquetas de carne

2 tazas de puré de papas, preferiblemente oreado y frío • 1/2 taza de carne de puchero picada (recetas Nº 1 al 10) • 1 huevo sin batir • 1 cucharadita de ajo-perejil picado fino • sal y pimienta a gusto • para el rebozo: 1 huevo batido con 1 cucharada de agua, pizca de sal • pan rallado y aceite para freír

Es preferible usar un puré del día anterior, ya enfriado. Si se tratase de un puré recién hecho, prepararlo un poco más seco de lo acostumbrado y terminar de darle consistencia sobre el fuego, batiendo constantemente, hasta que quede muy espeso. Dejar enfriar un buen rato y sólo después mezclarle el resto de los ingredientes haciendo una masa consistente, y totalmente unida. Formar las croquetas, pasarlas por el rebozo de huevo y pan rallado y freírlas en aceite. También pueden terminarse al horno, poniéndolas sobre una placa ligeramente aceitada. El horno deberá estar bien caliente. Una vez doradas, sacarlas y servirlas de inmediato.

(205) Croquetas de pescado

2 tazas de puré de papas, preferiblemente oreado y frío (ver receta anterior) • 1/2 taza de algún pescado hervido, algo deshecho, y sin espinas • 1 cucharada de cebolla picada y rehogada en aceite • 1 huevo sin batir • sal y pimienta a gusto • para el rebozo: 1 huevo batido con 1 cucharada de agua, pizca de sal • pan rallado y aceite para freír

Preparar el puré como queda indicado en la receta anterior. Añadirle los demás ingredientes y trabajar para hacer una mezcla consistente. Tomar de a cucharadas, formar croquetas de tamaño algo mayor que un huevo de gallina grande, rebozar pasando primero por huevo batido y luego por pan rallado. Freír y, una vez doradas y crocantes, servir de inmediato.

Nota: En esta receta se han dado las proporciones básicas y los ingredientes más

Beat egg with seasonings, and work into cold boiled white rice until smooth and rather dry, so that croquettes be easily formed. Should mixture not be dry enough, add gradually some more bread crumbs and work a little more, stirring to mix well. Form croquettes —the usual size, not larger than a medium sized egg—, dip in egg, roll in bread crumbs and fry in oil. Serve immediately with any type roast.

Remarks: this recipe gives the basic proportions for rice croquettes Argentine style. Variations may be easily made by adding 1/2 cup any basic element, such as flaked boiled fish, poultry, other shredded meat or drained and chopped vegetables (green chards, carrots, celery, etc.); or whatever else may be found at that time in the kitchen.

(204) Beef Croquettes

> 2 cups mashed potatoes, preferably a day old, and cold • 1/2 cup coarsely chopped boiled *puchero* beef (see recipes Nos. 1 through 10) • 1 egg, unbeaten • 1 teaspoon, chopped garlic and parsley mix • salt and pepper to taste • coating: 1 egg, beaten with 1 tablespoon water, pinch salt • bread crumbs and oil for frying

It is always preferable to use day old mashed potatoes, cold and a little dried up. Should only freshly made mashed potatoes be on hand then dry up a little, by heating over a low fire and stirring for a while until thick. Let cool thoroughly before adding beaten, seasoned egg and selected chopped meat. Blend well, form into croquettes — the usual size, not larger than a medium sized egg—, dip in beaten egg, roll in bread crumbs and fry in oil. To bake, drizzle with a little oil, and place on a baking sheet. Oven must be very hot. When golden outside remove from oven and serve immediately.

(205) Fish Croquettes

> 2 cups mashed potatoes, preferably a day old, cold (see also preceding recipe) • 1/2 cup boiled, flaked white fleshed fish • 1 tablespoon chopped and fried onion, in oil or butter • 1 egg, unbeaten • salt and pepper to taste • coating: 1 egg, beaten with 1 tablespoon water, pinch salt • bread crumbs and oil for frying

Prepare mashed potatoes as indicated in preceding recipe, so that if not a day old, a consistent and dryish purée is obtained. Lightly fry chopped onion in a little oil or butter, toss flaked fish into skillet, slightly warming it, and transfer into mashed potatoes. Work well to a smooth paste. Form croquettes, about the size of a medium egg, coat with egg and bread crumbs and fry, until golden and crisp. Serve immediately.

Remarks: In the preceding recipes, the basic proportions and the most common ingredients of croquettes, Argentine style, were shown, so that by changing the main ingredient —in this case, fish— a number of variations will be possible, especially considering all those elements that may come from a *puchero* or from the many elements that may be found in any kitchen, such as beef or other cooked meat, poultry, or vegetables (green beans, cauliflower, broccoli, etc.).

usuales para las croquetas al estilo argentino, de modo que una variante del elemento principal —aquí, el pescado— permitirá toda una serie de resultados posibles, ya se trate de aves u otras carnes, verduras y hortalizas (chauchas, coliflores, bróccoli, etcétera).

(206) Croquetas de zapallo

> 2 tazas de puré de zapallo, bastante seco • 1/2 taza de harina • 1 huevo sin batir • 1/2 taza de queso rallado • 1 cucharadita de perejil picado • sal a gusto y una pizca de nuez moscada • para el rebozo: 1 huevo batido con 1 cucharada de agua, pizca de sal • pan rallado y aceite para freír

El puré de zapallos deberá estar bastante seco; se terminará de darle consistencia sobre el fuego, batiendo todo el tiempo hasta que quede espeso. Si aún así quedase flojo, habrá que agregarle de a poco algo de pan rallado para conseguir la consistencia adecuada. Mezclar con el resto de los ingredientes indicados. Formar las croquetas, rebozar y freír. Como las croquetas de zapallo no son fáciles de hacer porque todo dependerá de la consistencia del puré, así como de la cantidad natural de agua del zapallo que se use, en todos los casos será conveniente armar dos o tres croquetas de prueba. Si las primeras se abriesen al freír, será necesario espesar aún más la preparación agregándole algo más de pan rallado. De todos modos, siempre serán más frágiles que las de papa.

Estas croquetas permiten un tratamiento dulzón. Hay quienes agregan a la mezcla una cucharada de azúcar morena, algo de canela y clavo de olor, y aun alguna que otra pasa de uva. Así, dulzonas, son especiales para acompañar cerdo asado al horno, aves o carnes de caza. Y frías, resultan un bocado desacostumbrado en los copetines.

Nota: Con la misma fórmula, pero cambiando el puré básico, podrán hacerse croquetas de puré de batatas, de puré de mandioca, de puré de zanahorias, etcétera.

(207) Croquetas de maíz pisado

> 2 tazas de maíz blanco pisado, hervido y tierno (mazamorra no dulce), hecho puré y un tanto seco • 1/2 taza de queso criollo deshecho, o rallado grueso • 1 huevo entero • 1 cucharada de cebollita verde picada finamente • sal a gusto • para el rebozo: 1 huevo batido con 1 cucharada de agua, pizca de sal • pan rallado y aceite para freír

Pisar con una purera el maíz hervido hasta que quede bien deshecho. Mezclar los otros ingredientes, sazonar a gusto y trabajar la masa un buen rato hasta que quede homogénea y seca. Formar las croquetas, no muy grandes, pasarlas por el rebozo de huevo y pan rallado, y freír. Deben quedar muy crocantes y doradas. Servir calientes. Para servir frías como bocaditos para copetín se hacen redondas, del tamaño de una nuez, y se pasan por harina en lugar de pan rallado.

(206) Squash Croquettes

> 2 cups mashed, boiled squash, well dried • 1/2 cup flour • 1 egg, unbeaten • 1/2 cup grated cheese • 1 teaspoon chopped parsley • salt, pepper and nutmeg, to taste • coating: 1 egg, beaten with 1 tablespoon water, pinch salt • bread crumbs and oil for frying

Boil squash until done but firm, mash and finish over the fire, stirring constantly, so as to make a consistent and somewhat dry purée. If then still not dry, then add a few bread crumbs to thicken a bit. Mix with rest of ingredients, blending thoroughly, form croquettes, coat and fry until golden and crisp. As these croquettes are not easy to make at the first try, everything will depend on the consistency of the purée that is obtained —sometimes squash will contain a little more water than you would prefer—, it will be a good idea to form only one or two croquettes, and fry them, so as to try the consistency of the mix. Should croquettes open up or come apart while frying, then mix is too soft and will require a little more bread crumbs. Anyhow, squash croquettes will always be more fragile and tender than either potato or rice ones.

Squash croquettes may also be made sweet, adding a little sugar, either white or brown, to the basic mix. There are some who will also add a few spices, and thus will obtain sweet and spiced squash croquettes. Usual spices added are cinnamon and ground cloves, just a little bit. Still another variation: add a few raisins to sweet mix, cinnamon, and dark brown sugar. Sweet croquettes are a delicate side dish to roast pork, poultry or game; cold, an excellent and unusual appetizer.

Remarks: Using the same formula, but changing the basic ingredient, still other variations may be made, such as sweet potato croquettes, manioc or cassava purée croquettes will take a little soft cheese, and mashed carrot croquettes.

(207) Hominy Croquettes

> 2 cups boiled and mashed hominy, or unsweetened *mazamorra* (see recipe N⁰ 40) • 1/2 cup crumbled creole type cheese, or jack cheese • 1 egg, unbeaten • 1 tablespoon green scallion, finely chopped • salt to taste • coating: 1 egg, beaten with 1 tablespoon water, pinch salt • bread crumbs and oil for frying

Mash boiled hominy until a thick purée is obtained, work in other ingredients season to taste, and blend mixture to a smooth paste, rather dry. Form into croquettes, not too large, coat with egg and bread crumbs and fry in hot oil or lard, till crisp and golden outside. Inside, only a thorough heating will be needed, since ingredients do not require a prolonged cooking. Serve hot. To serve cold, as appetizer, form into small balls, walnut sized and roll in flour instead of bread crumbs. Other variations include a little fried onion in mix, but add cheese, coarsely grated, to bread crumb coating instead to obtain a rich golden crust.

IX. Tortillas y revueltos

IX. Omelettes and Scrambles

(208) Tortilla de papas

> 4 papas medianas, en rodajas finas • 1/2 taza de buen aceite • 1 cebolla chica, finamente picada • 1 cucharadita de perejil, más bien escasa • 1/2 cucharadita de sal • 4 huevos batidos

Freír las papas hasta que estén tiernas y bien cocinadas, dorándose un poco en los bordes. En un tazón batir un poco los huevos hasta que estén bien mezclados, agregar la sal y una cucharadita escasa de perejil. Retirar las papas con cuidado para que no se rompan y remojarlas en el huevo batido, moviéndolas para que no cocinen los huevos. En el aceite que queda, freír la cebolla hasta que empiece a dorarse y retirarla con espumadera, agregándola a los huevos. Mezclar bien, volcar todo en la sartén, sobre el aceite caliente, y dorar de ambos lados. Servir bien caliente.

Si bien el método tradicional para hacer tortillas no se aparta de la sartén, en la cocina moderna pueden hacerse también al horno, en una fuente no muy honda y muy bien aceitada, a fuego fuerte. Pueden usarse fuentes redondas o de cualquier otro tamaño y forma. El tiempo de cocción dependerá del grosor de la fuente de horno elegida. El método del horno salvará de los inconvenientes de dar vuelta la tortilla en la sartén y, en realidad, no hay diferencia en el gusto. Las papas pueden ir preferentemente fritas, o también sancochadas y cortadas de diferentes modos, en ruedas, en cubos, en daditos, etcétera.

(209) Tortilla de acelgas

> 2 tazas de acelgas cocinadas, escurridas y picadas • 1 cebolla bien picada • 4 huevos batidos • 1/2 cucharadita de sal • nuez moscada y pimienta blanca molida a gusto • aceite

Rehogar en media taza de aceite la cebolla, cuidando que no se dore ni se tueste, añadir las acelgas y remover bien para que queden bien sazonadas con las especias. Agregar los huevos batidos, remover un poco para que todo quede bien mezclado, y dorar de ambos lados a fuego fuerte, agregando más aceite si fuese necesario. Servir bien caliente.

(210) Tortilla de lechugas

> 2 tazas de lechugas crudas finamente picadas • 1 cebolla mediana bien picada • 4 huevos batidos • 2 cucharadas de harina • sal, pimienta y nuez moscada • aceite

Dorar la cebolla en aceite abundante, una media taza, y luego incorporar las lechugas que deberán freírse hasta que comiencen a soltar su jugo. Espolvorear entonces sobre todo una cucharada de harina y remover bien; volcar sobre la mezcla los

⇜ Omelettes ⇝

(208) Potato Omelette

4 medium potatoes, in thin rounds • 1/2 cup oil • 1 small onion, finely chopped • 1 teaspoon parsley, scarce • 1/2 teaspoon salt • 4 eggs, beaten

Heat oil and fry potatoes sliced in thin rounds over a quick fire until tender and lightly browned around borders. While potatoes are frying, beat eggs lightly, blending well, season with salt and some finely chopped parsley. Take potatoes off, lifting with slotted spoon from hot oil, letting drain a little, and into seasoned beaten eggs stirring to avoid setting eggs, without breaking up potatoes. Fry onion quickly, finely chopped, in remaining oil, and when slightly browned add to egg mix, lifting with slotted spoon and letting drain a bit; blend well. Let oil in skillet heat up again, pour mixture on it, brown first one side, turn over and brown other side. Serve hot.

Although traditional methods will insist on the need to fry potato omelettes in a skillet, in the modern kitchen it is also possible to cook it in a shallow and well oiled baking dish in a very hot oven, having fried potatoes first in abundant oil or lard, with or without onion. Use round or square baking dishes, rather shallow and well oiled. Cooking time will ultimately depend on overall thickness of the *tortilla*. The oven method will save from the tedious turning over process, and will not depart greatly from the desired result. Oven method will also allow the preparation of a much larger amount of this succulent dish, which is especially good cold, to be served as appetizer, if cut up in neat little squares. Potatoes must be fried, to keep to traditional ways. But there is nothing to prevent any one from slicing potatoes other than in thin rounds, and parboiling them to make a *tortilla* as long as potatoes and eggs are the main ingredients, cooked in abundant oil.

(209) Chards Omelette

2 cups boiled, drained and chopped green chards • 1 onion, finely chopped • 4 eggs, beaten • 1/2 teaspoon salt • nutmeg, ground white pepper, to taste, oil for frying

Fry onions in heated oil, lightly and quickly, until transparent, add boiled, drained and chopped green chards, stir and sautee, season to taste. Add to beaten eggs, blend well and pour into an oiled and sizzling skillet, browning first one side, turning and browning then the other side, adding a little more oil if necessary to avoid sticking. Serve hot.

(210) Lettuce Omelette

2 cups finely shredded lettuce leaves • 1 medium onion, finely chopped • 4 eggs, beaten • 2 tablespoons flour • salt, pepper and nutmeg to taste, oil for frying

huevos batidos con la otra cucharada de harina y las especias. Mezclar bien y dorar a fuego suave.

Para hacer al horno, después de rehogar la cebolla y las lechugas se añadirá todo al tazón donde se batieron los huevos con harina, sal y especias. Dejar reposar unos minutos, mientras se unta bien de aceite el molde elegido. Acomodar la mezcla en el molde, rociar por arriba con unos hilos de aceite, y poner a horno suave unos 20 minutos, o hasta que la tortilla esté bien dorada en los bordes. Servir caliente, o fría como aperitivo.

(211) Tortilla de pescado

> 4 huevos batidos • 2 papas medianas, sancochadas y cortadas en dados o ruedas • 1 cebolla mediana, cortada en ruedas gruesas • 1 taza de pescado hervido, parcialmente deshecho y sin espinas • aceite, sal y pimienta blanca molida

Se fríen en poco aceite las cebollas y luego se doran las papas; por último, se agrega el pescado deshecho y se calienta. Batir los huevos con la sal y la pimienta blanca molida, verter sobre lo frito en la sartén, mezclar bien y dorar a fuego suave por ambos lados.

(212) Tortilla de papas a la española

> 4 huevos batidos • 4 papas medianas cortadas en ruedas finas • 1 cebolla mediana cortada en ruedas • 1 chorizo colorado español, cortado en ruedas finas • aceite, sal

Se fríen en abundante aceite las papas hasta que estén tiernas y un poco doradas. Se pasan de la sartén a un plato caliente. En el mismo aceite se fríen las cebollas y, cuando están doradas, se añaden las ruedas de chorizo colorado español. Se colocan nuevamente las papas en la sartén, se mezclan bien con las cebollas y los chorizos, y se vuelca por encima los huevos batidos con sal. Se remueve bien todo y se cocina a fuego fuerte hasta dorar de ambos lados. Servir bien caliente.

(213) Tortilla de chauchas con jamón

> 4 huevos batidos • 2 tazas de chauchas frescas, hervidas y picadas • 1/2 taza de jamón cocido picado • 1 cebolla chica picada • aceite, sal y pimienta • una pizca de ajo-perejil picado

Freír la cebolla en aceite hasta que esté dorada, añadir el jamón cocido picado y rehogar unos minutos, incorporar las chauchas y saltear otro par de minutos. Batir los huevos en un tazón, junto con la sal, la pimienta blanca molida y una pizca de ajo-perejil bien picado. Volcar la mezcla de huevos sobre las chauchas, remover bien para mezclar, y dorar por ambos lados a fuego fuerte. Servir caliente.

Heat about 1/2 cup oil and fry onions until transparent, then add shredded lettuce and toss about stirring vigorously to coat them and heat them through. When lettuce is wilted and begins to loose its juices, sprinkle flour, remove from fire and blend well. Beat eggs and season with salt, ground white pepper and a little nutmeg. Add onion, lettuce and about two or three tablespoons of remaining oil to eggs, blend, pour into a hot and well oiled skillet and brown first on one side, then the other, over a lively fire. Serve very hot.

To bake, fry onion first, then lettuce until wilted, and add to bowl where eggs were beaten with flour and seasonings. Let stand a few minutes, while oiling generously a baking dish. Spread mixture evenly in baking dish, lace top with a little oil, and bake in a moderate oven until nicely browned around the sides. Serve hot, or cold as appetizer cut up in little squares.

(211) Fish Omelette

> 2 medium potatoes, sliced in thin rounds and parboiled • 1 medium onion, in rounds, not too thin • 1 cup boiled fish, flaked and boned • 4 eggs, beaten • oil, salt and ground white pepper

Parboil in salted water thin potato rounds, not more than 5 minutes. Heat oil, fry onion until transparent, brown parboiled and well drained potatoes, then add flaked fish and heat through. Beat eggs with seasonings and pour into skillet over fish and potatoes, blend well and brown lightly on both sides. Serve hot.

(212) Spanish Style Omelette

> 4 eggs, beaten • 4 medium potatoes, sliced in thin rounds • 1 medium onion, sliced in rounds • 1 Spanish *chorizo*, sliced in thin rounds • oil, salt

Heat oil and fry potatoes, always in abundant oil, until tender and a little browned. Remove from oil and keep warm. Fry onion lightly in remaining oil, and when transparent add *chorizo* rounds, toss and heat through. Put potatoes again in skillet, blend with onion and *chorizo*, and pour over eggs slightly beaten with a little salt. Stir to mix, press down to flatten skillet contents, quicken fire and brown first on one side, then turn over and brown other side. Serve very hot.

(213) Ham and Green Beans Omelette

> 4 eggs, beaten • 2 cups boiled green beans, drained and coarsely chopped • 1/2 cup boiled or baked ham, coarsely chopped • 1 small onion, chopped • oil, salt and pepper, a pinch chopped parsley

Fry onion in hot oil until golden, add chopped ham and continue frying to heat through. Add then chopped boiled green beans and sautee for a few minutes, stirring continuously. Beat eggs with seasonings, salt, ground white pepper and a pinch chopped parsley; a bit minced garlic is also usual. Pour eggs over mixture in skillet, stir to blend well and brown first on one side, then on the other. Serve hot.

(214) Tortilla de arvejas

4 huevos batidos • 2 tazas de arvejas tiernas cocinadas • 2 lonjas de tocino ahumado, picado • 1 cebolla mediana picada • aceite, sal y pimienta

Freír la cebolla picada junto con el tocino ahumado picado hasta que todo empiece a dorarse. Añadir las arvejas y rehogar un par de minutos a fuego suave. Agregar los huevos batidos con sal y pimienta y dorar por los dos lados. Servir caliente, o fría como aperitivo.

También en este caso puede prepararse al horno el día anterior y dejar reposar al fresco, doblando las cantidades.

⁓ Los revueltos ⁓

(215) Revuelto de papas y arvejas

1 taza de papas, en cubitos (del tamaño de arvejas) • 1 taza de arvejas, tiernas, cocinadas • 1/2 cebolla chica, finamente picada • 4 huevos, batidos • aceite, sal y pimienta blanca molida

Freír la cebolla hasta que esté dorada, añadir las papas, continuar a fuego fuerte hasta que las papas estén doradas y agregar las arvejas. Cuando las arvejas estén empezando a dorarse, volcar sobre la sartén los huevos batidos con sal y pimienta. Revolver todo hasta que el huevo esté cuajado y pegado a las papas y arvejas, cuidando que éstas queden sueltas. Servir de inmediato. Acompaña bien platos de carnes o aves asadas.

(216) Revuelto de camarones

2 tazas de camarones frescos y limpios • 2 cebollas grandes, partidas en medias rodajas • 4 huevos batidos • aceite, sal y una pizca de mostaza en polvo

Freír las cebollas en 1/2 taza de aceite hasta que estén tiernas y comiencen a dorarse. Agregar entonces los camarones y solamente calentar revolviendo bien por espacio de un minuto, y no más, Volcar sobre la sartén los huevos batidos, con sal, y una pizca de mostaza en polvo (no más de 1/2 cucharadita). Mezclar bien todo hasta que el huevo cuaje, tapar la sartén de inmediato, apagar el fuego y dejar reposar un par de minutos antes de servir. Queda muy bien sobre ruedas de pan tostado o frito, con un ramito de perejil rizado, o bien sobre canapés con una cucharadita de crema por encima.

(217) Revuelto de pescado con tomates

2 tazas de pescado hervido (merluza, corvina, mero, besugo) algo deshecho y sin espinas • 1/2 taza de tomates picados, sin piel ni semillas • 2 morrones

(214) Pea Omelette

> 4 eggs, beaten • 2 cups boiled tender young peas • 2 slices bacon, chopped • 1 medium onion, chopped • oil, salt and pepper

Heat oil and fry onion until transparent, add bacon, coarsely chopped, and fry until crisp. Add peas, sautee for about 2 minutes, on a moderate fire, pour beaten and seasoned eggs over and brown first on one side, then on the other. Serve hot, or cold as appetizer.

As appetizer, it may also be prepared beforehand, baking it in a moderate oven until eggs are set. Cut in neat little squares. Serve cold or warm. It is best made with oil if it is to be served cold.

∽ Scrambles ∽

(215) Peas and Potatoes Egg Scramble

> 1 cup potatoe cubes, diced pea size • 1 cup cooked fresh young peas • 1/2 small onion, minced • 4 eggs, beaten • oil, salt and ground white pepper

Heat oil and fry onion until transparent, add potatoes and continue frying until potatoes are tender, just slightly browned. Add then peas and sautee for a few minutes. When peas are ready to brown, but not yet browned, pour over skillet lightly beaten and seasoned eggs. Stir over a quick fire until egg clings to peas and potatoes and dries up a bit; peas and potatoes must remain loose. Serve hot. Accompanies all beef, meat or poultry dishes.

(216) Shrimp and Egg Scramble

> 2 cups cleaned, shelled, cooked shrimp • 2 large onions, sliced in halved rounds • 4 eggs, beaten • oil, salt, and a pinch powdered mustard

Heat about 1/2 cup oil and fry onion first, until limp and tender, do not brown. Add then shelled and cleaned shrimp, just to heat through, stirring to coat well and blend with onions. Pour over eggs beaten and seasoned with salt, a little ground white pepper and a pinch powdered mustard (not over 1/2 teaspoon). Blend well, let egg set and stir to dry up a bit, cover and let stand two minutes before serving. Serve plain or over buttered toast or over fried bread triangles; excellent over canapes with a topping of cream.

(217) Fish and Tomato Egg Scramble

> 2 cups any white fleshed boiled fish, flaked and boned • 1/2 cup peeled and seeded tomatoes, chopped • 2 red sweet peppers, peeled and seeded, in thin strips • 1/2 cup olive oil • 1 small onion, in thin strips • 4 eggs, beaten • salt, paprika to taste

rojos, cortados en tiras, sin piel (de lata o fritos) • 1/2 taza de aceite de oliva • 1 cebolla chica, cortada en tiras finas • 4 huevos batidos • sal y pimentón rojo dulce

Freír la cebolla lentamente, cuidando que no se tueste, luego los tomates y, finalmente, los morrones, mezclando permanentemente. Añadir el pescado, y solamente calentarlo. Volcar el huevo batido con sal y una pizca de pimentón dulce (no más de 1/2 cucharadita), y cocinar a fuego suave hasta que el huevo esté totalmente cuajado. Servir de inmediato, sobre tostadas o pan frito.

(218) Revuelto de zapallitos y tomates

1 cebolla chica picada • 2 tazas de zapallitos, cortados en daditos • 1/2 taza de tomates picados • 1/2 taza de aceite de oliva • 4 huevos batidos • sal y pimienta a gusto y una pizca de orégano fresco

Freír la cebolla en el aceite, luego los zapallitos hasta que empiecen a dorarse en los bordes y finalmente los tomates, revolviendo todo el tiempo y cuidando que la mezcla no se pegue. Volcar por encima los huevos batidos con sal y una pizca de orégano fresco (o seco), y revolver hasta que el huevo esté bien cuajado. Servir de inmediato. Acompaña muy bien platos de carnes o aves.

(219) Revuelto de cebollas con perejil

4 cebollas grandes, en rodajas finas • 1 cucharada de perejil picado grueso • 1/2 taza de buen aceite • 2 huevos batidos • sal y pimienta a gusto y una pizca de nuez moscada

Freír la cebolla sólo el tiempo necesario para que se ablande y empiece a ponerse traslúcida, revolviendo constantemente. Añadir el perejil picado, revolver para mezclar bien y volcar encima los huevos batidos con sal, buena cantidad de pimienta blanca molida y la pizca de nuez moscada. Mezclar muy bien todo, para que el huevo se distribuya entre la cebolla. Debe quedar un poco seco. Servir de inmediato. Acompaña muy bien platos de carne, ave o pescado al horno.

(220) Revuelto de choclos con salchichas

2 tazas de choclos desgranados • 200 g de salchicha de cerdo, cortada en trozos de 3 cm • 1 cebollita chica, picada fina • 1 cebollita de verdeo, picada fina • 4 huevos batidos • aceite, sal y pimienta a gusto

Freír la cebolla junto con la cebollita de verdeo, luego la salchicha y finalmente los granos de choclo. Una vez que la salchicha está bien cocinada y dorada, volcar por encima los huevos batidos con la sal y la pimienta. Revolver hasta que el huevo cuaje bien. Hay que tener en cuenta que para este plato no se necesitan más de un par de cucharadas de aceite, por los jugos que soltará la salchicha. Este revuelto debe quedar bien seco.

Heat oil and fry onion first, seeing to it that it remains tender and does not brown, then tomatoes and lastly sweet pepper strips, stirring all the while. Add fish, flaked, just to heat through. Pour eggs beaten with a little salt and paprika (not over a scant 1/2 teaspoon) and cook over a low fire until all the egg is firmly set, stirring continuously. Serve immediately over toasted or fried slices of French bread.

(218) Zapallito and Tomato Egg Scramble

1 small onion, chopped • 2 cups diced *zapallitos* or zucchini • 1/2 cup chopped tomatoes • 1/2 cup olive oil • 4 eggs, beaten • salt, pepper and a dash oregano, preferably fresh

Heat oil and first fry onion, until tender and transparent, then add cubed *zapallitos* or zucchini and brown —edges must show some color—, add tomatoes, stirring to blend well and to help tomato to dissolve a bit. Pour eggs, beaten with seasonings, stirring until egg is firmly set. Serve immediately. It is a popular accompaniment to beef, meat or poultry dishes.

(219) Parsleyed Onion and Egg Scramble

4 large onions, sliced in thin rounds • 1 tablespoon chopped parsley • 1/2 cup salad oil • 2 eggs, beaten • salt and pepper, to taste, a pinch nutmeg

Heat oil and fry onion for a brief time just to soften it, stirring constantly. Add chopped parsley, blend well, add beaten eggs seasoned with salt, a good amount of white pepper and a pinch of nutmeg, stirring all the while until eggs are firmly set. Eggs must come out rather dry. Serve immediately. It is a common accompaniment to *bifes* and all types of roast.

(220) Fresh Corn, Sausage and Egg Scramble

2 cups fresh corn kernels, cut off the cob • 200 grs pork sausage, cut in 3 cm lengths • 1 small onion, finely chopped • 1 scallion, finely chopped • 4 eggs, beaten • oil, salt and pepper

Fry onions first in hot oil, then add sausage cut in 3 cm lengths, and fry until well done. Lastly add corn kernels cut off the cob. Continue frying until sausage is thoroughly cooked and begins to brown; by then corn kernels should also be done. Beat eggs lightly, season with salt and white ground pepper. Pour over sausage and onions, stir all the while until eggs are firmly set, rather dry. A small amount of oil will be necessary, since sausages will provide all the needed fat.

X. Escabeches
y vinagretas

———◆◆◆———

X. Pickled Meats
and Vegetables

⇜ Los escabeches ⇝

(221) Escabeche de pollo

> 1 pollo de kilo y medio, limpio y despresado • 3 cebollas grandes, cortadas en rodajas gruesas • 3 pimientos morrones rojos, sin piel ni semillas, en tiras • 2 tomates grandes, cortados en rodajas • 3 zanahorias tiernas, cortadas en rodajas finas • 2 dientes de ajo, un poco machacados • 4 hojas de laurel • 1 cucharada de pimienta en grano • 1 taza de buen aceite • 1 taza de vinagre blanco, de vino o manzanas preferiblemente • 1 taza de vino blanco seco • sal gruesa a gusto

Poner en el fondo de una cazuela de barro grande, o en fuente de horno apropiada, la mitad de las cebollas y los pimientos; por encima colocar todas las presas del pollo y el resto de las verduras. Distribuir las hojas del laurel, los granos de pimienta y la sal, y aplastar todo bien. Cubrir con el vinagre, el vino y el aceite. Si el líquido no cubriera todo bien, agregar un poco más de vino hasta que aquél asome por entre las verduras que están encima del pollo. Llevar a horno suave por espacio de dos horas, o hasta que el pollo esté tierno y los huesos se desprendan de la carne. Dejar enfriar, y estacionar por lo menos 48 horas antes de servir.

(222) Escabeche de gallina

> 1 gallina, no muy gorda, limpia y despresada • 3 cebollas grandes, cortadas en rodajas gruesas • 3 zanahorias grandes, cortadas en juliana • 3 nabos blancos tiernos, cortados en juliana • 3 puerros grandes, cortados en juliana • 4 dientes de ajo, algo machacados • 4 hojas de laurel • 1 cucharada de granos de pimienta negra • 1 taza de buen aceite • 1 taza de buen vinagre blanco, preferiblemente de vino • 1 taza de vino blanco seco • agua para hacer un poco de caldo, sal a gusto, 1 limón

Poner la gallina despresada junto con sus menudos y el jugo de 1 limón en una olla grande, cubierta de agua, con 1 diente de ajo y 1 hoja de laurel, y llevar a un hervor suave por espacio de una hora, para hacer un buen caldo.

En una cazuela de buen tamaño, u olla de hierro enlozado con buena tapa, poner en el fondo la mitad de las verduras, colocar luego solamente las presas de la gallina a las que se les habrá quitado la mayor cantidad de grasa posible, y el resto de las verduras por encima, distribuyendo ajo, laurel y pimienta; finalmente, se rociará todo con el aceite, el vinagre y el vino, cuidando de que el líquido tape bien los trozos de gallina. Se lleva a hervor suave, con la olla tapada y se cocina por espacio de una hora. Mientras tanto, se reduce el caldo de gallina donde quedaron los menudos. Al cabo de la hora de cocción, se agrega al escabeche 1 taza del caldo reducido, los menudos picados y el limón cortado en rodajas. Se hierve media hora más, o hasta que los huesos se desprendan de la carne y la gallina esté tierna. Dejar enfriar y luego poner al fresco por lo menos 48 horas antes de servir. Como la mayor parte del jugo gelatinizará,

⌐ Soused Fish, Poultry and Other Meats ⌐

(221) Chicken Escabeche

> 1 young and tender chicken, not over 1 ½ kg, cut up in serving pieces • 3 large onions, cut in thick rounds • 3 large red sweet peppers, seeded and peeled, in strips • 2 large tomatoes, sliced in thin rounds • 3 tender carrots, rather large, sliced in thin rounds • 2 garlic cloves, bruised • 4 bay leaves • 1 tablespoon peppercorns • 1 cup good salad oil • 1 cup white vinegar, (either wine or apple) • 1 cup white dry wine • coarse salt to taste

Cover the bottom of a large earthen casserole or oven dish with half the onions and half the sweet peppers, over them lay the chicken pieces and top with the rest of the vegetables. Distribute throughout bay leaves, peppercorns and coarse salt. Press down all ingredients. Pour oil, vinegar and wine; add more wine if necessary so that all chicken pieces are completely covered with liquid. Bake covered for about 2 hours in a slow to moderate oven, or until chicken is well done and meat separates from the bones. Remove from the oven and let cool. *Escabeche* should stand at least 48 hours before it is served.

(222) Hen Escabeche

> 1 large stewing hen, not too fat, cut up in pieces • 3 large onions, sliced in thick rounds • 3 large carrots, cut in julienne strips • 3 white tender turnips, cut in julienne strips • 3 large white leeks, cut in julienne strips • 4 garlic cloves, bruised • 4 bay leaves • 1 tablespoon black peppercorns • 1 cup of a good oil • 1 cup white vinegar, (preferably wine) • 1 cup dry white wine • water, juice of 1 lemon, coarse salt to taste

Place cut up chicken in a large pot, with its giblets, the juice of 1 lemon, 1 garlic clove, 1 bay leaf, cover with water and season with salt to taste, bring to a gentle boil and simmer for about 1 hour to make a good broth.

Place half the vegetables in a large earthen casserole, or heavy enamelled cast iron pot with a tight fitting cover, lay cooked chicken pieces over vegetables after trimming them of all fat, distribute evenly throughout peppercorns and bay leaves, cover with the rest of the vegetables and pour oil, vinegar and wine on top. See to it that chicken pieces are completely covered with liquid. Place over a slow fire and bring gently to a boil. Let simmer for about 1 hour, with the cover on. Meanwhile, reduce over a quick fire remaining broth, where giblets were left. After about 1 hour of cooking, add 1 cup reduced broth to *escabeche* with cut up giblets and the lemon, cut in thin rounds. Let simmer for half and hour more, or until meat separates from bones. Remove casserole from the fire and let cool. *Escabeche* must stand about 48 hours before serving. Never keep it in a metal container, but transfer to an earthenware, glass, ceramic or porcelain vessel immediately after cooking. Since *escabeche*, if properly done, will jell a bit, it is

es conveniente acomodar antes de que la gelatina solidifique los trozos de gallina sobre las verduras, pasando el contenido a un recipiente de barro, cerámica, loza o vidrio. El escabeche así preparado no debe quedar bajo ninguna circunstancia en reposo, después de terminada la cocción, en un recipiente de metal.

(223) Escabeche criollo de pescado

1 corvina o merluza grande, de unos 4 kg, limpia y sin escamas cortada en postas, harina para rebozar el pescado, aceite para freír el pescado • 3 cebollas grandes, cortadas en rebanadas gruesas • 3 puerros grandes, cortados en juliana • 6 cebollitas de verdeo, cortadas en juliana • 3 zanahorias grandes, cortadas en juliana • 2 limones, cortados en ruedas, sin semillas • 1 tomate grande, cortado en ruedas • 1 rama de buen tamaño de romero fresco • 1 taza de buen vinagre blanco • 1 taza de vino blanco seco • aceite para el escabeche • pimienta blanca en grano y sal a gusto

Rebozar el pescado en harina y freír en aceite hasta que quede dorado. Dejar escurrir una vez frito. En una cazuela de barro, u olla grande, poner todas las verduras, menos el limón, junto con los líquidos, y sal y pimienta y llevar a hervor suave por espacio de media hora. Se aprovecha el aceite en que se frió el pescado y, si fuese necesario, se agrega más para completar la taza necesaria. Pasada la primera media hora, se agrega el pescado por encima de las verduras, cuidando que quede cubierto de líquido, y se ponen las rodajas de limón encima. En caso de que el líquido no fuese suficiente para cubrir el pescado, puede agregarse un poco de agua hirviendo. Se deja hervir una media hora más. Se retira del fuego, se pasa a un recipiente que no sea de metal si se cocinó en olla de este tipo, y se deja enfriar. Se puede servir después de pasadas 24 horas.

(224) Escabeche de perdices

12 perdices chicas, limpias y sazonadas • 4 cebollas grandes, en rodajas gruesas • 4 cebollas de verdeo, en juliana • 2 puerros grandes, en juliana • 4 dientes de ajo, algo machacados • 2 pimientos morrones rojos, en cuartos, sin piel • 2 tomates grandes, en rodajas • 2 hojas de laurel • 1 cucharada de pimentón rojo dulce • 1/2 cucharadita de comino • 1 taza de buen aceite • 1 taza de vinagre de vino • sal a gusto y pimienta blanca en grano

En una cazuela de buen tamaño poner en el fondo las cebollas y los tomates, acomodar luego las perdices, distribuir el laurel, los ajos y las especias y colocar por encima el resto de las legumbres. Cubrir con el vinagre y el aceite y, en caso de que hiciese falta algo más de líquido para bañar por entero las perdices, agregar un poco de agua o vino blanco seco. Llevar a un hervor suave y cocinar muy lentamente por espacio de una hora. Dejar enfriar y reposar al fresco por 24 horas antes de servir.

usual to arrange all chicken pieces on top of the vegetables. Serve directly from the casserole.

(223) Fish Escabeche Criollo

>1 large hake or similarly white fleshed, lean fish, of about 4 kgs, in thick round slices, flour to coat fish slices , oil to fry fish slices • 3 large onions, sliced in thick rounds • 3 large leeks, in julienne strips • 6 scallions, in julienne strips • 3 large carrots, in julienne strips • 2 lemons, sliced in thin rounds, seeded • 1 large tomato, sliced in thin rounds • 1 sprig fresh rosemary • 1 cup of a good white vinegar • 1 cup dry white wine • oil for *escabeche*, white peppercorns and salt to taste

Coat fish slices with flour and fry in hot oil until browned. Drain and let cool a bit. In a large earthenware casserole, or deep pot, lay all vegetables, except lemons, pour liquids over, season with salt and pepper and bring to a gentle boil, simmer for about 30 minutes. Measure oil used to fry fish and complete 1 cup, add fresh oil if necessary. After the first 30 minutes of boiling, add fish to casserole along with oil, seeing that fish is set on top of vegetables and is well covered with liquid, top with lemon slices. If liquid is not enough to cover fish, add boiling water. Let simmer, very gently, for 1/2 hour more. Remove from fire, and let cool. If cooking was effected in a metal container, transfer *escabeche* to a non metal vessel to cool and stand for at least 24 hours in a cool place before serving.

(224) Partridge Escabeche

>12 small, cleaned and dressed partridges or quails • 4 large onions, sliced in thick rounds • 4 scallions, in julienne strips • 2 large leeks, in julienne strips • 4 garlic cloves, peeled and bruised • 2 red sweet peppers, quartered, seeded and skinned • 2 large tomatoes, in thin rounds • 2 bay leaves • 1 tablespoon paprika • 1/2 teaspoon ground cumin • 1 cup of a good salad oil • 1 cup wine vinegar • salt and whole white peppercorns to taste

In a large earthenware casserole, or similarly deep pot, lay on the bottom onion rounds and tomato slices, place birds breast up, distribute throughout garlic cloves, bay leaves, coarse salt and peppercorns, cover with the rest the vegetables, sprinkle paprika and cumin, pour on top oil and vinegar, and if any more liquid should be neccesary to cover birds, add a little water or dry white wine. Bring gently to a boil, and simmer for about 1 hour. Let cool an stand for at least 24 hours before serving. It is usual to press birds down with the palm of the hand, breaking bones a little, so that breasts will open flat. Serve at least one bird per person.

(225) Escabeche de pichones

4 pichones limpios y partidos en dos, a lo largo • 1 taza de buen aceite • 2 dientes de ajo enteros, algo machacados • 4 hojas de laurel • 4 cebollitas de verdeo enteras, en juliana • 2 cebollas medianas, partidas en cuartos • 2 cucharadas abundantes de perejil • 1 taza de buen vinagre blanco, preferiblemente de vino • 1 taza de vino blanco seco • 1 cucharadita de pimienta blanca en grano • sal a gusto y 1 ramita de estragón fresco

Dorar apenas los pichones, de a mitades, en el aceite bien caliente. A medida que están dorados, colocar en una cazuela. Acomodarles por encima las verduras y especias, bañar todo con los líquidos y el aceite donde frieron, añadir la sal y llevar a hervor suave por espacio de media hora. Dejar reposar al fresco y servir después de 12 horas.

(226) Escabeche para aves de caza

4 patitos, limpios y cuarteados • 4 cebollas medianas, partidas en cuartos • 4 dientes de ajo, algo machacados • 4 zanahorias medianas, en ruedas delgadas • 4 hojas de laurel • 1 cucharada de pimienta negra en grano • 1 taza de buen aceite • 1 taza de buen vinagre de vino tinto • 1 taza de vino tinto de buen cuerpo • sal a gusto

Dorar en el aceite las cebollas y los ajos y retirar, colocándolos en el fondo de una cazuela. Dorar, uno a uno, los cuartos de pato salvaje y colocar encima de las cebollas en la cazuela. Cubrir con las zanahorias, distribuir el laurel y la pimienta, y cubrir con el vinagre y el vino y el resto del aceite en que se hizo el frito. Salar a gusto y llevar a hervor suave hasta que los patos estén tiernos, generalmente poco menos de una hora. Dejar reposar, y mantener al fresco 24 horas antes de servir.

(227) Escabeche de conejo

1 conejo chico y tierno, limpio y trozado • 2 cebollas medianas en ruedas gruesas • 1 puerro grande entero, en juliana • 2 dientes de ajo, finamente picados • 2 tazas de hongos, enlatados si no se consiguen frescos • 4 hojas de laurel • 1 taza de vinagre blanco de vino • 1 taza de vino blanco seco • 1 taza de aceite de oliva • 1 cucharada de pimienta blanca en grano • sal a gusto y clavo de olor

Dorar en el aceite de oliva, rápidamente y a fuego fuerte, las cebollas y los ajos y colocar en el fondo de una cazuela. Continuar dorando a fuego fuerte, una a una, las piezas de conejo, y colocarlas en la cazuela sobre las cebollas. Escurrir los hongos y pasarlos también ligeramente por el aceite de oliva caliente, sin llegar a dorarlos; sólo calentarlos un poco. Colocar los hongos entre las piezas de conejo y distribuir las hojas de laurel, la pimienta y dos o tres clavos de olor enteros. Poner encima los puerros y cubrir todo con el vinagre, el vino y el resto del aceite. Llevar a hervor suave y cocinar hasta que los huesos del conejo se desprendan de la carne: aproximadamente 1 hora, o menos, para un conejo tierno, y hasta casi dos horas para un conejo grande. Dejar reposar y mantener al fresco 12 horas antes de servir.

(225) Squab Escabeche

4 large squabs, cleaned, and sliced in halves lengthwise • 1 cup good oil • 2 garlic cloves, peeled and bruised • 4 bay leaves • 4 scallions, in julienne strips • 2 medium onions, quartered • 2 generous tablespoons parsley • 1 cup white vinegar, preferably wine vinegar • 1 cup dry white wine • 1 teaspoon whole white peppercorns • salt to taste and a fresh sprig tarragon

Heat oil and lightly brown, one by one, squab halves. Place in a large earthenware casserole once browned, cover with spices and vegetables, pour liquids over, including oil used to fry squab, season with salt and bring to a gentle boil. Simmer for about 30 minutes. Let cool and stand at least 12 hours before serving.

(226) Wild Fowl Escabeche

4 ducks, or other wild fowl, cleaned and quartered • 4 medium onions, quartered • 4 garlic cloves, peeled and bruised • 4 medium carrots, in thin rounds • 4 bay leaves • 1 tablespoon whole black peppercorns • 1 cup of a good oil • 1 cup red wine vinegar • 1 cup red wine, preferably a full bodied one • salt to taste

Heat oil and fry onions and garlic until tender, but not browned, remove and place in bottom of a deep earthenware casserole. Brown, one by one, duck quarters until crisp outside, over a very quick fire, and lay on onions. When all pieces of duck have been browned and laid over fried onions, cover with carrots, distribute bay leaves and peppercorns, pour liquids including frying oil, season with salt to taste and bring casserole to a gentle boil. Simmer for about 1 hour or until ducks are tender. Let stand in a cool place 12 hours before serving.

(227) Rabbit Escabeche

1 young and tender rabbit, cleaned and cut up into serving pieces • 2 medium onions, sliced in thick rounds • 1 large leek, in julienne strips • 2 garlic cloves, minced • 2 cups mushrooms, canned if fresh ones are not available • 4 bay leaves • 1 cup white wine vinegar • 1 cup dry white wine • 1 cup olive oil • 1 tablespoon whole white peppercorns • coarse salt to taste, whole cloves

Heat oil and toss lightly in it both onions and garlic, until barely limp.
Place in a deep enough earthenware casserole if cooking over the fire, or in an ovenproof deep dish if baking, and keep warm. Brown lightly, one by one, rabbit pieces in very hot oil, and lay on onions and garlic. Toss mushrooms in hot oil, just to heat through, and transfer to casserole onto rabbit pieces, then distribute throughout bay leaves, peppercorns and two to three whole cloves. Cover with leeks, sprinkle salt on top, pour liquids, including frying oil, and bring to a gentle boil. Simmer until rabbit is tender, approximately 1 hour for a tender rabbit, and a little more for a not so tender one. If baking, allow two hours in a slow oven. Let stand in a cool place 12 hours before serving.

(228) Escabeche de filetes de pescado

4 filetes grandes de pescado, limpios y sin espinas, divididos en dos • 4 cebollas grandes, en rodajas finas • 4 zanahorias grandes, en juliana fina • 2 dientes de ajo, finamente picados • 4 cebollitas de verdeo enteras, en juliana fina • 1 taza de vinagre blanco • 1 taza de vino blanco seco o caldo de pescado con jugo de limón • 1 taza de buen aceite • 1 buena ramita de orégano fresco • pimienta negra en grano, sal a gusto, 1 limón en rodajas • 1 huevo, sal y harina para rebozar el pescado

Rebozar el pescado en harina y huevo y freír bien los filetes hasta que queden dorados y cocinados. En una cazuela poner todas las verduras junto con los líquidos, aceite, el orégano, la pimienta y la sal y llevar a hervor suave por espacio de media hora. Agregar en el líquido caliente los filetes de pescado y las rodajas de limón y dejar reposar cuidando que el pescado quede bien cubierto por el líquido. Dejar al fresco unas 6 horas, y servir.

(229) Escabeche de liebre

1 liebre, preferiblemente grande, limpia y trozada • 2 cebollas grandes, en ruedas gruesas • 4 zanahorias medianas, en juliana • 2 puerros grandes, en juliana, enteros • 4 nabos grandes, en juliana • 4 hojas de laurel • 1 cucharada de pimienta negra en grano • 1 taza de aceite • 1 taza de vinagre de vino • 1 taza de buen vino tinto • 1 cucharada de perejil, picado grueso • 2 dientes de ajo, picados • 4 clavos de olor • 1 limón, en rodajas • sal gruesa, a gusto

Poner en una cazuela la mitad de las verduras, acomodar seguidamente los trozos de liebre, distribuir las especias —laurel, pimienta, clavos de olor, y ajo-perejil—, las rodajas de limón y la sal por sobre la liebre, el resto de las verduras y derramar los líquidos —aceite, vinagre y vino—, cuidando que la liebre quede cubierta. Si no lo estuviera, agregar una mezcla de agua y vino hasta lograrlo. Llevar a fuego muy suave por espacio de dos horas, o hasta que los huesos se desprendan de la carne. Dejar reposar hasta que se enfríe y luego mantener al fresco por 48 horas antes de servir.

(230) Escabeche picante de perdices

6 perdices, limpias y partidas al medio por el espinazo • 4 cebollas medianas, partidas en cuartos • 4 pimientos verdes dulces, sin piel, en cuartos • 2 pimientos morrones rojos, sin piel, en cuartos • 2 tomates grandes, en rodajas gruesas • 1 cucharada de pimienta negra en grano • 2 ajíes picantes, o más, a gusto (o 1/2 cucharadita de ají molido) • 1 taza de caldo de ave con el jugo de 1 limón • 1 limón cortado en rodajas • 1 taza de vinagre de vino • 1 taza de aceite • sal gruesa, a gusto

(228) Fish Fillets in Escabeche

4 large fillets, of a white fleshed fish, boned and trimmed, cut in halves • 4 large onions, sliced in thin rounds • 4 large carrots, in thin julienne strips • 2 garlic cloves, minced • 4 large scallions, in thin julienne strips • 1 cup white vinegar • 1 cup white dry wine, or fish broth with the juice of 1 lemon • 1 cup of a good oil • 1 sprig fresh oregano • whole black peppercorns, salt to taste, 1 lemon in thin rounds • 1 egg, beaten, salt and flour to coat fish fillets

Coat fish fillets with flour, dip in egg and fry until crisp outside. Cook all vegetables in liquids, including frying oil, with spices and a little salt, simmering for about 30 minutes. Transfer to casserole fried fish fillets, and see that liquids cover them completely, top with lemon slices, bring to a simmer for not more than one minute, and then remove from fire. Let stand in a cool place for at least 6 hours before serving.

(229) Wild Hare Escabeche

1 large wild hare, dressed, cleaned and cut up in serving pieces • 2 large onions, in thick slices • 4 medium carrots, in julienne strips • 2 large leeks, in julienne strips • 4 bay leaves • 1 tablespoon whole black peppercorns • 1 cup oil • 1 cup wine vinegar • 1 cup red wine of good quality • 1 tablespoon parsley, coarsely chopped • 2 garlic cloves, chopped • 4 cloves • 1 lemon, in thin rounds

Put half the vegetables in the bottom of an earthenware casserole, lay on the vegetables all the cut up pieces of hare, distribute evenly throughout spices and seasoning —bay leaf, peppercorns, cloves, garlic, parsley and salt—, add lemon rounds, cover with the rest of the vegetables, pour liquids on top —oil, vinegar and wine—, and make sure that hare pieces are well covered with liquid. If not, then add wine, water or a mixture of both, just to cover hare. Bring slowly to a gentle boil, and simmer for about 2 hours, or until flesh and bones separate. Stand for at least 48 hours in a cool place before serving.

(230) Partridge Escabeche Diable

6 medium partridges, dressed, cleaned and split in halves lengthwise • 4 medium onions, quartered • 4 green sweet peppers, skinned, quartered • 2 red sweet peppers, skinned, quartered • 2 large tomatoes, sliced in thick rounds • 1 tablespoon whole black peppercorns • 2 red hot chilies, or more, to taste (or 1/2 tsp. cayenne) • 1 cup combining juice of 1 lemon and chicken broth • 1 lemon, sliced in thin rounds • 1 cup wine vinegar • 1 cup oil • coarse salt, to taste

Heat oil and quickly toss in it both onions and sweet peppers, to barely heat through. Transfer oil, onions and sweet peppers to an earthenware casserole, lay split partridges over, distribute evenly throughout seasonings, spices and rounds of sliced lemon and

Rehogar rápidamente en el aceite las cebollas y los morrones. Colocarlos en el fondo de una cazuela, acomodar las mitades de perdiz y, por encima, poner las rodajas de limón y de tomate, distribuyendo la sal, las especias y el picante. Verter luego, cubriendo todo, el caldo, el vinagre y el aceite. Las perdices deben quedar cubiertas. Llevar a fuego suave y cocinar a olla destapada por espacio de una hora o hasta que las perdices estén tiernas y el hueso se desprenda de la carne. Dejar reposar al fresco 12 horas antes de servir.

(231) Escabeche serrano de vizcacha

> 1 vizcacha chica y tierna, limpia y despresada • 2 cebollas en rodajas • 2 zanahorias en juliana • 1 taza de hongos serranos secos (remojados y exprimidos) • 1 cucharadita de tomillo • 1 cucharadita de orégano • 1 cucharadita de pimienta negra en grano • 1 taza de buen caldo, con el jugo de 1 limón • 1 taza de vinagre de vino • 1 taza de aceite • sal gruesa, a gusto

Rehogar en el aceite caliente las cebollas y los hongos, previamente remojados y bien escurridos, y poner en el fondo de una cazuela. Acomodar las presas de vizcacha y terminar con el resto de los ingredientes. Las presas deben quedar bien cubiertas de líquido; en caso de que faltase, se puede agregar más caldo o vino tinto en la cantidad necesaria. Llevar a hervor suave y cocinar hasta que la vizcacha esté tierna y la carne se desprenda de los huesos. Dejar reposar al fresco 24 horas antes de servir.

(232) Escabeche de pato con aceitunas

> 1 pato grande, limpio y cortado en presas no muy grandes • 1 cebolla grande, en ruedas gruesas • 2 tomates grandes, en ruedas grandes • 2 dientes de ajo picados • 1 taza de aceitunas descarozadas • 1 naranja grande, partida en medias ruedas • 1 limón en rodajas • 1 taza de aceite • 1 taza de caldo de ave con un poco de jerez • 1 taza de vinagre blanco de vino • 1 buena rama de canela • 1 cucharadita de pimienta dulce • 4 clavos de olor • sal a gusto y un poco de perejil picado

Dorar en el aceite la cebolla y los ajos y colocar en el fondo de una cazuela. Dorar luego, una a una, las presas de pato, cuidando de no lastimar la piel. Colocarlas sobre las cebollas con el aceite, acomodándolas. Ponerles encima el resto de los ingredientes. El pato debe quedar bien cubierto de líquido; en caso de que faltase puede agregarse más caldo con jerez. Llevar a hervor suave y cocinar por espacio de una hora, o hasta que el pato esté tierno. Dejar reposar al fresco de un día para el otro y servir frío.

of sliced tomatoes, pour liquids to cover. Make sure that partridges are well immersed in the liquids. Bring slowly to a gentle boil to simmer uncovered for about 1 hour or until birds are tender and bones can be pulled off the flesh. Let stand in a cool place 12 hours before serving.

(231) Vizcacha Escabeche with Mushrooms

1 small vizcacha, tender, dressed, cleaned and cut up in serving pieces (may be substituted with rabbit or hare) • 2 large onions, sliced in rounds • 2 large carrots, cut in julienne strips • 1 cup dry Sierra mushrooms (or any dark, dried mushrooms) soaked overnight and well pressed and drained • 1 teaspoon fresh thyme (or 1/2 tsp. dry thyme), minced • 1 teaspoon fresh oregano, minced • 1 teaspoon whole black peppercorns • 1 cup broth, with the juice of 1 lemon • 1 cup wine vinegar • 1 cup oil • coarse salt to taste

Soak dry mushrooms in water overnight, then press and drain. Heat oil and fry together onion slices and drained mushrooms (if too large, slice caps and stems into bite size pieces), barely to heat through, then transfer all skillet contents to an earthenware casserole. On them lay vizcacha pieces, cover with the rest of the vegetables, seasonings and spices, pour liquids seeing that vizcacha pieces are well covered with liquid, and slowly bring to a boil.

As in the case of all *escabeches* Argentine style, simmer very gently until the flesh is tender and begins to separate from the bones. Vizcacha is a large Pampas rodent, very similar in taste when prepared in this way to wild hare, though its flesh is white except in those parts that cling to the bone. Rabbit or hare may substitute vizcacha, but the end product will not be similar to this typical Argentine dish. Unfortunately vizcacha, a vegetarian rodent and a declared crop pest, is limited in its natural range to the temperate zone of South America.

(232) Duckling Escabeche with Olives

1 large duckling, dressed, cleaned and cut up into serving pieces • 1 large onion, in thick slices • 2 large tomatoes, in thick rounds • 2 garlic cloves, minced • 1 cup pitted green olives • 1 large sweet orange, sliced in half rounds • 1 lemon, in rounds • 1 cup oil • 1 cup chicken broth, cut with a little dry sherry • 1 cup white wine vinegar • 1 stick cinnamon • 1 teaspoon whole allspice • 4 cloves • salt to taste, some chopped fresh parsley

Heat oil and quickly toss in it onion and garlic cloves, barely to heat through, place then in the bottom of an earthenware casserole. In the same oil fry, one at a time, duck pieces until well browned and crisp; avoid cooking duck though. Place then browned pieces of duck over onions, sprinkle seasonings, spices and a little parsley over them, cover with other ingredients, including frying oil measured up to one cup, and see to it that duck is complete immersed in liquids; if not, then add more broth. Bring slowly to a boil, and simmer for about 1 hour or until duck is done. Let stand 24 hours in a cool place before serving. Serve, as in the case of all *escabeches*, at room temperature or cold.

⁓ Las vinagretas ⁓

(233) Lengua a la vinagreta

1 lengua de vaca, cocinada a punto y en rebanadas gruesas • 1 cebollita chica, picada • 2 cebollitas de verdeo enteras, picadas • 1 cucharada de perejil picado • 2 dientes de ajo, picados • 1 huevo duro, picado • 1 cucharadita de mostaza en polvo • 1 taza de vinagre de vino • 1/2 taza de aceite • sal y pimienta blanca a gusto

Hacer pasar por licuadora para convertir en una salsa fría la cebollita picada, las de verdeo, los ajos, la mostaza y el aceite con el vinagre. Acomodar en una fuente las rebanadas de lengua, rociar con la salsa y salpicar por encima el perejil y el huevo duro picado. Dejar reposar al fresco dos horas antes de servir.

(234) Patitas de cordero a la vinagreta

8 patitas de cordero, limpias y partidas al medio • 2 hojas de laurel • agua suficiente, sal a gusto

Hervir las patitas de cordero hasta que estén bien tiernas. Dejar enfriar, escurrir y colocar en una fuente honda. Rociar con la salsa siguiente:

2 dientes de ajo, bien picados • 1 cucharada de perejil bien picado • 1 cucharadita de orégano seco • 1/2 cucharadita de tomillo seco • 2 cebollitas de verdeo bien picadas • 1 taza del caldo de cocción con el jugo de 1 limón • 1/2 taza de aceite y 1/2 taza de vinagre de vino • sal y pimienta a gusto

Batir bien el aceite con el vinagre y la sal y añadir los otros ingredientes. Bañar con esta salsa las patitas y dejar reposar por lo menos un par de horas. Servir frías.

(235) Pescado frito a la vinagreta

4 filetes medianos de pescado rebozado y frito • 1 limón cortado en rodajas

Colocar el pescado frito en una fuente, con las rodajas de limón por encima, y rociar con la siguiente salsa vinagreta:

1 cebolla chica picada fina • 1 cebollita de verdeo entera picada fina • 1 cucharada de perejil picado grueso • 1/2 taza de aceite • 4 cucharadas de vinagre de vino, sal a gusto

Preparar la salsa inmediatamente después de freír el pescado, rociarlo con ella, y servir de inmediato. También se hace caliente, en la sartén donde se frió el pescado.

⌐ Vinaigrettes ⌐

(233) Tongue in Vinaigrette Sauce

> 1 large ox tongue, well cooked, peeled and cut in thick slices • 1 small onion, chopped • 2 scallions, chopped • 1 tablespoon chopped parsley • 2 garlic cloves, minced • 1 hard boiled egg, coarsely chopped • 1 teaspoon powdered mustard • 1 cup wine vinegar and beef broth (1/2 and 1/2) • 1/2 cup salad oil • salt and ground white pepper to taste

Pass through an electric blender, so as to make an uncooked sauce, onion, scallions, garlic, mustard, oil and vinegar; season with salt and pepper to taste. Place tongue slices on a shallow serving dish, pour sauce over and sprinkle with chopped egg and parsley. Let stand at least two hours before serving.

(234) Lamb's Feet in Vinaigrette Sauce

> 8 lamb's feet, cleaned and split lengthwise • 2 bay leaves • boiling water, salt to taste

Boil lamb's feet in abundant water, with a little salt, until tender. Let cool in broth, then drain and place in a shallow serving dish. Cover with following sauce:

> 2 garlic cloves, minced • 1 tablespoon finely chopped parsley • 1 teaspon dry oregano • 1/2 teaspoon dry thyme • 2 scallions, chopped • 1 cup cooking broth with the juice of 1 lemon • 1/2 cup of a good salad oil and 1/2 cup wine vinegar • salt and pepper to taste

Beat well vinegar with salt into oil, add other ingredients, season to taste. Pour over lamb's feet and let stand two hours. Serve at room temperature.

(235) Fried Fish in Vinaigrette Sauce

> 4 medium fish fillets, coated with flour, dipped in beaten eggs and fried till golden and crisp outside • 1 lemon, sliced in thin rounds

Fry fish in hot oil until golden and crisp outside, but tender and flaky inside. Place in a shallow dish, cover with lemon slices and pour over them the following sauce:

> 1 small onion, finely chopped or grated • 1 scallion, very finely chopped • 1 tablespoon coarsely chopped parsley • 1/2 cup of a good salad oil • 4 tablespoons red wine vinegar, salt to taste

Chop well all vegetables, combine with vinegar and salt, and beat for one minute, add oil and blend well. Pour over recently fried fish and serve immediately. There are some who prepare the sauce in the skillet after fish is fried, so that sauce comes out warm but not cooked.

(236) Sesos a la vinagreta

1 seso bien cocinado y cortado en cubos • 1 cebollita de verdeo entera picada • 1 cucharada de perejil picado grueso • 1 diente de ajo picado fino • 1/2 cucharadita de mostaza en polvo • sal y pimienta blanca molida a gusto • 1/2 taza de buen aceite y 4 cucharadas de vinagre

Batir el aceite con el vinagre y la sal y mezclar bien con el ajo, el perejil, la cebollita de verdeo, la sal, la pimienta y la mostaza. Bañar los cubos de seso con esta salsa, dejar reposar un par de horas, y servir fríos.

(237) Vinagreta para carnes frías

1 taza de aceite • 1/2 taza de buen vinagre de vino • sal y pimienta negra molida a gusto • 1 cucharada de perejil picado grueso • 2 dientes de ajo finamente picados • 2 cebollitas de verdeo enteras, finamente picadas • 1 cucharadita de orégano • alcaparras y pepinitos en vinagre, picados

Batir bien el aceite con el vinagre y la sal. Añadir los demás ingredientes y servir sobre carnes asadas frías y trozadas, de vaca, ternera o cerdo. Es también muy corriente añadir esta salsa fría y cruda a grandes cubos de carne fría de puchero; se sirve de inmediato.

(236) Beef Brains in Vinaigrette Sauce

> 1 beef brain, boiled, cooled and drained, diced in large cubes • 1 scallion, chopped • 1 tablespoon coarsely chopped parsley • 1 garlic clove, minced • 1/2 teaspoon powdered mustard • 1/2 cup of a good salad oil • 4 tablespoon red wine vinegar • salt and ground white pepper to taste

Beat vinegar with salt, combine with garlic, parsley, scallion, pepper and mustard, add oil, blend well and pour over cubed, boiled beef brains. Let stand about two hours and serve at room temperature, or cold if so preferred.

(237) Vinaigrette Sauce for Cold Cuts

> 1 cup of a good salad oil • 1/2 cup red wine vinegar • salt and freshly ground black pepper to taste • 1 tablespoon chopped parsley • 2 garlic cloves, minced • 2 scallions, finely chopped • 1 teaspoon dry oregano • capers, gherkins, pickled in vinegar, coarsely chopped

Beat well vinegar with salt into oil, combine with the rest of the ingredients, and pour over any cold roast, thinly sliced. It is also used over large cubes of boiled *puchero* beef. Serve immediately.

XI. Pastas y tucos

———⋘⊱◈⊰⋙———

XI. Pasta and Sauces

Las pastas

Las pastas ocupan un destacado lugar en la mesa argentina diaria. Los fideos comprados suelen ser, en su mayor parte, de excelente calidad y manufactura, pero existe una cierta disposición a hacerlos también en la casa, a mano, lo cual permite una serie particular de variaciones, especialmente de gustos y, por supuesto, de fórmulas, porque cada persona hábil en la cocina desarrolla sus métodos propios y particulares.

Además de los tallarines, por lo general de masa de harina de trigo al huevo, que son los que prefieren hacer las amas de casa, los hay condimentados y coloreados con diversos agregados a la masa. Así, los tallarines verdes se hacen con acelgas o espinacas, y los hay también de zanahorias, pimientos morrones rojos, zapallos, remolachas, etcétera. En este campo, sólo la ingeniosidad del artesano fija el límite.

La masa casera seleccionada para esta colección —una de entre muchas posibles— lleva únicamente harina de trigo y huevos frescos como elemento de liga. Esta masa tiene una serie de propiedades positivas que la hacen la preferida, tanto de expertos como de neófitos. En primer lugar, es de fácil manejo. Por ser la absorción del líquido un factor impredictible —depende del tipo de harina, de la humedad ambiente, del tamaño de los huevos, etc.—, como se trabaja con sólo dos elementos es más fácil lograr el grado que se desea. Para obtener la consistencia de la masa correcta debe tenerse presente que las indicaciones de medidas no son exactas y que se harán necesarios de vez en cuando algunos ajustes. Así, cuando haga falta más líquido, para obtener una masa semiblanda, se agregará leche —en poca cantidad y preferiblemente de a cucharadas—. Cuando la masa resulte demasiado blanda, se agregará harina. En segundo lugar, la masa se hará sin sal. La práctica aconseja este procedimiento casero porque, cuando la masa tiene sal, tarda más en secarse y, por consiguiente, los fideos corren mayor riesgo de pegotearse.

Además de las propiedades mencionadas, la masa de harina y huevos tiene otras ventajas, como ser: 1) guarda siempre las mismas proporciones, de modo que resulta muy fácil aumentar o disminuir la receta básica, 2) por su consistencia firme puede ser fácilmente estirada, lo que disminuye el tiempo de manufactura y el esfuerzo necesario para su preparación, 3) puede ser muy estirada, lo que contribuye a la calidad óptima del producto final, que son los tallarines delgados, y por fin, 4) seca rápidamente.

Esta masa resulta también muy apropiada para la confección de otras especialidades como ravioles, capellettis, canelones y lasañas.

El trabajo de hacer tallarines caseros, que estriba mayormente en la mezcla de los ingredientes para la masa, el proceso de amasado y estirado, y el cortado de los tallarines en la actualidad se ve facilitado enormemente por modernos aparatos. Para cortar los tallarines a mano, se enrolla la masa estirada muy delgada desde dos bordes simultáneamente hacia el centro —sistema que permite a los tallarines desenrollarse más fácilmente— en dobleces de unos 3 a 4 cm de ancho, y encimando los dos rollos. En todo momento la masa debe estar bien enharinada. Se cortan con cuchillo, del ancho deseado —desde muy delgaditos hasta de uno o dos centímetros de ancho—, se los espolvorea con abundante harina y se los desenrolla levantándolos en el aire y dejándolos caer sobre la mesa, repitiendo esta última operación varias veces. Luego se ponen a secar sobre una mesa cubierta con un lienzo enharinado en un lugar seco y aireado

∼ Pasta ∼

Noodles and all other types of pasta, whether bought or homemade, figure prominently in the Argentine daily diet. Bought noodles, of all kinds, are exceptionally well made and very tasty. However, there is always a tendency or a habit that induces many people to prefer those made at home. Freshly made homemade noodles are the pride of many a housewife. This practice allows in fact for the development of many varieties of differently flavored homemade pasta.

Besides the common noodle, made from a simple flour and egg dough, —the one preferred by most housewives—, there are those especially colored and flavored by the addition of diverse elements to the basic dough. The possibility of variations is manyfold, but the usual additions are such as spinach, green chards or other boiled and chopped greens to get green noodles, carrots or squash for yellow noodles, red sweet peppers and beets for red noodles, and so forth. In this field, the cook's best choice is the only limit.

The home made dough selected for this collection, one among many, is made exclusively with wheat flour and whole fresh eggs, and no other ingredient; eggs being the binding element. This particular type of dough, due to a number of positive properties with which it is marked, has proven to be the favorite one of both experts and beginners alike. First of all, it is easy to make and easy to handle. The amount of liquid that flour will absorb is an uncontrollable factor. It will ultimately depend on any number of unpredictable and unmeasurable quantities, such as the natural humidity of the flour used, the natural dampness of the climate, the size of the eggs that are being used, and so forth. Reducing the formula to only two basic elements allows for a better control of the desired end result. Amounts, as given in the following recipes for noodle dough, are those found to be the best working proportions; unavoidable allowances will have to be made nevertheless once in a while. So, when it is felt that the desired dough consistency will require a little more liquid, then a bit more milk can be added, by the tablespoonful. On the other side, when dough seems to be too soft, just add more flour. Secondly, dough should be made without any salt. This is the procedure favored in home kitchens. Dough made with salt will take longer to dry, thus hindering its handling and increasing the danger of noodles sticking into a formless lump.

Noodle dough made only with flour and eggs has many positive properties, such as: 1) the basic proportion will hold true, whatever the amount needed is, because in all cases increasing or reducing quantities is a simple and fool proof operation (2 cups of flour and 2 eggs will make enough noodles to feed 3 people), 2) because of its firm consistency, this dough may be rolled with relative ease, so that it really reduces the time to prepare it, 3) it can be rolled out very thin, so that it is perfectly fitted to the main purpose, the making of very fine noodles, and lastly, 4) it dries up quickly. Homemade noodles are reputed best when rolled out as thin as possible.

This particular versatile dough is also perfectly well suited for all the other pasta specialties such as ravioli, cappelletti, canelloni or lasagne, to name a few.

Noodle dough should be rolled out paper thin and laid out to dry a bit, in a shaded, cool and well ventilated spot. Then, roll your sheet of paper thin dough begining at the same time on two opposite sides towards the center of the sheet, working it in folds of about 4 cm wide, generously flouring your dough at all times. This procedure will allow later the noodles to unroll more easily. To slice noodles lay one rolled side

Una vez secos, para cocinar se dejan caer sobre agua hirviendo. Como los fideos fueron hechos sin sal, deben cocinarse en agua salada y, como lo hacen rápidamente —no toman más de un par de minutos de hervor como máximo—; debe tenerse a mano el colador para actuar rápidamente. En general todos los fideos deben colarse rápidamente una vez que lleguen al punto deseado, porque siguen cocinándose en el agua caliente. Para evitar este recocido, algunas personas tienen por costumbre cortar el hervor con un buen chorro de agua fría, práctica que no se desecha, pero que se considera innecesaria si se tiene todo previamente listo para un colado a tiempo.

Es también costumbre corriente agregar al agua un diente de ajo algo machacado o una hoja de laurel o unas gotas de aceite, o las tres cosas a la vez, además de la sal.

Los tallarines caseros se preparan frescos para ser consumidos en el momento, y se sirven siempre calientes. Pero son muy sabrosos también fríos, como en general todas las buenas pastas caseras.

Se los puede conservar congelados, una vez secos, acondicionados en bolsitas o cajas plásticas, por un máximo de tres meses, sin que pierdan sus mejores cualidades. Se guardarán sueltos, no apretados ni apelmazados. Para descongelar, se sacarán de la bolsita y se pondrán sobre una mesa una media hora —o algo más durante los días fríos— para echarlos luego en el agua hirviendo.

Por lo general, las recetas que siguen han sido preparadas para 4 personas, salvo cuando se indique expresamente lo contrario.

Masa casera

(238) Masa para tallarines

3 tazas de harina común • 3 huevos grandes

Poner la harina sobre una mesa de madera, o una tabla, o un tazón grande. Hacer un hueco en el centro y agregar los huevos cascados enteros.

Formar una masa que no sea ni muy blanda ni muy consistente. Amasar un par de minutos, hasta que esté todo bien mezclado, y estirar de inmediato con un palote de madera enharinado. Dejarla lo más delgada posible. Enharinar la masa y enrollarla desde dos de sus bordes simultáneamente hacia el centro.

Encimar los dobleces y cortar a cuchillo del grosor deseado. Sacudir para que queden abiertos y separados y dejar secar.

Hervir en abundante agua hirviendo con sal a gusto y una hoja de laurel.

Nota: Esta misma masa, con las mismas proporciones, se usa para preparar ravioles, capellettis, canelones, lasañas y otras pastas.

(239) Tallarines coloreados

3 tazas de harina • 2 huevos grandes • 1/2 taza de espinacas hervidas, escurridas y finamente picadas

Poner la harina sobre una tabla o mesa de madera, o en un tazón grande, hacer un hueco en el centro y colocar los huevos cascados enteros junto con la 1/2 taza del puré de verduras elegido. Seguir el mismo procedimiento explicado en la receta anterior, teniendo en cuenta que será necesario a veces ajustar la cantidad de harina

on top of the other and cut into strips, thin or not so thin and even quite wide, as preferred, with a very sharp knife. To unroll noodles, sprinkle first cut up rolls with a generous amount of flour, gather strips with your hands and lightly toss up in the air onto the table. Repeat this operation several times until all noodles are more or less free. Take then to a linen covered table, sprinkle again with flour and let dry further until cooking time.

Bring to a rolling boil a large pot, at least 2/3 full of water, and then drop a few handfuls of noodles at a time. A 6 lt pot will easily cook noodles made with 4 cups of flour, that is, an average of 1 lt cooking water to each cup of flour. The best salt proportion would then be about 2 teaspoons coarse salt per liter of water, that is a little salty bearing in mind that noodles are made salt free. Thin noodles will require very little time to be ready, about 2 to 3 minutes fast boiling and no more. Have colander ready and drain rapidly as soon as cooked. Noodles cannot wait, for they will continue cooking even if water is not boiling. There are some people who will add a good amount of cold water to the pot to stop cooking. However, this extreme measure will not be necessary if a colander is on hand at the right time. Once drained, place in a deep enough serving dish, previously moistened with two or three tablespoons sauce, cover with sauce and serve hot, sprinkling abundant cheese on top.

It is a common local practice to add to cooking water a bay leaf, or a tablespoon or two of a good salad oil, or a peeled and slightly bruised clove of garlic; or even with all three elements besides coarse salt, so that the water is properly seasoned.

Homemade noodles are in all cases consumed fresh, right after making them. There are some people however who maintain that noodles taste better when re-heated, and there are others still who prefer them cold. And these opinions go as well for all kinds of pasta.

Dry up first, and condition conveniently freshly made noodles before freezing. They keep well for a long time, up to three months time without much loss of all the essential qualities. Thaw at room temperature until pliable, about 30 minutes before dropping in boiling and salted water, properly seasoned.

As a general rule, the following recipes have been prepared having in mind some 4 generous servings, except when otherwise indicated.

Noodle Dough

(238) Fresh Noodle Dough

3 cups all purpose flour • 3 large eggs

Measure flour onto a kneading board, or into a large bowl or basin. Make a well in the center and add the shelled eggs. Mix into a homogeneous paste, neither too soft nor too consistent. Knead until well blended and smooth, not more than 2 minutes, and roll out immediately with the help of a well floured rolling pin, as thin as possible. Sprinkle dough with flour, and stand in a cool and well ventilated place for a few minutes. Then roll sheet of dough beginning from two opposite sides at the same time, folding towards the center so that both rolled sides meet, place one roll on top of the other. With a very sharp knife slice in strips, thin or not, according to your choice. Gather cut up strips, toss into the air to unroll, flouring generously, separate and let dry. Bring water to a rolling boil in a large enough pot, 1 lt per each cup of

requerida para una masa firme, ni blanda ni consistente, debido a la proporción variable de líquidos que traen las verduras. Como en estos casos no se busca sino dar color a la masa, y no un gusto determinante, puede reducirse a gusto la cantidad del puré de verduras por utilizar.

Los tallarines coloreados se sirven en casi todos los casos al natural, es decir, con manteca y queso, o con alguna salsa muy liviana de tomates, o gratinados al horno con salsa blanca y queso.

Para colorear tallarines se usa puré de espinacas, de acelgas, de pimientos morrones rojos dulces, de zanahorias, de zapallos, de remolachas, etcétera. Estos purés deben hacerse lo más consistente posible, secándolos sobre el fuego y dejándolos orear por lo menos unas 6 horas antes de ser usados.

Nota: Las masas coloreadas también se emplean para la fabricación casera de otras pastas rellenas como capellettis, ravioles, canelones, lasañas, etcétera.

Tallarines y fideos

Los tallarines caseros preferidos son los de masa muy delgada. Fideos son todas las pastas, pero especialmente las de masa no delgada. Tanto los tallarines caseros como los fideos comprados se sirven corrientemente: 1) recién colados y calientes, bañados por alguna salsa, en una fuente honda y espolvoreados con queso rallado, o bien 2) con alguna preparación adicional que requiere un corto tiempo de horno.

En todos los casos deben ser rápidamente escurridos, para que no se enfríen, volcados en una fuente, bañados con salsa y salpicados por arriba con abundante queso rallado. En invierno, es recomendable un precalentamiento de la fuente en que serán servidos.

(240) Tallarines con manteca

Porción de fideos o tallarines para 4 personas
1/2 taza de manteca fina (aproximadamente 100 g) • 1/2 taza de queso rallado • sal y nuez moscada a gusto

Cocinar los fideos en abundante agua con sal. Colar rápidamente y volcar en una fuente en la que previamente se hayan puesto dos o tres porciones de manteca en el fondo. Cortar el resto de la manteca en trozos no muy grandes y mezclar cuidadosamente con los fideos hasta que toda la manteca se haya derretido. Servir de inmediato, con abundante queso rallado por encima.

(241) Fideos al horno

Porción de fideos para 4 personas
1/2 taza de manteca derretida • 1/2 taza de queso rallado • sal, perejil picado y nuez moscada a gusto

Derretir en una cacerolita la manteca, cuidando que no se queme, a fuego muy suave. Cuando esté derretida, agregar el perejil picado y la nuez moscada a gusto y retirar del fuego, manteniéndola caliente. Poner los fideos recién colados en una fuente

flour used, season with salt, about 2 teaspoons coarse salt per liter of water, and with a bay leaf. Cook noodles until *al dente* Italian style, or until tender, never more than 3 minutes for really thin noodles.

Remarks: this same dough, made to the same proportions, is also used in ravioli, cappelletti, canelloni, lasagne and other pasta.

(239) *Tinted Noodles*

> 3 cups all purpose flour • 2 large eggs • 1/2 cup spinach, boiled, well drained and finely chopped

Measure flour onto a kneading board, or into a large bowl, make a well in the center and add eggs along with 1/2 cup thoroughly chopped greens. Follow general directions given in the preceding recipe, keeping in mind that at times some adjustments will have to be made, adding a little more flour if dough should come out too soft, or adding liquid if too firm. Since in this case the addition of the vegetables will answer to a coloring purpose, and not to a flavoring end, the amount of vegetables may be considerably reduced and will not affect the noodle quality, provided the consistency of the dough is maintained.

In almost all cases, tinted noodles are served *au naturel*, that is, with a butter glazing and topped with abundant grated cheese, or with a very light tomato sauce, or even *au gratin*.

To color noodles finely chopped vegetables are used, or passed through an electric blender. The most commonly used vegetables are chards, spinach, red sweet peppers, carrots, squash, beets, etc. These pureed vegetables must be prepared as thick and as dry as possible, being also advisable to let them stand for at least 6 hours before using. Tinted dough is also used to make ravioli, cappelletti and other stuffed pasta.

Noodles and Macaroni

In Argentina homemade *tallarines* are preferred very thin, and *fideos* are all kinds of unfilled pasta, not necessarily thin. All homemade noodles or *tallarines* as well as all the other kinds of *fideos*, such as spaghetti, vermicelli, rigatoni, and so forth, are served: 1) in a deep dish, drained, hot, and covered with some kind of sauce, topped with abundant grated cheese, and 2) with and additional preparation that requires a brief baking procedure in a very hot oven, or under the grill.

(240) *Buttered Noodles*

> 1 portion of pasta for 4 • 1/2 cup (about 100 grs) sweet dairy butter • 1/2 cup grated cheese • salt and nutmeg to taste

Cook pasta, whether freshly made or dried, in abundant water seasoned with salt until *al dente*, or slightly firm to the bite. Drain quickly and place steaming hot noodles or macaroni in a deep dish, in which two thick pats of butter were placed. Dot with remaining butter and toss carefully until all butter is melted. Top with grated cheese

de horno, honda y con tapa. Rociarles por encima la manteca caliente y mezclar todo bien. Llevar al horno con la fuente tapada, y mantener hasta el momento de servir. Si han de estar por más de quince minutos, revolverlos de vez en cuando. El horno debe ser suave para evitar que los fideos se resequen.

(242) Fideos con nueces

Porción de fideos para 4 personas
1/2 taza de manteca derretida • 1 cucharadita de perejil picado • 3 ó 4 cucharadas abundantes de nueces muy finamente picadas • 1/2 taza de queso rallado • sal a gusto

Derretir con cuidado, y a fuego muy lento, la manteca. Llevar a un suave hervor espumoso y, cuando empiece a tomar un poco de color, añadir todas las nueces. Dorar las nueces en la manteca, revolviendo constantemente para evitar que se pasen de punto y se pongan amargas. Agregar luego el perejil y retirar del fuego. Volcar esta preparación sobre fideos recién colados, mezclar bien, espolvorear con queso rallado y llevar a la mesa.

(243) Fideos con paté de foie

Porción de fideos para 4 personas
1/2 taza de manteca derretida • 1 cucharadita de perejil picado • pizca de nuez moscada • 1 cucharada de paté de foie, algo colmada • abundante queso rallado • sal a gusto

Derretir a fuego muy suave, en una cacerolita, la manteca junto con una pizca de nuez moscada y una cucharada algo colmada de paté de foie, calentar unos minutos, agregar el perejil picado y volcar sobre los fideos recién colados. Cubrir con abundante queso rallado y servir de inmediato.

(244) Tallarines o fideos con tuco

Porción de fideos para 4 personas
2 tazas de tuco para fideos - ver recetas Nos. 245 al 250 • 1/2 taza de queso rallado

Hervir los fideos en abundante agua salada y sazonada con una hoja de laurel. Colar rápidamente. Mantener el tuco caliente. Poner en el fondo de una fuente honda tres o cuatro cucharadas de tuco. Volcar los fideos, recién escurridos y calientes, rociar con el resto del tuco y cubrir con el queso rallado. Llevar de inmediato a la mesa. Si el tuco es de estofado, de chorizos, de salchichas, de pollo, de menudos, de albóndigas, se convierte en el plato principal y único de la mesa casera diaria, acompañado por ensaladas crudas. Como postre, frutas preferiblemente frescas.

and serve immediately, either as a main dish or as an accompaniment. There are some people who sprinkle over a pinch of grated nutmeg.

(241) Baked Buttered Macaroni

> 1 portion dried pasta for 4, cooked *al dente* • 1/2 cup melted butter • 1/2 cup grated cheese • salt, finely chopped parsley and nutmeg to taste

Slowly melt butter, seeing to it that it does not brown. When frothing, add a little chopped parsley and a pinch of grated nutmeg, remove from the fire and keep warm. Place cooked noodles or macaroni in a deep fireproof dish, pour over melted and seasoned butter, mix well to blend butter into noodles, cover and place in a slow oven for about 15 minutes. Stir once or twice. Serve hot, with or without grated cheese.

(242) Noodles with Chopped Nuts

> 1 portion fresh pasta for 4, cooked *al dente* • 1/2 cup melted butter • 1 teaspoon finely chopped parsley • 3 or 4 tablespoons very finely chopped walnuts • 1/2 cup grated cheese • salt to taste

Slowly melt butter, and when frothing point is reached add very finely chopped walnuts. Fry nuts until golden brown, stirring constantly; scorched nuts tend to taste rather bitter. Add chopped parsley, remove from the fire, and pour over fresh pasta cooked *al dente* or firm to the bite. Blend well, coating pasta with butter and nuts mixture, sprinkle grated cheese on top and serve immediately.

(243) Noodles with Paté de Foie

> 1 portion freshly made pasta for 4, cooked *al dente* • 1/2 cup melted butter • 1 teaspoon chopped parsley • 1 tablespoon, rather full, paté de foie • grated cheese and salt to taste, a pinch nutmeg

Melt butter, and when frothing point is reached, add a pinch of grated nutmeg and paté de foie. Mix well, blending paté into melted butter, add then chopped parsley and pour over cooked freshly made noodles. Top with abundant grated cheese and serve immediately.

(244) Noodles or Macaroni with Tuco

> 1 portion freshly made noodles or dry macaroni for 4 • 2 cups *tuco* sauce (see recipes Nos. 245/250) • 1/2 cup grated cheese, salt to taste, 1 bay leaf

Cook noodles or macaroni in rolling, boiling water seasoned with salt an 1 bay leaf. Drain, and place in a deep dish previously moistened with four tablespoons *tuco* sauce. Pour rest of sauce over pasta, top with grated cheese and serve.

Remarks: Tuco from a meat stew, whether beef or other, or a *chorizo* sausage, chicken,

(245) Tallarines verdes con pesto

> Porción de tallarines verdes para 4 personas (ver receta Nº 239)
> 4 cucharadas de salsa pesto (ver receta Nº 126) • aceite a gusto o manteca, sal y pimienta

Rociar los fideos recién colados y calientes con aceite, o una buena porción de manteca derretida. Agregar 2 cucharadas de salsa pesto, cubrirlos con abundante queso rallado y servir.

El resto de la salsa se lleva a la mesa en una salsera para que los comensales agreguen más pesto a gusto. El pesto es una pasta de nueces frescas con queso rallado, aromatizada con albahaca y aceite de oliva (receta Nº 126).

(246) Tallarines verdes con anchoas

> Porción de tallarines verdes para 4 personas (comprados o caseros, ver receta Nº 239)
> 6 cucharadas de aceite de oliva • 2 ajos finamente picados • 1 cucharada de perejil finamente picado • 6 filetes de anchoas finamente picados • unas cucharadas de caldo • pimienta blanca a gusto

Calentar el aceite con los ajos y el perejil, freír medio minuto y agregar las anchoas, limpias y desaladas, bien picadas, con dos o tres cucharadas de caldo, pimienta blanca y sal. Si todavía está muy salada la mezcla, agregar un poco más de líquido, y dejar hervir un par de minutos, revolviendo para deshacer un poco las anchoas.

Sobre los fideos recién colados volcar la salsa, mezclar y servir de inmediato.

⟿ Los tucos ⟿

(247) Tuco rápido

> 1/2 taza de aceite • 1 cebolla mediana picada • 2 tomates medianos picados, sin piel ni semillas • 1/2 pimiento dulce verde cortado en tiras delgadas • 2 cucharadas colmadas de extracto de tomates • 1 cucharada de extracto de carne • 1 taza de buen caldo de carne • 1 hoja de laurel • sal a gusto

Dorar primero la cebolla picada en el aceite, agregar el pimiento cortado en tiras y, por último, los tomates picados. Saltear a fuego fuerte por dos o tres minutos, cuidando que no se pegue ni se queme. Agregar luego el caldo, el extracto de tomates, el de carne, el laurel y salar a gusto. Llevar a un hervor suave, tapar y cocinar lentamente hasta que la salsa reduzca y espese un poco, no más de 10 minutos. Servir sobre fideos recién colados.

giblet, meat ball or other stew, over noodles or macaroni, as a side dish to the main meat course is one of the typical dishes of Argentina and a whole meal by itself; a green salad and fresh fruits will complete it.

(245) Green Noodles with Pesto

> 1 portion freshly made green noodles (recipe Nº 239) • 4 tablespoons *Pesto* sauce (recipe Nº 126) • oil or butter to taste, salt and pepper

Cook noodles in abundant salted water until firm to the bite, drain quickly and place in a shallow fireproof dish. Melt enough butter to coat noodles well, blend butter into noodles, mix with two tablespoonfuls *pesto*, sprinkle with abundant grated cheese and take to the table. The rest of the *pesto* sauce is served separately so that each guest will add more to taste. *Pesto* as made in Argentina is a rather thick paste made with walnuts and grated Parmesan type cheese, some garlic, olive oil and freshly chopped basil leaves. Ingredients are either pounded in a mortar or passed several time through a grinder.

(246) Green Noddles with Anchovies

> 1 portion freshly made green noodles (recipe Nº 239) • 6 tablespoons olive oil • 2 garlic cloves, minced • 1 tablespoon very finely chopped parsley • 6 small fillets of anchovies, boned, chopped • ground white pepper, a little broth

Merely heat oil through with parsley and garlic, cook one minute, add finely chopped anchovies with one or two tablespoons broth (any kind), a pinch of white pepper and taste for salt. Sauce should be a little salty; if too much, then add more liquid. Heat and simmer for only a few minutes until anchovies are dissolved. Pour over recently cooked, drained and hot noodles. Mix well and serve immediately.

⤍ Sauces ⤏

(247) Quick Tomato Tuco

> 1/2 cup oil • 1 onion, medium sized, chopped • 2 tomatoes, medium sized, peeled, seeded and chopped • 1/2 sweet green pepper, cut in thin strips • 2 well rounded tablespoons tomato extract • 1 tablespoon meat extract • 1 cup beef broth or *puchero* stock (see recipes Nos. 1/5) • 1 bay leaf • salt to taste

Fry onion in hot oil until transparent, add then sweet pepper cut in strips, fry one more minute and add chopped tomatoes, continue stirring over a quick fire, until tomatoes are almost dissolved. Add the rest of the ingredients, season with salt to taste, bring to a boil and cook over a medium fire about 10 minutes, so that sauce thickens slightly. Pour over freshly cooked and drained pasta.

(248) Tuco de carne

4 cucharadas de aceite • 1 cebolla grande picada • 1 diente de ajo picado • 1 taza de carne picada (a máquina o a mano) • 1 zanahoria mediana rallada • 2 tazas de pulpa de tomates • 1 hoja de laurel • 1 taza de caldo • sal y pimienta a gusto

Calentar el aceite y freír ligeramente la cebolla con el ajo. Agregar la carne picada y rehogar hasta que haya perdido su color rosado. Añadir los otros ingredientes, mezclar bien y dejar a fuego suave por espacio de una hora, hasta que la salsa esté espesa y en su punto. Servir sobre toda clase de pastas.

(249) Tuco con salchichas

6 cucharadas de aceite • 100 g de salchicha de cerdo, sin piel, y desmenuzada • 1 taza de carne picada a mano • 1 cebolla grande picada • 1/2 cucharadita de comino molido • 1/2 cucharadita de pimentón dulce • 1/2 cucharadita de orégano • 2 tazas de pulpa de tomates • 2 cucharadas de extracto de tomates • 1 taza de caldo de carne • sal y pimienta a gusto

Dorar en el aceite caliente las salchichas desmenuzadas, cuidando de que no se peguen en el fondo de la cacerola. Freír a continuación la carne picada hasta que empiece a soltar su jugo. Agregar entonces la cebolla. Rehogar un par de minutos y luego añadir las especias (comino molido, pimentón rojo dulce, orégano y pimienta negra molida). Calentar otro minuto más antes de agregar el resto de los ingredientes —pulpa de tomates, extracto de tomates, caldo y sal a gusto—. Cocinar a fuego muy lento, con la cacerola tapada, por espacio de una hora. Servir sobre cualquier tipo de fideos o pastas.

(250) Tuco picante de salchichas

300 g de salchichas de cerdo, cortadas en trozos de unos 3 cm de largo, con su piel • 4 cucharadas de aceite • 1 cebolla mediana picada gruesa • 1 diente de ajo picado fino • 2 tazas de pulpa de tomates • 1 cucharada colmada de extracto de tomates • 1 ramita de romero fresco (o una cucharadita del seco) • 1 cucharadita de pimentón rojo dulce • 1/2 cucharadita de ají picante molido (o más, a gusto) • 1 taza de caldo • sal a gusto

Dorar primero la salchicha en el aceite hasta que quede tostada. Freír después la cebolla con el ajo, unos dos minutos, y agregar entonces el romero, el pimentón dulce, el ají picante y el extracto de tomates; mezclar con la cebolla antes de añadir la pulpa de tomates con el caldo. Llevar a un hervor suave y cocinar por espacio de una hora. Servir sobre pastas, arroz blanco o polenta.

(248) Meat Tuco

> 4 tablespoons oil • 1 large onion, chopped • 1 garlic clove, chopped • 1 cup cubed beef (or ground beef) • 1 medium carrot, grated • 2 cups tomato pulp • 1 bay leaf • 1 cup broth or beef stock • coarse salt to taste, a little ground black pepper

Heat oil and lightly fry onion together with garlic. Add cubed beef, stir and fry until beef changes color. Add then the rest of the ingredients, blend well, season to taste, and cook over a slow fire for about 1 hour, until sauce is done and thickened. Pour over any freshly cooked pasta. Serve hot.

(249) Pork Sausage Tuco

> 6 tablespoons oil • 100 grs pork sausage, without casing, broken into pieces • 1 cup cubed beef • 1 large onion, chopped • 1/2 teaspoon ground cumin • 1/2 teaspoon paprika • 1/2 teaspoon oregano • 2 cups tomato pulp • 2 tablespoons tomato paste • 1 cup beef broth or *puchero* stock (see recipes Nos. 1/5) • salt and pepper to taste

Heat oil and fry first sausage broken up into small pieces, until well browned. Add then cubed beef, and brown, stirring continuosly, add onion, fry quickly until limp, and season with cumin, paprika, oregano and ground black pepper, continue stirring for one more minute before adding the rest of the ingredients, tomato pulp, tomato paste and broth. Season with salt, and cook over a slow fire for about 1 hour, with the pot covered. Serve over any type of pasta.

(250) Hot Tuco with Sausages

> 300 grs pork sausage, cut up in about 3 cm lengths • 4 tablespoons oil • 1 medium onion, coarsely chopped • 2 cups tomato pulp • 1 well rounded tablespoon tomato paste • 1 sprig fresh rosemary (or 1 teaspoon dry rosemary) • 1 teaspoon paprika • 1/2 teaspoon crushed red hot pepper (or more, to taste) • 1 cup broth • salt to taste

Brown sausage pieces in hot oil, fry then onions and garlic about 2 minutes; add spices, blend well, mix broth with tomato paste, add along with tomato pulp and bring all to a very gentle boil. Simmer for about 1 hour. Serve over any pasta, white boiled rice or *polenta*.

(251) Tuco rápido de chorizos

2 chorizos de puro cerdo, condimentados y desmenuzados • 1 cebolla picada finamente • 3 cucharadas de extracto de tomates • 1 cucharadita de
orégano seco • 1 hoja de laurel • 1/2 taza de caldo, o agua hirviendo • sal
a gusto

Quitarle la piel a los chorizos, desmenuzarlos y freírlos a fuego fuerte en su propio
jugo hasta que queden un poco tostados. Añadir luego la cebolla, rehogar un par de
minutos, y después el resto de los ingredientes. Dejar hervir a fuego fuerte no más de
15 minutos. Servir sobre pastas, fideos, arroz blanco o polenta.

(252) Tuco de pollo

6 cucharadas de aceite • 1 cebolla picada • 1/2 pollo chico, cortado en
trozos enharinados • 2 tazas de pulpa de tomates • 1/2 taza de caldo • 1
hoja de laurel • sal a gusto

Freír primero la cebolla en el aceite y luego, a fuego muy fuerte, dorar rápidamente
las presas de pollo. Añadir el tomate, el caldo y el laurel, salar a gusto, y llevar a
hervor suave por una hora o hasta que el pollo empiece a deshacerse. Dejar reposar
unos minutos para que el pollo suelte todos sus jugos en la salsa, y servir sobre pastas,
arroz blanco o polenta.

Fideos al horno

(253) Fideos gratinados con queso

Porción de fideos para 4 personas
2 tazas o más de salsa blanca • 1 taza de queso rallado

Una vez hervidos y colados los fideos, colocar en una fuente playa para horno.
Bañarlos con salsa blanca y cubrir con el queso rallado. Llevar a horno muy caliente,
hasta que todo quede dorado y crocante. Servir de inmediato, muy caliente.

(254) Fideos con ricotta y queso

Porción de fideos a elección para 4 personas
2 tazas de ricotta o queso blanco • 1 taza abundante de queso rallado, o
más, a gusto • 1 cebollita de verdeo, picado solamente lo verde • 2 tazas o
más, a gusto, de salsa blanca • 1/2 cucharadita de pimienta blanca • 1
huevo batido • sal y nuez moscada a gusto

Hervir los fideos en abundante agua salada, colar e inmediatamente colocar una
primera mitad en el fondo de una fuente de horno playa. Cubrir esta primera porción
de los fideos con la ricotta mezclada previamente en un tazón con un poco del queso

(251) Quick Chorizo Tuco

2 pure pork *chorizos*, without casing, broken up in pieces • 1 large onion, finely chopped • 3 tablespoons tomato paste • 1 teaspoon dry oregano • 1 bay leaf • 1/2 cup broth or beef stock, or boiling water • salt to taste

Skin *chorizos*, break them up in small pieces and heat in a skillet to fry in its own fat. Brown until lightly toasted, add then chopped onion, stir two minutes and combine with rest of ingredients, bring to a boil and simmer gently for about 15 minutes, or less. Serve on any kind of pasta, spaghetti or macaroni, white boiled rice or *polenta*.

(252) Chicken Tuco

6 tablespoons oil • 1 chopped onion • 1/2 small frying chicken, cut up in small pieces and floured • 2 cups fresh tomato pulp, seeded and well drained • 1/2 cup broth or stock • 1 bay leaf • salt to taste

Fry chopped onion first in very hot oil, then quickly fry well floured chicken pieces until browned. Add tomato, broth and bay leaf, season to taste with salt and bring to a gentle boil.

Simmer for about 1 hour or until chicken pieces are well done and meat comes off the bones. If so wanted, though not usually done, remove larger bones from chicken pieces. Let stand a few minutes so that all flavors are set, and serve over any kind of pasta, boiled rice or *polenta*.

Baked Noodles

(253) Noodles Au-Gratin with Cheese

1 portion fresh noodles for 4 • 2 cups, or more according to taste, white sauce • 1 cup grated cheese

Boil noodles in abundant salted water until firm to the bite, drain and place in a fireproof dish, cover with abundant white sauce, sprinkle cheese on top and brown until bubbling and toasted on top. Serve very hot.

(254) Noodles with Ricotta and Cheese

1 portion any kind of macaroni for 4 • 2 cups ricotta cheese, or mild cottage cheese • 1 cup abundant grated cheese, or more, to taste • 1 scallion, greens only, chopped • 2 cups white sauce, or more, to taste • 1/2 teaspoon white ground pepper • 1 egg, lightly beaten • salt and grated nutmeg, to taste

Boil noodles in abundant salted water until firm to the bite, drain quickly when ready. In a fireproof dish place first half the pasta and cover with a mixture previously

rallado, la cebollita verde, la pimienta blanca y el huevo batido. Cubrir con la segunda porción de los fideos, salpicar con un poco de nuez moscada, bañar en salsa blanca, distribuir el queso rallado por encima y llevar a horno fuerte para que se dore. Servir de inmediato, muy caliente.

(255) Fideos al horno con hongos

1 taza de agua hirviendo • 1/2 taza de hongos secos picados • 1 cebolla grande, picada • 1/2 taza (unos 100 g) de manteca • 1/2 cucharadita de pimienta blanca molida • 1/2 cucharadita de nuez moscada • 2 tazas de salsa blanca • 1/2 taza de queso rallado • porción de fideos para 4 personas

Hervir los fideos en abundante agua con sal. Si son comprados secos, tomarán unos 10 minutos. Mientras tanto, preparar los hongos secos, remojándolos en una taza de agua hirviendo. Derretir la manteca en una sartén y dorar la cebolla. Agregar después los hongos bien exprimidos, y saltearlos unos 5 minutos. Agregar la pimienta blanca molida y la nuez moscada. Una vez listos los fideos, colarlos y ponerlos en la fuente. Mezclarlos con la manteca y la salsita de hongos y cebollas. Bañarlos con la salsa blanca, cubrirlos con el queso rallado y llevarlos a horno caliente para dorar. Servir calientes.

Se puede seguir el mismo procedimiento, cambiando salsa blanca por tuco de tomates, y salpicando por encima con queso tipo mozzarella deshecho. Poner en horno caliente hasta que el queso se haya derretido. Servir muy caliente.

(256) Fideos al horno con crema de choclos

1/2 taza de manteca (unos 100 g) • 1 cebolla picada, muy fina • 1 taza de choclos frescos rallados (o de crema de choclos de lata con 1 cucharada de maicena) • 1 taza de queso blando • 1 cucharadita de perejil picado • 1 cucharada de cebolla de verdeo muy picada • una pizca de nuez moscada • 2 tazas de salsa blanca • porción de fideos para 4 personas • queso rallado a gusto

Dorar la cebolla en la manteca, hasta que empiece a tomar color. Agregar los choclos rallados, preferiblemente frescos, y cocinar hasta que la mezcla esté un poco seca, revolviendo constantemente. Agregar el queso blando, el perejil, la cebolla de verdeo, la nuez moscada y la salsa blanca. Acomodar los fideos hervidos y escurridos en una fuente honda de horno. Mezclar una mitad de la crema de choclos y cubrirlos con el resto. Distribuir queso rallado por encima y llevar a horno fuerte hasta que todo esté dorado. Servir de inmediato.

(257) Ñoquis de papas

1 kg de papas cocinadas en agua • 2 ½ tazas de harina • 1 cucharada de aceite • sal a gusto

made with ricotta, grated cheese, chopped scallion greens, white pepper and beaten egg. On it lay second half of cooked pasta, sprinkle grated nutmeg and top with abundant white sauce, spoon grated cheese on white sauce and bake in a very hot oven or gratin under the grill until bubbly and lightly toasted on top. Serve very hot.

(255) Baked Macaroni with Mushrooms

1 cup boiling water • 1/2 cup dry mushrooms, chopped • 1 large onion, chopped • 1/2 cup butter (100 grs) • 1/2 teaspoon ground white pepper • 1/2 teaspoon grated nutmeg • 2 cups white sauce • 1/2 cup grated cheese • 1 portion macaroni for 4

Bring to a rolling boil abundant water, seasoned with salt and cook macaroni until firm to the bite, about 10 minutes if bought dry. Prepare dried mushrooms, pouring over them boiling water and soak for 15 minutes. Melt butter, fry onion and then add soaked, pressed and well drained mushrooms. Sautee about 5 minutes, stirring all the while, add then white pepper and nutmeg. When macaroni are done, drain quickly, place in an ovenproof dish, mix with butter, onion and mushrooms, cover with white sauce, top grated cheese and bake in a very hot oven, or gratin under a grill, until bubbly and lightly toasted. Serve very hot.
Remarks: Prepare also with a tomato sauce or *tuco*, sprinkle on top abundant mozzarella type cheese and gratin or bake in a hot oven. Serve very hot.

(256) Baked Macaroni with Fresh Corn Cream

1/2 cup sweet butter (100 grs) • 1 onion, very finely chopped • 1 cup corn kernels cut from the cob and creamed (or canned creamed corn with 1 tablespoon cornstarch) • 1 cup ricotta, or mild cottage cheese • 1 teaspoon chopped parsley • 1 tablespoon scallion, very finely chopped • 2 cups white sauce • 1 portion macaroni for 4 • pinch of nutmeg, grated cheese

Fry onion in butter until golden. Add creamed corn, preferably fresh corn kernels creamed in a blender, and fry stirring all the while until mixture is a little dry. Add then ricotta, parsley, scallion, a pinch of nutmeg and white sauce. Cook macaroni in abundant salted water until firm to the bite, drain quickly and place in an ovenproof dish, mix macaroni with half creamed corn mixture, pour other half on top, sprinkle with grated cheese and bake in a very hot oven until golden brown. Serve immediately.

(257) Mashed Potato Gnocchi

1 kg potatoes, cooked in their jackets • 2 ½ cups all purpose flour • 1 tablespoon salad oil • salt to taste

Cook potatoes in their jackets, in abundant salted boiling water. This way, potatoes will be cooked in their own moisture, and when mashed the resulting purée will not

Cocinar las papas, sin pelar, en abundante agua hirviendo. De esta forma se cocinarán en su propia humedad natural, y el puré será un poco más fácil de trabajar. Una vez cocinadas, pelar en caliente y hacerlas puré, preferiblemente con una purera para que resulte más suave y uniforme. Agregar la harina y el aceite, y mezclar hasta dejar una masa suave, sin amasar. Formar rollos del grosor de un dedo, cortar en trozos de unos 3 cm de largo, pasar por los dientes de un tenedor para marcarlos y dejar secar en un lugar aireado, bien separados y enharinados, sobre un lienzo también enharinado.

Puede agregarse un huevo batido a la masa para asegurar su consistencia y evitar que se deshagan en el hervor, pero otras opiniones prefieren la masa sin huevo porque de ese modo queda más tierna.

Se cocinan en abundante agua hirviendo y con bastante sal. Deben dejarse caer en el agua hirviendo de a poco, cuando estén un tanto oreados. Los ñoquis se hunden cuando caen al agua y, en cuanto están listos, suben a la superficie y quedan flotando, por lo que es necesario retirarlos de inmediato, con espumadera, y ponerlos a escurrir unos minutos en un colador.

Se colocan en una fuente de horno bañada en salsa; una vez completada la capacidad de la fuente se cubren con más salsa, se mezclan y se espolvorean con queso rallado. Van al horno unos minutos, para calentar solamente, y luego a la mesa.

Nota: La masa de los ñoquis también pueden colorearse con diversos purés de verduras, para lo que habrá que ajustar la cantidad de harina necesaria. En estos casos, la adición de huevo a la masa estaría justificada, aunque no es necesaria.

Como esta masa, por sus ingredientes es muy suave, por lo general se acompaña con salsas también suaves y poco condimentadas. Una de las formas más usuales de servirlos es con salsa blanca y queso, gratinados al horno. A continuación se dan dos salsas de tomates, livianas, de las que suelen hacerse para ñoquis.

Salsas de tomates

(258) *Salsa de tomates con aceite de oliva*

> 1/2 taza de aceite de oliva • 2 tazas de tomates frescos, sin piel ni semillas, cortados en gajos • 2 ajos finamente picados • 1 hoja de laurel • 1 cucharada de extracto de tomates • 1/2 taza escasa de caldo • sal y pimienta a gusto

Cocinar los tomates en el aceite hirviendo junto con los ajos y la hoja de laurel hasta que hayan perdido casi toda su humedad. Agregar, deshaciendo bien, el extracto, un poco menos de 1/2 taza de caldo, o agua hirviendo, probar la sal, sazonar a gusto, y dejar hervir sólo un par de minutos.

(259) *Salsa de tomates con pimientos*

> 2 cucharadas abundantes de aceite • 1 cebolla mediana, picada • 2 pimientos verdes dulces, partidos en gajos (no más de 8 gajos por cada pimiento), sin semillas • 2 tomates grandes, en gajos, sin semillas • 2 ajos finamente picados • 1 cucharadita de orégano • 1 taza de caldo • sal a gusto y ají picante molido, a elección

be soggy. When potatoes are done, peel and mash while still hot. Any device that will help making a smooth purée may be used. Add then flour and oil and blend well until a soft dough is obtained, without kneading. If necessary add a little more flour. Roll dough into long, ropelike lengths, the thickness of a finger, cut into pieces about 3 cm long, dust with flour, use the prongs of a fork to make a dented marking on each length of dough and let stand for a while in a cool and well ventilated place. As in the case of noodles, dough is laid to rest for a while, before cooking, on a well floured cloth or linen.

There are some cooks who will insist on adding egg to this dough, the proportion being one whole egg to the ingredients given above, so that the consistency of the resulting gnocchi will be assured. However, the ones who prefer the gnocchi dough without the addition of egg will maintain that eggless gnocchi come out more tender.

Cook in abundant salted boiling water. Drop gnocchi pieces on rapidly boiling water by the handful. Pieces will sink to the bottom, and when done will come up to the surface and will stay floating. Take out immediately with a slotted spoon, otherwise they will inevitably disintegrate. Place in a colander and let drain, then put in a fireproof dish, moisten with sauce, and when dish is full cover with more sauce and grated cheese. Gnocchi may be prepared somewhat in advance, and heated through in a moderate oven before serving.

Remarks: Gnocchi dough, as in the case of noodles (see recipe Nº 239), may also be tinted using several vegetable purées. In which case the amount of flour to be used will have to be slightly adjusted. The addition of egg, even though justifiable, is not necessary.

Since this is a very bland and mild flavored pasta, it is usually served with a simple and lightly seasoned tomato sauce. Gnocchi *au gratin*, covered with white sauce and sprinkled with grated cheese is also a very popular dish. Following you will find two tomato sauces selected from those usually served with gnocchi because of their lightness.

Other Tomato Sauces

(258) *Tomato Sauce with Olive Oil*

> 1/2 cup olive oil • 2 cups fresh tomatoes, peeled, seeded and sliced in thin wedges • 2 garlic cloves, minced • 1 bay leaf • 1 tablespoon tomato paste • 1/2 cup, or less, any broth • salt and pepper to taste

Cook tomatoes and garlic in olive oil, along with bay leaf, until tomatoes are quite dissolved. Add then tomato paste well diluted in 1/2 cup broth, or boiling water, adjust seasoning, and add salt and pepper to taste. Let simmer for only a few minutes.

(259) *Sweet Peppers and Tomato Sauce*

> 2 abundant tablespoons oil • 1 medium onion, chopped • 2 large sweet peppers, seeded and sliced in wedges (not more than 8 wedges each pepper) • 2 large tomatoes, seeded, in thin wedges • 2 garlic cloves, minced • 1 teaspoon oregano • 1 cup any broth *puchero* broth is the usual one) • salt and crushed red hot pepper to taste

Rehogar la cebolla y los pimientos en el aceite hasta que comiencen a dorarse y tostarse, agregar entonces los tomates y los ajos junto con el orégano, freír un par de minutos más y, finalmente, añadir el caldo o agua hirviendo, probar la sal y sazonar a gusto. Dejar hervir a fuego muy lento, con la olla tapada, por espacio de media hora.

Rellenos para ravioles, capellettis, canelones y lasañas

Considerando que la preparación de estas pastas es por todos conocida, solamente se indicarán las recetas de los rellenos más usuales en la cocina casera argentina.

(260) Relleno de espinacas y ricotta

2 tazas de espinacas cocinadas, muy bien escurridas y finamente picadas • 1 taza de ricotta • 1 huevo batido • sal, pimienta y nuez moscada a gusto

Batir la ricotta con el huevo, agregar las espinacas bien escurridas y muy finamente picadas y sazonar con sal, pimienta y nuez moscada.

(261) Relleno de acelgas con sesos

2 tazas de acelgas hervidas, muy bien escurridas y finamente picadas • 1 cebolla finamente picada • 2 cucharadas de aceite • 1 seso de ternera, hervido y deshecho (no más de 1 taza en total) • 1 huevo • sal, pimienta y nuez moscada a gusto

Rehogar la cebolla en el aceite, agregar una vez tierna la acelga muy bien escurrida y picada y saltear un par de minutos. Enfriar y añadir los demás ingredientes, trabajando todo bien para lograr una masa de consistencia pastosa y homogénea.

(262) Relleno de pollo

1 taza de carne de pollo cocinada y picada • 1 taza de puré de zanahorias • 1 taza de salsa blanca • 2 huevos • 3 hojas grandes de albahaca • 1 diente de ajo finamente picado • sal, pimienta y nuez moscada a gusto

Mezclar todos los ingredientes, trabajando para lograr una pasta cremosa y homogénea. El puré de zanahorias puede cambiarse por otro de verduras u hortalizas según la estación. La salsa blanca también puede variarse por ricotta o queso blanco.

Fry onion and sweet peppers, in very hot oil, until both are lightly toasted along edges, stirring all the while. Add then tomatoes, garlic and oregano, fry a few minutes more or until tomatoes are dissolved, and lastly add broth, adjust seasoning adding salt and crushed hot pepper, or chili powder or cayenne, to taste. Bring to a boil, and simmer gently for about 30 minutes. This should not be a hot sauce, but just lightly spiced. Cooks will add a trace of any hot spice so that the flavor of tomatoes will become a bit pungent. However, the sauce should not be felt to be hot.

Diverse Fillings for Pasta

As previously specified, and considering that the preparation of most fillings for pasta have become generally known, the following recipes were selected from among those that tend to present a local version of a widely diffused tradition.

(260) Spinach and Ricotta Filling

> 2 cups boiled, drained and finely chopped spinach leaves • 1 cup fresh ricotta • 1 lightly beaten egg • ground white pepper, salt to taste, and a pinch of nutmeg

Spread on any pasta, cook in boiling water and serve covered with tomato sauce, white sauce and grated cheese or an onion sauce.

(261) Chards and Beef Brains Filling

> 2 cups green chards, boiled, well drained and finely chopped • 1 medium onion finely chopped • 2 tablespoons oil • 1 beef brain, boiled and mushed (not over 1 cup) • 1 beaten egg • salt, pepper and a pinch of nutmeg

Fry lightly chopped onion in hot oil, when transparent and tender add chopped green chards and sautee for a few minutes. Remove from the fire, let cool, add other ingredients and blend well into a smooth paste. Ravioli, cappelletti and lasagne are filled with this paste.

(262) Chicken Filling

> 1 cup cooked chicken meat, coarsely chopped • 1 cup white sauce • 2 beaten eggs • 3 large fresh basil leaves coarsely chopped • 1 garlic cloved, minced • salt, white ground pepper and a pinch of nutmeg

Work all ingredients into a smooth, homogeneous paste, to which 1 cup of any cooked and mashed vegetable is added, such as carrots, squash, sweet potatoes, etc. Ricotta may also be used insted of white sauce. Filling should not come out green colored.

(263) Relleno de ricotta y queso

> 1 cucharada de manteca • 1 cebollita finamente picada • 1 cebollita de verdeo finamente picada • 1 cucharada de perejil finamente picado • 2 tazas de ricotta fresca • 2 huevos batidos • sal, pimienta blanca molida y nuez moscada rallada y queso rallado a gusto

Freír a fuego muy lento las cebollas en manteca hasta que estén un poco secas y empiecen a tostarse. Agregar el resto de los ingredientes y trabajar para obtener una pasta cremosa. Agregar queso rallado a gusto, una media taza abundante.

Ravioles y capellettis

Los ravioles de carne y los de verduras van a la mesa con salsas livianas, de tomates o algún tuco alivianado con un poco de buen caldo. Por otra parte, los ravioles caseros de pollo o de ricotta se sirven con una salsa blanca, o con una salsa de crema muy liviana y abundante queso rallado por encima.

(264) Salsa de crema y queso (para ravioles)

> 2 tazas de salsa blanca espesa • 1 pote de crema de leche fresca (200 g), o más a gusto • 1 cucharadita de perejil • 1/2 cucharadita escasa de pimienta blanca • 1/2 cucharadita escasa de nuez moscada • 1 cucharadita de azúcar • 1 taza de queso rallado, tipo parmesano

Mezclar todos los ingredientes para hacer una pasta cremosa y algo chirle. Puede agregársele a gusto un poco más de crema de leche. Debe reservarse un poco de queso rallado para echar por encima. Poner los ravioles por capas en una fuente de horno, cubriendo cada capa de ravioles con la salsa, y terminar con un baño de salsa y el resto de queso rallado por encima. Gratinar a horno fuerte y servir.

(265) Crema de cebollas y ricotta (para ravioles)

> 1/2 taza de manteca (100 g aproximadamente) • 2 cebollas grandes finamente picadas, o preferiblemente ralladas • 1/2 litro de leche hirviendo • 1 hoja de laurel • 1 cucharadita de azúcar • 1 cucharadita de sal • 1/2 cucharadita escasa de pimienta blanca • 1 taza de ricotta fresca • 1 cucharada de harina

Derretir la manteca y cocinar friendo a fuego muy lento las cebollas hasta que estén tiernas y a punto de dorarse. Agregar harina, azúcar, sal, laurel y pimienta, revolver para mezclar y añadir de a poco la leche hirviendo. Dejar a hervor suave por espacio de media hora, o hasta que las cebollas estén deshechas. Agregar la ricotta, probar la sal y sazonar a gusto.

(263) Cheese and Ricotta Filling

> 1 tablespoon sweet fresh butter • 1 small onion, finely chopped • 1 scallion, finely chopped • 1 tablespoon parsley, finely chopped • 2 cups fresh ricotta or similar cheese • 2 lightly beaten eggs • salt, white ground pepper, a pinch of nutmeg and abundant grated cheese, Parmesan type

Melt butter and over a low fire fry onion until almost dry. Add then the rest of the ingredients, and work into a creamy and smooth paste. Add as much grated cheese as you would like.

Ravioli and cappelletti

In Argentina ravioli and cappelletti are usually filled with a meat, o chards filling and served with a light tomato sauce. Even when any *tuco* is felt to be too strong for these filled pasta, it is then thinned down with a little broth. Ravioli filled with a chicken, ricotta or any otherwise white filling, are usually served with white sauce, a light cream sauce or any of its variations and topped with abundant grated cheese.

(264) Cream and Cheese Ravioli Sauce

> 2 cups thick white sauce • 1 cup fresh cream (about 200 grs), or more to taste • 1 teaspoon parsley • 1/2 scant teaspoon ground white pepper • 1/2 scant teaspoon grated nutmeg • 1 teaspoon sugar • 1 cup grated cheese, Parmesan type • enough cooked pasta for 4 persons

Blend all ingredients into a rather thin cream. Add more fresh cream if so wished. Reserve about 1/2 cup grated cheese to sprinkle on top of pasta. Place pasta in layers in an ovenproof dish, cover each layer with abundant sauce, pour rest on top, sprinkle with grated cheese and brown in a hot oven or under the grill. Serve hot.

(265) Onion and Ricotta Cream

> 1/2 cup sweet butter (about 100 grs) • 2 onions, grated or very finely chopped • 1/2 lt boiling milk • 1 bay leaf • 1 teaspoon sugar • 1 teaspoon salt • 1/2 teaspoon white ground pepper, scant • 1 cup fresh ricotta • 1 tablespoon flour

Melt butter and cook onions over a very slow fire until very tender. Add flour, sugar, salt, bay leaf and pepper, stirring to mix well. Pour in boiling milk, blend well and let simmer for about 30 minutes, or until onions are dissolved. Add ricotta, adjust for salt, and pour hot over pasta.

Otras pastas

(266) Fideos con estofado

> 2 kg de carne para estofado o para la olla • 1 hoja de laurel • 1/2 taza de
> aceite • 2 cebollas medianas cortadas en gajos (no más de 8) • 2 pimientos
> dulces, verdes o rojos, cortados en gajos, sin semillas y preferiblemente sin
> piel • 2 tomates grandes, sin piel ni semillas, también en gajos (no más de
> 8) • 2 dientes de ajo, algo machacados • 2 cucharadas colmadas de extrac-
> to de tomates • 1 taza de caldo • sal y pimienta a gusto, queso rallado para
> los fideos • porción de fideos para 4 personas

Dorar a fuego fuerte la carne en una olla pesada de hierro, asegurándose de que
esté tostada por todos los costados. Continuando con el fuego fuerte, rehogar ligeramente las cebollas, los pimientos y los tomates. Agregar el resto de los ingredientes
para el estofado, es decir, el laurel, los ajos, el extracto de tomates, caldo, sal y pimienta (puede ser pimienta en grano). También es usual la adición de ají picante molido.
Dejar a fuego suave por espacio de dos horas, cocinando el estofado muy lentamente
con la olla tapada. También puede hacerse en horno moderado por un poco más de
tiempo, hasta que la carne esté tierna.

Cuando la carne del estofado esté lista, hervir los fideos en abundante agua con
sal y 1 hoja de laurel. Colar y colocar en una fuente honda, bañar con el jugo del
estofado y espolvorear con queso rallado.

Servir la carne cortada en tajadas no muy finas, rociada con sus jugos y parte de la
salsa. En fuente aparte irán los fideos, que se sirven primero. Hay, sin embargo, quienes prefieren servir todo junto.

(267) Fideos con menudos de pollo

> 2 tazas de menudos de pollo frescos, lavados y picados • 1/2 taza de grasa de
> cerdo o aceite • 2 cebollas grandes picadas grueso • 2 zanahorias media-
> nas, tiernas, ralladas o picadas muy fino • 1 cebollita de verdeo, picada • 1
> cucharada de perejil picado • 2 tazas de tomates picados • 1 cucharada de
> extracto de tomates • 1 cucharadita de orégano • 1/2 cucharadita de co-
> mino molido • 1/2 cucharadita de pimentón rojo dulce • 4 tazas de agua
> hirviendo • porción de fideos para 4 personas (unos 400 g) • sal a gusto

Cortar los menudos de pollo en trozos chicos. Rehogarlos en aceite o grasa caliente y agregar la cebolla antes de que comiencen a soltar sus jugos, luego la zanahoria y
la cebollita de verdeo. Freír todo hasta que la cebolla y la zanahoria estén tiernas.
Agregar entonces los tomates, el extracto, el perejil y las especias, mezclar bien y
añadir el agua hirviendo. Cocinar a fuego vivo 15 minutos, agregar la sal y los fideos y
llevar a hervor suave hasta que los fideos estén a punto, unos 10 minutos más de
cocción como término medio. Revolver dos o tres veces para asegurarse de que todos
los fideos estén cocinados. Dejar descansar 5 minutos y servir caliente. Se acompaña
con queso rallado tipo parmesano. Hay quienes agregan a este estofado ruedas de
choclo y cubitos de zapallo en el momento de añadir los fideos.

Other Types of Pasta

(266) Beef and Noodles Stew (Estofado)

> 2 kg lean stewing beef • 1 bay leaf • 1/2 cup oil • 2 medium onions, cut in wedges, (not more than 8) • 2 sweet red peppers, or green ones, seeded and skinned, cut in wedges • 2 large tomatoes, peeled and seeded, also cut in wedges (not more than 8) • 2 garlic cloves, peeled and bruised • 2 well rounded tablespoons tomato paste • 1 cup any broth, or boiling water • enough noodles for 4 persons • salt and pepper to taste, grated cheese to top noodles

Heat oil in a heavy cast iron pot and brown whole cut of beef well on all sides. Keep pot over a quick fire and continue frying onion, sweet peppers and tomatoes. Add then the rest of the *estofado* ingredients, that is, garlic, bay leaf, tomato paste and broth seasoning to taste with a little salt and pepper —add if you like a few whole peppercorns. It is also usual the addition of a little cayenne or crushed red hot pepper, only enough to make sauce just a bit pungent. Let simmer gently for about 2 hours, with the pot covered, until meat is tender. *Estofado* may also be cooked in a moderate oven.

When beef is tender, and ready to be served, boil noodles in abundant water seasoned with 1 bay leaf and a generous amount of salt. Drain and place in a deep serving dish, cover noodles with more sauce, sprinkle over with cheese and serve hot.

To serve stewed beef, slice not too thinly, lay in a shallow serving dish, cover with its own juices and pour over a generous amount of sauce from the pot. Take to the table as hot as possible. Noodles are served in a separate dish as a first course, followed by the meat; however, there are some people who will serve all together, placing the sliced beef neatly arranged over the noodles.

(267) Noodles with Chicken Giblets

> 2 cups chicken giblets, well cleaned, washed and coarsely chopped • 1/2 cup lard or oil • 2 large onions, coarsely chopped • 2 medium carrots, tender, very finely chopped or grated • 1 scallion, chopped • 1 tablespoon coarsely chopped parsley • 2 cups tomato, chopped • 1 tablespoon tomato paste • 1 teaspoon oregano • 1/2 teaspoon ground cumin • 1/2 teaspoon paprika • 4 cups boiling water • enough noodles, or macaroni, for 4 persons (about 400 grs) salt to taste

Have well cleaned chicken giblets coarsely chopped, toss for one minute in very hot lard or oil to brown evenly, and add onions before juices start coming out. Continue frying, add carrots and scallion, and cook vegetables for a few minutes until tender. Add then tomatoes, tomato paste, parsley and all spices, blend well stirring all the while until tomatoes dissolve somewhat; lastly pour boiling water. Bring to a quick boil, cook for 15 minutes before adding noodles and seasoning with salt to taste. Let simmer gently for 10 additional minutes, or until noodles are done "al dente" or firm to the bite. Remove then from the fire and let stand a little, not more than 5 minutes, before serving. Take to the table with abundant grated cheese, Parmesan type. There are some people who will add to this stew some fresh cobs of corn, sliced in rounds —not over 2 cm thick— and also some cubed fresh squash, at the same time with the noodles.

XII. Guisos y cazuelas

XII. Stews and Casseroles

⁓ Guisos y cazuelas ⁓

Son las preparaciones más corrientes de la cocina casera, así como las más difíciles de catalogar, porque nunca se sabe cuándo se está frente a un guiso o a una cazuela. Para diferenciar estos platos no existe ningún tipo de fórmula fija.

En las que ofrecemos, se recogieron los procedimientos más difundidos, teniendo siempre en cuenta que para cada plato existe una cantidad de posibles versiones.

Tanto las cazuelas, originalmente las ollas de barro, como los guisos, se preparan sobre el fuego, aunque en la cocina moderna se usa a veces con preferencia y por comodidad, el horno. Las ventajas del horno son variadas, y por esto es que se incluyen algunas fórmulas al respecto. Las cazuelas modernas, de materiales más trabajados y con tapa, pueden ir directamente del horno a la mesa, lo que en sí representa una considerable comodidad. No está de más indicar que la mayor parte de los guisos y cazuelas pueden terminarse al horno.

Los guisos se hacen en una olla tapada y sobre la hornalla. Algunos son de cocimiento rápido, y otros tomarán un tiempo algo mayor. Los más no requieren preparaciones previas tediosas, y otros necesitan procesos cuidadosos de preparación. Pero todos tienen un denominador común: son el plato principal y único. Bajo guisos y cazuelas se han agrupado aquellos platos cuyo componente primordial es algún tipo de carne, roja o blanca. También se ofrecen otras preparaciones que, si bien no se llaman ni guisos ni cazuelas, son platos principales de carne. Una única excepción se ha hecho con las cazuelas o platos únicos en cuya preparación entran los pescados y los mariscos. Como responden a fórmulas que conservan las características de los lugares de donde provienen, se prefirió ocupar su lugar con otras preparaciones más populares y arraigadas.

(268) Carbonada criolla

2 tazas de carne para guisar, cortada en cubos • 4 cucharadas de aceite • 1 cebolla picada • 1 tomate grande picado, sin semillas • 1 hoja de laurel • 1 cucharada de conserva de tomates • 1 cucharadita de azúcar • 1 taza de caldo • 3 choclos frescos, cortados en ruedas finas • 1/2 taza de batatas, en daditos • 1/2 taza de papas, en daditos • 1/2 taza de zapallo, en dados medianos • 1/2 taza de orejones de durazno, en cuartos, remojados desde la noche anterior • sal a gusto

Cortar los orejones en cuartos y tener en remojo desde la noche anterior. Cortar la carne, preferiblemente magra, en cubos chicos, y dorar en aceite muy caliente. Dorar después la cebolla, y agregar sucesivamente tomate, laurel, conserva, azúcar y caldo. Si los choclos fuesen granados y no tan tiernos, agregar en ese momento. Si, por lo contrario, fuesen muy frescos y tiernos, agregar junto con los demás ingredientes después de los primeros 40 minutos.

Cocinar a fuego suave, en olla tapada, cuidando que no quede seca. Finalmente añadir el resto de los ingredientes, sazonar con sal a gusto, y continuar con el hervor suave hasta que las papas estén a punto. La preparación debe quedar un tanto caldosa. Servir caliente, acompañada con arroz blanco hervido y en fuente aparte.

⇌ Stews and Casseroles ⇋

These are the most popular preparations of the home kitchen, and among them will be found some of the most difficult ones to catalogue. It will always prove to be very annoying whenever a decision is needed to differentiate between a stew and a casserole. There is no formula whatever to help in telling apart one from the other. Therefore, these have been grouped in this section together, after a careful selection; that took into account the most widely used methods in their preparation, and knowing that any number of possible variations could be found for each one of them.

Most stews and casseroles, especially these last which call for earthen or ceramic ware, are cooked over an open flame following a well established tradition. But on the other hand we know that in the modern kitchen the oven is sometimes preferred. Several advantages have been found for baked stews or casseroles, and so this method has been indicated in a few recipes.

As a general rule, stews are cooked in a heavy covered pot, over an open flame fire. Some are rather easy and quick to prepare while others will require a longer time. Most will not need any involved previous manipulations, but there are still a few which could not be done without some careful preparation. All these dishes have none the less a common denominator, and that is being a one dish meal by themselves. Along with stews and casseroles are grouped several dishes whose main ingredient is meat, whether red or other, but which could not be called neither stews nor casseroles. An only exception has been allowed in this group, which was reduced to excluding all fish or seafood casseroles due to the fact that for these dishes the recipes brought from overseas are still too closely followed.

Carbonades, stews and casseroles are followed by those other popular and well established preparations which have consistently defied all efforts at classification.

(268) Criollo Carbonade

> 2 cups stewing beef, cubed • 4 tablespoons oil • 1 onion, chopped • 1 large tomato, seeded and chopped • 1 bay leaf • 1 tablespoon tomato paste • 1 teaspoon sugar • 1 cup any broth, preferably *puchero* or beef stock • 3 fresh corn cobs, cut in thin rounds • 1/2 cup sweet potatoes, cubed • 1/2 cup potatoes, cubed • 1/2 cup fresh squash, cubed • 1/2 cup dry peaches, quartered, and pre-soaked overnight in water • salt to taste

Quarter dried peaches and let soak overnight in abundant water. Choose rather lean stewing beef and cut in small cubes. Heat oil and brown beef, adding succesively onion, tomato, bay leaf, tomato paste, sugar and broth or stock. Clean fresh corn cobs, removing husks and silks, and cut in 2 cm wide slices. If corn is not tender, add at this moment. If very fresh and tender then add with other ingredients after the first 40 minutes of cooking time. Bring contents of pot to a gentle boil and simmer over a low fire, with the pot covered. After 40 minutes add the rest of the ingredients, season to taste with salt, and continue simmering until potatoes are done. This preparation must turn out well moistened, with a fair amount of broth; never let it dry. Serve hot, with white boiled rice.

(269) Carbonada con frutas

2 tazas de carne picada a máquina • 1/2 taza de grasa de cerdo • 1 cebolla grande picada • 2 pimientos morrones, en cubitos • 1 cucharada de ajo-perejil picado • 1/2 taza de papas, en cubos • 1/2 taza de zapallo, en cubos • 1 taza de choclos frescos, desgranados • 1/2 taza de duraznos frescos, en cubos • 1/2 taza de peras frescas, en cubos • 2 cucharadas de pasas de uva, remojadas en agua tibia, pimentón, pimienta, sal, comino y azúcar • agua hirviendo

Poner la carne picada en un tazón y volcarle encima agua hirviendo hasta que esté cubierta. Remover la carne hasta que pierda su color, y quitar de inmediato el agua caliente, que se reservará. En esta agua, poner en remojo las pasas de uva. Derretir la grasa de cerdo y freír la cebolla hasta que tome color, agregar entonces la carne picada y blanqueada, dorar todo junto y añadir el pimiento cortado en cubitos. Una vez que el pimiento se frió, agregar el ajo-perejil picado, 1/2 cucharadita de pimentón dulce, una pizca de comino, sal y pimienta molida, y una cucharadita de azúcar. Cuando la carne haya soltado todos sus jugos, se agregan papas, zapallo, granos de choclo, duraznos y peras frescos cortados en cubos y pasas de uva. Se cubre todo con el agua del remojo de la carne, y, si fuese necesario, se agrega caldo. Se lleva a un hervor muy suave, que se continuará hasta que las papas estén tiernas y a punto de deshacerse. Se sirve caliente, acompañando con arroz blanco hervido que se hace por separado. Hay quienes prefieren añadir el arroz a la carbonada.

(270) Guiso de carne

1/2 taza de aceite • 2 tazas de carne picada a mano • 1 cebolla grande picada gruesa • 1 pimiento dulce picado grueso • 1 taza de pulpa de tomates picados • 1 hoja de laurel • 1/2 cucharadita de comino molido • 1/2 cucharadita de pimentón dulce molido • 1 lata de arvejas, coladas, sin agua • 2 tazas de arroz • 3 tazas de agua hirviendo • sal a gusto y queso rallado

Rehogar brevemente la carne en el aceite, agregar las cebollas y los pimientos y freír por un par de minutos. Agregar laurel, comino y pimentón dulce y freír un minuto más. Poner el arroz, remover bien, friéndolo también hasta que quede algo trasparente, y por fin agregar los tomates, el agua hirviendo y la sal. Llevar a hervor suave y dejar unos 15 minutos hirviendo lentamente, con la olla tapada. Después de este tiempo, añadir las arvejas coladas, mezclarlas con el guiso, dejar sobre el fuego dos minutos más, retirar manteniendo la olla tapada y dejar reposar 5 minutos. Antes de servir, abrir el arroz con una cuchara para mezclarlo. Servir de inmediato y caliente, con abundante queso rallado por encima.

(271) Guiso de fideos

1/2 taza de aceite • 2 tazas de carne picada a mano en cubitos chicos • 2 cebollas medianas picadas • 1 hoja de laurel • 1 cucharadita de pimentón

(269) Fruit Carbonade

2 cups ground beef • 1/2 cup lard • 1 large onion, chopped • 2 sweet peppers, cut in small cubes • 1 tablespoon mixed garlic and parsley, finely chopped • 1/2 cup potatoes, cubed • 1/2 cup fresh squash, cubed • 1 cup fresh corn kernels, cut off the cob • 1/2 cup fresh peaches, peeled and cubed • 1/2 cup fresh pears, peeled and cubed • 2 tablespoons raisins, soaked in hot water • paprika, ground pepper, ground cumin, sugar and salt • boiling water

Have about 3 cups, or a little more, boiling water ready. Place ground meat in a bowl, pour boiling water over and stir all the while until meat looses all its pink color. Drain meat, reserving the water and put raisins to soak in it. Heat lard, fry onion until browned, add blanched ground beef, brown thoroughly until almost dry and add then cubed sweet peppers. When sweet pepper is tender add garlic and parsley mix, 1/2 scant teaspoon paprika, a pinch of ground cumin, 1 teaspoon sugar, salt and pepper to taste. Continue frying until beef is thoroughly cooked, and add then the rest of the ingredients. Cover with water using the reserved liquid where raisins were soaking, and if not enough add more boiling water or any beef stock. Bring to a very gentle simmering, and cook until potatoes are done. Do not let it boil, or all fruits and vegetables will be done to a mush. Once ready, let stand for a few minutes before serving. White boiled rice is the usual accompaniment, though there are some people who will add boiled rice to the carbonade at the last minute and serve everything together.

(270) Criollo Beef Stew

1/2 cup oil • 2 cups cubed stewing beef • 1 large onion, coarsely chopped • 1 sweet pepper, coarsely chopped • 1 cup tomato, peeled, seeded and chopped to a pulp • 1 bay leaf • 1/2 teaspoon ground cumin • 1/2 teaspoon paprika • 1 cup cooked, drained peas • 2 cups rice • 3 cups boiling water • salt to taste and grated cheese

Heat oil and quickly fry beef cubes until lightly seared, add onion and pepper, and continue frying stirring all the while for about 2 minutes, add then bay leaf, cumin and paprika and fry one more minute. Stir in rice and fry for a few moments until rice is transparent, and lastly add tomato pulp, boiling water and season with salt to taste. Bring to a boil and let simmer very gently for some 15 minutes with the pot well covered. At the end of this time add drained peas, blend well into stew, cover and remove from the fire and let stand for 5 minutes. Fluff rice with a fork or a wooden spoon before serving, sprinkle abundant cheese on top.

(271) Beef Stew with Macaroni

1/2 cup oil • 2 cups stewing beef cubes, rather small • 2 medium onions, chopped • 1 bay leaf • 1 teaspoon sweet paprika • 1 teaspoon ground

rojo molido • 1 cucharadita de comino molido • 1 cucharadita de orégano • 3 tazas de agua hirviendo • 400 g de fideos tipo rigatoni • sal a gusto y queso rallado

Dorar la carne en el aceite caliente. Añadir después las cebollas, friéndolas a fuego fuerte por dos minutos. Agregar especias, laurel, pimentón, comino y orégano, rehogando otro minuto más, y luego el agua hirviendo. Una vez renovado el hervor vivo, agregar los fideos, revolviendo constantemente el primer minuto para evitar que se peguen o hasta que todo vuelva a hervir. Mantener a fuego muy suave y en hervor lento por espacio de 15 minutos o hasta que los fideos hayan absorbido casi todo el líquido. Al empezar el hervor deben quedar cubiertos por el agua. Servir acompañando con queso rallado. Hay quienes agregan a esta fórmula papas cortadas en cubitos, choclos desgranados, zanahorias en cubitos muy chicos y arvejas, a elección.

(272) Guiso de lengua

1 lengua de vaca, de no más de 1 ½ kg, sancochada y pelada, cortada en rebanadas un tanto gruesas • 1/2 taza de aceite • 2 tazas de tomates picados, sin semillas • 1 cebolla grande, picada grueso • 1 pimiento morrón rojo, picado grueso • 1 hoja de laurel • 1 cucharadita de pimentón rojo dulce • 1 kg de papas, peladas y cortadas en rodajas • 1 taza de arvejas, frescas y hervidas o de lata • 1 cucharada de perejil • sal y pimienta a gusto

Sancochar y pelar la lengua de vaca, de modo que esté a medio cocinar. Cortarla en rebanadas un tanto gruesas y acomodarlas en una cazuela o en una fuente de horno que tenga tapa. Hacer una salsa con el aceite, dorando primero los tomates, luego agregando la cebolla y el pimiento morrón al mismo tiempo que la hoja de laurel y el pimentón dulce, sazonando con sal a gusto. Dejar cocinar solamente 5 minutos. Pelar las papas, cortarlas en rebanadas delgadas, de no menos de 1/2 cm de grueso, y acomodarlas sobre las lonjas de lengua, verter la salsa por encima, acomodar las arvejas, tapar la olla y cocinar sobre un fuego muy suave unos 40 minutos o hasta que las papas estén tiernas. En caso de hacer este plato al horno, usar horno moderado, con la fuente tapada; todo deberá estar a punto en alrededor de 1 hora. Dejar reposar unos 10 minutos antes de llevar a la mesa. Hay quienes agregan zanahorias cortadas en ruedas gruesas y ruedas de choclos tiernos. Las papas pueden ser sustituidas por ruedas un tanto gruesas de batatas.

(273) Guiso de mondongo

1 kg de mondongo, limpio y ya hervido en agua, con una hoja de laurel y sal, cortado en tiritas de hasta 5 cm de largo • 1/2 taza de aceite • 1 cebolla grande, en rodajas muy finas • 1 tomate grande, sin piel ni semillas, picado • 1 cucharadita de orégano (o 1 ramita de romero fresco) • 2 cucharadas colmadas de extracto de tomates • 2 tazas de arroz • 3 tazas de agua hirviendo, o el caldo en el que cocinó el mondongo, a elección • 1/2 taza de arvejas, o más, a gusto • papas blancas, hervidas, en rodajas, para acompañar

cumin • 1 teaspoon dry oregano • 3 cups boiling water • 400 grs macaroni, rigatoni type preferably • salt to taste and grated cheese

Heat oil and brown meat over a quick fire. Add onions, continue frying over a big fire until onions are a bit toasted on the edges, about 2 minutes. Add afterwards spices, blend well into onion and beef stirring for a brief moment and lastly add water.

Season with salt to taste, and bring to a rolling boil. When water is boiling rapidly add macaroni, stirring the first minutes to avoid sticking, until water is again boiling rapidly. Lower fire to minimum, reduce boiling to a very gentle simmer and make sure that pasta is covered with water; if not so, then add a little more boiling water. Cook for about 15 minutes or until macaroni have absorbed almost all the liquid. Stew must come out a little moist, never completely dry; if dried up, add a bit more water, since macaroni must be well coated with a runny sauce. Serve sprinkled with abundant grated cheese.

Variations are many, and will consist in the addition of several cubed vegetables, added to the pot along with the chosen pasta and cut up into small dice so that they'll cook at the same time. Usual additions will be fresh corn kernels cut off the cob, diced potatoes, sweet potatoes, squash, *zapallitos* or zucchini, carrots, and so forth.

(272) Beef Tongue Stew

1 whole beef tongue, not over 1 ½ kg, parboiled, skinned and cut up in rather thick slices • 1/2 cup oil • 2 cups tomato pulp, seeded and chopped • 1 large onion, coarsely chopped • 1 red sweet pepper, coarsely chopped • 1 bay leaf • 1 teaspoon sweet paprika • 1 kg potatoes, peeled and sliced in rounds • 1 cup cooked and drained peas, fresh or canned • 1 tablespoon parsley • salt and pepper to taste

Parboil in abundant water a whole tongue, so that it is only barely cooked. Skin and slice in thick slices. Lay tongue slices on the bottom of an earthenware casserole or fireproof dish. Prepare a sauce with oil, frying first tomatoes, then onion and sweet pepper along with bay leaf, paprika, and season to taste with salt and pepper. Cook sauce not more than 5 minutes. Peel potatoes and slice in rounds not less than 1/2 cm thick, place over tongue layer, pour sauce, cover with peas, fit cover on pot and place over a low fire. Bring to gentle simmer and cook for 40 minutes or until potatoes are tender. Let stand 10 minutes before serving. There are some people who will add also to this stew carrot rounds and fresh corn cobs also sliced in thin rounds. Potatoes may also be substituted by sweet potato rounds.

(273) Beef Tripe Stew

1 kg fresh beef tripe, welll cleaned and parboiled in abundant water, seasoned with salt and bay leaf, cut up in 5 cm long strips • 1/2 cup oil • 1 large onion, sliced in very thin rounds • 1 large tomato, peeled, seeded, chopped • 1 teaspoon dry oregano, or better a fresh sprig • 2 rounded tablespoons tomato paste • 2 cups rice • 3 cups boiling water, or beef stock, tripe broth may also be used • 1/2 cup peas, or more, to taste • white boiled potatoes, in rounds

El mondongo debe estar ya cocinado y tierno, cortado en tiritas de unos 5 cm de largo; también se puede cortar en cuadraditos de unos 2 cm de lado. Hacer una salsa con aceite, cebolla, tomate, orégano y extracto de tomates, friéndola unos 5 minutos cuidando de que no se pegue. Agregar entonces el mondongo cortado y 1 taza de caldo o agua hirviendo, y cocinar unos 15 minutos o hasta que el mondongo esté muy tierno y casi a punto, vigilando para que no quede sin líquido. Por último, agregar el arroz, mezclar bien, cubrir con más caldo o líquido y cocinar a un hervor muy suave unos 15 minutos más o hasta que el arroz esté a punto. Agregar las arvejas, apagar entonces el fuego y dejar en reposo 5 minutos antes de llevar a la mesa. Si se secase demasiado durante el hervor, agregar más agua. Debe quedar algo caldoso. Se sirve sobre papas blancas cortadas en rodajas.

(274) Guiso de patitas de cerdo

1 taza de porotos blancos, remojados en agua desde la noche anterior • 4 patitas chicas de cerdo, o 3 si fuesen grandes, limpias y partidas en dos a lo largo, sancochadas • 200 g de panceta, salada o ahumada, cortada en cubos • 2 chorizos de cerdo, sin la piel, cortados en ruedas • 1 chorizo tipo español, sin la piel, en rodajas finas • 3 cucharadas de grasa de cerdo • 1 cebolla mediana, en rodajas finas • 1 tomate mediano, en rodajas finas • 1 pimiento morrón, rojo o verde, en gajos gruesos • caldo o agua, sal a gusto y laurel, unos granos de pimienta

Tener en remojo los porotos blancos desde la noche anterior. Poner a hervir en una cacerola o cazuela con las patitas sancochadas y partidas, los chorizos sin piel y cortados en ruedas, la panceta en cubos y una o dos hojas de laurel, en agua solo suficiente como para cubrir todo. Llevar a hervor muy suave y cocinar hasta que las patitas estén muy tiernas y los porotos a punto de deshacerse. En el caso de que las patitas de cerdo fuesen grandes, hervirlas primero con la panceta hasta que estén tiernas, calculando que los porotos pueden estar listos y casi a punto en unos 45 minutos. Entonces, hacer una salsa con la grasa de cerdo, la cebolla, el tomate y el morrón, que se añade al cocido de porotos y patitas. Hay quienes agregan un poco de picante, aunque no es corriente. Se cocina todo junto unos 10 minutos, y se deja descansar otros cinco antes de llevar a la mesa. Es necesario vigilar este guiso mientras hierve para que no quede seco, agregando en ese caso agua hirviendo de a poco, como para que quede un poco caldoso. Puede hacerse también al horno, siguiendo este procedimiento: preparar primero la salsa con grasa, cebolla, tomate y pimiento, agregar porotos, patitas, chorizos y panceta, condimentar, cubrir con abundante agua o caldo y llevar a horno moderado en cazuela tapada. Debe hacerse en no menos de 2 horas en horno precalentado. En ambos casos se acompaña con papas blancas hervidas aparte.

(275) Guiso chacarero

Preparar: 1 pollo, chico y tierno, cortado en trozos no muy grandes: adobar con jugo de limón, sal, pimienta, una cucharada de aceite y algo de orégano; dejar reposar una hora, o algo menos

Parboil tripe in abundant water, seasoned with a little salt and a bay leaf, drain and cut in rather thin strips, not more than 5 cm long. Tripe may also be cut in small squares, of about 2 cm to each side. Prepare a sauce with oil, onion, tomato, oregano and tomato paste, frying all ingredients for about 5 minutes. Add then tripe strips, 1 cup broth or boiling water and cook until tender and almost done. Watch pot all the while so that it does not dry up. Finally add rice, cover with more boiling water and simmer 15 more minutes or until rice is done. Add peas, heat through and remove from the fire.

This stew may also be finished in the oven in a covered dish. Always let stand a few minutes before serving. Stew must come out a little moist, never dried up, with a good amount of a thin and runny sauce. The usual accompaniment is some white boiled potatoes, sliced in rounds.

(274) Pig's Trotters Stew

> 1 cup dry white beans, pre-soaked overnight in abundant water • 4 small pig's trotters, or 3 if too large, cleaned and split in halves lengthwise, parboiled • 200 grs salt bacon, or smoked, diced • 2 pork *chorizos*, without skin, sliced in rounds • 1 Spanish type *chorizo*, skinned, sliced in thin rounds • 3 tablespoons lard • 1 medium onion, in thin rounds • 1 medium tomato, in thin rounds • 1 sweet pepper, red or green, in thick wedges • broth or boiling water, salt to taste, a bay leaf and a few peppercorns

Soak beans overnight in abundant water. Place in a large pot with soaking water, bring to a boil together with well cleaned and split parboiled pig's trotters, bring to a gentle simmer and add skinned and sliced *chorizos*, cubed bacon, one or two bay leaves. See that all ingredients are well covered with liquid. Cook until trotters are tender and beans are thoroughly cooked but not yet bursting. Should trotters be large, then boil first with bacon until almost tender before adding to beans, since these will be ready, as a general rule, in about 45 minutes. At about this time, prepare a sauce with lard, onion, tomato and sweet pepper, to be added to the pot once it is ready. There are some who will add just a trace of cayenne or chili powder or red crushed hot pepper, so that pot will taste a bit pungent but never hot. Cook stew with sauce not more than 10 minutes, watching it all the while because it may stick to the bottom of the pot and come out scorched. If too dry, add boiling water. Stew must be moist, with a good amount of a thin sauce. Season with salt and pepper just before serving.

If preferred, it may be baked in a slow oven. In this case, prepare first a sauce with lard, onion, tomato and sweet pepper, add soaked beans, parboiled trotters, bacon, *chorizo*, season well, pour enough water so that ingredients are well covered with liquid, fit cover on pot and bake in a pre-heated oven for about 2 hours. Accompany in both cases with white boiled potatoes, sliced in rounds or quartered if potatoes are small.

(275) Country Stew

> Prepare in advance: 1 small, tender chicken, cut up in serving pieces: rub chicken with a lemon, salt, pepper, oil and oregano dressing; let stand for about 1 hour before cooking

Hacer una salsa con: 1/2 taza de grasa de cerdo • 1 chorizo de cerdo, sin piel, un poco deshecho • 1 cebolla mediana, picada grueso • 2 tazas de pulpa de tomates, sin piel ni semillas • 1 cucharada de perejil • 1/2 cucharadita de comino molido • 1/2 cucharadita de orégano • sal y pimienta a gusto • caldo de ave o agua hirviendo
1 paquete de fideos (400 g) tipo spaghetti o vermicelli

En una olla de buen tamaño poner al mismo tiempo todos los ingredientes para la salsa con dos tazas de caldo o agua hirviendo y cocinar 15 minutos a fuego fuerte.

Al cabo de este tiempo agregar el pollo cortado y adobado, escurrido de su adobo, y cocinar unos 30 minutos a fuego muy suave. Seguidamente agregar los fideos partidos en mitades o en tercios, revolver para que no se peguen y, una vez retomado el hervor, agregar más agua hirviendo o caldo hasta cubrir todo. Continuar cocinando a fuego muy lento unos 10 minutos o más, hasta que los fideos estén a punto. Servir de inmediato. Este guiso debe quedar algo caldoso. Es también corriente agregar los menudos del pollo y algunas otras verduras a la salsa, como zapallo cortado en cubos, papas en cubitos, arvejas, chauchas cortadas, choclos en ruedas o desgranados, pimientos y alguna ramita de apio o hinojo.

(276) Guiso de mondongo con patitas

1/2 kg de mondongo, limpio y sancochado, cortado en tiritas de no más de 5 cm de largo • 4 patitas tiernas de cordero, limpias y cortadas en mitades a lo largo, sancochadas y blanqueadas • 2 cebollas medianas, en cuartos • 2 hojas de laurel • 2 dientes de ajo, algo machacados • 3 tazas de agua, suficiente como para cubrir • sal y unos granos de pimienta negra

Poner a hervir estos ingredientes a fuego suave hasta que las patitas estén tiernas, por lo general, algo más de una hora.

Preparar aparte una salsa con:
2 cucharadas de aceite • 2 tomates pelados y cortados en gajos finos • 1 cebolla en tiras finas • 1 pimiento en tiras finas, o gajos finos • 1 ajo picado fino • 1 cucharada de perejil picado fino • 1 cucharadita de comino

Poner todos los ingredientes en un recipiente chico y llevar a un fuego muy suave. Hervir una media hora.

Tener reservado y medido:
1 taza de arroz • 1 taza de papas, cortadas en cubos no grandes • 1 taza de zanahorias, en cubitos chicos

Una vez tiernas las patitas y el mondongo, agregar la salsa, el arroz y las papas y zanahorias en cubitos. Cocinar a fuego suave 15 minutos más, o hasta que estén a punto las papas y el arroz. Debe quedar algo caldoso. Servir de inmediato, muy caliente.

Make a sauce with: 1/2 cup lard • 1 pure pork *chorizo*, skinned and broken up into small pieces • 1 medium onion, coarsely chopped • 2 cups tomato, sealed, seeded and chopped to a pulp • 1 tablespoon parsley • 1/2 teaspoon ground cumin • 1/2 teaspoon dry oregano • salt and pepper to taste • broth, stock or boiling water
1 package dry spaghetti or similar pasta (not over 400 grs)

In a large enough sauce pan put all sauce ingredients together with 2 cups any broth, beef stock or boiling water, and boil over a quick fire for some 15 minutes.

When chicken has been already 1 hour in its dressing, drain and add to the pot, and simmer for about 30 minutes. Finally add spaghetti, or any other similar pasta like vermicelli or spaghettini, broken up in halves or even in thirds, stir for a while to prevent sticking until liquid reassumes a rolling boil. Make sure that all ingredients are well covered with liquid; if not so, then add some more boiling water. Reduce fire, so that liquids slow down to a bare simmer, and cook for about 10 minutes or until pasta is done a bit firm to the bite. Serve immediately. Stew must come out moist, never dry. There are some who will also add to this stew the chicken giblets and a few more vegetables, such as cubed squash, potatoes, sweet potatoes, carrots, some coarsely chopped green beans, sweet peppers or turnips, shelled peas and fresh corn kernels cut off the cob or thin corn cob slices, and a fresh sprig of celery or fennel root.

(276) Tripe and Trotters Stew

1/2 kg beef tripe, cleaned and parboiled, cut in thin strips not over 5 cm long • 4 tender lamb's feet, clean and parboiled, split lengthwise in halves • 2 quartered medium onions • 2 bay leaves • 2 garlic cloves, peeled and slightly bruised • 3 cups water, enough to cover • coarse salt and a few whole peppercorns

Place all these ingredients in a large enough pot, cover with water and bring to a rolling boil, turn down the fire and let simmer until tripe and lamb's feet are tender. This will take about 1 hour, or perhaps a bit longer.

Prepare meanwhile the following sauce with:
2 tablespoons oil • 2 tomatoes, peeled and cut in thin wedges • 1 onion, cut also in thin strips • 1 sweet pepper, seeded and cut in thin strips • 1 garlic clove, minced • 1 tablespoon finely chopped parsley • 1 teaspoon ground cumin, or a bit less, to taste

Place all the ingredients at the same time in a sauce pan over a very low fire, bring to a gentle simmer and cook for about 30 minutes.

Measure and reserve:
1 cup rice • 1 cup potatoes, diced • 1 cup carrots, diced

When tripe and lamb's feet are tender and well done, add sauce, rice, potatoes and carrots, see that all ingredients are well covered with liquid, if not add boiling water, and simmer gently for about 15 more minutes or until rice and potatoes are done. It is best if stew does not come out dry, but with plenty of broth. Serve hot.

(277) Cazuela criolla de carne

1/2 kg de carne magra, cortada en cubos grandes, enharinados • 1/2 taza de aceite • 2 cebollas chicas, en cuartos • 2 pimientos chicos, sin semillas, en gajos finos • 1 tomate mediano, en gajos delgados • 2 tazas de caldo o agua hirviendo • 2 papas medianas, en rodajas delgadas • 2 choclos frescos, limpios, en ruedas delgadas • 1/2 taza de arvejas frescas, o de lata • 2 batatas medianas, en ruedas delgadas • 1 ramita de orégano • sal, pimienta y comino a gusto

Dorar la carne en el aceite, luego las cebollas y finalmente los pimientos. Agregar el caldo, los tomates y los choclos y llevar a un hervor suave por una media hora. Añadir entonces papas, batatas, arvejas tiernas y la ramita de orégano, continuando el hervor unos 15 minutos más. Si se agregasen arvejas de lata, hacerlo sólo a último momento, justamente antes de llevar a la mesa. En cuanto las papas están a punto, retirar del fuego, dejar descansar 5 minutos y servir caliente.

(278) Cazuela de pollo

1 pollo de no más de 1 kg, despresado y adobado con un adobo simple de aceite, limón y tomillo • 100 g de salchicha de cerdo, cortada en ruedas gruesas • 2 cucharadas de aceite • 1 cebolla en ruedas gruesas • 1 zanahoria mediana, en cubitos • 1 tomate mediano, en gajos delgados • 2 cucharadas de extracto de tomates • 1 taza, o más, de caldo de ave o agua, hirviendo • 1 hoja de laurel • 1 cucharadita de tomillo o 1 ramita de tomillo fresco • 1 taza de arvejas frescas o enlatadas • sal y pimienta a gusto • papas fritas cortadas gruesas para acompañar

Poner en una cazuela el aceite y, una vez caliente, dorar las salchichas hasta que hayan tomado un buen color. Agregar entonces la cebolla y la zanahoria y dorarlas, friéndolas a fuego fuerte; añadir el tomate, freírlo un minuto y añadir luego el caldo hirviendo, el laurel y el tomillo. Dejar hervir a fuego suave por espacio de 15 minutos, mientras el pollo se macera en un adobo simple de aceite, limón, tomillo y un poco de sal y pimienta. Al cabo de ese tiempo, agregar el pollo a la cazuela, con el adobo y, si las arvejas fuesen frescas, añadirlas también. Cocinar todo a fuego muy suave por espacio de media hora, o hasta que el pollo esté muy tierno. Si se emplean arvejas de lata, añadir cuando el pollo está a punto. Retirar del fuego la cazuela y dejar descansar 10 minutos antes de llevar a la mesa. Se sirve con papas fritas gruesas, o con arroz blanco hervido sólo con sal.

(279) Cazuela de cordero

1 paleta de cordero, de no más de 2 kg, partida en cuatro trozos, adobada con un adobo simple de aceite y orégano • 1/2 taza de aceite o grasa de cerdo • 1 cebolla cortada en rodajas gruesas • 4 zanahorias medianas, cortadas en cubitos • 2 tazas de caldo hirviendo • 2 cucharadas de extracto de tomates • 1 cucharada de pimentón rojo dulce • 1/2 cucharadita de oréga-

(277) Criollo Beef Casserole

1/2 kg lean stewing beef, cubed and dusted with flour • 1/2 cup oil • 2 small onions, quartered • 2 small sweet peppers, seeded, in thin wedges • 1 medium tomato, in thin wedges • 2 cups any broth or boiling water • 2 medium potatoes, in rather thin rounds • 2 fresh corn ears, husked, without silks, in thin rounds • 1/2 cup cooked peas, drained, fresh or canned • 2 medium sweet potatoes, in thin rounds • 2 sprig fresh oregano • salt, pepper and ground cumin to taste

Heat oil and brown floured and cubed beef, add onions and continue browning until edges are a bit toasted, then add sweet peppers and fry a little more. Stir in broth or boiling water along with fresh corn cob rounds, and cook for about 30 minutes. Then add the rest of the ingredients, season to taste with salt, pepper and a pinch of ground cumin and cook until potatoes are done, about 15 minutes more. If cooked peas are on hand, add only at the last minute, just before serving. As soon as potatoes are done, remove from the fire, let stand for 5 minutes and serve, always very hot.

(278) Chicken Casserole

1 chicken, not over 1 kg, cut up in serving pieces and rubbed with a little oil, lemon juice, thyme and salt • 100 grs pure pork sausage, cut in short lengths • 2 tablespoons oil • 1 onion, sliced in thick rounds • 1 medium carrot, cubed • 1 medium tomato, cut in thin wedges • 2 tablespoons tomato paste • 1 cup, or more, chicken broth or water, boiling • 1 bay leaf • 1 teaspoon dry thyme, or better still a fresh sprig • 1 cup cooked peas, either fresh or canned, drained • salt and pepper to taste • thick potato rounds, parboiled and fried in lard

Heat oil in a heavy pot, preferably in an earthenware casserole, and brown well sausage cut in short lengths until a bit toasted. Add onion and carrot, brown well over a quick fire, add later tomato, fry for one minute, finally stir in boiling broth or water along with thyme and bay leaf. Let simmer over a very low fire for about 15 minutes. Meanwhile, let chicken stand for 15 minutes after rubbing it thoroughly with a little lemon, oil, thyme and a pinch of salt, and some ground white pepper. When the 15 minutes are up, add chicken to casserole (do not drain), and if adding fresh peas, put them in the pot at this time. Simmer for 30 minutes, or a little more, until chicken is truly tender. If adding cooked or canned peas, put them in the pot after chicken is cooked, heat through and remove from the fire, letting the casserole stand for 10 minutes before serving. The usual accompaniment, parboiled thick potato rounds, fried in lard to a golden crisp on the outside while very tender inside, is prepared a while in advance. It may also be served with white boiled rice.

(279) Lamb Casserole

1 lamb shoulder, not over 2 kg, split in four pieces and rubbed with a simple oil and oregano dressing • 1/2 cup oil, or fine lard • 1 onion, cut in thick

no • 1/2 cucharadita escasa de comino molido • arvejas hervidas, frescas o de lata, a gusto • papas blancas, hervidas aparte, con sal, enteras para acompañar, 1 por cada comensal • sal y pimienta a gusto

Dorar uno a uno los trozos de paleta en el aceite hasta que hayan tomado un buen color. Retirar, mantener calientes aparte, y dorar en el resto del aceite las cebollas y las zanahorias hasta que empiecen a tostarse. Diluir el extracto de tomates en el caldo. Acomodar en la cazuela los trozos de cordero, mezclarlos con las zanahorias y las cebollas, cubrirlos con el caldo y el extracto, agregar pimentón, orégano y comino y llevar suavemente a un hervor lento. Si las arvejas son frescas, se pondrán a cocinar en ese momento, junto con el cordero; si fuesen de lata, se reservan para añadir a último momento. Sazonar a gusto y mantener en hervor suave por 45 minutos o hasta que el cordero esté tierno y la carne comience a desprenderse de los huesos. Las papas se hierven por separado, en su cáscara, en abundante agua sin sal, sin otro condimento. Hay quienes, sin embargo, prefieren añadirlas a la cazuela, partidas en cuartos, algo sancochadas, para que terminen de cocinarse en los jugos del cordero. Debe servirse caliente.

(280) *Cazuela de conejo y hongos*

1 conejo tierno, despresado y cortado en trozos chicos, y macerado en un adobo simple de aceite, sal y tomillo • 4 cucharadas de aceite • 2 lonjas de panceta ahumada, en tiritas • 4 cebollas medianas, en cuartos • 1 taza de hongos secos, cortados en trozos chicos, y puestos a remojar en 2 tazas de agua hirviendo • 2 hojas de laurel • 1 cucharada de maicena • sal y pimienta a gusto

Freír en el aceite la panceta cortada en tiritas junto con las cebollas, hasta que empiecen a tomar un buen color tostado. Retirar del aceite y reservar aparte, calientes. Dorar luego en el mismo aceite, una a una, las presas y piezas de conejo, a fuego fuerte, y reservarlas junto con las cebollas. Exprimir los hongos remojados, reservando el líquido del remojo (que también puede ser un buen caldo de ave o de verduras), y saltear en el aceite restante unos minutos hasta que estén un poco secos. Añadir entonces a los hongos las cebollas doradas con la panceta, acomodar las piezas fritas de conejo, diluir la maicena en el agua o caldo de remojo de los hongos, cubrir el conejo con el caldo, poner la hoja de laurel, sazonar a gusto con sal y pimienta, y llevar a hervor muy suave por espacio de 45 minutos, o hasta que la carne empiece a desprenderse de los huesos. Si el conejo no fuese chico y tierno, entonces debe dársele un hervor previo sólo con 1 taza de caldo y 1 taza de vino blanco seco. Se añaden luego todos los ingredientes salteados y se termina de cocinar en unos 10 minutos más. Se sirve en la misma cazuela y se acompaña con papas al ajo-perejil.

PAPAS AL AJO-PEREJIL. Pelar 1 papa mediana por cada dos comensales, cortar en rodajas gruesas de por lo menos 1 cm de ancho y sancocharlas brevemente en agua hirviendo, un poco salada, no más de 5 minutos; pasarlas finalmente por aceite o manteca hasta que queden bien doradas de los dos lados. Luego, en el resto del aceite se calienta a fuego moderado una buena cucharada de ajo-perejil finamente picado y con esta preparación se rocían las papas doradas en el momento de llevarlas a la mesa.

slices • 4 medium carrots, cubed • 2 cups any broth, boiling • 2 tablespoons tomato paste • 1 tablespoon, or a bit less, paprika • 1/2 teaspoon dry oregano • 1/2 scant teaspoon ground cumin • peas, freshly cooked or canned, to taste • white boiled potatoes, seasoned with a little salt, as accompaniment, 1 medium sized per guest • salt and pepper to taste

Heat oil and brown thoroughly, one by one, all four lamb shoulder pieces until golden crisp. Remove and keep warm. Fry in the same oil onion and carrots until edges are a trifle toasted. Dilute tomato paste in the broth. Lay lamb pieces over fried onion and carrots, sprinkle with paprika, oregano and cumin, pour broth and diluted tomato paste on top and bring to a gentle simmer. If using fresh peas, add at this point; however, if canned peas are used, add only during last minute of cooking time. Season with salt and pepper to taste and cook over a very slow fire for 45 minutes, or until lamb is tender, that is when the meat will be separating from the bones. Boil potatoes apart, in their jackets if so preferred, in abundant plain water, without any seasoning whatsoever. There are some who will quarter potatoes, parboil them for 5 minutes and add them to the casserole during the last 5 minutes of cooking time, so that they will absorb part of the cooking juices. Serve hot.

(280) Rabbit and Mushrooms Casserole

1 tender rabbit, cut up in small serving pieces, and rubbed with a dressing made with oil, coarse salt and thyme • 4 tablespoons oil • 2 bacon slices, preferably smoked bacon, cut in strips • 4 medium onions, quartered • 1 cup dry mushrooms, cut in small pieces and soaked in 2 cups boiling water (or any good broth) • 2 bay leaves • 1 tablespoon cornstarch • salt and pepper to taste

Pour boiling water over cut up dry mushrooms and let stand for about 15 minutes. Heat oil and fry bacon until limp, add onions and stir, frying until onions are a bit toasted about the edges. Remove and keep warm. Keep oil hot, fry one by one all rabbit pieces and reserve along with onions. Squeeze mushrooms, drain well reserving soaking liquid, and sautee in hot oil until dried up a bit. Dilute cornstarch in soaking liquid and place all ingredients in a large enough casserole, season with salt and pepper to taste, see that all rabbit pieces are well covered with liquid, bring to a gentle simmer and cook for about 45 minutes, or until bones can be pulled out of the meat. If using a not so tender rabbit, then parboil first alone in 1 cup broth or soaking liquid plus 1 cup white dry wine, until tender. Then proceed as indicated, cooking in the casserole with sauteed ingredients. Serve hot, directly from the casserole. Prepare garlic and parsley potatoes as accompaniment.

GARLIC AND PARSLEY POTATOES. Peel 1 medium potato for every two guests, or more to taste, and cut in slices about 1 cm thick. Parboil briefly in salted rapidly boiling water, not over 5 minutes. Remove from water, drain, let dry a bit and fry in very hot oil or butter until nicely brown and crisp on both sides. When all potato rounds have been browned, in the remaining oil or butter heat through over a moderate fire a good tablespoonful chopped parsley and minced garlic mixture, and pour over potatoes just the minute before serving. In all cases, serve very hot.

Esta cazuela se prepara con ventaja utilizando hongos frescos en una buena cantidad o champiñones frescos. Sólo bastará pasarlos por el aceite unos pocos segundos para calentarlos, antes de añadir el resto de los ingredientes. Al utilizar hongos frescos se puede agregar también un poco de tomillo, no mucho más del que se utilizó en el adobo.

(281) Cazuela de liebre

1 liebre fresca, no muy grande, limpia y despresada, cortada en trozos no muy chicos y adobada con un adobo de vino • 2 lonjas de buena panceta, preferiblemente ahumada • 4 cucharadas de aceite • 2 cebollas grandes en cuartos • 1 ramita de romero fresco • 4 zanahorias medianas, raspadas, en ruedas gruesas • 1 taza de vino tinto, de buen cuerpo • 1 taza de caldo de puchero • 1 cucharada de maicena • sal a gusto
Para el adobo: 2 cucharadas de aceite • 2 cucharadas de vino tinto • 1 cucharada de vinagre • 1 cucharadita de ajo picado • 1 cucharadita de perejil picado • 1 cucharadita de romero • 1/2 cucharadita de comino molido • 1/2 cucharadita de sal • un poco de pimienta

Limpiar la liebre, despresarla y cortarla en trozos chicos; dejar macerar en el adobo unas 6 horas. Dorar en aceite caliente la panceta ahumada, cortada en trozos grandes, hasta que quede desgrasada; añadir entonces las cebollas y, a fuego fuerte, dorarlas hasta que empiecen a tostarse, y retirarlas de la cazuela reservándolas al calor junto con la panceta. En el aceite que queda, dorar una a una las presas de liebre, una vez escurridas del adobo, y secadas con un lienzo. Acomodar la liebre en la cazuela, añadir panceta, cebollas, zanahorias, romero y vino tinto, y llevar a un hervor muy suave, en la cazuela tapada; cocinar por una hora. Si hiciese falta mientras se cocina algo más de líquido, agregar parte del caldo. Cuando la liebre esté casi a punto, agregar la maicena disuelta en caldo. Esta cazuela debe quedar un tanto jugosa. Cuando la liebre está a punto, es decir, cuando la carne empieza a desprenderse de los huesos, se agrega el resto del adobo, se retira del fuego y se deja descansar unos 10 minutos. Servir en la misma cazuela.

(282) Albóndigas con papas

Para las albóndigas: 1 taza de carne picada, preferiblemente magra • 1 taza de pan rallado • 1 cucharada de ajo-perejil muy picado • 1 cucharada de cebolla finamente picada o rallada • 2 cucharadas de aceite de mesa • 2 huevos batidos ligeramente • sal y pimienta a gusto • un poco de leche o caldo, un poco de harina

Amasar la carne con el pan rallado, trabajando con las manos, añadir la cebolla y el ajo-perejil; luego el aceite, los huevos ligeramente batidos, sazonar con sal y pimienta a gusto y preparar una masa suave y homogénea, algo blanda. Si resultase algo seca, agregar poco líquido; únicamente el suficiente como para ablandarla. Separar de a cucharadas y formar las albóndigas, no muy grandes. Pasarlas por un poco de harina.

This casserole will also be made to advantage using freshly picked mushrooms or button champignons. Sautee lightly before adding to casserole. When using fresh mushrooms, a little fresh thyme may also be added to the pot.

(281) Wild Hare Casserole

> 1 fresh and tender young wild hare, clean and cut up in serving pieces not too small, dressed with a wine *adobo* • 2 thick bacon slices, preferably smoked bacon • 4 tablespoons oil • 2 large onions, quartered • 1 sprig fresh rosemary • 4 medium carrots, scraped, in thick rounds • 1 cup red wine, full bodied • 1 cup beef stock, *puchero* preferably • 1 tablespoon cornstarch • salt to taste
> Prepare following *adobo* or marinade: 2 tablespoons oil • 2 tablespoons of a full bodied red wine • 1 tablespoon vinegar • 1 teaspoon minced garlic • 1 teaspoon chopped parsley • 1 teaspoon dry rosemary • 1/2 teaspoon ground cumin • 1/2 teaspoon salt • a pinch of ground black pepper

Have hare well cleaned, cut up in serving pieces, not too small, pour marinade over and let stand about 6 hours, or overnight at best. Heat oil in a casserole, brown bacon until all fat is rendered, add onion and brown over a quick fire until lightly toasted about the edges; remove and keep warm. Have remaining fat very hot and brown, one by one, hare pieces until nicely seared after draining them and patting them dry with a cloth. Place browned hare pieces in the bottom of the casserole, add bacon, onions, carrots, rosemary and red wine, bring to a gentle simmer, cover and let cook for about 1 hour. Should a little more liquid be necessary, add some broth. When hare is well cooked, dilute cornstarch in remaining broth, add to casserole and cook and additional 10 minutes. At about this time, meat should be separating from bones. Add reserved marinating liquids to casserole, heat through, boil one more minute, remove from the fire and let stand about 10 minutes before serving, directly from the casserole. Just before serving, adjust seasonings.

(282) Meat Ball and Potato Stew

> Prepare meat balls with: 1 cup lean ground beef • 1 cup bread crumbs • 1 tablespoon garlic and parsley, finely chopped • 1 tablespoon grated or very finely chopped onion • 2 tablespoons salad oil • 2 eggs, lightly beaten • salt and pepper to taste, some flour, milk or beef broth

Mix all ingredients, working them into a soft and smooth paste, season with salt and pepper, and if found too firm or dry, moisten with broth or milk, just enough to make it soft and workable. Form into balls, not too large but smaller than a medium sized egg, dust with flour and let stand a few minutes.

Aparte hacer una salsa con:
1/2 taza de aceite • 1 cebolla finamente picada • 2 tazas de tomates picados • 1 cucharada de ajo-perejil picado • 1 cucharada colmada de extracto de tomates • 1 hoja de laurel • 1 taza de caldo o agua hirviendo • sal a gusto

Poner todos los ingredientes juntos en una cacerola y cocinar 15 minutos a fuego suave.

Aparte preparar:
1 kg de papas, peladas y cortadas en rodajas finas • 1 taza de arvejas frescas, o de lata (coladas)

Poner las albóndigas en una fuente de horno apropiada, honda y con tapa, acomodar por encima las papas, bañar todo con la salsa y llevar a horno moderado por espacio de 45 minutos, con la fuente tapada. Cuando las papas van a estar a punto, agregar las arvejas de lata; las arvejas frescas se añaden a la cazuela junto con las papas. Retirar del horno cuando las papas están a punto, dejar reposar 10 minutos, y servir.

Para hacer en cazuela, cocinar a fuego suave primero las albóndigas con la salsa y las arvejas, unos 20 minutos, y agregar luego las papas. Cocinar de 10 a 15 minutos más o hasta que las papas estén a punto. Servir caliente, después de 10 minutos de reposo en la cazuela tapada.

(283) Albóndigas con repollo

Porción de albóndigas para 4 personas (ver receta anterior o preparar según receta preferida) • 3 tazas de salsa de tomates (ver receta anterior o elegir alguna de las recetas Nos. 293 al 296) • 2 cebollas grandes, cortadas en ruedas gruesas • 1 repollo de menos de 2 kg, cortado en tiras anchas • 200 g de panceta cortada en cubos grandes • sal a gusto

Colocar en una cazuela o fuente de horno, o cacerola con tapa, primero las ruedas gruesas de cebolla y luego el repollo cortado en tiras gruesas y anchas distribuyéndolo también sobre los costados de la cazuela. Acomodar sobre el repollo las albóndigas, cubrir con la salsa y llevar a fuego muy suave por unos 40 minutos o hasta que el repollo esté tierno. Para hacer al horno se necesitará un horno moderado, por espacio de 1 hora, con la fuente de horno tapada. En todos los casos, dejar reposar unos 10 minutos antes de servir.

Otro método para hacer este plato consiste en freír primero la panceta junto con la cebolla, rehogar el repollo y colocar entonces las albóndigas, que también pueden haber sido fritas de antemano en grasa de cerdo; cubrir con salsa y llevar a fuego suave. De este modo, el plato tardará menos tiempo en estar a punto, aunque tomará el tiempo de freír todos los ingredientes.

Make a sauce with:
1/2 cup oil • 1 onion, finely chopped • 2 cups chopped tomatoes • 1 tablespoon garlic and parsley, chopped • 1 tablespoon, well rounded, tomato paste • 1 bay leaf • 1 cup any broth, beef stock or plain boiling water • salt to taste

Put all ingredients in a sauce pan at the same time, bring to a boil and simmer gently for 15 minutes. Season with salt, to taste.

Have ready meanwhile:
1 kg potatoes, peeled and sliced in thin rounds • 1 cup cooked peas, fresh or canned, well drained (or parboiled, blanched fresh peas)

Place meat balls in a deep casserole, cover with sliced potatoes, distribute evenly throughout fresh parboiled peas, pour sauce, and bring slowly to a boil. Transfer, when boiling, to a pre-heated slow oven and bake for about 45 minutes or until potatoes are done. Let stand 10 minutes before serving. Cover while baking for a juicier stew.

To cook over the fire, make sauce in a deep casserole, preferably an earthenware crock, when sauce is ready, add meat balls and fresh peas and simmer for about 20 minutes or until both peas and meat balls are tender. Then add potatoes and cook 10 minutes more or until potatoes are done. For a juicier stew cook with pot covered. Let stand 10 minutes before serving.

(283) Meat Ball and Cabbage Stew

Prepare meat balls and sauce either according to your favorite recipes or following directions as set forth in the preceding recipe and choosing tomato sauces from recipes Nos. 258 or 259 or 293/296.

1 portion meat balls for 4, uncooked • 3 cups tomato sauce, or more according to taste • 2 large onions, cut in thick slices • 1 cabbage, not over 2 kg, cut in strips, rather wide • 200 grs bacon, cut in large cubes • salt to taste

Put onion rings in the bottom of a deep earthenware casserole, pile cabbage on them and also along casserole sides, strew bacon cubes and meat balls, cover with sauce and place covered over a slow fire. Bring to a very gentle boil, and simmer for 40 minutes or until both meat balls and cabbage are tender. Casserole may also be baked in a slow to moderate oven, also covered, for about 1 hour or a little bit more. In any case, once ready, remove from the fire or from the oven and let stand for 10 minutes before serving. There are some people who will insist on frying onions and bacon, tossing later cabbage so as to heat through before placing in the casserole. Meat balls may also be previously fried in lard. Then cover with abundant tomato sauce and simmer over a very slow fire. Even though in this case the casserole will be ready sooner, the overall cooking time will include all previous frying and be about the same, if not a trifle longer.

De igual manera, siguiendo cualesquiera de los métodos indicados, se podrán hacer, con diferentes ingredientes, los siguientes platos:

Albóndigas con zanahorias y arvejas — Albóndigas con choclos desgranados — Albóndigas con chauchas y cebollas

(284) Carne con papas

> 1/2 taza de aceite • 1/2 kilo de carne para guiso, magra, en cubos no muy grandes • 250 g de panceta salada, cortada en cubitos • 1 cebolla grande, picada • 1 zanahoria grande, cortada en rodajas gruesas • 4 papas medianas, cortadas en cuartos • 1/2 taza de arvejas, frescas o de lata • 1 cucharada de extracto de tomates • 1 hoja de laurel • caldo o agua hirviendo, como mínimo 1 taza • harina para rebozar la carne • sal y pimienta a gusto

Enharinar los cubos de carne y freírlos en el aceite caliente junto con la panceta hasta que estén dorados y la panceta empiece a tostarse. Añadir la cebolla y la zanahoria, rehogar unos minutos, agregar extracto de tomates, laurel y 1 taza de caldo o agua hirviendo, sazonar con sal y pimienta a gusto y llevar a hervor muy suave por espacio de casi 1 hora, o hasta que la carne esté tierna. Poner entonces las papas y las arvejas, si fuesen frescas; cocinar unos 15 minutos más o hasta que las papas estén tiernas. Si las arvejas fuesen de lata, agregar sólo a último momento, nada más que para calentarlas. Dejar reposar por lo menos 5 minutos antes de servir. Este guiso debe resultar caldoso. En el caso de que se secase demasiado durante el hervor, agregar paulatinamente un poco más de agua o caldo. Hay quienes lo prefieren algo más seco y hervir aparte las papas en agua con sal, peladas y cortadas en rodajas gruesas, o bien con su cáscara, y agregarlas a la cazuela a último momento.

(285) Pollo con papas

Puede hacerse del mismo modo que el indicado en la receta anterior, ya que esta es una fórmula muy popular, o bien de la siguiente manera:

> 1 pollo tierno, de no más de 1 ½ kg, cortado en presas chicas • 4 cucharadas de aceite • 1 cebolla chica, picada muy fina • 4 cebollitas de verdeo, cortadas en largos de unos 5 cm • 1 tomate entero, en gajos finos • 1 cucharada de perejil • 1 ramito de orégano fresco • 1 taza de caldo o agua hirviendo • 1 cucharada de extracto de tomates • 1/2 cucharadita de comino • 1/2 cucharadita de pimentón dulce rojo • 4 papas medianas, cortadas en cuartos o en rodajas delgadas • sal a gusto

Colocar el pollo despresado en una cazuela, agregar encima todos estos ingredientes mencionados, sazonando sólo con un poco de sal a gusto. Llevar a fuego muy suave hasta que el pollo esté listo y las papas a punto. También puede hacerse al horno, en fuente con tapa, con calor moderado. El pollo tiene que quedar bien cocinado, tanto que la carne empiece a desprenderse de los huesos.

Following any of the methods outlined above, several variations may be prepared, with a slight change in the ingredients and so you may have also these popular dishes:

Meat Balls with Carrots and Peas — Meat Balls with Fresh Corn Kernels Cut Off the Cob — Meat Balls with Green Beans and Onions

(284) Beef and Potato Stew

> 1/2 cup oil • 1/2 kg lean stewing beef, cut in medium sized cubes • 250 grs salt bacon, diced • 1 large onion, chopped • 1 large carrot, sliced in thick rounds • 4 medium potatoes, quartered • 1/2 cup cooked and drained peas, fresh or canned • 1 tablespoon tomato paste • 1 bay leaf • any broth, or water, boiling, at least 1 cup • flour to coat beef cubes • salt and pepper

Dust beef cubes with flour, heat oil and fry them until well browned, along with diced bacon. It is better if bacon gets a bit toasted around the edges. Add onion and carrot, stir and fry for a few minutes, add tomato paste, bay leaf and 1 cup liquid, whether broth or plain water, bring to a boil and keep gently simmering for 1 hour or until beef is tender. Add then potatoes and cook for 15 more minutes or until potatoes are done. If using fresh peas, add with potatoes; if canned, then add during the last minute of cooking. Let casserole stand, away from the fire, for at least 5 minutes before serving. This stew must come out with a good amount of broth; should it boil rapidly, it will loose much of its moisture and water will have to be added.

There are some who prefer to cook potatoes in their jackets apart, in abundant water, and add peeled to the casserole at the last minute, just to heat through. Season stew at the last moment, with salt and a little freshly ground black pepper.

(285) Chicken and Potato Stew

It may be prepared following the instructions given in the preceding recipe, substituting a chicken cut up in small serving pieces for beef and reducing proportionately the total cooking time, or as follows:

> 1 tender chicken, not over 1 ½ kg cut up into serving pieces • 4 tablespoons oil • 1 small onion, very finely chopped • 4 scallions, cut in strips 5 cm long • 1 tomato, sliced in thin wedges • 1 tablespoon coarsely chopped parsley • 1 sprig fresh oregano • 1 cup boiling broth or plain water • 1 tablespoon tomato paste • 1/2 scant teaspoon ground cumin • 1/2 teaspoon sweet paprika • 4 medium potatoes, peeled and sliced in thin rounds, or quartered • salt to taste

Place chicken with all other ingredients in a deep enough earthenware casserole, season with just a little pinch of salt. Bring to a gentle boil and simmer until chicken is well done and potatoes are tender. It may also be baked in a slow to moderate oven, in a well covered casserole. A dash of cayenne or red hot pepper may be added, but not in any amount large enough to turn the stew hot. As all previous stews, it must not come out dry, but full of its natural juices and with an abundant sauce.

(286) Mondongo con papas

1 kg de mondongo tierno, limpio y sancochado, cortado en tiritas de hasta 5 cm de largo y 1 cm de ancho • 1/2 taza de aceite • 1 cebolla grande picada • 1 pimiento morrón dulce picado • 1 tomate, sin piel, picado • 1 cucharadita de orégano • 1 taza de arroz • 2 papas medianas, en cubos grandes • 1 hoja de laurel • sal a gusto y caldo o agua hirviendo

Limpiar, sancochar y cortar el mondongo. Aparte hacer una salsa rápida con aceite, cebolla, pimienta, tomate, orégano y un poco de sal. Poner a hervir el mondongo en el caldo con una hoja de laurel, añadir la salsa y cocinar a fuego suave por espacio de 1 hora o hasta que el mondongo esté tierno. Cuando esté casi a punto, añadir las papas y el arroz. Las papas deben cortarse en cubos más o menos grandes para que se cocinen al mismo tiempo que el arroz, o sea unos 15 minutos aproximadamente. Debe quedar caldoso. Hay quienes lo prefieren un poco picante, en cuyo caso se le agrega 1/2 cucharadita de ají picante molido. Se sirve siempre muy caliente.

Del mismo modo como se hacen la carne con papas o el pollo con papas o el mondongo con papas, pueden prepararse también, eligiendo cualquiera de las tres fórmulas, para hecer en cazuela o en fuente de horno, los siguientes platos:

Lengua con papas — Rabo de vaca con papas — Paleta de cordero con papas — Pierna de cordero con papas — Costeletas de cordero con papas — Patitas de cordero con papas — Patitas de cerdo con papas — Chorizos con papas — Salchichas con papas

(287) Bifes a la criolla

1 kg de carne magra, cortada en bifes chicos • 2 cucharadas de adobo simple de ajo-perejil • 1/2 taza de aceite • 2 cebollas cortadas en ruedas • 2 pimientos morrones dulces, en gajos finos • 2 tomates grandes, cortados en gajos finos • 1 cuacharadita de perejil picado • 1 hoja de laurel • 1/2 taza de caldo o agua hirviendo • sal a gusto y pimienta

Una vez cortada la carne en bifes chicos, se deja macerar por 15 minutos en un adobo simple de aceite, sal y ajo-perejil picado con unas gotas de vinagre o limón. Seguidamente, en una cazuela u olla pesada de hierro con tapa se pone el aceite con el resto del adobo a calentar, cuidando que no llegue a freír, para añadir las rodajas de cebolla primero. Sobre ellas se colocan los bifecitos de carne, y se cubren con pimientos y tomates, perejil, caldo y laurel, sazonando con sal —casi siempre llevan un poco de pimienta negra molida—, y llevando a un hervor muy suave una hora o hasta que los bifes estén tiernos. La carne magra en este estilo por lo general tarda algún tiempo en quedar tierna. Hay quienes lo acompañan con alguna preparación de verduras, aunque este plato va sin acompañamientos.

(286) Tripe and Potato Stew

1 kg beef tripe, tender, cleaned, parboiled and cut in thin strips about 5 cm long • 1/2 cup oil • 1 large onion, chopped • 1 sweet pepper, chopped • 1 tomato, peeled, seeded and chopped • 1 teaspoon oregano • 1 cup rice • 2 medium potatoes, peeled and cubed • 1 bay leaf • salt to taste, and any boiling broth or plain water

Clean, trim and parboil tripe until half cooked, then cut in thin strips of up to 5 cm long. Prepare a sauce rapidly with oil, onion, sweet pepper, tomato, oregano and a pinch of salt. Measure 3 cups broth, add bay leaf, bring to a boil and add tripe, cooking until it is tender, easily pierced by a fork or any pointed utensil. At this point leave only 1 cup liquid with tripe, add sauce, potatoes and rice, see that all ingredients are well covered with liquid and bring to a gentle simmer. If liquid is not enough, add a little more broth or water. Cook over a very low fire, about 15 minutes more or until both potatoes and rice are done. Potatoes should be cut in cubes large enough to be cooked at the same time with the rice. Stew must come out with plenty of broth. There are some who will add a pinch of cayenne or crushed red hot pepper or chili powder, enough to make the stew just a bit biting but not hot. Following the same procedure indicated in this recipe, or in the two preceding ones, the following stews are usually made substituting the main beef or meat ingredient:

Beef Tongue with Potatoes — Ox Tail with Potatoes — Lamb Shoulder with Potatoes — Leg of Mutton with Potatoes — Lamb Chops with Potatoes — Lamb's Feet with Potatoes — Pig's Trotters with Potatoes — Chorizos with Potatoes — Sausages with Potatoes

(287) Criollo Potted Steak

1 kg lean tender beef, sliced in thin steaks • 2 tablespoons simple garlic and parsley dressing (oil, minced garlic, finely chopped parsley and salt) • 1/2 cup oil • 2 large onions, cut in not too thin rounds • 2 large sweet peppers, red or green, in thin strips • 2 large tomatoes, cut in thin wedges • 1 teaspoon chopped parsley • 1 bay leaf • 1/2 cup beef broth or stock, or boiling water • salt and pepper to taste

Have beef cut in very thin steaks, pound them to flatten evenly and let stand for 15 minutes in a simple oil, salt, chopped garlic and parsley dressing, rubbed thoroughly into steaks; add a few drops lemon juice or vinegar —see recipes Nos. 100, 102 and 103 for the correct proportions, and 122 for a larger amount if needed. Drain steaks, pour remaining dressing into a large earthenware casserole, heat with oil but do not let it fry. Put onion rings in the bottom, set steaks on onions, flattened, cover with tomatoes and pepper, parsley and broth, season with bay leaf, salt and a little ground black pepper, and let simmer for about 1 hour or until steaks are very tender. As a

Siguiendo el mismo procedimiento, con la diferencia de que se acostumbra a freír primero el ingrediente principal, pueden prepararse los siguientes platos, todos muy corrientes:

Hígado de vaca a la criolla — Costeletas de vaca a la criolla — Bifes de matambre a la criolla — Costeletas de cerdo a la criolla — Costeletas de cordero a la criolla — Pollo a la criolla — Pato a la criolla — Chorizos a la criolla

que se acompañan con papas blancas, arroz blanco o papas fritas. Los platos de la cocina casera son de preparación rápida, de pocas complicaciones. Puede hacerse la salsa aparte, o también prepararse una cantidad de salsa para guardar, que luego se utilizará de a poco con diferentes platos. Teniendo la salsa ya preparada, estos platos son de preparación muy rápida y a la vez sabrosos. Muy similares son los que siguen.

(288) Niños envueltos

Los niños envueltos son bifes chicos, enrollados, con algún relleno, muy simple, prendidos con escarbadientes, dorados en aceite o grasa fina de cerdo y luego terminados en una salsa, que comúnmente es de tomates. Un relleno común son zanahorias y huevo duro picado con un poco de pan rallado, huevo y un poco de aceite y otro de pimientos morrones, como el que sigue:

> 1 kg de carne magra y tierna, cortada en bifes chicos y delgados, de unos 10 cm × 12 cm, término medio • 2 cucharadas de adobo simple de aceite y orégano (receta N° 102) • 4 pimientos morrones dulces, sin semillas y preferiblemente sin piel, cortados en mitades • 1/2 taza de aceite • 4 lonjas de panceta, salada o ahumada, en mitades • 2 tazas, o más a gusto, de salsa criolla de tomates (receta N° 293) • sal y pimienta a gusto

Una vez cortados los bifes, que deben ser delgados y de una carne tierna, se dejan macerar en un adobo simple de aceite, sal y un poco de orégano (receta N° 102), no más de 15 minutos. Mientras tanto, se pasan por aceite caliente, para ablandarlos, los pimientos morrones y la panceta, que se retiran luego a un plato para que se entibien. Aparte se hace una salsa criolla de tomates, más bien abundante, u otra salsa de tomates a gusto. Se toman los bifes de a uno, se escurren del adobo, se les pone en el centro la media lonja de panceta y medio pimiento morrón frito, se arrollan y se prenden con un escarbadiente para que no se abran. Se doran en aceite caliente, uno a uno, y se van colocando en una cazuela o fuente para horno con tapa. Una vez fritos todos los bifes, se cubren con salsa de tomates, y se cocinan a fuego lento o en horno moderado hasta que estén tiernos. Se sirven con papas fritas en cubitos y arvejas salteadas.

general rule, all lean cuts chosen for this dish are not necessarily those really tender Serve hot, as it is, with a fresh green salad or any vegetable preparation.

All the following dishes may be prepared according to the method set forth in this recipe, except that the main ingredient is previously fried o seared in hot fat or oil:

Beef Liver Criollo Style — *Potted Lamb or Pork Chops Criollo* — *Potted Flank Steak Criollo* — *Potted Sirloin or T-Bone Steak Criollo* — *Criollo Potted Chicken* — *Criollo Potted Duckling* — *Criollo Potted Chorizos*

Garnish all these dishes with white boiled potatoes or boiled rice. Home cooked dishes for the most part are simple and easily prepared. Sauce may be cooked apart and be ready for use at any time, so that the main ingredient, after being quickly fried, is covered with sauce and put to simmer for a short time until tender. Any tomato sauce, hot or not, may be used; however those sauces prepared along the line of what is known in Argentina as Portuguese Tomato Sauce (recipe Nº 295) would be preferred for this type of dish. The recipes that are coming immediately after this one are also prepared in a similar way.

(288) Rolled Potted Steak

These steaks are called "Niños envueltos" or *cuddled babies* and of course are nothing but an adaptation to beef steak of other recipes brought from overseas. Have your butcher slice very thin steaks, rather small in size. Stuff them with a very simple filling, secure with toothpicks, brown in fat or oil, put in a deep pot, cover with tomato sauce and let simmer until tender. The most common filling takes mashed carrots, chopped hard boiled egg, some bread crumbs, oil and a beaten egg binding. Another popular filling with sweet peppers is prepared as follows:

> 1 kg lean beef, tender, sliced in thin steaks, rather small, not over 10 cm × 12 cm as an average • 2 tablespoons of a simple dressing of oil and oregano (see recipe Nº 102) • 4 sweet red peppers, seeded —preferably also peeled— cut in halves • 1/2 cup oil • 4 bacon slices, cut in halves • 2 cups, or more to taste, any Criollo type tomato sauce (see recipes Nos. 293, 294 or 295) • salt and pepper to taste

Pound steaks so that all are evenly flattened, pour oil and oregano dressing over them and let stand not more than 15 minutes. Meanwhile toss bacon slices with halved red sweet peppers in oil until heated through and limp. Remove and keep warm. Have ready a previously made tomato sauce, —preferably a Criollo type, but any tomato sauce will do provided it is not sweetish. Drain steaks, place in each one of them, about the center, half a bacon slice and half a sweet pepper, roll and secure with a toothpick. Brown in hot oil, one by one, and place in rows in the bottom of a deep enough casserole or ovenproof dish. When all rolled steaks have been well seared and browned, pour tomato sauce over them and cook covered, either on a very slow fire, gently simmering, or bake in a slow oven until tender. Serve in all cases with fried potatoes, or with mixed small cubed fried potatoes and sauteed fresh peas.

(289) Niños envueltos rellenos

Se hacen según el procedimiento de la receta anterior, con el siguiente relleno: en una cucharada de aceite se fríe una cebolla con una pizca de orégano hasta que quede tierna pero no dorada, se agrega 1/2 taza de cubitos de pan oreado, se mezcla con la cebolla y se añade 1/2 taza de leche hirviendo. Se retira del fuego para trabajar la mezcla hasta que las migas estén deshechas. Una vez tibio, se agrega perejil picado, 1 lonja de panceta picada, 1 huevo duro picado, 1 zanahoria chica rallada y 1 huevo batido. Se pone 1 cucharada de relleno en cada bife, se arrollan y se prenden con escarbadientes para que no se abran. Se pasan por aceite muy caliente, friéndolos no más de 1 minuto, y se van colocando en una cazuela o fuente de horno que tenga tapa. Fritos todos los niños envueltos, se cubren con una salsa de cebollas (receta Nº 298), se agregan zanahorias cortadas en ruedas gruesas y se cocinan a fuego muy suave o en horno moderado, hasta que estén tiernos. Unos minutos antes de servir se agregan arvejas frescas hervidas aparte, o bien arvejas de lata. Se sirven calientes, en su salsa.

(290) Niños envueltos con repollo

Una vez fritos unos niños envueltos simples, con un relleno de panceta y zanahorias machacadas, perejil, pan rallado y huevo, se acomodan en una cazuela en la que se puso de antemano medio repollo y una cebolla, cortados gruesos. Se cubre todo con una salsa de tomates y se pone a hervir a fuego muy suave por espacio de 1 hora, o hasta que los niños envueltos estén tiernos y a punto. Servir calientes. Se acompañan con arroz blanco hervido.

(291) Chorizos con repollo

Es un plato muy corriente y rápido. Calcular 1/4 de repollo y 2 chorizos por persona. En una cazuela se ponen cebollas cortadas en ruedas gruesas, luego el repollo cortado en tiras anchas, se acomodan los chorizos, con o sin piel, sobre el repollo y se cubre todo con salsa de tomates, o caldo con extracto de tomates. Salar a gusto y llevar a hervor suave hasta que el repollo esté tierno. Debe resultar un plato con abundante jugo. Se sirve caliente y puede acompañarse con papas blancas.

(292) Salchichas con arroz amarillo

Calcular 150 g de salchichas y 1/2 taza de arroz por persona. Dorar en poco aceite las salchichas cortadas en bastoncitos de no más de 5 cm de largo, agregar cebolla finamente picada y un poco de panceta ahumada. Una vez que la panceta se ha desgrasado, agregar el arroz que se freirá sólo un par de minutos, hasta que quede trasparente. A continuación agregar agua hirviendo con azafrán diluido y sazonar con sal a gusto. Por cada taza de arroz, dos tazas de agua hirviendo y una pizca de azafrán. A último momento se pueden agregar arvejas de lata, pimientos morrones de lata en tiras y aceitunas negras. Servir muy caliente. Puede acompañarse con huevos fritos.

(289) Stuffed Rolled Steak

To prepare this dish follow along the same lines set forth in the preceding recipe, but fill with carrot stuffing: heat 1 tablespoon oil, fry a chopped medium onion with a pinch of oregano until tender but not browned, add 1/2 cup cubed stale white bread and stir to blend well, pour 1/2 cup boiling milk and work until bread cubes are mashed to shreds. Remove from the fire and let cool, then add parsley, 1 diced thick slice of bacon, 1 coarsely chopped hard boiled egg, 1 medium carrot grated and 1 lightly beaten egg. Season with salt and pepper. Stuff each steak with about 1 well rounded tablespoonful, spread mixture about the center of the steak, roll and secure with toothpicks. Sear in very hot oil, frying not over 1 minute, and place in a deep casserole or ovenproof dish, choosing one with a tightly fitting cover. When all steaks have been seared and fried, cover with an onion sauce (see recipe Nº 298), add a few carrots sliced in thick rounds and simmer over a very low fire, or bake with the casserole covered in a slow oven until all steaks are tender. A few minutes before the end of the cooking time, add a few well drained canned peas. Serve hot.

(290) Rolled Steak with Cabbage

Prepare some simple rolled steaks, with a stuffing of bacon, mashed carrots, parsley, bread crumbs and egg, fry and place in an earthenware casserole over a layer of onions and cabbage cut in wide strips. Cover with tomato sauce and simmer on a very slow fire for over 1 hour or until both steaks and cabbage are tender and well done. Serve hot, along with white boiled rice.

(291) Chorizos with Cabbage

This is a very popular dish, quick to prepare and full of flavor. Figure 1/4 of a cabbage (not over 200 grs) and 2 *chorizos* per person. Place a bed of onion rings in the bottom of an earthenware casserole, lay cabbage cut in strips on onions, place *chorizos* on top nesting them among cabbage strips, cover with tomato sauce or with a mixture of tomato paste and any broth.

Season with salt, bring to a simmer over a low fire and cook until cabbage is tender; it may take about 1 hour. It should come out full of broth. Serve with white boiled potatoes, very hot.

(292) Saffron Rice with Sausages

Figure on 150 grs pure pork sausage and 1/2 cup rice per person. Heat a little oil and slowly brown sausage, cut in short lengths not over 5 cm long, add onion, finely chopped and some diced bacon. When bacon is crisp, add rice and fry until trasparent, not over two minutes. Then, stir in boiling water with diluted saffron, season with salt and bring to a simmer. Each cup of rice will require two scant cups of boiling water, or any broth, and a trace of saffron. Last minute additions usually are: strips of red sweet pepper, canned peas or black olives. Serve very hot. Eggs, any style but preferably fried in oil, are a common accompaniment.

XIII. Salsas

XIII. Sauces

⚘ Las salsas ⚘

Al observador casual le parecerá a primera vista que son pocas las salsas de la cocina argentina. Lo que ocurre es que, por ser de uso común sólo una reducida cantidad de ingredientes básicos, se tendrá la aparente impresión de que se trata de un surtido limitado, cuando en verdad no es así.

No se mencionarán aquí las salsas de la cocina universal, que forman parte inseparable del bagaje culinario usual en la Argentina. En esta sección se tratarán sólo aquellas que, por una razón u otra, difieren en algo de las conocidas mundialmente.

A poco de entrar en un plano de observación en este campo de las salsas, y teniendo siempre en cuenta las variaciones personales, se podrá comprobar que es algo más complejo de lo que pareció en un principio, Sólo bastará para confirmar esta aseveración tener a la vista la lista de adobos simples, los no tan simples, los aliños, las vinagretas, los chimichurris, y otras salsas crudas para establecer la variedad. Con las salsas cocidas ocurrirá algo similar. Los diferentes tucos y salsas de tomates hacen legión, algunos de las cuales ya se han visto en otras secciones. Siguen otras salsas, a modo de introducción a un campo de grandes variaciones y posibilidades.

(293) Salsa criolla

> 1/2 taza de aceite • 1 cebolla mediana picada • 1 tomate mediano picado • 1 pimiento morrón mediano picado • 1 diente de ajo machacado • 1 cucharada de perejil picado • 1/2 cucharadita de pimentón rojo dulce • 1/2 cucharadita de comino, algo escasa • 1/2 cucharadita de orégano • sal a gusto

Rehogar en el aceite caliente, pero que no haya llegado a humear, la cebolla, el tomate, el pimiento y el ajo, añadiendo luego el resto de los ingredientes. Cocinar a fuego vivo no más de 5 minutos para que no se seque demasiado, y usar. Esta salsa se puede hacer en cantidad para guardar al fresco o congelada.

(294) Salsa criolla picante

Se hará siguiendo el mismo procedimiento y con los mismos ingredientes que la anterior, agregando 1 diente de ajo picado y 1 cucharadita o más, a gusto, de ají picante molido. Esta salsa también puede hacerse en cantidad como para guardar por algún tiempo al fresco o congelada. Por razones prácticas, en la casa no se hacen nunca más de dos o tres litros que se guardan en frascos de vidrio, al fresco.

(295) Salsa portuguesa

> 1/2 taza de aceite, preferentemente de oliva • 1 cebolla grande, cortada en tiritas • 1 pimiento morrón dulce grande, en gajos finos • 2 tomates enteros, grandes, en gajos finos • 1 hoja de laurel • un poco de caldo o agua hirviendo, sal a gusto

◠ Sauces ◡

Any occasional observer might think that, on first appearances, all Argentine sauces could be reduced to just a very few ones. What happens is that most sauces will take only a few ingredients, combined in many different ways, and so an apparent impression is given of a very limited repertoire.

As set forth at the beginning of this selection, there will be no room here for those sauces which have come to be generally known all around the world. In this section, only a few sauces will be seen.

Little after entering this specialized field it will be seen that apart from all those little personal touches that are inevitable when so many people practice this art, all its complexities will come to the fore. Confirmation of this statement will only require a slight perusal over the list of cooked as well uncooked sauces that appear under such names as *adobos*, whether simple or not so, the *aliños* or dressings, the vinaigrettes or sousing sauces, *chimichurri* sauces and other uncooked sauces to get an idea as to their possible varieties. The different tomato sauces and *tucos* are truly legion. A few ones we have already seen previously. Some more are grouped here, especially those considered to be the most frequent ones.

(293) Criollo Sauce

> 1/2 cup oil • 1 medium onion, chopped • 1 medium tomato, chopped • 1 medium sweet pepper, chopped • 1 garlic clove, peeled and bruised • 1/2 scant teaspoon sweet paprika • 1/2 scant teaspoon ground cumin • 1/2 teaspoon dry oregano • salt to taste

Heat oil and stir in onion first, toss to heat through, and add then tomato, sweet pepper, garlic, following with the rest of the ingredients. Cook over a quick fire, not more than 5 minutes so that it does not dry up, and use immediately. This sauce may be made in larger amounts, and be safely kept either in glass jars or frozen, for a short time.

(294) Hot Criollo Sauce

Prepare sauce following method outlined in the previous recipe, with the same ingredients, except that a little more garlic should be added —at least one more garlic clove, minced— and 1 teaspoon crushed red hot pepper, or a little cayenne or chili powder, more or less according to taste. This sauce may also be made in larger amounts, conveniently kept in jars and in a cool place for a while. Practical reasons will always limit the amount of sauce that can be made in the home kitchen to no more than two or three liters, kept stored always in a cool place, or even frozen.

(295) Portuguese Sauce

> 1/2 cup oil, preferably olive oil • 1 large onion, cut in thin strips • 1 sweet red pepper, a large one, cut in thin strips • 2 tomatoes, larges ones, cut in thin wedges • 1 bay leaf • coarse salt to season, some broth or water, boiling

Partir la cebolla al medio y a lo largo, es decir, del nacimiento de las hojas al nacimiento de las raíces, y cortar luego en el mismo sentido tiras finas de cada mitad. Cortar el pimiento a lo largo por la mitad, es decir, del pedúnculo hacia el otro extremo, quitarle las semillas y cortarlo también en tiras delgadas. En el mismo sentido cortar también el tomate al medio, y luego en gajos finos, sin quitarle ni la piel ni las semillas. Calentar el aceite hasta que esté a punto de hervir, y rehogar sucesivamente las cebollas, los pimientos y los tomates. Agregar la hoja de laurel, un poco de sal y un poco de caldo o agua hirviendo para que no llegue a resultar seca. Cocinar no más de 5 minutos, debiendo quedar tanto la cebolla como el pimiento consistentes, pero tiernos. Se emplea sobre todo tipo de carne, especialmente bifes a la plancha, y sobre papas blancas o arroz blanco, así como sobre todo tipo de verduras hervidas o preparación de verduras como budines. Esta salsa puede prepararse en cantidad para guardar al fresco, o bien congelada.

(296) *Salsa rápida de tomates*

> 2 cebollas grandes, picadas grueso • 2 tomates picados
> 1 brizna de tomillo fresco • 1/2 taza de caldo, o vino —tinto o blanco— •
> 2 cucharadas de extracto de tomates • 1 tomate, sin piel ni semillas, cortado en gajos finos • 1/2 taza de buen aceite o manteca • sal a gusto y unos granos de pimienta negra

Pasar por licuadora, para que queden totalmente deshechos, las cebollas y los dos tomates enteros, ligeramente picados para que puedan licuarse más fácilmente, junto con el tomillo. Poner en una cacerola y, a fuego vivo, llevar a un hervor rápido. Diluir el extracto de tomates en el caldo y agregar a la cacerola. En el caso de usar vino, será preferiblemente blanco para aves o pescados y tinto para carnes rojas o de caza, aunque no sea ésta una regla establecida. Hervir a fuego vivo por dos minutos hasta que la salsa quede mezclada, bajar el fuego a muy suave, añadir el aceite o la manteca, sazonar a gusto y, si se prefiere, incorporar unos pocos granos de pimienta negra. Hervir no más de 10 minutos.

Es éste un método para hacer salsa sin freír, especial tanto para pastas como para aves o carnes a la cacerola, que se terminan de cocinar en salsa de tomates.

(297) *Salsa provenzal*

> 1/2 taza de aceite, preferiblemente de oliva • 2 dientes de ajo, picados • 1 cebolla mediana, finamente picada o rallada • 1 cucharada abundante de perejil picado • 1 tomate entero, cortado en gajos finos • 1/2 taza de caldo o agua hirviendo • 1 hoja de laurel • sal a gusto

Freír lentamente en el aceite caliente primero el ajo y luego la cebolla, el perejil y, finalmente, el tomate. Una vez todo frito, se agregará el caldo con el laurel y se sazonará únicamente con un poco de sal. Hay quienes prefieren añadir también un poco de azúcar. Hervir no más de 10 minutos.

Es una de las salsas más difundidas y populares de la cocina casera. Se usa tanto

Peel and cut off onion root, then stand onion on root base and cut in halves from top to bottom. Lay each half on its cut side and cut thin strips following the same direction, from top to bottom. Split also sweet pepper in halves, lengthwise, discard seeds and cut in thin strips. Cut tomato in the same way, place tomato with stalk side up and split in halves from stalk base down, then in the same direction, cut off thin wedges, without removing seeds or skin. Heat oil until very hot, stir in onions first and heat through until limp, then do the same with pepper strips, add tomatoes and toss for not more than one minute. Add bay leaf, a little salt and some boiling beef or any other broth, or just plain water, enough to prevent the sauce from drying up and getting scorched. Cook for 5 minutes, not more, since vegetables must retain some consistency, but must stay firm and tender. Use on any meat dishes, especially broiled or grilled steaks, chops or fried chicken, over white boiled potatoes or boiled rice, or on boiled vegetables, vegetable puddings and the like. This sauce, if made in larger amounts, may easily be kept for a short while in jars in a cool place, or a relatively longer time when frozen.

(296) Quick Tomato Sauce

> 2 large onions, coarsely chopped • 2 tomatoes, chopped • 1 sprig fresh thyme • 1/2 cup broth, or wine —red or white, not sherry—, or water • 2 tablespoons tomato paste • 1 tomato, peeled, seeded, and sliced in thin wedges • 1/2 cup salad oil, or sweet butter • salt to taste, a few whole peppercorns

Pass onions, tomato and fresh thyme sprig through a blender, chopping them a little; if tomatoes are large enough and juicy, there will be no need to add a little liquid so that blender may work properly. Pour blender contents into a sauce pan and bring to a quick boil. Dilute tomato extract in the chosen liquid and add to sauce pan. If using wine, there are some people who will insist on white wine for white meats, and red wine for the darker ones, but really this is not a firmly established rule nor a steadfast procedure in the home kitchen where the wine on hand is currently used. Boil for not over 2 minutes over a quick fire so that sauce elements are blended, lower fire to minimum after adding oil or butter, tomato wedges, season with coarse salt to taste and add if so preferred a few whole black peppercorns. Simmer for 10 minutes, not more will be necessary, and it will be ready to be used right away.

This is a sauce that will not require any previous frying, and is usually used on pasta as well as on *estofado* or on any other casserole dishes that are finished in the oven.

(297) Provençal Sauce

> 1/2 cup oil, preferably olive oil • 2 garlic cloves, minced • 1 medium onion, very finely chopped or grated • 1 heaped tablespoon chopped parsley • 1 whole tomato, cut in thin wedges • 1/2 cup any broth, or water, boiling • 1 bay leaf • salt to taste

para los platos de pastas como para los de verduras, sean éstas solamente hervidas o en preparaciones como budines o rellenos.

(298) Salsa de cebollas

> 1/2 taza de manteca, o más, a gusto • 3 cebollas grandes, ralladas o finamente picadas • 1 hoja de laurel • 4 cucharadas de harina común • 2 tazas de leche, o caldo de ave o de pescado • nuez moscada, pimienta blanca y sal a gusto

Cocinar muy lentamente las cebollas ralladas, o finamente picadas, en la manteca, a fuego suave hasta que queden casi a punto de deshacerse. Es posible acelerar este proceso pasando las cebollas, sin ninguna otra adición, por licuadora y luego escurriéndolas en un colador de alambre, reservando los jugos, o bien rallándolas y escurriéndolas, reservando también los jugos. Una vez cocinada en la manteca la pulpa de cebollas, se añadirá la harina junto con la hoja de laurel partida en varios trozos chicos. Un par de minutos más tarde, cuando la harina haya absorbido totalmente la manteca, para lo cual es indispensable revolver constantemente desde un principio, se agregarán los líquidos cuidando de no olvidar los jugos de la cebolla. En el caso de usar leche en polvo se reconstituirá con los jugos de la cebolla, agregando agua hasta la cantidad requerida. Sazonar con nuez moscada, sal y pimienta blanca molida. Debe resultar una salsa algo espesa, que puede diluirse agregándole algo más de líquido si se usa para bañar budines o verduras o para gratinar al horno.

A esta salsa se agregarán los ingredientes usuales para convertirla en salsa de queso (queso rallado, tipo parmesano, gruyere o ricotta), de huevos (huevos duros picados o en rodajas), de alcaparras, etcétera. En las preparaciones de verduras se usa con ventaja sobre la salsa blanca.

(299) Salsa genovesa

> 4 cucharadas de manteca • 2 cucharadas de cebolla, finamente picada • 1 cucharada de hongos secos picados, remojados y exprimidos • 2 cucharadas de ajo-perejil, finamente picado • 2 cucharadas de harina • 1 taza de caldo o agua hirviendo • 1/2 taza de vino blanco, preferiblemente seco • 1 huevo ligeramente batido • sal y pimienta

SISTEMA TRADICIONAL: Freír en la manteca, a fuego suave, la cebolla junto con los hongos, hasta que las cebollas están muy tiernas y a punto de deshacerse. Se agregará el ajo-perejil y la harina, revolviendo para mezclar bien todo, hasta que la harina haya absorbido la manteca. Añadir entonces el caldo hirviendo, o agua, en la cantidad suficiente como para lograr una pasta algo espesa, que se dejará cocinar 5 minutos, siempre a fuego muy suave. Condimentar entonces con sal y algo de pimienta. Batir aparte el huevo con el vino, retirar del fuego la salsa, incorporarle el batido de huevo y vino y, revolviendo constantemente, poner otra vez sobre el fuego sólo el tiempo necesario para que espese. En caso de quedar demasiado espesa, agregar un poco más de vino, ya fuera del fuego. Ajustar la sazón, agregando más sal, si fuere necesario, y usar de inmediato.

Heat oil, and over a low fire fry slowly garlic cloves in the first place, watching so that garlic is cooked but never, under any circumstances gets even near to browning. Add in succession onion, stirring until heated through, then chopped parsley until bright green and lastly tomatoes, continue stirring until heated and very soft. At this point pour in broth, with bay leaf, and season with coarse salt, not much but enough to make sauce a trifle salty. There are some people who will add a teaspoon sugar. Simmer 10 minutes and use. This sauce does not need to be cooked any longer.

(298) Onion Sauce

> 1/2 cup sweet butter, or more to taste • 3 large onions, grated or chopped • 1 bay leaf • 4 tablespoons all purpose flour • 2 cups milk, or any other liquid such as chicken broth, fish broth, beef stock or *puchero* broth • pinch of nutmeg, white ground pepper, salt to taste

Cook grated, or very finely chopped onions in butter until almost completely dissolved. This process may be shortened if onions are passed through a blender, without any further additions, or grated, and then pressed with a cloth so as to remove all liquids, which should be reserved. When onions are cooked, stir in flour and bay leaf broken into small pieces. Cook for a little over one minute, or until flour has absorbed all the butter it can and begins to bubble, stirring all the while to prevent any scorching. At this point add all liquids, not forgetting onion juices if reserved. If using powdered milk, reconstitute using in part reserved onion juices and adding water or broth up to the required amount. Season with coarse salt preferably, a pinch of nutmeg and a little white ground pepper. It must come out rather thick, but if used to coat vegetable puddings dilute with a little more liquid.

This sauce may easily be modified by adding a number of ingredients which will turn it into a cheese sauce, such as grated cheese of any type, ricotta or other bland cheese, or into an egg sauce with the addition of chopped hard boiled eggs, or capers for a caper sauce and so forth. In all these cases, it will prove an advantage to add a few drops of lemon juice to acidify it a bit. It may be used on all vegetable preparations instead of plain white sauce.

(299) Genoese Sauce

> 4 tablespoons sweet butter • 2 tablespoons finely chopped onion • 1 tablespoon chopped dry mushrooms, soaked and pressed dry • 2 tablespoons garlic and parsley mix, finely chopped • 2 tablespoons all purpose flour • 1 cup any broth, or plain water, boiling • 1/2 cup white wine, preferably dry wine • 1 egg, lightly beaten • salt and pepper

TRADITIONAL METHOD: Melt butter and cook over a very low fire chopped onion and chopped mushrooms, which should have been previously soaked for about 1 hour in hot boiling water, then drained, pressed dry and coarsely chopped. Stir all the while, until onion as well as mushrooms have lost most of their moisture, and onions are at the point of dissolving. At this point add garlic and parsley mixture, stir for a few seconds, sprinkle flour and continue stirring until most of the butter has

SISTEMA RÁPIDO: Poner en una licuadora cebolla, hongos, ajo, perejil, harina y caldo, mezclar un par de minutos y llevar a fuego vivo para que se cocine rápidamente. Una vez espesada la salsa, agregar manteca, sal y pimienta y cocinar no más de 5 ó 6 minutos. Añadir el batido de huevo y vino fuera del fuego, y llevar a fuego suave a terminar de espesar, sólo el tiempo necesario para que el huevo tome consistencia. Servir de inmediato, caliente. Es especial para pescados y mariscos, y se usa sobre todas las carnes blancas, en especial las hervidas.

Esta misma salsa, con el agregado de huevos crudos, también se emplea para rebozar carnes, aves y mariscos, antes de freírlos en abundante aceite. De este modo se obtendrá:

Lengua rebozada a la genovesa
Patitas de cordero rebozadas a la genovesa
Escalopes a la genovesa
Pescado frito a la genovesa
Camarones fritos a la genovesa
Ranas fritas a la genovesa
Conejo frito a la genovesa
Escalopes de mondongo a la genovesa

En el caso de las patitas de cordero, del mondongo, de la lengua y de los sesos, así como del pollo y el conejo, se rebozarán las carnes ya muy bien cocinadas, por lo general hervidas. Si se trata de pescado, ranas o escalopes de carne de vaca, se rebozarán en crudo para cocinarlos fritos. Deberá tenerse en cuenta, en el caso de los camarones, que en la Argentina todos los camarones que están a la venta en pescaderías y demás establecimientos de comestibles han sido ya cocinados por establecerlo así la costumbre más generalizada. No es común encontrar camarones crudos.

been absorbed. Pour then boiling broth or water, in a sufficient amount to obtain a rather thick and consistent preparation which should boil or better barely simmer for 5 minutes. Season with salt and a little white ground pepper. Meanwhile, beat together egg and wine, remove sauce from the fire, stir in rapidly to prevent egg from curdling, replace over the fire and cook briefly, not over the time needed for the sauce to thicken. If sauce should prove to have thickened too much, thin with more wine, remove from the fire, adjust seasoning and use right away.

QUICK METHOD: Pass onion, mushrooms, garlic, parsley, flour and cool broth or water through a blender until a smooth mixture is obtained, pour into sauce pan, bring to a boil and simmer for one minute, until thickened.

Then add butter, season with salt and pepper and cook for 5 or 6 more minutes. Remove from the fire, beat together egg and wine, stir into the sauce rapidly, return to the fire and cook only the time needed for the sauce to thicken. Serve hot, immediately or use right away over the chosen preparation, such as fish, shellfish, any white meat, fowl or poultry, whether grilled or boiled.

With this preparation, and the addition of beaten eggs, many elements are usually coated, such as meats, poultry, fish and seafood, and fried in abundant oil; however, Argentine home cooking does not make use of any deep frying techniques. Pan frying, in abundant oil, is the usual procedure and in such a way are prepared:

Beef Tongue Genoese Style
Lamb's Feet Genoese Style
Beef Steak Genoese Style
Fried Fish Genoese Style
Fried Shrimp Genoese Style
Fried Frog Legs Genoese Style
Fried Rabbit Genoese Style
Fried Tripe Genoese Style (Similar to recipe Nº 192)

In the case of tongue, lamb's feet, tripe and other variety meats, such as beef brains, just as in the case of chicken and rabbit, all meats must be well cooked, whether boiled or otherwise, before coating and frying. In the case of fish, shellfish or other seafood, as well as in the case of thin beef steaks —cut *milanesa* style (see recipes Nos. 185 through 200)— or thinly cut chops, previous cooking is not required because these will cook during frying process.

In the case of shrimp, it must be borne in mind that in Argentina this seafood is sold pre-cooked, never raw. It will prove somewhat difficult to find raw shrimp in the usual Argentine markets, as well as live crab or other crustacea.

XIV. Postres y dulces

———◦◦◦◦◦———

XIV. Desserts and Preserves

～ Los postres ～

No son muchos los postres que hoy en día se preparan en la casa con cierta frecuencia. De ellos, se han seleccionado sólo los más corrientes, en sus variaciones locales.

(300) Ambrosía

Es una preparación de huevos con almíbar, que se varía con numerosas adiciones de frutas secas, diversos licores, jugos y purés de frutas. Esta versión lleva jugo de naranjas.

> 1 cucharada de fécula de maíz • 2 tazas de azúcar • 1 ½ taza de agua hirviendo • 2 huevos batidos con: 2 yemas, 4 cucharadas de jugo de naranjas, colado, pizca de nuez moscada, esencia de vainillas a gusto

Mezclar en una cacerolita el azúcar con la fécula de maíz, cuidando de hacer una mezcla total para evitar los grumos, y volcar encima el agua hirviendo, revolver y cocinar 3 minutos a fuego moderado. Batir los huevos y las yemas con el jugo de naranjas y una pizca de nuez moscada o un poco de vainilla. Retirar del fuego el almíbar con la maicena e incorporarle gradualmente, de a cucharadas, el batido de huevos. Llevar la mezcla otra vez al fuego y hervir dos minutos más. Se sirve en copas, adornadas con galletitas de miel y nueces picadas.

Pueden hacerse variaciones con: purés de frutas frescas (bananas, peras, duraznos, damascos, manzanas, etc.), nueces, almendras o avellanas picadas, pasas de uva y nueces, y combinaciones con diversos licores y frutas, como mitades de cerezas o frutillas con kirsch, duraznos cortados en cubitos con caña, etcétera.

(301) Arroz con leche

> 1/2 taza de arroz • 3 tazas de leche

En una cacerola se mezclan la leche con el arroz, y se dejan reposar al fresco por lo menos 6 horas, o se prepara la noche antes. Al día siguiente, hervir la leche con el arroz por corto tiempo, no más de 8 minutos en total desde el momento en que rompe el hervor, como término medio, dependiendo siempre del arroz que no deberá sobrecocinarse, para que no quede deshecho.

> A los 5 minutos de cocción se agregan:
> 3 cucharadas de azúcar • 1/2 cucharadita escasa de sal • cáscara de naranja o ralladura de limón

Una vez cocinado el arroz, se deja entibiar al fresco. Si hubiese quedado sin jugo se agregará, una vez que haya enfriado, un poco más de leche hervida y enfriada.

Las proporciones que dan los mejores resultados son: 1 parte de arroz y 6 partes de leche, y 1 cucharada de azúcar por cada taza de leche. En todos los casos conviene agregar una pizca de sal.

⌐ Desserts ⌐

Not many are the desserts that are prepared nowadays in the home kitchen. A few ones, and at that only those most commonly made, have been chosen to be included in this selection, paying attention to the local variations and locally developed methods.

(300) Ambrosia

There is a number of desserts that go by the name of Ambrosia. This one is made with eggs plus a water and sugar syrup, adding then a number of fruit preparations, dry or fresh, juices and liqueurs. Orange juice is used in this one.

> 1 well rounded tablespoon cornstarch • 2 cups sugar • 1 ½ cups boiling water • 2 whole eggs beaten with: 2 egg yolks, 4 tablespoons freshly made orange juice, strained, pinch grated nutmeg or vanilla to taste

Mix in a small sauce pan sugar with cornstarch, stirring to make sure that ingredients are well blended to avoid lumps, pour over boiling water, continue stirring and bring to a boil over a slow fire. Cook 3 minutes. Beat eggs with egg yolks, freshly pressed orange juice, a pinch of nutmeg or a little vanilla. Remove the cornstarch preparation from the fire, and stirring vigorously pour in beaten eggs gradually, return to the fire and simmer gently two more minutes. Serve cold, in stemmed glasses, with honey biscuits and sprinkled with chopped nuts.

Many variations may be made with: fresh pureed fruits (banana, pears, peaches, apricots, apples, etc.), numerous nuts (almonds, filberts or hazelnuts), raisins and chopped nuts, and combinations with liqueurs, such as strawberries and kirsch, diced peaches with sugar cane brandy, etc.

(301) Arroz con Leche (Rice with Milk)

> 1/2 cup white long grained rice • 3 cups milk

In a sauce pan, or other appropriate vessel, mix rice with milk and let stand to soak in a cool place at least 6 hours; it is best if kept overnight in the refrigerator. Next day, bring to a boil for only a very short time, not over 8 minutes on an average, counting from the moment milk begins to boil; time will always depend on the rice. Overcooking rice will result in a very good tasting mush, but not *arroz con leche*. At the end of the first 5 minutes of cooking time add:

> 3 full tablespoons sugar • 1/2 teaspoon, scant, salt • grated orange or lemon rind

When rice is cooked, remove from the fire and let cool. *Arroz con leche*, as any rice pudding, will thicken as it cools. If too thick when cold, add little more boiled and sugared milk to bring it to a creamy consistency.

The best proportions for *arroz con leche*, made in this or any other old way, are: to each cup of white long grained rice, 6 cups of milk, and 1 tablespoon sugar for each

(302) Budín de pan

Es un postre muy común, que permite una infinidad de variaciones. Se puede hacer sobre la hornalla al baño-maría, al vapor, al horno y al baño de María en el horno. Esta versión es al horno, porque de esa forma queda un tanto más esponjoso y no tan húmedo.

> 2 tazas de migas de pan oreado, cortadas en cubitos chicos • 2 tazas de leche hirviendo • 3 cucharadas de azúcar • 3 huevos batidos • pizca de sal y ralladura de limón o esencia de vainilla • pasas de uva sin semilla, a gusto

Poner en un tazón las migas y volcarles encima la leche hirviendo. Empaparlas bien y deshacerlas con un tenedor o pisa-puré. Batir los huevos ligeramente con el azúcar y la pizca de sal (no necesitan estar espumosos) e incorporar a las migas con las pasas de uva, en la cantidad preferida, y la vainilla o ralladura de limón. Se pone luego la mezcla en un molde para budín, acaramelado previamente, y se lleva a horno suave por espacio de 1 hora. Desmoldar una vez que enfrió totalmente y servir. Puede acompañarse con una salsa de caramelo, que se prepara de la siguiente manera:

(303) Salsa de caramelo

> 2 cucharadas de azúcar • 1/2 taza de agua hirviendo • almíbar hecho con: 1/2 taza de agua y 1/2 de azúcar

En una cacerolita se pone a quemar el azúcar, que deberá quedar de un color subido; se agrega entonces el agua hirviendo y se revuelve hasta que todo el caramelo se haya disuelto en el agua. Se añade el almíbar, que se pudo haber hecho aparte previamente o que se prepara en la misma cacerolita añadiéndole otra 1/2 taza de agua y 1/2 de azúcar; hay quienes añaden en este punto unas gotas de esencia de vainilla. Con esta salsa se baña el budín y el resto se pasa individualmente en salsera.

Esta es la fórmula básica para un sinfín de postres, entre los que pueden mencionarse: budín de chocolate (añadiendo chocolate a la leche), budín de nueces u otras frutas secas (avellanas, almendras, nueces de cajú, almendras de pará, etc.), budines de purés diversos de frutas, budín de café (añadiéndolo a la leche), de miel, etcétera.

(304) Budín de sémola

Tanto el budín de sémola, como los de arroz y de tapioca, son corrientes.

Se preparan hirviendo en la leche la sémola, el arroz o la tapioca, incorporando huevos, y azúcar, algunas especias aromáticas como canela, clavo de olor, pimienta dulce de Jamaica, etcétera. Una vez mezclado todo, se lleva al horno, o se cocina en baño de María, siempre; en budinera acaramelada. Se agregan pasas de uva, angélica o frutas secas, frutas abrillantadas en daditos y conservas de frutas. Debe esperarse a que enfríe totalmente para desmoldar: se acompaña con su jugo, que puede aumentarse con la salsa de caramelo indicada en la receta anterior.

cup of milk, adding in all cases just a pinch of salt • *Arroz con leche* is served in Argentina with a light sprinkling of cinnamon o top.

(302) Budín de Pan (Bread Pudding)

A very popular dessert, which allows for a good number of variations. It may be made over an open fire in a water-bath or *bain-marie*, steamed, bake and even *au bain-marie* in the oven. This version is to be made in the oven, so that it may turn out lighter and not so moist.

> 2 cups white cubed bread crumbs, from stale white bread • 2 cups boiling milk • 3 tablespoons sugar • 3 beaten eggs • pinch of salt, grated lemon rind or vanilla essence • seedless raisins to taste

Pour boiling milk over white cubed bread crumbs, soak them well and stir with a fork until well mashed and reduced to shreds. Beat eggs lightly with sugar and a pinch of salt, eggs must not build up any foam, and blend into bread and milk mixture, add raisins in the preferred amount, and grated lemon rind or vanilla. Pour into a previously caramelized fluted mold and bake in a very slow oven for about 1 hour, or until set. It may also be baked in a *bain-marie*, covered, in a moderate oven, for 45 minutes. Remove from the oven, let cool completely, loosen around edges and unmold. Do not attempt to unmold still warm, much less when hot, because it won't hold its shape. Serve cold, plain or with the following caramel sauce:

(303) Caramel Sauce

> 2 tablespoons sugar • 1/2 cup boiling water • plain syrup made with 1/2 cup water and 1/2 cup sugar

Caramelize the sugar in a small sauce pan, and when quite dark, add then boiling water, stirring so that caramel will dissolve in the water. Add syrup, made apart previously, or add sugar and water and boil until thickened. There are some people who will add at this point a few drops vanilla. Pour sauce over pudding and pass the rest in sauce boat. Also 1 tablespoon sweet butter and 1 tablespoon cornstarch are added to give the sauce a bit more consistency.

The preceding formula is the key to a number of different desserts, among which the most usual ones are: chocolate pudding (adding grated chocolate to milk), chopped nuts pudding (adding chopped walnuts, hazelnuts, etc.), coffee pudding (adding coffee to milk), honey pudding, etc.

(304) Semolina Pudding

Semolina pudding, as well as rice and tapioca pudding are fairly common preparations. Have milk boiling, mix semolina, tapioca or other product with cold milk, add to boiling milk and cook until done. Add sugar and eggs, spices such as cinnamon, clove, allspice when cool, blend well and bake in a moderate oven, in a waterbath (*bain-marie*) or otherwise, always in a caramelized mold. The addition of

(305) Buñuelos

Son muy populares los buñuelos de frutas, que se hacen con una variedad de pastas. Se eligió la misma que se usa para las berlinesas o suspiros de monja.

1 taza de leche hirviendo • 1/2 taza de manteca (unos 100 g) • 4 cucharadas de azúcar, colmadas • 1 cucharadita de ralladura de limón • 1 taza de harina • pizca de sal • 4 huevos cascados, sin batir • nuez moscada • aceite para freír, o grasa fina de cerdo, azúcar para espolvorear

Poner a hervir la leche con la manteca, el azúcar, la ralladura de limón y una pizca de sal. Cuando hierven vivamente, agregar la harina y, revolviendo constantemente, trabajar hasta que se despegue la masa de las paredes de la cacerola. Entibiar un poco, batiendo siempre; una vez tibia la masa agregar, uno a uno, los huevos, batiendo sin cesar hasta obtener una mezcla completa después de añadir cada huevo, Es éste batido el que influirá decididamente en el resultado final. Una vez que la masa está lista, se deja caer de a cucharadas en aceite muy caliente. Se sirven calientes, espolvoreados con azúcar.

Es corriente agregar a la masa frutas frescas cortadas en cubitos, como bananas, manzanas, pasas de uva, etc., con lo que se obtendrán buñuelos de frutas.

(306) Compotas

Las compotas de frutas frescas o desecadas son muy populares. Se hacen hirviendo en un almíbar tenue —1 parte de azúcar en 5 ó 6 partes de agua— las diferentes frutas frescas de la estación o las desecadas. Las compotas de manzanas, peras, ciruelas desecadas, orejones de duraznos, pasas de uva, higos o damascos, se sirven ya sea solas o acompañadas con sémola con leche, arroz con leche o tapioca con leche.

(307) Crema batida con frutas

Debe hacerse en el momento mismo de servir, o muy poco antes. Se prepara con frutas frescas, o en conserva.

200 g de crema fresca de leche • 1 cucharadita de vainilla • 4 cucharadas colmadas de azúcar • 2 claras de huevo batidas a nieve

Batir la crema de leche fresca con esencia de vainilla en la proporción dada o algo menos, según el gusto, hasta que tome cuerpo. Es conveniente usar crema estacionada durante unas 12 horas, y muy fría, para que pueda batirse mejor y tome cuerpo rápidamente, evitando el peligro de que llegue a cortarse. Una vez batida la crema, que no debe quedar muy espesa, batir aparte las claras de huevo a punto de nieve y agregar el azúcar. Continuar batiendo las claras hasta que el azúcar se haya disuelto totalmente. Unir las claras con la crema —y no la crema a las claras—, sin batir, sino sólo mezclando con movimientos envolventes y con la ayuda de una espátula o pala de madera. Preparar entonces:

chopped candied fruits, plumped raisins, angelica and other preserves is left to the cook's best choice. Wait until cold to unmold. Serve with a light caramel sauce.

(305) Buñuelos (Fritters)

Fruit fritters are very popular preparations, made with a number of possible batters. The following batter was selected from among many others because it is the same one used for fried puffs.

> 1 cup boiling milk • 1/2 cup sweet butter (about 100 grs) • 4 rounded tablespoons, sugar • 1 teaspoon grated lemon rind • 1 cup all purpose flour • 4 eggs • pinch of salt, powdered sugar, oil or lard for frying

Bring milk to a boil and add sugar, sweet butter, grated lemon rind and a pinch of salt. When boiling rapidly, add flour all at once and stir beating vigorously until flour does not stick to the sides of the sauce pan. Let cool a bit, and beat in eggs, one at a time. See that one egg is completely and smoothly beaten in before adding the following one, because only well blended dough will produce a good final result. When all eggs have been beaten in, dough is ready to be used. Drop by the tablespoonful in hot oil or lard, take out when well browned on all sides, put on absorbent paper and sprinkle with powdered sugar. Serve fritters preferably warm, or let cool, cut a side pocket, fill with *dulce de leche* and sprinkle with vanilla flavored sugar.

Fruit fritters are made by adding to the basic dough fresh fruits cut in small cubes, such as bananas, apples, raisins, or any other fruit in season. Some like to steep fruits in a sugar an liqueur mixture before folding into the fritter batter.

(306) Compotes

Fresh fruit compotes are part of the almost daily preparations of the home cook. These are made by cooking first a very light simple sugar and water syrup, made with 1 part sugar for every 5 or 6 parts water, boiling it for a while and adding cut up peeled or unpeeled fresh fruits in season. Apple, pear, peach, or plum compotes, as well as those made with dried fruits are served either by themselves or as an accompaniment to *arroz con leche* or other milk cereals such as semolina, tapioca, etc.

(307) Fresh Fruits with Cream

This dessert must be prepared only minutes before it is to be served, or not much earlier. Though preferably made with fresh fruits, it may also be made with preserved fruits or a dry fruit compote.

> 200 grs sweet dairy cream • 1 teaspoon vanilla • 4 heaped tablespoons sugar • 2 egg whites, beaten to hard peaks

Beat fresh, cold, cream along with vanilla and half the sugar in the proportions given, or perhaps a little less according to taste, until fluffy and light. One day old cream, kept cold, will beat better, fluffier and quicker than fresh cream. Apart beat

2 tazas de frutas frescas, en cubitos o en rebanadas delgadas, con: 2 cucharadas colmadas, o no, a gusto, de azúcar, y unas gotas de jugo de limón

Mezclar las frutas con el azúcar y el jugo de limón, dejar macerar unos pocos minutos, mezclar bien, acomodar en copas y cubrir con crema batida, acompañando con más crema al servir las porciones extras que se habrán hecho. Es un postre que parecería que nunca se hace en cantidades apropiadas. De esta forma se preparan, corrientemente:

Bananas con crema
Duraznos con crema
Damascos con crema
Peras con crema
Ciruelas con crema

(308) *Frutas frescas con licores*

Siguiendo el método indicado en la receta anterior, se añade a la crema de leche batida una cucharada o muy poco más de algún licor, como kirsch, ron, curasao, prunelle, apricot, etc. Se obtendrán combinaciones como:

Bananas con crema al licor de cacao
Damascos con crema al kirsch
Duraznos con crema al ron
Guindas con crema al apricot
Piñas con crema a la menta

Las variaciones son múltiples y, en casi todos los casos, exitosas.

(309) *Frutas con crema inglesa*

Para la crema inglesa:
3 huevos ligeramente batidos • 1/2 taza de azúcar • 2 tazas de leche hervida • 1/2 cucharadita de extracto o esencia de vainilla • pizca de sal

Batir los huevos con el azúcar, la vainilla y una pizquita de sal, sólo para mezclarlos bien, sin que lleguen a hacer espuma, e ir incorporando, de a cucharadas, la leche casi hirviendo. Volver la mezcla al fuego, batiendo constantemente con un batidor de alambre, para calentarla únicamente y que llegue a tomar cuerpo. Se debe hacer el proceso rápidamente sobre un fuego suave. Si llegase a hervir, se cortará irremediablemente. En cuanto la crema tomó cuerpo, retirar de inmediato del fuego, revolviendo siempre para enfriarla rápidamente. Una vez tibia, agregar una o dos cucharadas, no más, de la bebida fuerte o licor elegido. Se sirve, aún tibia, sobre frutas frescas, con o sin azúcar, y también sobre compotas ligeramente azucaradas.

egg whites until soft peaks form, add sugar and continue beating until well blended and whites are stiff. Fold whites into cream, but not cream into whites, with the help of a spatula or other flat mixer. Prepare then:

> 2 cups fresh fruits, cut in cubes or in thin slices, • 2 heaped tablespoons sugar, or more according to taste with a few drops lemon juice

Mix fruits with sugar and a few drops lemon juice, let steep for a few minutes, blend well, fill dessert glasses with the fruit, cover with beaten cream and take rest of the cream to the table. This is a dessert that never seems to be prepared in the correct amount. In this way prepare:

Bananas with Cream
Peaches with Cream
Apricots with Cream
Pears with Cream
Plums with Cream

(308) Fresh Fruits with Liqueurs

Following the method set forth in the previous recipe, add to beaten cream and egg whites not more than a full tablespoonful of any chosen sweet liqueur such as prunelle, apricot, peach brandy or other as for instance rum, kirsch, sugar cane brandy, curaçao, and prepare combinations like:

Bananas with Cream and Sweet Chocolate Liqueur
Apricots with Kirsch Flavored Cream
Peaches with Rum Flavored Cream
Cherries with Apricot Flavored Cream
Pineapple with Mint Flavored Cream

As might be expected, variations are truly endless, and in almost all cases very successful.

(309) Fruits with Custard

> 3 eggs, lightly beaten • 1/2 cup sugar • 2 cups scalded milk • 1/2 teaspoon vanilla essence • a pinch of salt

Beat eggs with sugar, vanilla and a pinch of salt, until well blended but not foamy. Add gradually hot milk, stirring all the time quite vigorously; return sauce pan over the fire and continue beating with a wire whisk while custard heats through. As soon as it thickens remove from the heat. Custard may be cooked over a medium fire, but watch carefully it does not reach boiling point or it will inevitably curdle and the sauce will be ruined beyond repair. Let cool before adding one or two, but not more, tablespoons of your favorite liqueur. Serve warm over fresh fruits, with or without sugar, over fruit compotes or any other fruit preparation.

(310) *Frutas en almíbar de vino*

1 taza de vino, tinto o blanco • 1/2 taza de azúcar • 1 ramita de canela o una pizca de nuez moscada, o/y 1 clavo de olor • 4 duraznos frescos, recién pelados, sin carozo, en mitades o en cuartos

Hervir el vino con el azúcar y las especias elegidas, no más de 5 minutos, a fuego moderado. Añadir los duraznos frescos, partidos, y cocinar a fuego moderado hasta que los duraznos estén tiernos. Enfriar un poco, y servir tibios o totalmente enfriados, en compotera.

También se suelen servir sobre ruedas de bizcochuelo, que quedará empapado con el almíbar de vino. Se pueden utilizar diferentes tipos de vino, aun los generosos, y diversas frutas, tales como peras, damascos, membrillos y pasas de uva u otras frutas desecadas y previamente remojadas, o bien frutas enlatadas.

(311) *Frutas en jugos diversos*

Se dejan macerar en algún jugo de frutas, sea fresco o embotellado, las frutas frescas, cortadas y algo azucaradas. Los jugos más comúnmente usados son de naranjas, de uvas, de piña, y de manzanas. Las combinaciones más usuales son:

Frutillas en jugo de naranjas
Frutillas en jugo de piñas
Bananas en jugo de naranjas

A estos jugos de frutas también se les suele añadir algún licor, en pequeña proporción. De ese modo se podrá obtener:

Frutillas a la naranja con curasao
Cerezas en jugo de uvas al coñac
Frutillas en jugo de piñas al ron
Bananas en jugo de damascos al kirsch
Damascos en jugo de uvas al marraschino

Se suelen servir también sobre ruedas de bizcochuelo oreado o sobre vainillas.

(312) *Bizcochuelo*

6 huevos; yemas y claras separadas • 6 cucharadas de azúcar • 1 taza de harina común tamizada • ralladura de limón, pizca de sal • manteca para el molde

Untar generosamente con manteca un molde redondo para bizcochuelo. En un tazón batir las claras a punto de nieve, agregando una pizca de sal y tres cucharadas de azúcar. Continuar batiendo hasta disolver toda el azúcar.

Aparte batir las yemas hasta que tomen un color amarillo muy claro; agregar la ralladura de limón y las otras 3 cucharadas de azúcar. Continuar batiendo hasta que

(310) Fruits in Wine Syrup

> 1 cup wine, red or white • 1/2 cup sugar • 1 stick cinnamon, or a pinch grated nutmeg and/or 1 clove • 4 fresh peaches, peeled, pitted and split in halves or quartered, or even in wedges not too thin

Boil wine with spices and sugar, not over 5 minutes, over a medium fire. Add fresh fruit, peeled and sliced, and cook until done. Test with a fork or pointed knife, and when pierced through easily, remove from the fire and transfer to a serving dish. Serve warm or cold.

These fruits may also be served on a rounded sponge cake slice, soaked with the wine syrup. Use any type wine, a full bodied one will be better suited to this type of dessert, and any fresh fruit in season, pears, apricots, quinces, or any dried fruits such as raisins, apples, pears, prunes, and even canned fruits.

(311) Fresh Fruits in Assorted Juices

Fresh picked fruits are steeped in some other fruit's juice and sugar. Peel, slice and cover with any juice, preferably a slightly tart juice, add sugar to taste and serve plain. Some of the usual combinations are:

Strawberries in Orange Juice
Strawberries in Pineapple Juice
Bananas in Orange Juice
Apricots in Grape Juice

Also, a liqueur may be added to the fruit juice, in a very small amount, and in that way the following may be prepared:

Strawberries in Curaçao Flavored Orange Juice
Cherries in Brandy Flavored Grape Juice
Strawberries in Rum Flavored Pineapple Juice
Bananas in Kirsch Flavored Apricot Juice
Apricots in Marraschino Flavored Grape Juice

It must be borne in mind that in all cases, fresh fruits are steeped in a recently made fruit juice. Combinations are truly endless. These fruits are served plain or on a sponge cake round.

(312) Sponge Cake

> 6 egg yolks • 6 egg whites • 6 well rounded tablespoons sugar • 1 cup all purpose flour, sifted • grated lemon rind, a pinch of salt • sweet butter for the mold

Butter generously a round sponge cake mold; bottom of mold may be lined with a well buttered and lightly floured heavy paper. Beat first egg whites until firm, add a

el azúcar se disuelva, y recién entonces agregar la harina de a cucharadas en forma de lluvia. Mezclar bien.

Unir los dos batidos con ayuda de una espátula revolviendo suavemente para mezclarlos, sin batir. Volcar la mezcla en el molde enmantecado (hay quienes también enharinan ligeramente el molde) y llevarla a un horno suave precalentado unos 40 minutos o hasta que esté dorado el bizcochuelo por encima y un tanto seco a los costados. Servir frío, una vez desmoldado, con frutas y cremas.

Es muy corriente partir el bizcochuelo por el medio, separándolo en un fondo y una tapa, cubrir una mitad con duraznos con crema batida (receta Nº 307) y tapar. Cubrir con crema por encima y adornar con más duraznos.

(313) Flan de naranjas

2 tazas de jugo de naranjas recién exprimido y colado • 4 cucharadas de azúcar • 3 huevos enteros, ligeramente batidos • pizca de nuez moscada

Se baten juntos los huevos con el azúcar y el jugo de naranjas, ligeramente y sólo para mezclarlos bien, añadiendo por último la nuez moscada. Se vuelca en una budinera acaramelada, pasando la mezcla por un tamiz o colador. Cocinar a baño de María en horno suave, por espacio de una hora o hasta que los huevos hayan cuajado. Enfriar bien antes de desmoldar.

Siguiendo el mismo procedimiento puede hacerse flan de frutas, sustituyendo el jugo de naranjas por otros jugos ácidos. También puede prepararse con un puré de frutas frescas con azúcar, pasado por licuadora, en las mismas proporciones.

Otros flanes corrientes se hacen añadiendo a la leche chocolate o cacao, dulce de leche, dulces de frutas o jaleas de frutas. Los flanes de jalea de membrillos, jalea de guindas y jalea de naranjas son muy especiales, y se hacen también en budinera acaramelada, pero con un caramelo pálido. Se siguen siempre las mismas proporciones: 2 tazas de una mezcla de leche caliente con la jalea preferida y tres huevos enteros ligeramente batidos, que se cocinan en horno muy suave. Las proporciones de jalea varían un tanto, pero una mezcla promedio es de 1 ½ taza de leche por 1/2 taza de jalea. En estos casos no se agrega azúcar. Así se obtendrán:

Flan de chocolate
Flan de dulce de leche
Flan de membrillos
Flan de guindas

(314) Mazamorra con leche

Es un postre afín al arroz con leche, sémola con leche y tapioca con leche. Se cocina primero el maíz blanco pisado y se deja enfriar al fresco. Se sirve primero el maíz hervido con un poco de sal y azúcar; se agrega en el plato un poco de leche a gusto y se azucara o no según la preferencia individual. Es uno de los postres preferidos para el verano.

pinch of salt and 3 tablespoons sugar gradually, beating all the time. Continue beating until all the sugar is dissolved and whites form stiff peaks.

Separately beat egg yolks until lemon colored, foamy and creamy. At that point add sugar gradually, beating all the time, and grated rind. Continue beating untill sugar is completely dissolved. Then add flour gradually, sprinkling it over the beaten eggs and gently folding it in with wide and slow movements. Blend carefully egg yolk mixture into egg whites, spoon batter into mold and bake in a moderate to slow pre-heated oven for about 40 minutes or until golden on top. Turn upside down until cake leaves the mold. Serve with fruits and cream. A day old sponge cake will hold better any fruit filling.

Split a round sponge cake in two, separate top from bottom, cover bottom with canned sliced peaches and plenty of cream (recipe Nº 307), place top over filling and spread cream on it, decorate with more sliced peaches, and you will have a very popular Argentine dessert.

(313) Baked Orange Custard

> 2 cups freshly made and strained orange juice • 4 tablespoons sugar, or more to taste • 3 eggs, lightly beaten • a pinch of nutmeg

Beat to blend eggs, add sugar, orange juice and finally a little grated nutmeg. Caramelize a fluted mold, strain egg mixture into cooled mold, and bake in a water-bath in a moderate to slow oven for about 1 hour or until eggs are set. Cool well before unmolding.

Following the same procedure, any fresh fruit baked custard may be prepared, substituting freshly made orange juice for any other juice, but preferably a tart one. It is also usual to make baked custards with a freshly made fruit purée, either passing fresh fruits through a blender or cooking them to a soft pulp. Keep same proportions.

Another development worthy of mention is the baked custard in which the fruit juices are substituted with 2 cups of a milk and any fruit jelly mixture. Quince jelly, cherry jelly and pure orange jelly are the most common ones. In these cases, coat fluted pans with only a very lightly colored sugar caramel. Cook in a water-bath, or bake also in a water-bath in a slow oven for about 1 hour. The same proportions mentioned above will have to be kept, adjusting of course the sugar content. The proportions of milk and jelly will undoubtedly vary, but a 1 ½ cup milk to 1/2 cup jelly is a good combination. Also chocolate may be added to milk and sugar. The following are usual:

Baked Chocolate Custard
Baked Dulce de Leche Custard
Baked Quince Custard
Baked Cherry Custard

(314) Mazamorra with Milk

This is a dessert that could be classified with *arroz con leche*, *sémola con leche* and other similar ones, as a very popular preparation of the home kitchen. Cook first

(315) Torrejas en almíbar

8 rodajas, no muy delgadas, de pan francés o lactal • 2 tazas de leche hervida con un poco de azúcar y ralladura de limón • 5 huevos ligeramente batidos con una pizca de sal • manteca para freír
almíbar, hecho con:
2 tazas de azúcar • 2 tazas de agua hirviendo y esencia de vainilla

Poner en un recipiente playo las rebanadas de pan y mojarlas gradualmente con ayuda de una cuchara, en la leche caliente hasta que la hayan absorbido toda. Dejar descansar unos 10 minutos.

Pasar las rodajas por huevo batido y freírlas en poca manteca, hasta que estén doradas de ambos lados.

Colocarlas entonces en una fuente playa. Hacer el almíbar con partes iguales de azúcar y agua, aromatizar con un poco de esencia de vainilla, y cubrir las torrejas con el almíbar. Se sirven tibias o totalmente enfriadas en el almíbar.

⇜ Los dulces ⇝

Son pocos los dulces caseros. Los muchos métodos coinciden en un detalle: se usan siempre los mismos volúmenes y proporciones, de fruta y azúcar, variando la cantidad de agua o líquido y el momento y tiempo de cocción.

Se darán únicamente aquellos dulces más típicamente caseros y en proporciones mínimas, a fin de facilitar su conversión a cantidades mayores.

(316) Dulce de huevos

2 tazas de agua hirviendo • 2 tazas de azúcar • 2 tazas de huevos batidos (unos 6 huevos) • esencia de vainilla, almendras o anís, a gusto

Hacer un almíbar con el agua y el azúcar, cocinándolo unos 10 minutos. Enfriar un poco y añadir los huevos batidos. Mezclar bien y poner a baño de María, revolviendo constantemente. Cuando el huevo haya espesado, aromatizar con esencias de vainilla, de almendras, de anís, etcétera.

(317) Dulce de membrillos

2 tazas de pulpa de membrillos, sin piel ni semillas, cortada en cubitos muy chicos, o en gajos delgados • 2 tazas de azúcar • 2 tazas de agua • agua para hervir con jugo de limón • una rama de canela

Poner a hervir por un corto tiempo la pulpa de membrillos en agua ligeramente acidulada con un poco de jugo de limón; bastará con un hervor de no más de 10 minutos. Desechar esa agua, escurrir el membrillo y colocarlo junto con una ramita de canela en un recipiente, preferiblemente de cobre, con las 2 tazas de azúcar y las 2 tazas de agua hirviendo. Se hierven los gajos de membrillo hasta que tomen buen

mazamorra as set forth in recipe № 40, and set to cool. Serve cold, pour over enough scalded milk and sugar to taste. Mazamorra may also be boiled with milk, add sugar to taste, and serve either warm or cold. Served iced cold, is a dessert preferred during Summer.

(315) Torrejas in Syrup (French Toast)

8 slices white or French bread • 2 cups milk, scalded with a little sugar and grated lemon rind • 3 eggs, lightly beaten with a pinch of salt • enough butter to fry
a simple syrup made with: 2 cups sugar • 2 cups boiling water • some vanilla flavoring

Pour scalded milk, with sugar and lemon rind, over bread slices and let soak well, about 10 minutes. Dip slices briefly in beaten egg, making sure that slices are evenly coated on both sides, and fry in butter until golden.

When fried, place in a shallow serving dish. Prepare apart syrup, flavor with a little vanilla and pour warm over fried toast. Serve warm or cold. Syrup may also be flavored with any liqueur, to taste.

≈ Preserves ≈

The preparation of home preserves is a rarely practiced art today. However, there are some preserves which may be enjoyed only if made at home. The following are a few of those almost impossible to find in a store's shelves. Minimum proportions are given, so that increasing these amounts will not prove a difficult task. Out of the many methods available, the recipes selected respond to the ancient school which holds that a good preserve is made when equal measures of fruit and sugar are matched, liquids and cooking time being accesory variables that could not be disregarded but that should not be taken too seriously.

(316) Egg Preserves

2 cups boiling water • 2 cups sugar • 2 cups beaten eggs (about 6 whole eggs) • vanilla flavoring, or almond or anise essences, to taste

Cook water and sugar for about 10 minutes until a good syrup is obtained. Cool a little, and add stirring all the while, beaten eggs. Place mixture in a *bain-marie*, that is, stand cooking utensil on a pan with a little water held hot just under boiling point stirring all the time until eggs thicken. Flavor then with vanilla, almond or anise.

(317) Quince Preserves

2 cups quinces, peeled, seeded, and cut in thin slices or in small dice • 2 cups sugar • 2 cups water • water boiled with lemon juice • a stick of cinnamon

color y estén tiernos, y el almíbar quede espeso. Retirar del fuego y dejar enfriar. Al día siguiente hervir 15 minutos, y estará listo. Se guarda en frascos de vidrio.

(318) *Dulce de uvas*

> 2 tazas de uvas frescas, maduras, algo machacadas y aplastadas • 2 tazas de azúcar
> agua para cubrir, unas gotas de limón

Poner las uvas, algo aplastadas y machacadas para que se abran un poco, por capas en un recipiente de loza o cristal, cubriendo cada capa con azúcar y volcando el resto del azúcar por encima. Dejar en maceración unas 12 horas. Al día siguiente, poner las uvas con el azúcar en olla de cobre, agregar sólo el agua necesaria para cubrir las uvas y llevar a hervor muy suave hasta que las uvas queden deshechas. Retirar del fuego y dejar enfriar. Al día siguiente, volver a cocinar una media hora más, hasta que la pulpa de las uvas y el almíbar se confundan en una masa líquida. Retirar del fuego y, aún caliente, pasar por un cedazo o tamiz para quitar los hollejos de las uvas y las semillas. Dejar reposar otras 24 horas. Al tercer día llevar al punto de espesor deseado, para lo cual bastará un hervor de no más de 30 minutos. Se guarda en frascos de vidrio.

(319) *Dulce de higos*

Se sigue el mismo método que para el dulce de uvas, dejando macerar la misma cantidad de higos maduros, un poco aplastados, en igual volumen de azúcar. Al día siguiente se pasan a una olla de cobre, se cubren con un poco de agua y se llevan a un hervor muy suave hasta que los higos estén un poco deshechos. Retirar del fuego, dejar descansar 24 horas y volver a hervir unos 15 minutos. Repetir al tercer día la misma operación, hasta que el almíbar se haya confundido con la pulpa de los higos. Se guarda en frascos.

(320) *Dulce de cascos de naranjas*

Se eligen naranjas de un tamaño parejo y de piel gruesa. Se rallan para quitarles toda la piel, se parten por el medio y se quitan los gajos con todos los hollejos, para guardar sólo el casco de bagazo blanco. Se ponen los cascos a hinchar en agua en la que se disolvió media cucharadita de bicarbonato de sodio. Deberá cambiarse el agua todos los días, durante tres días seguidos, para conseguir que todos los cascos queden parejamente hinchados. Se ponen entonces en un recipiente de cobre, y se cubren de agua. Se medirá el agua para agregar igual volumen de azúcar; se lleva a un hervor muy suave y se cocina hasta que estén tiernos, no más de 1 hora en total. Se retiran del fuego y se dejan descansar 24 horas. Se vuelven a hervir en períodos de 30 minutos por día, hasta que queden casi totalmente trasparentes y el almíbar muy espeso. Debe resultar un dulce de un color dorado intenso. Hay quienes espesan el almíbar con una jalea que se hace con las semillas y la pulpa de las naranjas, dejándolas estacionar en agua clara 24 horas e hirviéndolas en la misma agua del remojo e igual

Boil quince slices for a short while in water lightly acidulated with lemon juice, not over 10 minutes. Discard water, drain quince slices, and put to boil again, preferably in a copper open pot, with 2 cups of water, 2 cups of sugar and a cinnamon stick. Cook until quince is tender, easily pierced through with a pointed knife, and syrup is thickening. Remove from the fire and let cool. Next day, boil again for 15 minutes and preserves will be ready. Keep in glass jars, tightly covered.

(318) Grape Preserves

> 2 cups fresh grapes, well ripened, bruised and lightly pressed • 2 cups sugar • water to cover, a few drops lemon juice

Place bruised grapes, in layers, in a ceramic, porcelain or glass container, seeing that grapes are lightly pressed and a bit opened to absorb sugar. Sprinkle sugar over each layer generously and cover top one with the rest. Let steep for at least 12 hours, or overnight. Next day, transfer to a copper pot preferably or a heavy metal one, add only enough water to cover all fruit and slowly bring to a boil. Simmer until grapes are reduced to a pulp. Remove from the fire and set aside to cool. The following day cook again for half an hour more, so that grape pulp and syrup can no longer be told one from the other. Remove from the fire, and still hot, strain to separate pips and grape skins. Set aside again to cool and after 24 hours boil still more about 30 additional minutes to reach desired consistency. Keep in tightly sealed glass jars.

(319) Fig Preserves

Follow the same method outlined for the grape preserves in the preceding recipe. Let slightly bruised and pressed fresh figs steep in sugar, keeping to the same proportions. Next day, cover with water and cook until figs are very tender and at the point of breaking apart. Take away from the fire, let stand 24 hours and boil again about 15 minutes. On the third day the same operation is repeated so that the fruit pulp and the syrup are evenly blended. Keep in tightly sealed glass jars.

(320) Preserved Orange Rinds

Choose fresh and well ripened oranges, of an even size, and preferably thick skinned. Grate off outer peel, to expose white rind; cut in halves, take off whole inner sections, skins, pips and all, leaving bare the white pith. Place white pith shells in abundant clear water to soak, in which a teaspoon bicarbonate of soda was dissolved; shells will increase in volume. Keep changing the water, at least once a day, for three consecutive days, so that all shells will be well soaked and evenly enlarged. Discard soaking water, place drained shells in cooking pot, cover with water, measure this amount and add the same volume of sugar. Bring slowly to a gentle simmer and cook for about 1 hour, or until tender. Take away from the fire and let stand 24 hours. Keep repeating this operation, boiling shells for about 1 hour every day, for three consecutive days, until shells are quite transparent and syrup is thick and golden. There are some cooks who will add to this preserves the jelly made with the pips and sections that were removed from inside the shells. In this case, sections, with the juice and pips are soaked in

volumen de azúcar por no más de 1 hora. Colada, esta jalea se agrega al dulce. Se guarda en grandes frascos de vidrio y se sirve como postre, de a medio casco por persona, con queso blando.

Del mismo modo se preparan dulces de: cascos de limones, cascos de limas, cascos de cidras, etcétera. Se aromatizan con clavo de olor.

(321) Dulce de leche

300 g de azúcar • 1 litro de leche • chaucha de vainilla a gusto

Poner a hervir la leche con el azúcar, la chaucha de vainilla y una pizca (menos de 1/4 de cucharadita) de bicarbonato de sodio. Se hierve primero a fuego vivo hasta que tome color, y luego a fuego muy suave revolviendo frecuentemente para evitar que se pegue y llegue a quemarse. Estará listo una vez que haya espesado. Poner en frascos y guardar. Hay quienes reducen la cantidad de azúcar y agregan a la leche una muy pequeña proporción de fécula de maíz o de papas. La adición de bicarbonato de sodio acelera en mucho el proceso de espesamiento y da color al dulce.

water, 1 cup to each cup of pulp, for 24 hours, then boiled for 1 hour, adding at this time the same number of cups of sugar as cups of water used to soak the pulp. Strain and add to preserves, cooking until desired consistency is obtained. Keep in glass jars, tightly covered. Serve one or two shells per person, along with a soft cream cheese, or plain without any addition.

In the same way prepare preserves with the rind of: limes, lemons, citron and other citrus fruits. Some of these preserves may be spiced with clove.

(321) *Dulce de Leche (Caramel Milk)*

1 lt milk • 300 grs sugar (about 2 cups and 1/3) • a vanilla bean, to taste

Boil milk and sugar with the vanilla bean and a pinch (less than 1/4 teaspoon) bicarbonate of soda, over a rather quick fire until milk takes a little color. Then continue over a minimum fire, barely simmering, stirring frequently to avoid sticking to the bottom and possibly scorching, until thick. A liter of milk will be turned to an acceptable consistency, on an average, in a little less than 2 hours. There are some cooks who will reduce the amount of sugar, adding instead some cornstarch or potato starch. This is the most popular of all preserves in Argentina, and will be found as filling in a majority of all pastries, cakes, sweets and other confectionery products.

XV. El mate

⊱≈≈≈⊰

XV. The Mate

❦ El mate ❦

De todas las bebidas conocidas y populares en la Argentina, nos ocuparemos aquí únicamente del mate, por ser no sólo una bebida característica de la zona, sino también porque presenta una cantidad de procesos interesantes en su preparación que no habían sido hasta ahora abarcados en un sentido general en los libros de cocina dedicados a lo criollo. El producto básico con el que se prepara el mate es la yerba mate, u hojas curadas y secas de un árbol nativo de la zona de Misiones. Hay diferentes formas de preparar y tomar el mate, algunas tan localistas que son casi desconocidas fuera de su área, y otras más difundidas y generalizadas. Veremos aquí las más corrientes, y algunas de las conocidas sólo en sus zonas.

En la Argentina, la palabra "mate" designa una cantidad de cosas, y en especial:

a. El árbol del que se obtienen las hojas con las que se prepara la *yerba mate*.
b. Las hojas preparadas de este árbol para hacer una variedad de tipos de infusión.
c. La infusión que se hace con las hojas del árbol, y que puede prepararse de muchas formas, asimilando técnicas de la preparación del té, así como del café.
d. El calabacín vaciado, o vasija de algún material, en el que se prepara la infusión de hojas de *yerba mate*.

Mate cebado

Es el que se prepara en un calabacín vaciado a este propósito, seco y algunas veces curado, o bien en un recipiente o vasija destinada a este propósito. Las hay especialmente preparadas para tomar mate, de materiales bastos y populares, así como de otros muy costosos y finamente trabajados. El mate cebado es el que se toma con ayuda de la *bombilla*, una caña con perforaciones en uno de los extremos. Cebar el mate quiere decir llenar la vasija o calabacín con agua caliente para lograr la infusión que se absorberá por la bombilla. Dar en pocas palabras una explicación sobre cómo cebar mate es tarea poco menos que imposible. Sin embargo, una aproximación podría ser la siguiente:

(322) Mate

1. Llenar con yerba mate un calabacín u otro recipiente adecuado para tomar mate cebado, hasta 2/3 de su capacidad.
2. Colocar la bombilla en el calabacín, donde ya se ha puesto la yerba mate, y agregar un chorrito de agua tibia para que la yerba se vaya hinchando y esté lista para el cebado, dejándola reposar uno o dos minutos. Si se toma *mate amargo* no se agregará azucar; en cambio se la añadirá en muy poca cantidad para tomar *mate dulce*.
3. Descartar la primera agua y comenzar a cebar el mate con chorritos de agua muy caliente. Hay quienes ceban el mate con agua muy caliente que no haya hervido, y otros con agua hervida. Se agregará azúcar o no, a gusto. Una vez que se agregó azúcar, se continuará cebándolo azucarado.
4. A medida que se ceba el mate, la yerba pierde gradualmente su concentración, por lo que es costumbre renovarla periódicamente, de a cucharaditas. Un mate con yerba que perdió el gusto se conoce como *mate lavado*.

⟨ The Mate ⟩

Of all the popular and current drinks in Argentina today, the only one that will be seen here is the *mate* (mat'ā, from the Quechua *mati*, calabash, or gourd in which it is drunk). And this is because it is the drink native to this area and presents a number of interesting and unusual ways in its preparations. Not all of the methods that are currently used in its preparation, nor all the variants will be covered. Only those most common, and a few peculiar ones were selected this time. The basic product used in the many *mate* preparations is the *yerba mate* or the dried, cured and ground leaves of a tree native to the Misiones area. ‚

The use of the word *mate* migth be a trifle confusing to all outsiders, because in Argentina it has come to mean a lot of different things. Of these meanings many are related to the *mate* drink itself, made with the processed leaves of a tree known to botanists as *Ilex paraguayensis*, or the Paraguayan holly tree. In those senses that are gastronomically interesting, the word *mate* has come to mean in Argentina:

a. The tree, *Ilex paraguayensis*, native to the Misiones region.
b. The leaves of this native tree, with which any number of infusions are made.
c. The many infusions made with the *yerba mate*, made in many different ways, with techniques borrowed from the tea and coffee brewing processes.
d. The dry and emptied gourd or calabash, or other container in which the *mate infusion* is brewed.

Brewing Mate

Mate is most commonly brewed in the empty shell of a gourd, called the *mate*, prepared for this purpose, sometimes cured after a due process of drying, shaping and decorating. It is also brewed in any small container, made of several materials especially for this purpose, or not. Sometimes, small sized vessels are made out of very fine materials, such as silver, silver inlaid with gold, procelain or other, finely wrought and profusely decorated. Most *mates* however are made not of so fine but rather popularly priced materials. *Mate* brewed in a gourd, or in a similar small vessel, is sipped through a *bombilla* or a sort of straw, usually metal, with a blind end pierced through to filter the infusion. Very hot water is currently used to brew *mate*, which is poured onto the *mate* leaves with which the gourd is filled. To give a precise description of the techniques involved in the brewing of *mate* would prove, even for a connoisseur, an almost impossible task. Nevertheless, a few helping notes will follow.

(322) Mate in a Gourd

1. Fill a *mate* gourd, or other similarly appropriate vessel, up to 2/3 of its capacity with *yerba mate* or processed *mate* leaves.
2. Introduce into the filled gourd the blind and pierced end of a *bombilla*, through the *mate* leaves filling, and down to the bottom of the cup being used. Pour a little hot water onto the *mate* leaves and let stand for about 1 minute or so, allowing thus the leaves to soak up water, swell and be ready to be brewed.
3. Discard this first water, pour new hot water and start drinking your *mate*, sipping it

(323) Mate de leche

Es el mate que se ceba con leche caliente en lugar de agua caliente y se toma con azúcar. Está casi enteramente reservado a niños y personas enfermas o de constitución débil.

(324) Tereré

Es el mate que, en lugar de emplear agua caliente, se ceba con agua fría a la que se agregan, según la costumbre popular, algunos hielitos. Es común en las regiones calurosas y se toma casi siempre amargo.

Mate cocido

Como indica su nombre, es un mate que se prepara cocinando en agua, por brevísimos minutos, la yerba mate. Hay varias formas de prepararlo: con agua hirviendo a la que se agrega la yerba mate, o bien añadiendo la yerba al agua fría y llevando todo a un hervor rápido, que suele ser brevísimo; un par de minutos y nunca más. Después de haber hervido el tiempo acostumbrado, se deja reposar hasta que todas las hojas de la yerba mate se asienten; se cuela y se sirve caliente. Si bien se toma sobre todo solo, puede mezclarse con leche, a la manera de un té. A los niños se les sirve el mate cocido mezclado con leche, o cocinado en leche, como podrá verse más adelante. Las proporciones de mate y agua, o leche, varían según las regiones.

(325) Mate cocido pampeano

La proporción más corriente de esta preparación del mate, que es la más fuerte, se aproxima al promedio de dos cucharadas colmadas de yerba mate por cada litro de agua hirviendo.

> 1 litro de agua hirviendo • 2 cucharadas colmadas de yerba mate • azúcar a gusto

Poner a hervir el agua en un recipiente adecuado y, una vez que rompe el hervor, agregar la yerba mate en las proporciones indicadas. Hervir no más de 2 minutos a fuego muy vivo, cuidando que la espuma no desborde. Retirar del fuego y dejar reposar un par de minutos. Servir caliente, agregando azúcar a gusto. Hay quienes cuelan el mate, y quienes prefieren no hacerlo. Para colarlo puede usarse filtro o colador de papel, tela o alambre.

(326) Mate cocido con leche

Es el mate cocido que se hace con leche hirviendo en lugar de agua, en las mismas proporciones de mate y leche que en la receta anterior. Se añaden las cucharadas de yerba mate a la leche hirviendo, se deja hervir no más de un par de minutos y se pone a asentar fuera del fuego. Se sirve luego colado o no. El mate cocido con leche está casi exclusivamente reservado a los niños.

through the *bombilla*. There are two irreconcilable ways to brew *mate* with hot water; the first with water heated up to, but not to boiling point, the other with water heated to ebullition, using it afterwards as hot as possible. There are still those who drink *mate* without sugar, or *mate amargo* and those who drink it with sugar, or *mate dulce*.

4. As brewing and drinking *mate* may go on for quite a while, the *yerba mate* will eventually loose its strength and need periodical renewal. A teaspoonful of washed out leaves will be discarded to be replaced with a similar amount of fresh *yerba mate*. An overbrewed *mate*, washed out and flavorless, is known as a *mate lavado*.

(323) Mate Brewed with Milk

It is quite usual to give children a *mate* brewed with hot, boiled milk instead of the current hot water. Sweeten to taste with sugar. It is also given to people recovering from an illness.

(324) Ice Water Mate

Pour ice cold water, with plenty of ice cubes in it, into a *mate* gourd instead of hot water, and you will be drinking *tereré*, or the cold water *mate* of the warm North East of Argentina. Excellent as a natural and refreshing drink in Summertime. It does not take any sugar.

Boiled Mate

It is a way of preparing *mate* which calls for a brief boiling process of the *yerba mate* leaves, somewhat similar to the Turkish coffee method. The techniques for boiled *mate* are varied, and their main differences are found in the relative proportions of *mate* leaves and water, whether the leaves are sprinkled over boiling water, or boiling water is poured over the leaves, or whether cold water and the leaves are put together to boil, and so forth. There are also several ways to change the basic flavor of *mate*. Boiled *mate* should never be cooked for more than two minutes, or it will turn bitter. After *mate* is boiled let it stand until all leaves are settled in the bottom of the pan — this happens quite rapidly—, strain and serve hot. The resulting brew is usually drunk in the same way as tea, mixing it or not with a variable amount of milk, with or without sugar. Or *mate* may also be made by boiling the leaves in milk instead of in water.

(325) Pampas Boiled Mate

Mate from the Pampas region is the strongest flavored one. Its current proportions average 2 well rounded tablespoons of *mate* leaves to every liter of boiling water.

1 lt boiling water • 2 tablespoons *mate* leaves • sugar to taste

Bring water to a boil in an appropriate vessel. When water is boiling sprinkle on it 2 tablespoons *yerba mate* and stir. Let boil rapidly for 2 minutes, watching so that if

(327) Mate cocido norteño

Es un mate cocido un tanto menos fuerte que el que se estila en la región de las pampas, para lo cual se reduce la cantidad de yerba y se cocina menos tiempo.

1 litro de agua • 1 cucharada de yerba mate

Poner a calentar el agua en un recipiente adecuado; mientras, agregar la yerba mate, mezclándola con el agua. Calentar el agua hasta que rompa a hervir y, una vez que sube la espuma, retirar de inmediato del fuego. No debe hervir en total más de medio minuto. Para que la yerba hervida asiente rápidamente se agregará 1/2 taza de agua fría. Se sirve casi siempre sin colar, una vez que la yerba asentó, con o sin azúcar. Se toma caliente, como bebida refrescante al estilo del té. Puede mezclarse, para los niños, con leche.

(328) Mate cocido tostado

Hay varios métodos para tostar la yerba mate; el que sigue es uno de los más corrientes.

1 cucharada colmada de yerba mate • 2 cucharadas de azúcar • 1 litro de agua hirviendo

Debe tenerse a mano, en un recipiente aparte, el agua hirviendo en la cantidad necesaria. Poner en una cacerola al fuego la yerba mate junto con el azúcar. Revolver con una cuchara de madera mientras se calienta la mezcla de yerba y azúcar, hasta que el azúcar se haya derretido y acaramelado, tostando un poco la yerba. Debe cuidarse que la yerba no se queme. En cuanto se consiguió el punto de tostado de una parte de la yerba, no de toda, se agregará el agua hirviendo. Hervir, como en los otros casos, no más de un par de minutos, dejar reposar y servir caliente. En todos los métodos para hacer mate cocido queda a elección servirlo con o sin azúcar, colado o no, y solo o mezclado con leche.

(329) Mate con naranja tostada

Este tipo de mate cocido también se prepara de diversas maneras. Una de ellas consiste en tostar sobre una llama una cáscara seca, o también fresca, de naranja y agregarla al mate cocido en el mismo momento en que se le añade la yerba al agua. En otros casos se tuesta la cáscara de naranja dentro del recipiente, con azúcar o no y con la yerba o no. A veces se pone la cáscara con la yerba y se agrega al recipiente una brasa encendida, chica, que luego se retira una vez hecho el mate. El método que sigue también es popular.

1 cucharada de ralladura fresca de naranja • 1 cucharada colmada de azúcar • 1 cucharada de yerba mate • 1 litro de agua hirviendo

any scum is formed it does not overflow. Take away from the fire and wait until the leaves are well settled, some 2 more minutes, before serving. Add sugar, or not, to taste. Some people will strain it before serving, while others will insist that *mate* should not be strained at all. To strain, use any strainer or filter available, though cloth or paper filters will prove most convenient since *mate* leaves always come with plenty of powdery grounds.

(326) *Mate Cooked in Milk*

Use same proportions given for boiled *mate* in the preceding recipe, using milk instead of water. Add *mate* leaves to boiling milk, stir and cook for about two minutes, never more. Take away from the fire and let it settle. Serve strained, with or without sugar. *Mate* cooked in milk is almost exclusively reserved for children.

(327) *Northern Boiled Mate*

Since this is a slightly weaker mate, not so strong as the one made in the Pampas region, reduce to half the amount of *mate* leaves and shorten total cooking time.

1 lt water • 1 tablespoon *mate* leaves

Put water to boil over the fire in an appropriate vessel, and when water is quite warm but not yet boiling, add leaves and stir into the water. As soon as water boils and the scum rises, take away from the fire. Do not let boil for more than 30 seconds. A 1/2 cup of cold water is usually added so as to cool *mate*, stop any further cooking and help the leaves to settle in the bottom. Serve when leaves are settled, with or without sugar, straining or not. Drink it hot, in a way similar to tea. When served to children, it is generally mixed with a little milk.

(328) *Toasted Mate*

There are many ways to toast *mate* leaves before a *mate* is brewed. Here is a widely diffused method:

1 tablespoon, well rounded, *mate* leaves • 2 tablespoons sugar • 1 lt boiling water

Have a sufficient amount of boiling water ready and on hand. Put together in a sauce pan *mate* leaves and sugar, place over a moderate fire, blend well sugar and leaves and heat through until sugar melts. While sugar caramelizes, a few *mate* leaves will be lightly toasted, but watch carefully all the while so that leaves will not be burnt to a black mass. Not all leaves have to be toasted, just a few ones; as soon as some leaves are toasted, and sugar is lightly caramelized, pour bubbling boiling water, stir to dissolve all sugar and cook for not more than 2 minutes. Correct caramel point and correct toasting degree are usually managed after the second try. Let settle and then serve while still hot, strained or not, with or without sugar, plain or mixed with milk.

Debe tenerse a mano el agua hirviendo. Poner en un recipiente apropiado la ralladura de naranja recién hecha, de naranjas frescas o ralladura seca, o también cáscara de naranja seca y cortada en trozos muy chicos, junto con el azúcar. Llevar a fuego vivo para que el azúcar se derrita y tueste la ralladura de naranja al tomar el punto de caramelo. Para que resulte un tostado parejo debe revolverse continuamente, de preferencia con una cuchara de madera. Cuando se obtiene el punto de caramelo fuerte deseado, volcar encima el agua hirviendo y agregar la yerba mate, hervir un minuto y dejar reposar. Servir colado, para evitar tanto la ralladura tostada como las hojas de la yerba mate. Este mate cocido también puede hacerse tostando juntos la ralladura de naranjas con la yerba mate. Se sirve siempre caliente.

(330) Mate cocido misionero

> 1 cucharada de yerba mate • 1 cucharada de azúcar • 2 litros de agua hervida

Una vez que hirvió el agua, agregar el azúcar y la yerba mate y dejar cerca de la llama, al calor, pero evitando que el agua llegue nuevamente a hervir. Debe quedar al rescoldo un tiempo largo, no más de 10 minutos. Servir caliente, una vez que la yerba se asiente. Se toma añadiendo o no más azúcar. Este mate no se mezcla con leche, aunque puede aromatizarse con cáscara de naranja u otros elementos aromáticos como cedrón, yerbabuena, etcétera.

(331) Té de mate

Se hace siguiendo la técnica para preparar el té, es decir, se coloca la yerba mate en un recipiente apropiado de material refractario, que no vaya al fuego, y se le vuelca encima agua hirviendo. Se deja macerar unos cinco minutos y se sirve de inmediato. Hoy en día pueden adquirirse bolsitas de mate en casi todos los comercios de comestibles de la Argentina.

(332) Tortas fritas

Son el acompañamiento por excelencia del mate cocido. Deben hacerse en el momento y se sirven calientes, espolvoreadas con azúcar. Existen tantas recetas de tortas fritas como cocineras, siendo en estos casos muy difícil elegir una fórmula como la más apropiada. La que sigue es una de las más difundidas.

> 3 ½ tazas de harina común • 1 taza, algo escasa, de grasa fina de cerdo • 1/2 cucharadita de sal • 1 huevo batido • 2 cucharadas de agua, o la necesaria • grasa fina de cerdo para freír • azúcar para espolvorear

Mezclar la harina con la grasa y la sal y agregar luego el huevo batido con 2 cucharadas de agua, hasta formar una masa blanda y lisa. Se añadirá la cantidad suficiente de líquido para formar una masa blanda, aumentando la cantidad de agua si fuese necesario. Dejar descansar la masa una media hora. Estirar luego con un palote, de-

(329) Mate with Toasted Orange Rind

As in many previous recipes, the many ways that may be found in which this brew is prepared make the choise of a representative formula exceedingly difficult, since all of them are quite popular. One method calls for dry orange peel, or a short length of freshly peeled orange rind, toasted over an open flame until crisp and a bit scorched, which is added to the water along with the *mate* leaves. Other methods call for toasting the slivered fresh orange peel or dry orange rind cut into tiny bits along with *mate* leaves, or not, in caramelizing sugar before adding water, along the lines set forth in the preceding recipe. In still another method, sugar with *mate* leaves and orange rind broken into bits are quite burnt with the help of a small charcoal ember placed in the pan which may or may not be removed after *mate* is cooked. Here is even another method:

> 1 tablespoon freshly grated sweet orange rind • 1 tablespoon sugar, well rounded • 1 tablespoon *mate* leaves • 1 lt boiling water

Have water ready at hand, in a rolling boil. Put together in an appropriate pan the freshly grated orange rind —if using dry grated rind, remember to add it to the caramelizing sugar at the last moment to avoid undue scorching— and sugar. The rind's natural moisture will prevent it from burning before sugar is caramelized, and helps as well in the slow caramelizing of the sugar. As soon as caramelized sugar is lightly colored, rind will be correctly toasted to a deep brown color, if a slow fire is chosen. At this point pour boiling water, add *mate* leaves, boil for one minute and take away from the fire. Be sure to add boiling water, not cold water, or caramel will instantly harden. In this method, leaves are not toasted. However, if you would like to toast leaves too, remembering these are dry, add only 1/2 teaspoon after sugar is lightly caramelized, along with dry orange rind. In any case, do not boil for over 1 minute, and strain either before or while serving; grated rind has an uncomfortable tendency to float and slip into all cups. Serve hot, with or without sugar.

(330) Misiones Mate Tea

> 1 tablespoon *mate* leaves • 1 tablespoon sugar • 2 lts boiling water

After water has reached full boiling point, add sugar and *mate* leaves and even though the kettle must be set as near as possible to a fire, never let it come again to a boil, keeping it as hot as possible. Let is steep for about 5 minutes, or even 10 minutes, depending on the quality of the *mate* leaves. *Mate* brewed according to this method, akin to tea, comes out pleasantly aromatic and very clear. Drink with or without sugar; as a general rule, this *mate* is not mixed with anything else. However, a few aromatics are sometimes added, such as fresh or dry orange rind, *yerbabuena* or other mint etcétera.

(331) Mate Tea

Brew *mate* tea as you would any tea. That is, *mate* leaves are put in a tea pot,

jándola de medio centímetro de espesor. Cortar con cuchillo o cortapastas en formas irregulares o si no en cuadrados, triángulos, rombos o círculos y poner a freír en abundante grasa de cerdo muy caliente. Deben quedar algo doradas y muy tiernas, nunca crocantes ni rígidas. Espolvorear con azúcar en el momento de sacar de la sartén. También pueden bañarse en un almíbar chirle.

(333) Pastelitos

Se hacen de diversas maneras y con varios tipos de masa. Actualmente se emplean masas de tipo hojaldrado que pueden comprarse en la mayor parte de los negocios de comestibles. También puede usarse la masa indicada en la receta anterior, que se cortará en cuadrados más bien grandes, de unos 8 cm de lado. Para cada pastelito se usarán dos cuadrados de masa. En uno se pondrá un cubito de dulce de membrillo o de batata que se cubrirá con el otro cuadrado, cuidando que las puntas del cuadrado inferior no coincidan con las del superior para formar una estrella de ocho puntas. Se pasará alrededor del cubito de dulce agua ligeramente salada para pegar las masas, presionando con los dedos y apretando la masa desde fuera para marcar el cubito. Se fríen en abundante grasa de cerdo y se espolvorean con azúcar al sacar de la sartén. También suelen bañarse en un almíbar liviano. Son un acompañamiento frecuente para el mate cocido de la tarde o para el mate cebado.

boiling water is poured on them and then it is left to stand for about 5 minutes before serving. Nowadays *mate* tea bags may be bought in almost any food store.

(332) Fried Cakes

Tradition calls for fried cakes to go with *mate cocido*, any way it might be prepared, except with cold *mate* or *tereré*. Fry cakes just before making *mate* and serve warm, with plenty of sugar on top. There are as many fried cake recipes as there are cooks. So, the selection of a representative recipe becomes a very hard task indeed. The one following is quite popular:

> 3 ½ cups all purpose flour • 1 scant cup fine lard • 1/2 teaspoon salt • 1 egg, beaten • 2 tablespoons water, or as much as needed • lard for frying, and sugar to sprinkle

Combine flour with lard, salt and egg beaten with 2 tablespoons water. Knead into a smooth and pliable dough. To make it soft and easily handled, add as much water as could be needed, a little at a time. Let stand for 30 minutes before rolling out. When about 1/2 cm thick, cut with a knife into irregular shaped forms, into neat triangles or into rounds with a floured pastry cutter. Fry in hot lard to a golden crust, crisp outside but tender inside. Never fry *tortas fritas* stiff and to a dark color. While still hot sprinkle with sugar and serve warm. Sometimes these fried cakes are laced with a light water and sugar syrup.

(333) Pastelitos (Filled Fried Pastries)

As previously seen in the case of *tortas fritas* (recipe Nº 332), there are many ways to make *pastelitos*. Made with a kind of shortcrust of flaky pastry, fried in fat, may be ready bought almost anywhere in Argentina. The dough given in the preceding recipe may be used to advantage. Once rolled out rather thin, much more so than for *tortas fritas*, cut in large squares, about 8 cm to each side. Two squares are used in each pastelito, a bottom one in which a cube of *dulce de membrillo* or quince preserves, the firm kind, is placed and a top one, secured to the first one by moistening the edges with a few drops of water and pressing with your fingers. See that corners do not meet, the top ones falling over the sides of the bottom square, so as to make eight pointed stars. Mark out cubed filling, pressing under the corners and fry in abundant lard, to a firm crispness; never tender like *tortas fritas*. While still hot, sprinkle with sugar. Sometimes, *pastelitos* are also laced with a light syrup. Serve at any time, but especially with *mate cocido* or with an afternooon *mate cebado*.

Indice alfabético de recetas

Nota: Las recetas marcadas con un asterisco (*) incluyen variaciones.

⌐ Alphabetical Index of Recipes ⌐

Remark: Recipes market with an asterisk (*) include variations.